DICIONÁRIO DE DIREITO TRIBUTÁRIO

CIP-BRASIL. CATALOGAÇÃO NA PUBLICAÇÃO
SINDICATO NACIONAL DOS EDITORES DE LIVROS, RJ

J42d
2. ed.

Jardim, Eduardo Marcial Ferreira
Dicionário de direito tributário / Eduardo Marcial Ferreira Jardim. - 2. ed., rev. e atual. -
São Paulo : Noeses, 2021.

626 p. ; 23 cm.
Inclui bibliografia
ISBN 978-65-89888-19-2

1. Direito tributário - Dicionários - Brasil. I. Título.

21-71975 CDU: 34:351.713(81)(038)

Camila Donis Hartmann - Bibliotecária - CRB-7/6472

Eduardo Marcial Ferreira Jardim

Mestre e Doutor em Direito do Estado pela Pontifícia Universidade Católica de São Paulo (PUC-SP). Professor de Direito Tributário na Universidade Mackenzie. Professor de Direito Tributário do IBET Instituto Brasileiro de Estudos Tributários. Membro da Academia Paulista de Letras Jurídicas. Advogado e Consultor Jurídico.
eduardo@eduardojardim.com.br

DICIONÁRIO DE DIREITO TRIBUTÁRIO

2ª edição revista e atualizada

2021

editora e livraria
NOESES

Copyright © Editora Noeses 2021
Fundador e Editor-chefe: Paulo de Barros Carvalho
Gerente de Produção Editorial: Rosangela Santos
Arte e Diagramação: Renato Castro
Revisão: Microart
Designer de Capa: Aliá3 - Marcos Duarte

2021

editora e livraria
NOESES

Editora Noeses Ltda.
Tel/fax: 55 11 3666 6055
www.editoranoeses.com.br

ANTELÓQUIO

Segundo o senso comum, tão antigo como histriônico, o dicionário seria o pai dos burros. Esse ditame, jocoso embora, tende a revelar a existência de um preconceito em relação ao uso do dicionário entre nós, como se a sua utilização representasse uma *capitis deminutio* de natureza intelectual. Em eloquente réplica àquela equivocada máxima, Mário da Silva Brito averbou que “o dicionário é o pai dos inteligentes: os burros dispensam-no”. Por outro lado, não se pode olvidar que Ruy Barbosa e Machado de Assis, entre outros, cultuavam os dicionários e não abriam mão de compulsá-los. Ao demais, merece assinalada a expressiva lição de Anatole France que, com pena de ouro, dimensionou o aspecto sobranceiro e a magnitude inerente aos dicionários. São suas palavras: “Um dicionário é um universo em ordem alfabética”.

Ao lume de uma definição técnica, afigura-se oportuno trazer à cita o magistério de Aurélio Buarque de Holanda Ferreira, para quem o “dicionário é o conjunto de vocábulos duma língua ou de termos próprios duma ciência ou arte dispostos alfabeticamente com o respectivo significado” (*in Novo Dicionário Aurélio da Língua Portuguesa*, 1ª edição, Editora Nova Fronteira, p. 473). Comporta múltiplas modalidades, a exemplo dos dicionários gerais de determinado idioma que explicam o significado das palavras; dos dicionários etimológicos que fornecem a origem de cada palavra; dos dicionários de sinônimos e antônimos que exprimem as equivalências e a oposição de significados das palavras; dos dicionários analógicos que estampam as palavras por campos semânticos ou por analogia a uma ideia; dos dicionários bilíngues ou plurilíngues que explanam o significado dos vocábulos de origem estrangeira; e, entre outros, dos dicionários temáticos, vale dizer, aqueles que organizam e explicitam vocábulos específicos de determinado campo do saber, assim como as áreas de história, geografia, comunicação, contabilidade, astronomia, direito e outras.

No plano temático do direito, diga-se de passo, os dicionários podem abrigar conteúdo genérico ou específico, *ad exemplum* de dicionários jurídicos em geral, caso da *Enciclopédia Saraiva do Direito*, ou dos clássicos dicionários de Pedro Nunes, De Plácido e Silva, Teixeira de Freitas, senão também o dicionário de Maria Helena Diniz ou o dicionário de Marcos Cláudio Acquaviva. Quanto aos específicos, merecem ser lembrados o *Dicionário de Direito Público* de Kyioshi Harada, o *Dicionário de Prática de Processo Civil*, de César Montenegro ou ainda o *Dicionário de Direito Tributário*, de Igor Tenório e, também, o *Dicionário jurídico-tributário*, de Hamilton Fernando Castardo. A presente obra, conforme o título indica, encontra-se na orbe do direito tributário, originalmente editada pela tradicional Editora Saraiva, ao depois pela prestigiada Editora Dialética e atualmente em sua segunda edição por meio da clássica Editora Noeses.

Pois bem, no plano jurídico os dicionários propiciam ao consulente a resposta ágil e rápida acerca do verbete então pesquisado, fazendo-o *simpliciter et de plano*. Cumpre obtemperar que não cabe ao dicionário a missão de discorrer de forma alentada e aprofundada sobre as expressões nele contidas, pois lhe incumbe transmitir de forma direta o conteúdo do instituto, conceito ou princípio que seja objeto de seu universo. Nem poderia ser diferente, sob pena de comprometimento de seu intento que consiste exatamente em oferecer a resposta célere em relação à pesquisa efetuada.

Outrossim, força é esclarecer que os dicionários, quer gerais, quer temáticos ou quaisquer outros, devem ser permeados por uma linguagem direta, clara e concisa, a qual pode e deve coexistir com o respeito à quintessência dos termos, o que impõe ao autor o cuidado de extratar a dição *sub examen*, trazendo à colação o seu *substractum* e os seus matizes fundamentais, a fim de instrumentar o consulente no sentido de compreender a acepção semântica e a gênese do verbete compulsado, tudo com o desígnio de responder e atender na plenitude à indagação formulada. Foi com essa intencionalidade que o autor elaborou o presente *Dicionário de Direito Tributário*, desde a primeira edição até a atual, na busca persistente de ampliar, atualizar e aprimorar a obra em cada reedição.

À guisa de exemplo, os vocábulos *pedágio* e *zona azul*, entre outros, não são encontrados nos livros de Teoria Geral do Direito Tributário, nem nos Cursos de Direito Tributário, o que tende a justificar a utilidade do Dicionário, porquanto essas expressões exsurgem estampadas em todos os seus contornos, em que o autor assinala as inconstitucionalidades daqueles gravames, fundamentando e revelando as suas vicissitudes, tudo de modo compendiado, em obséquio à objetividade que deve informar as obras deste jaez. Ao demais, temas relevantes, a teor de *Sistema Constitucional Tributário* que, nas obras tradicionais são desenvolvidos alentadamente, são apresentados em apenas uma página, sempre com o propósito de compatibilizar a unidade monádica da locução examinada com a brevidade requerida pelos dicionários.

É com esse fito que o autor acalenta oferecer sua contribuição à seara do direito tributário, numa obra destinada a estudantes e a profissionais do direito.

São Paulo, 8 de junho de 2021.

Eduardo Marcial Ferreira Jardim

ÍNDICE

ANTELÓQUIO .... **V**

A

Abuso de poder 3
Ação 3
Ação anulatória de débito fiscal 3
Ação cautelar fiscal 3
Ação civil pública 4
Ação declaratória de constitucionalidade/ADC 5
Ação declaratória de inexigibilidade de tributo 6
Ação de consignação em pagamento 7
Ação de execução fiscal 7
Ação de inconstitucionalidade 8
Ação de inconstitucionalidade por omissão 8
Ação de repetição de indébito 9
Ação Direta de Inconstitucionalidade/ADI 10
Ação monitória 11
Ação popular 11

Ação rescisória ... 11
Ações cautelares ... 12
Acondicionamento ou reacondicionamento ... 13
Acordo cooperativo ... 14
Acordo de valoração aduaneira ... 14
Adicional do imposto sobre a renda estadual ... 14
Adjudicação ... 15
Administração tributária ... 15
Administrador judicial ... 15
Admissão temporária ... 16
Adquirente ... 16
Aduana ou alfândega ... 16
Affidavit ... 17
AFTN/AFRF/AFRFB ... 17
Agravo de instrumento ... 17
Agravo regimental ... 18
ALALC ... 18
ALCA ... 18
Alíquota ... 18
Alíquota *ad valorem* ... 19
Alíquota específica ... 19
Alíquota fixa ... 19
Alíquota progressiva ... 19
Alíquota proporcional ... 20
Alíquota regressiva ... 20
Alíquota seletiva ... 20
Alíquota variável ... 20

Alíquota zero 20
Amicus curiae 21
Amortização 21
Ampla defesa 21
Analogia 22
Anistia 23
Ano-base 23
Ano-calendário 23
Ano civil 23
Anterioridade (1) 24
Anterioridade (2) 25
Anterioridade (3) 25
Anterioridade (4) 25
Anterioridade (5) 26
Anterioridade (6) 26
Anterioridade (7) 26
Anterioridade (8) 27
Antijurídico 29
Anualidade 29
Apelação 30
Aplicação da lei 30
Apólice da dívida pública 30
Apreensão de mercadorias 31
Apropriação indébita 31
Arbitramento 32
Área de livre comércio 32
Arguição de Descumprimento de Preceito Fundamental 32

Arm's lenght 34
Arrematação 34
Arrendamento mercantil 35
Arrolamento de bens 35
Artaçastra 35
Atacadista 35
Ativo 36
Ativo circulante 36
Ativo diferido 36
Ativo fictício 36
Ativo imobilizado 36
Ativo permanente 37
Ativo realizável a longo prazo 37
Ato administrativo 37
Ato administrativo discricionário 38
Ato administrativo vinculado 38
Ato complementar 38
Ato cooperativo 39
Ato institucional 39
Autarquia 39
Auto de infração 40

B

Bagagem 43
Balancete 44
Balanço 44

Base de cálculo 44
Base imponível 45
Bem 45
Bem de família 45
Beneficiamento 46
Bens imóveis (1) 47
Bens imóveis (2) 47
Bens móveis (1) 48
Bens móveis (2) 48
Bens parafernais (1) 48
Bens parafernais (2) 49
Bens públicos 49
Bens públicos da União 50
Bens públicos do Distrito Federal 51
Bens públicos dos Estados 52
Bens públicos dos Municípios 53
Bens remidos 54
Bis in idem 54
Bitributação 54

C

Cadastro de Pessoas Físicas 59
CADE 59
CADIN 59
Cálculo *por dentro* 60
Câmara Superior de Recursos Fiscais 61

Câmaras Reunidas ... 61
Capacidade contributiva ... 62
Capacidade tributária ativa ... 62
Capacidade tributária passiva ... 63
Capital social ... 63
CARF ... 63
Carga tributária ... 63
Carnê-leão ... 64
Caução ... 64
Certeza do direito ... 65
Certidão da dívida ativa ... 65
Certidão negativa ... 66
CGC ... 68
CIDE ... 68
CIDE/FNDCT ... 68
CIDE/Tecnologia e CIDE/Combustíveis ... 69
Ciência das finanças ... 70
Ciência do direito tributário ... 70
Cisão ... 71
Citação ... 71
Cláusula pétrea ... 71
CNPJ ... 72
Coação ... 72
Codificação do direito tributário ... 73
Código Tributário Nacional ... 74
Coerção ... 75

Cofins (1) 75
Cofins (2) 80
Cofins (3) 80
Colis Postaux 80
Comerciante 81
Comissão do representante comercial 81
Comissário 82
Companhia *offshore* 82
Compensação (1) 82
Compensação (2) 83
Compensação (3) 85
Compensação (4) 86
Compensação (5) 87
Compensação (6) 88
Compensação (7) 89
Competência tributária 90
Competência tributária residual 91
Comunicação 91
Concordata 91
Concurso de credores 91
Condições da ação 92
Conduit company 92
Confaz 92
Confisco 93
Confusão 93
Conluio 94

Conselho Administrativo de Recursos Fiscais (CARF) 94
Conselho de contribuintes 94
Conselho de contribuintes estaduais 95
Conselho Municipal de Tributos 95
Consignação em pagamento 96
Constituição da obrigação tributária 96
Constituição estadual 96
Constituição Federal 97
Consulta 97
Contrabando 97
Contraditório 98
Contribuição 98
Contribuição ao Funrural 98
Contribuição ao IAA 99
Contribuição ao Incra 100
Contribuição ao salário-educação 100
Contribuição confederativa 101
Contribuição de iluminação pública 101
Contribuição de Intervenção no Domínio Econômico (CIDE) 102
Contribuição de melhoria 103
Contribuição de seguridade social 105
Contribuição de seguridade social residual 105
Contribuição para o Fundo de Garantia do Tempo de Serviço (FGTS) 106
Contribuição sindical 107
Contribuição social 107

Contribuição social para o Seguro de Acidente do Trabalho (SAT) (1) 108
Contribuição social para o Seguro de Acidente do Trabalho (SAT) (2) 108
Contribuição social/Sesc 109
Contribuição social/Sesi 109
Contribuição social sobre a folha de salários 109
Contribuições de interesse das categorias econômicas e profissionais 110
Contribuições parafiscais 110
Contribuições sociais, econômicas e corporativas 110
Contribuinte de direito 111
Contribuinte de fato 111
Contribuinte ou responsável 111
Controle de constitucionalidade 112
Convênio administrativo 113
Convênio normativo 113
Conversão do depósito em renda 113
Cooperado 114
Cooperativa 114
Cooperativa e tributação 115
Correção monetária 115
CPF 117
CPMF 118
Crédito tributário 121
Criação do tributo 122
Crime contra a ordem tributária: dano ou conduta 122

Crime contra a ordem tributária e o processo administrativo 124

Crime contra a ordem tributária – Extinção 125

Crime contra a ordem tributária – Pacto de San José da Costa Rica 125

Crime contra a seguridade social 125

Crime tributário 126

Curador 129

Custas judiciais 129

D

Dação em pagamento de bens imóveis 133

Dacon 133

Darf 134

Day-trade 134

DCTF 134

Decadência (1) 134

Decadência (2) 136

Decadência/Prescrição 137

Decisão administrativa 137

Decisão judicial 138

Decreto 138

Decreto legislativo 138

Decreto-lei 139

Defesa 139

Defesa administrativa 140

Del credere 140

Delegacia da Receita Federal do Brasil 140
Delegacia da Receita Federal do Brasil de Julgamentos .. 140
Delegacia Regional Tributária 140
Delegacia Tributária de Julgamentos 141
Denúncia 141
Denúncia espontânea 142
Depositário infiel 142
Depósito administrativo 143
Depósito administrativo compulsório 143
Depósito afiançado 144
Depósito especial alfandegado 144
Depósito franco 145
Depósito judicial 145
Depreciação 146
Descaminho 146
Desvinculação de receitas tributárias da União 147
Devido processo legal 147
Diferimento 148
Direito adquirido 148
Direito de petição 149
Direito de propriedade 150
Direito econômico 150
Direito financeiro 150
Direito líquido e certo 150
Direito subjetivo 151
Direito tributário 152

Direito tributário e o direito administrativo 152
Direito tributário e o direito civil 152
Direito tributário e o direito comercial 153
Direito tributário e o direito constitucional 153
Direito tributário e o direito do trabalho 154
Direito tributário e o direito financeiro 154
Direito tributário e o direito internacional 155
Direito tributário e o direito penal 156
Direito tributário e o direito processual civil 156
Direito tributário e o direito processual penal 157
Direito tributário penal e direito penal tributário 157
Direitos coletivos 158
Direitos difusos 158
Dirf 159
Discricionariedade 159
Discriminação de competências tributárias 159
Discriminação de rendas ou partilha de receitas tributárias 162
Disregard doctrine 164
Dissimulação 165
Distrito Federal 165
Dívida ativa tributária 165
Dívida flutuante 166
Dívida fundada 166
Dívida pública 166
DOI 166
Dolo 167

Domicílio tributário 167
Domínio útil 168
Doutrina 168
Drawback 168
DRU 169
Due process of law 169
Dumping 169
Duplo grau 169

E

Efeito jurídico 173
Eficácia 173
Eficácia das normas constitucionais 173
Eficácia social da norma constitucional 175
Elisão fiscal 175
Embaraço à fiscalização 176
Embargos à execução fiscal 176
Embargos de declaração 176
Embargos infringentes 176
Emenda constitucional 177
Empresa de pequeno porte 178
Empréstimo compulsório 178
Encargo do Decreto-lei n. 1.025, de 21 de outubro de 1969 ... 178
Energia elétrica 179
Enfiteuse (1) 180
Enfiteuse (2) 180

Entreposto aduaneiro 180
Entreposto industrial 180
Equidade 180
Erro 181
Erro de Direito 181
Erro de Fato 181
Escrivão 181
Espécies tributárias 182
Espólio 182
Essencialidade 183
Estabelecimento comercial 183
Estado Federado 184
Estatuto do Contribuinte 184
Estorno 185
Estouro de caixa 185
Estrita legalidade 185
Evasão fiscal 186
Exaustão 186
Exceção de preexecutividade 187
Exclusão do crédito tributário 188
Execução fiscal 188
Exercício 188
Exercício financeiro 188
Exportação temporária 189
Ex-tarifário 189
Extinção da obrigação tributária 189

Extrafiscalidade 190
Extraterritorialidade ou exterritorialidade 190

F

Factoring ou faturização 193
Falência (1) 194
Falência (2) 195
Falência (3) 196
Falsificação de selos e assemelhados 196
FAP 197
Fato contábil 197
Fato gerador 197
Fato imponível 198
Fatos geradores confrontantes – IPI/ICMS/ISS 198
Faturamento 199
Fazenda Pública 200
Fazenda Pública distrital 200
Fazenda Pública estadual 200
Fazenda Pública municipal 201
Fazenda Pública nacional 201
Federação 201
Federalismo Fiscal 201
Fenomenologia da tributação 202
Feriado e férias forenses 202
FGTS – Lei Complementar n. 110, de 29 de junho de 2001 203
Fiança 204

Ficção jurídica 204
FINAM 205
Finor 205
Fiscalidade 205
Fisco 205
FISTEL 206
FNDE 207
Fontes 207
Foro (1) 208
Foro (2) 209
Foro (3) 209
Franchising 210
Fraude 211
Fraude à execução ou fraude contra a Fazenda Pública (1).. 212
Fraude à execução ou fraude contra a Fazenda Pública (2) . 213
Fraude à lei 213
Free shop 213
Fumus boni juris 213
Função administrativa 214
Função jurisdicional 214
Função legislativa 214
Funções estatais 214
FUNDAP 215
Fundo de comércio 215
Fundo de estabilização fiscal 216
Fundo de pensão 217

Fundo social de emergência 217

Fundos de participação dos Estados, do Distrito Federal e dos Municípios 217

FUNRES 219

Funttel 219

Fusão 220

FUST 220

G

Ganho de capital relativo à pessoa física 225

Ganho de capital relativo à pessoa jurídica 226

Garantias à execução fiscal 227

Garantias e privilégios do crédito tributário 228

Garantias fundamentais do contribuinte 228

GATT 228

Graduação de penalidades 229

Graduação dos tributos 230

Grossista 230

Guerra fiscal 230

H

Habeas corpus 233

Habeas data 234

Hardware 234

Hasta pública 234

Hedge 235

Herança.......... 236
Herdeiro.......... 236
Hermenêutica.......... 236
Heteronomia normativa.......... 236
Hierarquia normativa.......... 237
Hipótese de incidência ou hipótese tributária.......... 237
Hipótese de incidência realizada.......... 238
Holding.......... 238
Homologação.......... 238
Honorários.......... 239

I

ICMS.......... 243
ICMS – Base de cálculo *por dentro*.......... 243
ICMS – Energia Elétrica.......... 244
ICMS – Petróleo e Combustíveis.......... 245
ICMS – Riquezas Minerais.......... 245
ICMS – Serviço de Comunicação (1).......... 245
ICMS – Serviço de Comunicação (2).......... 246
ICMS – Serviço de Transporte interestadual e intermunicipal.......... 247
ICMS – Substituição *para frente*.......... 247
Igualdade.......... 248
Ilícito tributário.......... 249
Imposto.......... 249
Imposto de Exportação (IE).......... 250

Imposto de Importação (II) 251

Imposto extraordinário de guerra 252

Imposto Provisório sobre Movimentação Financeira (IPMF) 253

Imposto sobre a Propriedade de Veículos Automotores (IPVA) 253

Imposto sobre a Propriedade Predial e Territorial Urbana (IPTU) 256

Imposto sobre a Propriedade Territorial Rural (ITR) 258

Imposto sobre a Renda e proventos de qualquer natureza (IR) 259

Imposto sobre Grandes Fortunas (IGF) 261

Imposto sobre operações de crédito, câmbio e seguro ou relativas a títulos e valores mobiliários (IOF) 262

Imposto sobre operações relativas à circulação de mercadorias e sobre prestações de serviços de transporte interestadual e intermunicipal e de comunicação, além de operações relativas a derivados de petróleo e combustíveis e operações referentes a riquezas minerais (ICMS) 264

Imposto sobre Produtos Industrializados (IPI) 266

Imposto sobre Serviços de qualquer natureza (ISS) 268

Imposto sobre Transmissão *Causa Mortis* e Doação de quaisquer bens ou direitos (ITCMD) 270

Imposto sobre Transmissão *inter vivos*, a qualquer título, por ato oneroso, de Bens Imóveis, por natureza ou acessão física, e de direitos reais sobre imóveis, exceto os de garantia, bem como cessão de direitos à sua aquisição (ITBI) 272

Imposto sobre Vendas a Varejo de combustíveis líquidos e gasosos, exceto óleo diesel (IVV) 273

Impostos estaduais e distritais 274

Impostos federais 275
Impostos municipais e distritais 277
Impostos residuais 279
Impugnação (1) 279
Imputação em pagamento 279
Impugnação (2) 280
Imunidade (1) 281
Imunidade (2) 282
Imunidade (3) 284
Imunidade (4) 284
Incentivo fiscal (1) 285
Incentivo fiscal (2) 286
Incentivo fiscal (3) 286
Inconstitucionalidade 287
Inconstitucionalidade por omissão 287
Incorporação 287
Indelegabilidade da competência tributária 288
Indício 288
Indisponibilidade do interesse público 289
Industrialização 289
Inflação 290
Infração tributária 290
Inscrição da dívida 291
Insolvência civil 291
Instâncias administrativas tributárias 291
Instâncias judiciais tributárias 292

Instituição do tributo 292
Instituto Nacional do Seguro Social (INSS) 293
Instrução normativa 293
Instrumentos jurídicos em prol da Fazenda Pública 294
Instrumentos jurídicos em prol do contribuinte 294
Insumo 295
Interesse de agir 296
Interpretação 296
Interpretação analógica 297
Interpretação autêntica 298
Interpretação doutrinal 299
Interpretação econômica 299
Interpretação eficacial 299
Interpretação filológica 299
Interpretação histórico-evolutiva 300
Interpretação literal 301
Interpretação lógica 302
Interpretação teleológica 303
Interpretação sistemática 304
Interrupção do prazo prescricional 306
Intervenção administrativa 307
Intimação 307
Inventariante 307
Inventário 307
Irretroatividade da lei 308
Isenção 308

Isenção em caráter geral 311
Isenção em caráter individual 311
Isenção heterônoma 312
Isenção por prazo certo 312
Isonomia das pessoas constitucionais 313
ITCMD 313

J

Joint venture ou *merger* 317
Juizado de Pequenas Causas 317
Juizado Especial Cível e Criminal 317
Juizados Especiais federais 318
Julgamento 318
Jurisdição 318
Jurisprudência 319
Juro de mora 319
Justiça Estadual 320
Justiça Federal 320

L

Lacuna 325
Lançamento 325
Lançamento contábil 326
Laudêmio (1) 326
Laudêmio (2) 327
Leasing 327

Legado.......328

Legalidade.......329

Legalidade tributária ou legalidade estrita.......329

Legislação tributária.......329

Legislação tributária distrital.......329

Legislação tributária estadual.......330

Legislação tributária federal.......330

Legislação tributária municipal.......330

Legislação tributária nacional.......330

Legitimatio ad causam e legitimatio ad processum.......331

Legitimidade.......331

Lei complementar.......331

Lei complementar tributária.......333

Lei delegada.......333

Lei de Responsabilidade Fiscal.......334

Lei interpretativa.......334

Lei orçamentária.......335

Lei ordinária.......336

Lei orgânica municipal.......336

Leilão judicial.......336

Liminar.......337

Limitação ao poder de tributar.......337

Liquidação extrajudicial.......338

Lista de serviços – ISS.......338

Lista de serviços anexa à Lei Complementar n. 116, de 31 de julho de 2003.......339

Litigância de má-fé.......354

Livros contábeis e fiscais 356
Loja franca 357
Lucro arbitrado 357
Lucro bruto 358
Lucro contábil 358
Lucro da exploração 358
Lucro inflacionário 359
Lucro líquido 359
Lucro operacional 359
Lucro presumido 359
Lucro real 360

M

Majoração de tributos 363
Mandado de Procedimento Fiscal (MPF) 363
Mandado de segurança 364
Mandado de segurança coletivo 365
Mandatário 366
Massa falida 366
Matéria-prima 366
Meação 367
Medida liminar 367
Medida provisória (1) 367
Medida provisória (2) 368
Mercado comum 370
Mercadorias 370

Mercosul ... 370
Microempresa/Empresa de pequeno porte ... 371
Ministério da Fazenda ... 371
Ministério Público ... 371
Modulação de efeitos ... 372
Montagem ... 373
Moratória ... 373
Motivação ... 374
Multa de mora ... 375
Multa fiscal ... 375
Município ... 376

N

NAFTA ... 379
Não cumulatividade ... 379
Não discriminação tributária em virtude da origem ou destino dos bens ... 379
NBM ... 379
Nomenclatura Brasileira de Mercadorias ... 379
Norma constitucional quanto ao aspecto eficacial ... 379
Norma-matriz de incidência ... 380
Normas de comportamento e normas de estrutura ... 381
Normas de conduta ... 382
Normas gerais de direito tributário ... 382
Nota calçada ... 382
Nota espelhada ... 382

Nota fiscal 383
Nota fiscal eletrônica de serviços 383
Nota fiscal paulista 383
Nota fria 384
Notificação 384
Nulidade de ato administrativo 384

O

Obra pública 389
Obrigação principal e acessória 389
Obrigação tributária 390
Offshore 391
ONG 391
Orçamento 391
Organização Mundial do Comércio (OMC) 392
Organização Não Governamental (ONG) 392
Organização para a Cooperação e Desenvolvimento Econômico (OCDE) 393

P

Pagamento 397
Pagamento antecipado e a homologação do lançamento 397
Parafiscalidade 398
Paraíso fiscal 398
Parcelamento com multa – Lei Complementar n. 104, de 10 de janeiro de 2000 398

Parecer normativo ... 399
Parquet ... 399
Partilha de competência tributária ... 400
Passivo ... 401
Passivo circulante ... 401
Passivo exigível a longo prazo ... 401
Passivo fictício ... 402
Patrimônio líquido ... 402
Pauta fiscal ... 402
Pedágio ... 403
Penalidade ... 403
Penhora de bens ... 403
Penhora *on-line* ... 404
Perda de capital relativa à pessoa jurídica ... 404
Perdimento de bens ... 405
Perempção ... 405
Pessoa física ... 406
Pessoa jurídica ... 407
Pessoas constitucionais ... 408
PIS (1) ... 408
PIS (2) ... 408
PIS (3) ... 409
PIS (4) ... 410
PIS (5) ... 411
PIS (6) ... 411
PIS (7) ... 411

PIS de entidades financeiras 412
Planejamento tributário 412
Poder Constituinte 413
Poder de polícia 413
Poder tributário 414
Portable 414
Portaria 414
Posse 415
Possibilidade jurídica do pedido 415
Praça 415
Práticas administrativas ou costumes administrativos 416
Prazo 416
Precatório 417
Preço público 418
Preços de transferência 418
Preferência do crédito tributário 419
Prequestionamento 420
Prescrição (1) 421
Prescrição (2) 421
Prescrição intercorrente 421
Presunção 422
Princípio da finalidade 422
Princípio da não cumulatividade 423
Princípio da seletividade e essencialidade 423
Princípios constitucionais 424
Princípios constitucionais gerais 425

Princípios constitucionais tributários ... 425
Processo administrativo tributário distrital ... 425
Processo administrativo tributário estadual ... 426
Processo administrativo tributário federal ... 427
Processo administrativo tributário municipal ... 429
Processo tributário ... 431
Procurador da Fazenda ... 431
Procuradoria da Fazenda ... 431
Produto industrializado ... 432
Produto industrializado semielaborado ... 432
Produto intermediário ... 434
Produto Interno Bruto (PIB) ... 434
Programa de Recuperação Fiscal (Refis I) ... 435
Programa de Recuperação Fiscal (Refis II – Paes) ... 435
Programa de Recuperação Fiscal (Refis III – Paex) ... 435
Programa de Recuperação Fiscal (Refis IV) ... 436
Progressividade ... 436
Pró-labore ... 437
Proporcionalidade ... 437
Propriedade rural ... 437
Propriedade urbana ... 437
Provisão ... 438
Publicação ... 438

Q

Quantum debeatur 441
Quérable 441
Quitação 441

R

RAT 445
Reacondicionamento 445
Recepção 445
Receita bruta 445
Receita Federal 446
Receita líquida 446
Recinto alfandegado 446
Reclamação 446
Reconsideração 446
Recuperação judicial 447
Recurso de ofício 447
Recurso de revisão 448
Recurso especial (1) 448
Recurso especial (2) 448
Recurso especial (3) 449
Recurso *ex officio* 449
Recurso extraordinário 449
Recurso ordinário (1) 449
Recurso ordinário (2) 450
Recurso voluntário 450

Recursos administrativos e judiciais 450
Reexame necessário 451
Refis (1) 451
Refis (2) 451
Refis (3) 451
Refis (4) 451
Regime aduaneiro atípico 451
Regime aduaneiro especial 451
Regressividade 451
Regulamento 451
Reimportação de produto industrializado 452
Remissão 452
Remitente 453
Renda 453
Renovação 454
Repercussão geral 454
Repetição de indébito 454
Representação fiscal 454
República 455
Requisitório 456
Resolução 456
Responsabilidade pessoal de terceiros 456
Responsabilidade pessoal do agente 458
Responsabilidade por infrações 458
Responsabilidade solidária de terceiros 458
Responsabilidade sucessória 459

Responsabilidade tributária 459
Responsável 460
Restituição 460
Retenção na fonte (1) 460
Retenção na fonte (2) 461
Retroatividade 462
Revelia 463
Revisão de ofício 464
Royalty 464
Rule shopping 464

S

Salário 467
Salário-educação (1) 467
Salário-educação (2) 471
Salário-educação (3) 473
Saldo credor de caixa 474
Sanção 474
SAT 474
Sebrae 475
Secretaria da Fazenda 475
Secretaria da Receita Federal 476
Secretaria da Receita Federal do Brasil 476
Secretaria de Finanças 477
Segurança jurídica 477
Seguridade social 478

Seletividade 478
Selic 478
Selo de controle/IPI 478
Senac 479
Senai 479
Senar 480
Senat/Sest 480
Serventuário de ofício 482
Serviço de comunicação intramunicipal – ISS 482
Serviço público 482
Sesc 483
Sesi 484
Sigilo 486
Simples 487
Simples Nacional 487
Simulação 492
Síndico de falência 492
Sisa 492
Siscomex 493
Sistema Tributário Nacional ou Sistema Constitucional Tributário 493
Sociedade controlada 494
Sociedade controladora 495
Sociedade empresária 495
Sociedade filiada 495
Sociedade *offshore* 495
Sociedade subsidiária integralizada 495

Sociedades coligadas 495
Sócio 496
Software 496
Software de prateleira 497
Software parametrizado 498
Software por encomenda 498
Solidariedade 498
Solve et repete 499
Sonegação fiscal 499
Sub-rogação 500
Substituição 501
Sucessor 501
Sucumbência 502
Sudam (1) 502
Sudam (2) 503
Sudene (1) 503
Sudene (2) 503
Suframa 504
Sujeito ativo 504
Sujeito passivo 505
Sujeito passivo direto e indireto 505
Súmula de jurisprudência 506
Súmula vinculante 507
Súmulas administrativas 507
Superior Tribunal de Justiça 507
Supremacia do interesse público ao do particular 508

Supremo Tribunal Federal 509
Suspensão do prazo prescricional 509
Sustentação oral 510
Swap 510

T

TAB 513
Tabela Aduaneira do Brasil 513
Tabela de Incidência de Produtos Industrializados 513
Tabelião 513
Tarifa 514
Taxa de Controle e Fiscalização Ambiental (TCFA) 514
Taxa de iluminação pública 514
Taxa de incêndio 515
Taxa de Juros de Longo Prazo (TJLP) 515
Taxa de pedágio 516
Taxas de polícia 519
Taxa de utilização do mercante 519
Taxas de serviço 520
Taxas 521
Taxa Selic 521
Tax haven 521
TEC 521
Templo 521
Território Federal 522
TIPI 522

Tipicidade 525
Tiranossauro Rex 525
Título da Dívida Agrária (TDA) 528
TJLP 528
Trading company 528
Tráfego 529
Tráfego entrante 529
Tráfego sainte 529
Transação (1) 529
Transação (2) 529
Transação (3) 530
Transferência de créditos tributários em prol de terceiros 531
Transferência de tecnologia 532
Transfer pricing 532
Transformação 532
Trânsito aduaneiro 532
Tratado internacional 532
Treaty shopping 533
T-Rex 534
Tribunal de Alçada 534
Tribunal de Contas 534
Tribunal de Impostos e Taxas 535
Tribunal de Justiça 536
Tribunal Regional Federal 536
Tributação sobre supérfluos 537
Tributo 537

Tributos diretos e indiretos 538
Tributos fixos 539
Tributos pessoais e reais 539
Tributos proporcionais, progressivos e regressivos 540
Tributos vinculados e não vinculados 540
Tutela antecipada 540
Tutela de emergência antecipada recursal 541
Tutor 541

U

UFIR 545
Ultratividade 545
União 546
União aduaneira 546
Uniformidade geográfica 546
Universalidade da jurisdição 547

V

Vacatio legis 551
Vale-transporte 551
Valor aduaneiro 552
Valor agregado 552
Valor da causa 553
Valor de mercado 554
Valor fundiário 554
Valor tributável 554

Valor venal 554
Varejista 555
Vedação à tributação confiscatória 555
Verdade formal 555
Verdade material 555
Vigência 556
Voto de qualidade 557

Z

Zona azul 561
Zona Econômica Exclusiva 561
Zona franca 562
Zona Franca de Manaus 562
Zona livre 563
Zona primária e zona secundária 563
Zona rural 563
Zona urbana 563

REFERÊNCIAS BIBLIOGRÁFICAS 565

A

A

Abuso de poder

Também denominado abuso de direito ou abuso de autoridade, exprime o exercício arbitrário por parte da autoridade que, transcendendo o balizamento permitido no sistema normativo, implica desvio de finalidade e culmina por comprometer a validez do ato jurídico, sem prejuízo da responsabilidade administrativa, civil e penal por parte do agente que praticou o ato. Na órbita tributária, a exemplo de outras, o abuso de poder rende margem a que o contribuinte suscite a invalidade do ato administrativo e a consequencial desaparição da exigibilidade nele contida.

Ação

Direito subjetivo público ao qual corresponde o dever do Estado no sentido de efetuar a prestação jurisdicional tendente a tutelar o direito violado ou ameaçado, restaurando, assim, a ordem jurídica.

Ação anulatória de débito fiscal

Ação de rito ordinário escopada a invalidar a cobrança de tributo constante em auto de infração ou notificação de lançamento. Prevista no art. 38 da Lei n. 6.830, de 22 de setembro de 1980, e no art. 782, § 1º, do Código de Processo Civil de 2015, faculta ao autor depositar ou não o valor demandado, lembrando que o depósito obsta a cobrança judicial do crédito tributário, ao passo que a ausência daquela medida não impede que a Fazenda promova a ação de execução fiscal.

Ação cautelar fiscal

Instituída por meio da Lei n. 8.397, de 6 de janeiro de 1992, tem por objetivo instrumentar a Fazenda Pública a postular a declaração judicial de impenhorabilidade de bens do contribuinte com débito devidamente constituído. Deveras, indispor os bens do contribuinte representa medida draconiana, quer em fase liminar, quer em sentença. A providência, com efeito, afronta primados constitucionais limitativos da potestade do Estado e protetores de prerrogativas inalienáveis do contribuinte. Em sinopse, pode-se dizer que a esdrúxula medida desrespeita os seguintes direitos: *a)* impenhorabilidade do bem de família, desde que preenchida a hipótese contida na Lei n. 8.009, de 29 de março de 1990; *b)* proteção à meação uxória, se o contribuinte atingido pela medida for casado; *c)* igualdade, pois a medida somente é aplicada a alguns contribuintes, deixando de alcançar outros em situação idêntica; *d)* devido processo legal e ampla defesa, porquanto sanciona o contribuinte que apresenta defesa administrativa ou que bata às portas do Judiciário, além de suprimir instâncias; *e)* disponibilidade dos bens, antes da inscrição da dívida, conforme preceitua o art. 185 do Código Tributário Nacional, o qual, por revestir a condição de legislação complementar, não poderia ser modificado por lei ordinária; *f)* personalização da pessoa jurídica, enquanto, não raro, a medida grava bens dos sócios, independentemente de qualquer comprovação de prática de fraude ou de abuso de direito; *g)* exercício de atividade, uma vez que a gravação dos bens do ativo permanente da pessoa jurídica representa uma verdadeira pena de interdição, na dimensão em que a empresa fica impedida de operar, seja pelo comprometimento de obtenção de créditos, seja pela impossibilidade de obtenção de recursos por meio de alienação de bens.

Ação civil pública

Instituída pela Lei n. 7.347, de 24 de julho de 1985, representa instrumento processual destinado a proteger uma série de valores, entre eles a defesa do consumidor. Na verdade, a matéria diz respeito aos direitos e garantias fundamentais contemplados no inciso XXXII do art. 5º da Constituição da República, que, por meio de norma de eficácia complementável, incumbiu o legislador de editar a regra integrativa, com a finalidade de realizar aquele desiderato, que, diga-se de passo, sobreveio com o Código do Consumidor, contido na Lei n. 8.078, de 11 de setembro de 1990. Na área tributária, a defesa do consumidor torna-se possível em situações em que um dado tributo ilegal ou inconstitucional vem embutido no preço do produto, da mercadoria ou do serviço. A providência é oportuna, pois, antes da criação desse mecanismo, o consumidor não podia insurgir contra a existência daqueles desconcertos, em virtude de não integrar a relação jurídica tributária. Exemplificando: ao comprar uma mercadoria numa loja, o consumidor não é contribuinte do ICMS, mas sim o lojista. Portanto, se o tributo for ilegal, quem pode questioná-lo por meio de ação específica de índole tributária é o lojista, não o consumidor. Outrossim, com o advento da ação civil pública, esta obra abraça o entendimento no sentido em que o Ministério Público poderia utilizar a mencionada ação com o desígnio de defender a ordem jurídica, com fulcro no *caput* do art. 127 da Carta Magna. Ainda, importa ressaltar que a obrigação tributária insere-se no rol dos direitos coletivos, que, consoante positivado no art. 129, III, do Texto Excelso, merecem ser protegidos por meio da referida ação civil pública de competência institucional do Ministério Publico. Não obstante, cumpre esclarecer que os Tribunais não reconhecem legitimidade ao *Parquet* para promover a referida ação na seara tributária.

Ação declaratória de constitucionalidade/ADC

Criada pela Emenda Constitucional n. 3, de 17 de março de 1993, como também interserta nos arts. 102, I, conjugado com o 103 e seus desdobres, bem como disciplinada pela Lei n. 9.868, de 10 de novembro de 1999, autoriza o Presidente da República, a Mesa do Senado, a Mesa da Câmara dos Deputados ou o Procurador-Geral da República a postular, no Pretório Excelso, uma prestação jurisdicional tendente a declarar a conformidade de lei ou ato normativo federal com a Constituição Federal. A decisão proferida na referida ação produz eficácia *erga omnes* e efeito vinculante a todos os órgãos dos Poderes Judiciário e à administração pública direta e indireta, nas esferas federal, estadual e municipal, conforme disposto no § 2º do art. 102 da Constituição Federal. Como se vê, o contribuinte tributário que não toma parte no pleito sente-se instado a se curvar ao *decisum,* não podendo jamais questionar o tema, na contramão, portanto, do primado sacramental da universalidade da jurisdição. Decididamente, trata-se de expressivo exemplo de norma constitucional inconstitucional, na esteira da doutrina alemã que tem por paladino Otto Bachof. Deveras, a referida ação privilegia os autores do objeto da contenda, sem a participação de seus destinatários, acutilando, dessarte, os princípios constitucionais do devido processo legal, da ampla defesa, do contraditório e da universalidade da jurisdição, entre outros, os quais, diga-se de passo, simbolizam direitos e garantias categorizados com a estatura de cláusulas pétreas, por força do quanto dispõe o art. 60, § 4º, IV, da Constituição. Configura uma vitanda excrescência, peculiar aos regimes totalitários, e, por incredível que possa parecer, o Supremo Tribunal Federal declarou sua conformidade com o Texto Magno!

Ação declaratória de inexigibilidade de tributo

Prevista no art. 19, I, do CPC/2015, bem como no art. 38 da Lei n. 6.830, de 22 de setembro de 1980, presta-se a conferir certeza jurídica acerca da existência ou inexistência de obrigação tributária ou então, em caso afirmativo, comete-se-lhe determinar a intensidade do respectivo dever jurídico. Ao ser ajuizada, o autor pode (querendo) promover o depósito do valor demandado, nos termos do art. 38 da lei retrocitada. Entrementes, corrente mais ortodoxa considera imprescindível que a referida ação seja precedida de medida cautelar inominada, apesar da fraseologia cristalina do comando retrocitado.

Ação de consignação em pagamento

Procedimento especial previsto no art. 539 e seguintes do CPC/2015, tendo por objeto a recusa do Fisco no sentido de receber o *quantum debeatur.* O Código Tributário Nacional trata do assunto ao considerá-lo uma das hipóteses extintivas da obrigação tributária, desde que julgada procedente, quando o valor consignado é convertido em renda da Fazenda Pública.

Ação de execução fiscal

Prevista na Lei n. 6.830, de 22 de setembro de 1980, propicia ao Fisco promover a execução do patrimônio de contribuinte inadimplente. Apoia-se em título extrajudicial, no caso a certidão da dívida ativa, que, mercê de sua natureza de ato administrativo, desfruta da presunção de legitimidade, veracidade e legalidade, cabendo, pois, ao executado, querendo e podendo, infirmar a exigibilidade inserta naquele documento, por meio de embargos à execução, no prazo de trinta dias, a contar da garantia do juízo. Ao lado de sua índole executória, a referida ação apresenta, também, a feição de processo de conhecimento, porquanto comporta uma discussão ampla do assunto, envolvendo questões preliminares e formais e matéria de fundo, além de possibilitar a produção de todas as provas admitidas em direito. Acaso o contribuinte não seja localizado ou não tenha bens suficientes para garantir a execução, o feito ficará sobrestado pelo prazo de um ano, após o qual, persistindo nesse estado, o magistrado haverá de determinar o seu arquivamento, convindo lembrar, de outra parte, que o pleito poderá ser reaberto a qualquer tempo, desde que supressa uma das hipóteses retrocitadas. Exaurida a execução, os bens são levados a leilão, com o fito de satisfazer o crédito tributário, observando-se que, na hipótese de os bens não alcançarem o valor do crédito tributário, a fase executória haverá de prosseguir, com o intento de exaustar integralmente o direito subjetivo da Fazenda Pública. Assinale-se, por outro lado, que a Fazenda poderá adjudicar os bens penhorados, mesmo antes do leilão, se a execução não for embargada ou se rejeitados os embargos. Ainda, cumpre sublinhar que, nos termos do art. 34 da lei retrocitada, as execuções que tenham por objeto valor igual ou equivalente a 50 (cinquenta) Obrigações do Tesouro Nacional (OTNs) extinguem-se em primeira instância, sendo admitida, nesses casos, somente a interposição de embargos infringentes ou de declaração. Outrossim, por se tratar de indexador extinto, torna-se de mister que sejam as OTNs convertidas sucessivamente em Bônus do Tesouro Nacional (BTNs) e Unidades Fiscais de Referência (UFIRs), na trilha, é bem de ver, de orientação pretoriana, entre as quais merece ser citada a decisão da Segunda Turma do Superior Tribunal de Justiça, que abraçou o ponto de vista ora suscitado (REsp 85541/MG, Rel. Ministro Ari Pargendler, julgamento de 18.6.1998, *DJU* de 03.09.1998, p. 175). Entrementes, no pensar do autor, a disposição restringe a latitude de direitos e garantias, máxime porque o inciso LV do art. 5º do Texto Excelso proclama a via recursal como forma de efetivar o contraditório e a ampla defesa, sem contar que a Carta Magna hospeda outros preceitos que estabelecem competência recursal a inúmeros órgãos jurisdicionais, cabendo lembrar, ainda, que a Súmula n. 640 do Pretório Excelso reconhece o cabimento de recurso extraordinário contra decisão proferida por juiz de primeiro grau nas causas de alçada.

Ação de inconstitucionalidade

Meio de controle repressivo de constitucionalidade de lei ou ato normativo, sendo exercitável por via de exceção, também denominada defesa, ou por intermédio de ação. A primeira somente é admissível à luz de um caso concreto, devendo ser proposta perante o juízo da causa, qualquer que seja a entrância ou instância, observando-se que a declaração de inconstitucionalidade, nesse caso, produz efeito apenas entre as partes. Pode argui-la qualquer pessoa física ou jurídica, dotada de capacidade processual.

Ação de inconstitucionalidade por omissão

Inspirada na Carta portuguesa, a Constituição promulgada em 1988 ampliou o mecanismo de controle das leis ou dos atos normativos, por meio do art. 103, § 2º, cujo comando cogita a mencionada inconstitucionalidade por omissão. Ademais, no plano legislativo encontra-se disciplinada por meio da Lei n. 12.063, de 27 de outubro de 2009. Na verdade, nenhuma norma poderá deixar de alcançar o nível de eficácia pleno, segundo o qual as pessoas dotadas de legitimidade ativa para propor a inconstitucionalidade por ação encontram-se igualmente investidas para invocar a inconstitucionalidade por omissão. Tratando-se da declaração desse jaez, na qual a omissão tenha ocorrido no âmbito administrativo, a ordem judicial fixará o prazo de trinta dias para a expedição do diploma normativo competente, sob pena de responsabilização do agente público. No plano do Legislativo, contudo, o Texto Excelso não faz referência explícita quanto ao prazo, bem como no tocante à sanção, na hipótese de descumprimento da ordem judicial. Entrementes, afigura-se lídimo depreender que o prazo poderá ser determinado no *mandamus* expedido pela Corte Excelsa, levando-se em conta o lapso temporal aplicável aos demais agentes políticos, conjugando-se com o prazo constitucional concernente ao processo de elaboração de leis do Parlamento. Acaso haja descumprimento da ordem, assujeitam-se à punição os agentes políticos responsáveis pela deflagração do procedimento legislativo ou, se for o caso, aqueles que obstarem à aprovação de lei preordenada a implementar a eficácia de norma constitucional defluente de decisão da Suprema Corte. O que não se pode admitir é a existência de norma constitucional destituída de coerção, sanção e coação.

Ação de repetição de indébito

Estatuída no art. 38 da Lei n. 6.830, de 22 de setembro de 1980, traduz o meio apropriado para o contribuinte postular judicialmente a devolução de tributo pago indevidamente ou a maior. Na verdade, os antessupostos do direito de repetir resumem-se nos epítetos contidos no conceito ora exposto, quais sejam: o pagamento efetuado à míngua da legalidade ou o pagamento efetivado além do importe realmente devido. Com efeito, a legitimidade da pretensão perfaz-se com a presença dos requisitos prefalados, cumprindo obtemperar que não é necessário provar a recusa da Fazenda com relação à restituição do indébito, uma vez que o postulado da universalidade da jurisdição, por si só, tem o condão de garantir o ajuizamento do pleito, desde logo, se configurados os pressupostos precitados. No tocante ao pleito que tenha por objeto a devolução de tributo pago indevidamente, cujo encargo financeiro tenha sido repassado para terceiros, a exemplo do IPI e do ICMS, o art. 166 do Código Tributário Nacional exige que o contribuinte demonstre encontrar-se autorizado pela interposta pessoa que suportou o respectivo encargo, ou seja, o chamado *contribuinte de fato,* segundo linguagem adotada por muitos autores e pela jurisprudência pretoriana. Por conseguinte, no pensar desta obra, o mencionado *contribuinte de fato* mereceu reconhecimento normativo submerso nas entrevozes do dispositivo em apreço, o qual, em sede de restituição ou repetição, reveste a legitimidade ativa para demandar. Entrementes, cumpre esclarecer que a doutrina tradicional, bem como a jurisprudência, não abraçam a posição ora pugnada.

Ação Direta de Inconstitucionalidade/ADI

Prevista no art. 102, I, *a*, da Constituição Federal e disciplinada por meio da Lei n. 9.868, de 10 de novembro de 1999 tem por objetivo expungir a lei ou o ato normativo da ordem jurídica, produzindo efeito *erga omnes.* Tem como foro o Pretório Excelso e só pode ser proposta pelas pessoas enumeradas no art. 103 da Constituição Federal, quais sejam: o Presidente da República, as Mesas do Senado, da Câmara e da Assembleia, o Governador de Estado, o Procurador-Geral da República, o Conselho Federal da Ordem dos Advogados, o Partido Político com representação no Congresso Nacional, a Confederação Sindical ou a Entidade de Classe com representação nacional. Se declarada a inconstitucionalidade em caráter definitivo, torna-se de mister fazer coro com Nelson de Sousa Sampaio, para quem a decisão haverá de suspender a vigência da lei, desde logo, observando que a expedição de Resolução por parte do Senado para o fim de suspender a execução de lei ou ato normativo, conforme estatui o art. 52, X, do Texto Supremo, representa hipótese tão somente aplicável nas decretações de inconstitucionalidade em casos concretos, equipole dizer, tratando-se da via de exceção ou defesa. V. *Controle de constitucionalidade*.

Ação monitória

Trata-se de feito de rito cognitivo sumário preordenado a dar agilidade à prestação jurisdicional. Instituída por meio da Lei n. 9.079, de 14 de julho de 1995, foi encampada pelo Código de Processo Civil de 2015, consoante o disposto nos arts. 700 a 702 do referido Estatuto adjetivo. Admissível contra a Fazenda Pública, nos termos do art. 700, § 6º, do CPC/2015, hipótese, diga-se de passo, referendada pelo Superior Tribunal de Justiça, a exemplo de remansosa jurisprudência daquela Corte.

Ação popular

Prevista no art. 5º, LXXIII, da Carta da República, preordena-se a anular ato lesivo ao patrimônio público ou de entidade na qual o Estado tenha participação, encampando, outrossim, a moralidade administrativa, o meio ambiente, o patrimônio histórico e cultural. Tem por sujeito ativo todo e qualquer cidadão brasileiro que esteja em gozo de seus direitos cívicos e políticos, portanto dotado da qualidade de eleitor. Constituem pressupostos do pleito a condição de eleitor em relação ao demandante, bem assim a ilegalidade e a lesividade do ato objeto da pretensa invalidação. A ação popular merece guarida na seara tributária, a exemplo da ação julgada procedente pelo Tribunal de Justiça do Estado do Pará que determinou a anulação de decreto e determinou a devolução dos valores retidos indevidamente por entidade beneficiada por concessão de benefício fiscal do ICMS acoimado como indevido (TJPA; AC 2005.3002945-1; Ac.82526; 4ª C. Cív., Rel. Des. Mária de Nazaré Saavedra Guimarães; *DJPA* 27.11.2009).

Ação rescisória

Prescrita no art. 966 *usque* 975 do CPC/2015, preordena-se a invalidar a coisa julgada. A *legitimatio ad causam* recai sobre a pessoa que foi parte no processo motivador da sentença rescindente ou o seu sucessor, bem como o terceiro interessado ou o Ministério Público. A competência para o conhecimento e o julgamento concerne aos Tribunais, sejam os de segundo grau, sejam os de superior função judicante. O lapso temporal para a sua interposição é de dois anos, contados do trânsito em julgado da decisão, sob pena de decadência. Os pressupostos de admissibilidade vêm estampados nos incisos I *a* VIII do art. 966 do CPC/2015. Por outro lado, contudo, torna-se de mister veementizar que a coisa julgada abriga definitividade insuscetível de qualquer questionamento, muito menos de modificação, desconstituição ou invalidação, máxime porque exprime direito e garantia fundamentais, qualificados como pétreos, diga-se de passo, nos termos do art. 5º, XXXVI, conjugado com o disposto no art. 60, § 4º, IV, ambos da Carta da República. Dessarte, em obséquio ao cumprimento da Constituição, força é dessumir que a ação rescisória não resiste a um contraste de validez, o qual não se escoima de inegável inconstitucionalidade.

Ações cautelares

V. *Tutelas provisórias.*

No tocante à natureza, as tutelas provisórias podem ser classificadas em antecipadas e cautelares. As primeiras preordenam-se a assegurar de imediato o pedido do autor, ao passo que as segundas têm por objetivo a preservação de direitos a serem decididos em sentença.

A tutela antecipada tem natureza satisfativa, ou seja, adianta o que foi pedido pelo autor, no todo ou em parte. É coincidente com o pedido formulado na inicial.

Já a tutela cautelar tem natureza protetiva, que preserva o direito do autor, mas não adianta o pedido. Não é coincidente com o pedido formulado na inicial.

- **Tutela Antecipada** – característica satisfativa no todo ou em parte
- **Tutela Cautelar** – medidas protetivas, não antecipa os efeitos da sentença

Exemplos:

Tutela antecipada

Abriga caráter satisfativo, a exemplo da liberação de mercadorias indevidamente apreendidas, embora a satisfatividade esteja sujeita a eventual alteração superveniente no curso do feito.

Tutela cautelar

Reveste natureza protetiva, a exemplo da cautelar fiscal em que a Fazenda Pública pleiteia a impenhorabilidade dos bens do contribuinte como forma de garantir efetividade a futura execução fiscal. Por outro lado, o contribuinte, a seu turno, pode postular em caráter cautelar seja sobrestado o leilão de bens apreendidos e sujeitos à pena de perdimento antes da decisão definitiva a ser prolatada em processo judicial.

Quanto à fundamentação, as tutelas provisórias são classificadas em tutela de urgência e tutela de evidência. A urgência tem por pressuposto a presença do *fumus boni iuris* e o *periculum* dispostos nos arts. 294 e 300 do CPC/2015. Já a tutela de evidência tem por supedâneo o *fumus boni iuris* mais as hipóteses descritas no art. 311 da legislação adjetiva, a saber:

> *Art. 311. A tutela da evidência será concedida, independentemente da demonstração de perigo de dano ou de risco ao resultado útil do processo, quando:*
>
> ***I** – ficar caracterizado o abuso do direito de defesa ou o manifesto propósito protelatório da parte;*
>
> ***II** – as alegações de fato puderem ser comprovadas apenas documentalmente e houver tese firmada em julgamento de casos repetitivos ou em súmula vinculante;*
>
> ***III** – se tratar de pedido reipersecutório fundado em prova documental adequada do contrato de depósito, caso em que será decretada a ordem de entrega do objeto custodiado, sob cominação de multa;*
>
> ***IV** – a petição inicial for instruída com prova documental suficiente dos fatos constitutivos do direito do autor, a que o réu não oponha prova capaz de gerar dúvida razoável.*
>
> *Parágrafo único. Nas hipóteses dos incisos II e III, o juiz poderá decidir liminarmente.*

Tutela incidental

Compreende os mesmos requisitos supratranscritos com a peculiaridade de ser postulada no curso do processo.

Acondicionamento ou reacondicionamento

Significa a colocação de embalagem em produto industrializado ou mesmo a substituição da embalagem original, o que, nos termos da legislação imposta sobre produtos industrializados, exprime industrialização. Por induvidoso, o conceito merece objurgatórias, porquanto versa hipótese inegável de prestação de serviço, jamais de industrialização. V. *Industrialização.*

Acordo cooperativo

É o ato constitutivo de uma Cooperativa ou, ainda, o ato que formaliza o ingresso ou a saída de associados. Difere do Ato Cooperativo, pois este é o meio pelo qual a cooperativa vende produtos, mercadorias ou serviços aos seus cooperados.

Acordo de valoração aduaneira

É o acordo internacional resultante da chamada Rodada Uruguai de Negociações Comerciais Multilaterais do GATT, o qual implementa o art. VII do Acordo Geral sobre Tarifas e Comércio de 1994, sendo encampado, diga-se de passo, pelo Decreto n. 1.355, de 30 de dezembro de 1994, e regulamentado pelo Decreto n. 2.498, de 13 de fevereiro de 1998. Consoante noção cediça, o valor aduaneiro da mercadoria importada será o preço efetivamente pago ou a pagar numa operação de comércio exterior. Entrementes, o preço *in casu* poderá ser ajustado segundo as disposições do aludido Acordo, devidamente disciplinadas pelo Decreto n. 6.759, de 5 de fevereiro de 2009, o qual regulamenta a administração das atividades aduaneiras, bem assim a fiscalização, o controle e a tributação das operações de comércio exterior. V. *Valor aduaneiro.*

Adicional do imposto sobre a renda estadual

Imposto extinto

Tributo de competência estadual e distrital, cuja extinção operou-se em 31.12.1995, *ex vi* da Emenda Constitucional n. 3, de 17 de março de 1993. Sua hipótese de incidência consistia no auferimento de lucros, ganhos e rendimentos de capital tributáveis pela União, tendo por base de cálculo, outrossim, a percentagem de até 5% do valor devido, a título de imposto sobre a renda federal. A emenda retrocitada fixou a redução de sua alíquota de 5 para

2,5%, a viger no ano de 1995, até a sua desaparição em 1996. Todavia, o Supremo Tribunal Federal, em sessão realizada no dia 6 de outubro de 1993, ao apreciar ações de exceção, declarou a inconstitucionalidade do aludido tributo, alcançando vinte e um Estados, pelo que a cobrança do referido imposto ficou proibida, por ausência de legislação complementar, nos termos do art. 146, III, da Constituição, desde logo, nas seguintes unidades federativas: São Paulo, Goiás, Mato Grosso do Sul, Mato Grosso, Rio Grande do Sul, Minas Gerais, Bahia, Alagoas, Pernambuco, Ceará, Piauí, Maranhão, Acre, Pará, Amazonas, Sergipe, Espírito Santo, Rondônia, Rio de Janeiro, Paraná e Santa Catarina.

Adjudicação

Transferência de bens, objetos de leilão ou praça, em prol da exequente. V. *Hasta pública*, *Leilão judicial* e *Praça*.

Administração tributária

Atividade administrativa pela qual a Fazenda Pública realiza a fiscalização de tributos, bem como orienta o contribuinte quando consultada verbal ou formalmente, compreendendo, outrossim, a deflagração do procedimento de cobrança nas hipóteses de inadimplemento do dever jurídico tributário. Seu conteúdo abrange, também, a expedição de certidões comprobatórias da situação fiscal do contribuinte.

Administrador judicial

Falência e recuperação judicial

A Lei n. 11.101, de 9 de fevereiro de 2005, criou a figura do administrador judicial, no lugar do antigo síndico de falência, como também do antigo comissário na concordata. A exemplo da extinta figura do síndico ou do comissário, o administrador é nomeado pelo juiz e, sob a égide do magistrado, a ele compete a condução do processo falencial, cabendo a ele, também, conduzir a recuperação judicial. O novel diploma trouxe uma série de modificações no tangente à administração da falência ou da recuperação judicial, na dimensão em que, além da idoneidade, o administrador haverá de ser pessoa qualificada para o mister, de preferência advogado, economista, administrador de empresas ou contador, ou, ainda, pessoa jurídica especializada no assunto. O mandamento contido no art. 22 e nos respectivos desdobres da lei retrocitada enumera o rol de atribuições e deveres impostos ao administrador judicial da falência ou da recuperação judicial, convindo observar que algumas disposições guardam plena harmonia com o art. 62 e seguintes do antigo Decreto-lei n. 7.661, de 21 de junho de 1945, enquanto outras inovam a matéria. Na órbita tributária, de seu turno, a repercussão relevante consiste na responsabilidade de terceiros prevista no art. 134, V, do Código Tributário Nacional, que recairá sobre o administrador judicial, em substituição ao antigo síndico ou comissário, competindo-lhe, ainda, o dever de prestar informações às autoridades fazendárias em relação ao processo falencial ou à recuperação judicial, na estrita conformidade com o disposto no art. 197 do Código Tributário Nacional.

Admissão temporária

Trata-se de regime aduaneiro especial que permite a importação de bens com suspensão de tributos, os quais devem permanecer no País durante um prazo determinado, conforme estabelece o art. 75 do Decreto-lei n. 37, de 18 de novembro de 1966, e a legislação superveniente.

Adquirente

Pessoa que adquire alguma coisa móvel ou imóvel por meio de título translativo da propriedade. A forma de aquisição pode ser qualquer modalidade admitida em direito, a exemplo de venda, troca, legado, doação, arrematação, adjudicação ou usucapião, entre outras. Segundo o art. 131, I, do Código Tributário Nacional, o adquirente é pessoalmente responsável pelos tributos relacionados aos bens por ele adquiridos.

Aduana ou alfândega

Expressões sinônimas que designam o órgão administrativo incumbido de cobrar os tributos incidentes sobre o comércio exterior. Por metonímia, passou a identificar o recinto onde é realizado o referido trabalho fiscal.

Affidavit

Expressão inglesa cujo significado consiste na declaração juramentada prestada voluntariamente perante magistrado, tabelião ou qualquer autoridade pública. Segundo Baleeiro, na seara tributária é o registro sob juramento pelo qual se declara residir fora do território nacional, para efeitos de desfrutar de isenção no tocante a títulos da dívida externa (BALEEIRO, Aliomar. *Uma introdução à ciência das finanças*. 14. ed. Rio de Janeiro: Forense, 1994. p. 471).

AFTN/AFRF/AFRFB

Sigla designativa do funcionário do Fisco Federal incumbido da fiscalização dos tributos federais. O então AFTN dizia respeito ao cargo de Auditor-Fiscal do Tesouro Nacional, o qual passou a ser denominado Auditor-Fiscal da Receita Federal (AFRF), ora ampliado com a denominação Auditor-Fiscal da Receita Federal do Brasil (AFRFB), nos termos do art. 10, I, da Lei n. 11.457, de 16 de março de 2007.

Agravo de instrumento

Recurso normatizado no art. 1.015 e seguintes do Código de Processo Civil de 2015, representa meio volvido à insurgência contra decisão interlocutória. Ao lume da legislação a viger, é dirigido originalmente ao Tribunal *ad quem*, o qual deverá apreciá-lo em caráter preliminar, tendo por desígnio obstar a preclusão da matéria contida na decisão recorrível, além de preordenar-se a render ensanchas à reforma do aludido *decisum*. Cumpre salientar que, na hipótese de a decisão recorrida ocasionar lesão grave ou de difícil reparação, o agravante poderá postular para que seja atribuído o efeito suspensivo ao recurso ou o deferimento da antecipação da tutela, total ou parcial, em relação à pretensão recursal, nos termos do quanto dispõem os arts. 1.019, I, e 1.012 da legislação adjetiva, pelo que o acolhimento do pedido por parte do Relator tem o condão de suspender os efeitos da decisão recorrida. Ainda, representa meio de relevante valia no universo do direito tributário, em especial nos feitos que tenham por objeto a discussão acerca da inexigibilidade de tributos ou a expedição de certidão de regularidade fiscal ou liberação de mercadorias, entre outras hipóteses.

Agravo regimental

O agravo regimental, também denominado agravo interno, é o recurso interposto contra a decisão monocrática do Relator, em recursos no âmbito dos próprios Tribunais. Representa espécie do gênero 'agravo' e encontra-se positivado expressamente nos Regimentos dos Tribunais, bem como implicitado nas entrevozes do Código de Processo Civil de 2015, a exemplo do disposto nos arts. 1.021, e 932, V, § 1º, da mencionada legislação adjetiva.

ALALC

Associação Latino-Americana de Livre Comércio. Organização internacional criada pelo Tratado de Montevidéu, tendo por objetivo o estabelecimento de uma zona de livre comércio entre os países signatários e, como desígnio final, a instalação de um mercado comum na América do Sul.

ALCA

Área de Livre Comércio das Américas. Idealizada no ano de 1990 pelo então presidente dos Estados Unidos, George Bush, compreende os trinta e quatro países das três Américas, com exceção de Cuba, e tem por finalidade unificar, otimizar e fortalecer as economias do hemisfério ocidental. Para tanto, sua coluna mestra consiste na redução gradual dos tributos incidentes sobre a importação e a exportação, até alcançar o patamar da isenção desses gravames alfandegários, o que se daria a partir de 2006.

Alíquota

Fator representado por uma percentagem ou por qualquer unidade de medida e destinado a se conjugar com a base de cálculo, a fim de traduzir o importe da prestação tributária, podendo ser proporcional, progressivo ou regressivo. O primeiro é substanciado em percentagem, quando *ad valorem* ou unidade monetária fixa, sendo aplicado a uma dada base tributável. O segundo afigura-se tanto mais elevado quanto maior for a base tributável, enquanto o último depara-se reduzido em função da correspondente elevação da base tributável. V. *Progressividade, Proporcionalidade* e *Regressividade.*

Alíquota *ad valorem*

É representada por uma percentagem que se conjuga a um dado valor sujeito à tributação, no caso a base de cálculo, também denominada valor tributável na legislação do IPI. Utilizada sobretudo no âmbito dos impostos sobre a importação e exportação, bem assim no IPI e no ICMS, incide sobre o valor da operação que tem por objeto o produto ou mercadoria objeto de comércio exterior ou industrialização ou comercialização, ou ainda serviço de comunicação ou transporte intermunicipal ou estadual. V. *TAB ou TIPI ou Tabela do ICMS.*

Alíquota específica

Traduz uma medida de valor do bem ou produto ou mercadoria objeto de incidência tributária, a exemplo de uma quantia em reais por metro de tecido ou por litro de determinado produto líquido. Sob o prisma terminológico não é uma verdadeira alíquota, máxime porque não é parte de um todo, donde, expressa uma modalidade de componente quantitativo da norma tributária, dotado de legitimidade indiscutível, apesar da impropriedade linguística.

Alíquota fixa

Conforme sugere a sua denominação é aquela que permanece inalterada qualquer que seja a base de cálculo do tributo. À guisa de exemplo, na hipótese de venda e compra de uma mercadoria gravada com a alíquota de 18%, essa percentagem haverá de recair sobre aquele negócio jurídico, independentemente do valor da operação.

Alíquota progressiva

Na esteira de sua designação, é aquela susceptível de elevação na dimensão em que a base de cálculo seja mais elevada. Exemplo eloquente ocorre na legislação do imposto sobre a renda das pessoas físicas, porquanto são perfiladas em quatro patamares, quais sejam 7,5%; 15%; 22,5%; e 27,5%.

Alíquota proporcional

Corresponde à alíquota fixa, pois reveste um caráter proporcional ao valor tributável.

Alíquota regressiva

Ao contrário da progressiva, a alíquota regressiva torna-se decrescente quanto maior for a base de cálculo. Seria o caso, por exemplo, de tributar Grandes Fortunas com percentagens menores, quanto maior fosse a base de cálculo.

Alíquota seletiva

É aquela graduada em consonância com o grau de maior ou menor essencialidade ou necessidade do produto, mercadoria ou serviço em relação à maioria da população. Exemplificam o asserto as alíquotas seletivas do IPI que oscilam entre o mínimo de zero e o máximo de 330%, conforme o quão essencial seja o produto industrializado. Nessa trilha, a bem ver, os produtos alimentícios industrializados, bem assim peças de vestuário, calçados e outros não são tributados, vale dizer, assujeitam-se à alíquota zero, ao passo que as cervejas são gravadas com 40%, o uísque com 60% e os cigarros com 330%. Convém lembrar que as alíquotas do IPI podem ser alteradas por Decreto do Poder Executivo, desde que respeitados os limites máximos e mínimos firmados por lei e, além disso, subordinam-se tão somente à anterioridade nonagesimal, razão por que os exemplos trazidos à colação podem ser modificados a qualquer tempo.

Alíquota variável

Os tributos sujeitos à progressividade ou regressividade ou ainda a seletividade são sujeitos à incidência de alíquota variável, pois a percentagem guarda conformidade com a base de cálculo, vale dizer, na progressividade o percentual torna-se mais elevado quanto maior for a base de cálculo, enquanto na regressividade dá-se exatamente o contrário. Já na seletividade a alíquota oscila para mais ou para menos em função da essencialidade do objeto tributável.

Alíquota zero

Fórmula de intributabilidade utilizada pelo Poder Executivo Federal em relação aos impostos sujeitos à atenuação da estrita legalidade, no caso aqueles enumerados no art. 153, § 1º, da Constituição da República, vale dizer, imposto sobre a importação, imposto sobre a exportação, IPI e IOF. Merece encômios a crítica incisiva de Hugo de Brito Machado ao dizer que a referida alíquota representa uma *contradictio in terminis*. São suas palavras: "Na verdade, sendo a alíquota uma expressão matemática que indica o número de vezes que a parte está contida no todo, a expressão alíquota zero encerra uma contradição em seus próprios termos, porque zero certamente não indica o número de vezes que a parte está contida no todo. Zero não é expressão de parte. Não indica relação nenhuma" (*Dicionário de direito tributário*. São Paulo: Atlas, p. 10).

Amicus curiae

Expressão latina que significa Amigo da Corte, a qual, mercê da relevância do feito *sub judice*, consiste na apresentação de defesa por interposta pessoa natural ou jurídica, bem como por órgão ou entidade especializada. Nesse sentido, a bem ver, dispõe o art. 138, §§ 1º usque 3º, do CPC/2015.

Amortização

Representa a recuperação de capital ou de recursos aplicados em despesas relativas à composição de resultado de mais de um período de apuração. Computável como custo ou encargo, é suscetível de dedutibilidade na composição do lucro real das pessoas jurídicas. A matéria encontra-se positivada na Lei n. 4.506, de 30 de novembro de 1964, e no Decreto-lei n. 1.598, de 26 de dezembro de 1977, ambos reproduzidos pelos arts. 244, 260, 327 e 330, entre outros, do Regulamento aprovado pelo Decreto n. 9.580, de 22 de novembro de 2018.

Ampla defesa

Direito indeclinável do acusado no sentido de não ser condenado sem ser ouvido, sendo-lhe assegurado exaustar os argumentos e as provas possíveis, além de garantir a nomeação de um defensor no caso de revelia. Segundo Nicolò Trocker, citado por Cruz e Tucci, a ampla defesa abriga os seguintes componentes: *a)* o direito de ser informado; *b)* a bilateralidade da audiência; e *c)* o direito à prova legitimamente obtida ou produzida (TUCCI, Rogério Lauria; CRUZ E TUCCI, José Rogério. *Constituição de 1988 e processo*. São Paulo: Saraiva, 1989. p. 61).

Analogia

Aplicação da lei a um caso semelhante em virtude da ausência de disposição explícita a uma dada situação sob exame. Merece ser citada a lição de Ezio Vanoni, para quem a analogia "é a identificação da vontade da lei mais além da fórmula empregada". O Código Tributário Nacional contempla a analogia como um meio de interpretação, por meio do art. 108, I, enquanto o § 1º do mesmo comando veda a sua utilização como forma de exigir tributo não previsto em lei. Por outro lado, em seu art. 112, por via transversa, o Código Tributário Nacional afasta a sua aplicação, ao condicionar a literalidade em relação às hipóteses de outorga de suspensão à exigibilidade do tributo ou à outorga de isenção, além da dispensa do cumprimento de obrigações de fazer ou não fazer. Em suma, segundo o Código Tributário Nacional, a analogia seria um instituto inócuo, pois não pode ensejar a exigibilidade ou a inexigibilidade do tributo, o mesmo ocorrendo em relação às obrigações positivas ou negativas. No pensar desta obra, contudo, a interpretação analógica, assim como os demais métodos interpretativos, pode e deve ser utilizada, com o rigor e a precisão de cada caso. Como exemplo, convém lembrar que, por vezes, a classificação de produtos industrializados na Tabela do IPI depende da interpretação analógica, desde que inexista uma descrição específica a determinado produto. Igual sorte verifica-se em relação ao livro eletrônico, que, embora não esteja expressamente previsto no art. 150, VI, *d*, da Constituição Federal, desfruta da imunidade contida naquele comando, em virtude do aspecto analógico combinado ao teleológico, consoante ponto de vista de festejados doutrinadores, fato, aliás, cristalizado na Súmula n. 57 do Pretório Excelso.

Anistia

Prevista no art. 175, II, do Código Tributário Nacional, significa o perdão legal da multa tributária. O termo é comumente utilizado de forma imprópria, com o escopo de indicar o perdão do tributo, o que se afigura decididamente incorreto.

Ano-base

Locução empregada nos casos de apuração anual do imposto sobre a renda. Diz respeito ao ano que serve de base para a tributação no ano seguinte, a exemplo do imposto apurado em 2021 que deve ser objeto da declaração de rendimentos no ano 2022. Em suma, equivale à expressão ano-calendário que é utilizada nas Tabelas do site da Receita Federal do Brasil.

Ano-calendário

Compreende o período de tempo 12 meses, com início em 1º de janeiro e término no dia 31 de dezembro. Tem por origem o calendário gregoriano que foi promulgado pelo Papa Gregório XIII em 24 de fevereiro do ano de 1582 em substituição ao calendário juliano. O gregoriano, aliás, é o calendário utilizado na maior parte do mundo, sobretudo nos países ocidentais. O ano-calendário reveste inegável relevância na seara da tributação, tanto que serve de craveira para o princípio constitucional da anterioridade, segundo o qual, em regra, a cobrança de tributo se condiciona a sua instituição ou majoração no ano-calendário imediatamente anterior. Ao demais, representa uma medida de tempo nimiamente utilizada no plano infraconstitucional, a exemplo do período de apuração do imposto sobre a renda das pessoas físicas em relação à declaração de rendimentos, bem como o mecanismo de lançamento dos impostos sobre a propriedade, *ad exemplum* do IPTU, IPTR e IPVA.

Ano civil

Expressão designativa do período de tempo de 12 meses ou 365 dias. Ao contrário do entendimento corrente, o ano civil é contado a partir de qualquer dia de determinado ano, tendo como término o mesmo dia do ano subsequente. Ao propósito, a definição reveste cunho legal e foi positivada por meio da Lei n. 810, de 6 de setembro de 1949 que assim dispõe, *in verbis*:

Lei n. 810, de 6 de setembro de 1949

Define o ano civil.

O Presidente da República, faço saber que o Congresso Nacional decreta e eu sanciono a seguinte Lei:

Art. 1º *Considera-se ano o período de doze meses contado do dia do início ao dia e mês correspondentes do ano seguinte.*

Art. 2º *Considera-se mês o período de tempo contado do dia do início ao dia correspondente do mês seguinte.*

Art. 3º *Quando no ano ou mês do vencimento não houver o dia correspondente ao do início do prazo, este findará no primeiro dia subsequente.*

Art 4º *Revogam-se as disposições em contrário.*

Rio de Janeiro, 6 de setembro de 1949; 128º da Independência e 61º da República.

Eurico Gaspar Dutra

Adroaldo Mesquita da Costa

Anterioridade (1)

Período entre outubro de 1988 e 19 de dezembro de 2003

Princípio constitucional tributário contido no art. 150, III, *b*, do Diploma Excelso, segundo o qual a cobrança de tributos em um dado exercício condiciona-se à sua criação ou ao seu aumento no ano anterior. Ao lado desse regramento basilar, o constituinte estatuiu algumas exceções, firmadas por meio do art. 150, § 1º, conjugado com os arts. 148, II, e 154, II, bem como o art. 195, § 6º. Este último comando contempla as contribuições de seguridade social, as quais se submetem à *vacatio legis* de noventa dias, também denominada *anterioridade nonagesimal*. Antolha-se oportuno salientar que, ao contrário de controvérsias vitandas, a aludida noventena alcança tão somente as contribuições enumeradas no art. 195, conforme quer o Pleno do Pretório Excelso, em consonância com a decisão cristalizada no Recurso Extraordinário n. 146.733-9/São Paulo. As demais se encontram integralmente excetuadas de qualquer restringência temporal e dizem respeito aos seguintes gravames: imposto sobre importação, imposto sobre exportação, imposto sobre produtos industrializados, imposto sobre operações de crédito, câmbio e seguro ou relativas a títulos ou valores mobiliários, além do empréstimo compulsório destinado ao atendimento de despesas extraordinárias e do imposto extraordinário de guerra.

Anterioridade (2)

Período a contar de 19 de dezembro de 2003

A partir de 19 de dezembro de 2003, sobreveio a Emenda Constitucional n. 42, que estabeleceu modificações no aludido postulado constitucional. Com efeito, a anterioridade assumiu a seguinte roupagem: como regra, a exigência de um tributo criado ou majorado em um dado exercício deve respeitar, também, a noventena, tudo por força do disposto na alínea *b* do art. 150, conjugada com a letra *c* do mesmo dispositivo. *Ad exemplum*, caso um tributo sujeito ao princípio da anterioridade seja majorado em 31 de dezembro de um dado exercício, sua exigibilidade dar-se-ia após a decorrência de 90 (noventa) dias, em nome do binômio anterioridade ano-calendário e noventena instituída pela Emenda retrocitada. V. *Anterioridade e suas exceções.*

Anterioridade (3)

Exceções a qualquer anterioridade

Por força da primeira cláusula inserta no § 1º do inciso III do art. 150 da Constituição Federal, alguns tributos encontram-se excetuados de qualquer anterioridade, pelo que podem ser instituídos ou majorados e exigidos desde logo. São os seguintes: imposto sobre importação, imposto sobre exportação, imposto sobre operações de crédito, câmbio e seguro ou relativas a títulos ou valores mobiliários, imposto de guerra, empréstimo compulsório, além da majoração da contribuição de intervenção no domínio econômico, *ex vi* do art. 177, § 4º, I, *b*, do Texto Supremo.

Anterioridade (4)

Exceções à anterioridade nonagesimal acrescida à anterioridade ano-calendário

Com fulcro no mandamento imerso no art. 150, § 1º, cláusulas segunda e terceira, o imposto sobre a renda encontra-se excetuado da referida noventena. Igual sorte o constituinte estabeleceu em relação à majoração da base de cálculo do imposto sobre a propriedade de veículos automotores e do imposto sobre a propriedade predial e territorial urbana.

Anterioridade (5)

Nonagesimal

Firmada pela Emenda n. 42, de 19 de dezembro de 2003, e contemplada no § 1º do art. 150 da Constituição Federal, a aludida anterioridade nonagesimal aplica-se ao imposto sobre produtos industrializados, o qual, excetuado da anterioridade ano-calendário, pode ser exigido após noventa dias da respectiva majoração.

Anterioridade (6)

Nonagesimal/Contribuições de seguridade social

A exemplo do regime pretérito em relação àquele estipulado pela Emenda n. 42, de 19 de dezembro de 2003, as contribuições de seguridade social elencadas no art. 195 do Estatuto Supremo encontram-se excetuadas da anterioridade ano-calendário e subordinadas ao postulado da anterioridade nonagesimal. Advirta-se, no entanto, que tanto à luz da redação constante do texto original da Carta Magna quanto após a inserção efetuada pela Emenda ora mencionada, a aludida noventena não se aplica às demais contribuições sociais, a teor das culturais, educacionais, ambientais ou quaisquer outras, uma vez que se assujeitam ao primado da anterioridade ano-calendário.

Anterioridade (7)

Tributos estatuídos por medida provisória

Em consonância ao comando interserto no art. 62, § 2º, da Constituição da República, a anterioridade relativa a tributo instituído ou majorado por medida provisória será sopesada a contar da lei de conversão, ou seja, a partir da vigência da Emenda n. 42, de 19 de dezembro de 2003, incorporada ao art. 150, III, *b*, da Constituição Federal, torna-se aplicável a anterioridade ano-calendário adicionada pela noventena. Outrossim, o aludido comando excepciona de qualquer anterioridade os seguintes impostos: imposto sobre importação, imposto sobre exportação, imposto sobre operações de crédito, câmbio e seguro ou relativas a títulos ou valores mobiliários e imposto de guerra.

Anterioridade (8)

Publicidade e eficácia

Por óbvio, a produção dos efeitos jurídicos de qualquer diploma normativo antessupõe a respectiva publicação do texto, o que, em geral, é efetivada no Diário Oficial, qualquer que seja o âmbito de governo. Em princípio, a questão não oferece dificuldades aparentes, mas, por vezes, podem exsurgir situações sobremodo polêmicas, a exemplo do ocorrido na passagem do ano de 1994 para 1995, quando o *Diário Oficial da União* publicou a majoração do imposto sobre a renda das pessoas jurídicas no dia 31 de dezembro, que recaiu num sábado. Como visto, a majoração do imposto foi publicada em dia sem expediente na Secretaria da Receita Federal do Brasil, o mesmo ocorrendo em relação aos profissionais da área tributária, a exemplo de advogados e contadores, cuja assessoria afigura-se indispensável para transmitir ao empresário o conteúdo e o alcance dos diplomas de índole tributária, a fim de que sejam cumpridos. Logo, o destinatário da norma jurídica tributária não teve meios de tomar conhecimento da referida elevação do gravame naquele sábado, já no crepúsculo do ano de 1994; assim, em respeito ao postulado da anterioridade ano-calendário, o imposto *in casu* não poderia ser exigido no exercício de 1995, mas somente no ano seguinte, ou seja, 1996. De toda forma, a observância do princípio tematizado haverá de adotar como paradigma a data da efetiva circulação, isto é, o momento em que a publicação esteja ao alcance do sujeito passivo da norma jurídica tributária, para que possa conhecê-la e cumpri-la, a fim de pretender que sejam convalidados os atos secretos, tão a gosto de regimes totalitários e, por isso mesmo, incompagináveis com os primados de um Estado Democrático. Em abono ao afirmado, merece ser lembrado um eloquente pronunciamento do Tribunal Regional Federal da 3ª Região, que se manifestou nesse sentido ao apreciar o Agravo Regimental em Mandado de

Segurança n. 95.03.019625-6. A Relatora do Acórdão foi a Juíza Annamaria Pimentel, acompanhada pelas Juízas Lúcia Figueiredo e Diva Malerbi, como também pelos Juízes Homar Cais e Silveira Bueno (*DJU* 2, de 17.07.1996, p. 49261). No mesmo sentido, tem-se o substrato do Agravo de Instrumento n. 37.052/SP, no qual foi Relatora a Juíza Diva Malerbi (*DJU* 2, de 26.06.1996, p. 44095-44096). Ainda, as lições de José de Oliveira Ascensão dão guarida ao entendimento propugnado; são suas palavras: "Suponhamos que um jornal oficial datado de 2 só é distribuído a 12. Desde quando se conta a *vacatio* – a partir do dia 2 ou a partir do dia 12? Consoante a conclusão a que se chegar, assim haverá dez dias em que vigorará ainda a lei antiga ou se aplicará já a nova." Na sequência, o festejado autor remete-se a um excerto contido em Acórdão do Supremo Tribunal Administrativo português, de 20 de fevereiro de 1963, publicado nomeadamente na *RDF*, ano 15, p. 161, com os seguintes dizeres: "a data de publicação de uma lei não é a que figura no jornal oficial onde é inserta, mas sim a data em que esse jornal é posto à disposição do público, pois, publicar não significa inserir ou imprimir, mas fazer saber ao público, dar a conhecer a todos". Em que pesem os argumentos ora expostos, a orientação pretoriana mostra-se infensa à tese sob comento, a exemplo da decisão constante do Recurso Especial n. 162.705/São Paulo (98/0006299-8), assim ementado: "Lei n. 8.981/1994 – Publicação – Princípio da Anterioridade. Não existe disposição nenhuma determinando que a lei só é publicada no dia em que as pessoas recebem o Diário Oficial. Recurso provido" (*DJU* 1, de 08.06.1998, p. 52). Na mesma esteira decidiu a Primeira Turma do Pretório Excelso por meio do Recurso Extraordinário n. 312.139-1/São Paulo, na medida em que o voto condutor, sufragado à unanimidade, firmou que, apesar de a publicação dar-se num sábado e o Diário Oficial ter sido posto à venda à noite, não houve ofensa relativa ao princípio da anterioridade (*DJ* de 19.04.2002, p. 63, Ementário n. 2065-9).

Antijurídico

Preponderantemente, a expressão é utilizada na contramão da precisão terminológica. Aliás, o seu emprego encontra-se consagrado como epíteto destinado a definir *crime* ou qualquer outra conduta tendente a contrariar padrões éticos, morais ou sociais. Todavia, em obséquio ao rigor terminológico que deve informar a linguagem do direito, a locução *in casu* haverá de significar tão somente um fato ou ato contrário ao direito. Assim, por considerar que a conduta criminosa é objeto de norma jurídica, ao contrário de antijurídico, o crime é algo jurídico por excelência, até porque se encontra previsto por meio de normas jurídicas. Antijurídico, por exemplo, seria condenar um inocente ou absolver um criminoso, pois se estaria diante de normas individuais contrapostas ao direito. Na verdade, o uso incorreto do termo decorre da ausência de precisão na terminologia, conjugada a uma visão impura do direito, que o vislumbra por meio de um sincretismo metodológico.

Anualidade

Na seara tributária, diz respeito ao prerrequisito que autoriza somente a cobrança de tributos constantes do orçamento. À luz do aludido princípio, não basta que o tributo seja criado no ano anterior ao de sua cobrança, mas, além disso, requer que seja incluído na lei orçamentária. Por conseguinte, representa um *plus* em relação à anterioridade. Exemplificando: o tributo instituído ou aumentado em 31 de dezembro de um dado ano pode ser exigido no exercício subsequente, em plena consonância com a anterioridade. Entretanto, esse pressuposto não satisfaz ao primado da anualidade, porque instituído após a deflagração do procedimento legislativo atinente à lei orçamentária e, por isso mesmo, não elencado no orçamento. O art. 165, § 2º, do Diploma Excelso estipula que a lei orçamentária deverá dispor sobre as alterações na legislação tributária. Em face desse preceito, Ives Gandra da Silva Martins e Flávio Bauer Novelli sustentam a consagração do primado da anualidade na órbita tributária. Nesta obra, contudo, o aludido comando não condiciona o tributo ao postulado da anualidade, mas requer a competente autorização orçamentária para que seja cobrado, na trilha, aliás, do que ocorre com qualquer receita ou despesa pública, que não pode percorrer caminho travesso. Deveras, nem tudo que consta da lei orçamentária é anual, porquanto o orçamento é multidocumental, na medida em que a lei básica recepciona orçamentos miniaturais destinados à obtenção de créditos adicionais, nos termos do art. 40 e seguintes e da Lei n. 4.320, de 17 de março de 1964, além de orçamentos paralelos relativos a autarquias e paraestatais.

Apelação

Recurso preordenado a impugnar a sentença de primeiro grau, cujo efeito, no geral, é suspensivo, nos termos do art. 1.012 do CPC/2015.

Aplicação da lei

Ponto terminal de positivação do direito, cujo início repousa na norma fundamental e que, por meio de um desdobramento verticalizado, culmina por incidir num caso particular.

Apólice da dívida pública

O Governo Federal emitiu apólices da dívida pública no período de 1902 a 1964, tudo com o desígnio de obter recursos para investimentos de infraestrutura. As aludidas apólices representavam uma aplicação de longo prazo e, aparentemente, de baixíssimo risco. Em 1967, o Governo Federal resolveu resgatar as referidas apólices, oferecendo, para tanto, tão somente o importe nominal acrescido de juros, sem a necessária atualização monetária do *debitum*. O assunto foi normatizado pelo Decreto-lei n. 263, de 28 de fevereiro de 1967, que estabeleceu o prazo de seis meses para que as apólices fossem resgatadas. O referido prazo foi prorrogado por doze meses, em face do disposto no Decreto-lei n. 349, de 24 de janeiro de 1968. Dito de outro modo, o Governo Federal estipulou um prazo exíguo para o resgate, por um valor deteriorado pela inflação, estatuindo, outrossim, a sanção da perda do direito para aqueles que não aceitassem a cláusula detrimentosa substanciada na quitação da dívida por valor inferior ao real. Por esse motivo, é lídimo insurgir-se contra aqueles diplomas, visto abrigarem disposição inconstitucional, que, por isso mesmo, não merecem prosperar. Dessarte, afastada a validade dos decretos-leis precitados, possível por meio de provimento jurisdicional, os mencionados títulos readquirem a sua validez. Na seara tributária, os referidos títulos servem para caucionar a execução fiscal, cumprindo lembrar, à guisa de exemplo, que uma apólice de 1 conto de réis, em 1902, valeria R$ 245.426,00 em 30 de junho de 1996, segundo cálculo efetuado pela Fundação Getulio Vargas. Entrementes, em que pese a clareza solar que permeia o *debitum* da União, o Judiciário Federal não reconheceu a sua validade, restando assim legitimado o inadimplemento por parte do Governo Federal e prejudicados os seus credores.

Apreensão de mercadorias

Conquanto seja prática usual no âmbito da fiscalização do ICMS, a apreensão de mercadorias é inadmissível como meio coercitivo de pagamento do imposto, consoante sumulado, diga-se de passo, pelo extinto Tribunal Federal de Recursos (Súmula n. 323). Se o referido procedimento já encontrava restrições ao lume da Carta velha, com mais razão afigura-se incompaginável com a *Lex Legum* promulgada em 1988. Deveras, a privação de bens subordina-se ao devido processo legal, conforme dispõe o art. 5º, LIV, segundo o qual a aludida privação depende de legislação consentânea com os grandes postulados constitucionais, pressuposto inexistente, aliás, e mesmo assim somente seria aplicável à guisa de sanção após decisão terminativa, jamais *ab initio*. V. *Perdimento de bens*.

Apropriação indébita

Crime fiscal consubstanciado na falta de pagamento de tributo recebido de terceiros. Até dezembro de 1991, o pagamento tinha o condão de extinguir a punibilidade, o que foi modificado com o advento da Lei n. 8.383, de 30 de dezembro de 1991, em função da qual nem mesmo o pagamento poria termo às sanções de índole criminal. Por outro lado, a extinção da punibilidade em decorrência do pagamento do tributo é restabelecida por intermédio do art. 34 da Lei n. 9.249, de 26 de dezembro de 1995, caso o recolhimento seja efetivado antes do recebimento da denúncia. Fazendo coro com Graça Wagner, impende obtemperar essa disposição, que confunde o sujeito passivo com a figura do arrecadador de tributos, afrontando, assim, a estrutura lógica da norma-matriz de incidência. V. *Crime tributário.*

Arbitramento

Meio de mensuração da base de cálculo do tributo, utilizável quando a escrita do contribuinte afigura-se imprestável ou inidônea para efeito de traduzir o valor tributável. Previsto em legislações específicas de inúmeros tributos, sendo mais frequente na seara do imposto sobre a renda, nos termos do art. 7º do Decreto-lei n. 1.648, de 18 de dezembro de 1978, e dos arts. 602 a 613 do Decreto n. 9.580, de 22 de novembro de 2018.

Área de livre comércio

Traduz modalidade de regime aduaneiro atípico e consiste no território ou local em que os bens e as mercadorias importados encontram-se a salvo de incidência tributária, a exemplo da Zona Franca de Manaus, das Lojas Francas, dos Depósitos Alfandegados, dos Depósitos Afiançados e dos Depósitos Francos.

Arguição de Descumprimento de Preceito Fundamental

Ação de controle abstrato de constitucionalidade, instituída por meio da Emenda n. 3, de 17 de março de 1993, e encartada no art. 102, § 1º, da Constituição Federal. Trata-se de norma eficacial limitada, donde requer normação integrativa para produzir os seus efeitos jurídicos, a qual sobreveio por meio da Lei n. 9.882, de 3 de dezembro de 1999. Impende ressaltar que o epíteto preceito fundamental não compreende toda a Constituição, mas tão somente as matrizes ou princípios que são as colunas mestras do Texto Supremo e do Direito Nacional. Revestem essa natureza, por exemplo, o direito à vida, à propriedade e à igualdade, entre outros de matizes genéricos, senão também os postulados de índole tributária, assim como a estrita legalidade, a anterioridade, a irretroatividade e a capacidade contributiva e os demais primados que presidem essa seara do Direito no plano constitucional. Por oportuno, trazemos à colação um *decisum* do Pretório Excelso, o qual estampa o julgamento de uma ADPF tendo por objeto matéria tributária, a saber:

Órgão julgador: Tribunal Pleno

Relator(a): Min. EDSON FACHIN

Julgamento: 29.09.2016

Publicação: 27.04.2017

Ementa

ARGUIÇÃO DE DESCUMPRIMENTO DE PRECEITO FUNDAMENTAL. DIREITO TRIBUTÁRIO. IMPOSTO SOBRE SERVIÇOS DE QUALQUER NATUREZA - ISSQN. ALÍQUOTA MÍNIMA. ART. 88 DO ADCT. COMPETÊNCIA LEGISLATIVA DA UNIÃO. NORMAS GERAIS DA LEGISLAÇÃO **TRIBUTÁRIA**. USURPAÇÃO. BASE DE CÁLCULO. DEFINIÇÃO POR LEI MUNICIPAL. CONCEITO DE RECEITA BRUTA DO PREÇO DO SERVIÇO. PRINCÍPIO FEDERATIVO. FEDERALISMO FISCAL. 1. Com espeque no princípio da eficiência processual, é possível ao Tribunal Pleno do STF convolar julgamento de referendo de medida cautelar em julgamento definitivo da **ADPF**. Precedente: **ADPF** 378, de minha relatoria, com acórdão redigido pelo Ministro Luís Roberto Barroso, Tribunal Pleno, *DJe* 08.03.2016. 2. O princípio da subsidiariedade é aferido no momento da propositura da **ADPF**, de modo que não se depreende qualquer outra ação constitucional com aptidão para evitar a lesividade ao pacto federativo em questão. 3. A ocorrência de coexistência de jurisdições constitucionais estadual e nacional configura a hipótese de suspensão prejudicial do processo de controle normativo abstrato instaurado perante o Tribunal de Justiça local. Precedentes. 4. O Governador do Distrito Federal possui legitimidade ativa para pleitear em processo abstrato medida judicial em face de lei municipal, de modo a salvaguardar o federalismo fiscal, notadamente pela natureza dúplice, estadual e municipal, do ente federativo em termos de competência **tributária**. 5. Reveste-se de inconstitucionalidade formal a lei municipal na qual se define base de cálculo em que se excluem os tributos federais relativos à prestação de serviços tributáveis e o valor do bem envolvido em contratos de arrendamento mercantil, por se tratar de **matéria** com reserva de lei complementar, nos termos do art. 146, III, "a", da Constituição da República. 6. No âmbito da inconstitucionalidade material, viola o art. 88, I e II, do Ato das Disposições Constitucionais Transitórias do Texto Constitucional, incluído pela Emenda Constitucional 37/2002, o qual fixou alíquota mínima para os fatos geradores do ISSQN, assim como vedou a concessão de isenções, incentivos e benefícios fiscais, que resultasse, direta ou indiretamente, na redução da alíquota mínima estabelecida. Assim, reduz-se a carga **tributária** incidente sobre a prestação de serviço a um patamar vedado pelo Poder Constituinte. 7. Fixação da seguinte

Decisão

que julgava improcedente a ação. Fixada tese nos seguintes termos: "É inconstitucional lei municipal que veicule exclusão de valores da base de cálculo do ISSQN fora das hipóteses previstas em lei complementar nacional. Também é incompatível com o Texto Constitucional medida fiscal que resulte indiretamente na redução da alíquota mínima estabelecida pelo art. 88 do ADCT, a partir da redução da carga **tributária** incidente sobre a prestação de serviço na territorialidade do ente tributante." O Tribunal deliberou que a declaração de inconstitucionalidade tenha efeitos a partir da data do deferimento

Tese

É inconstitucional lei municipal que veicule exclusão de valores da base de cálculo do ISSQN fora das hipóteses previstas em lei complementar nacional. Também é incompatível com o Texto Constitucional medida fiscal que resulte indiretamente na redução da alíquota mínima estabelecida pelo art. 88 do ADCT, a partir da redução da carga **tributária** incidente sobre a prestação de serviço na territorialidade do ente tributante.

Arm's lenght

Princípio pelo qual empresas associadas devem negociar nas mesmas condições em que negociariam empresas independentes. A sua observância enseja a fixação de base de cálculo do tributo compatível com o valor da operação e a consequencial quantificação correta do *quantum debeatur*. Segundo Luís Eduardo Schoueri, os países integrantes da Organização para Cooperação e Desenvolvimento Econômico adotam o referido princípio como parâmetro a ser utilizado por grupos multinacionais e administrações tributárias (SCHOUERI, Luís Eduardo. *Preços de transferência no direito tributário brasileiro*. São Paulo: Dialética, 1999. p. 21).

Arrematação

Segundo José Frederico Marques, é a transferência de bens, objetos de leilão ou praça, peculiarizada por se destinar a terceira pessoa e não ao exequente, se for o caso de processo de execução, pois, nessa hipótese, estar-se-ia diante da figura da adjudicação. V. *Hasta pública, Leilão judicial* e *Praça*.

Arrendamento mercantil

V. *Leasing*.

Arrolamento de bens

Introduzido pela Lei n. 9.532, de 10 de dezembro de 1997, por meio dos comandos espraiados nos incisos e parágrafos do art. 65, consiste na enumeração dos bens do contribuinte em caso de lavratura de auto de infração por parte da Auditoria da Receita Federal, sempre que o crédito tributário for superior a trinta porcento do patrimônio do autuado. A aludida providência não indisponibiliza os bens, mas, no caso de transferência, alienação ou oneração dos bens, o contribuinte deve comunicar o fato à Fazenda, sob pena de imediata propositura de ação cautelar fiscal.

Artaçastra

Segundo Findlay Shirras, professor da Universidade de Bombaim, citado por Aliomar Baleeiro, Artaçastra é a obra do pensador hindu Kautylia, escrita em sânscrito e produzida por volta do ano 300 a.C., tendo por objeto a atividade financeira do Estado (BALEEIRO, Aliomar. *Uma introdução à ciência das finanças.* 14. ed. Rio de Janeiro: Forense, 1984. p. 10). Ao revés de artaçastra, Igor Tenório e José Motta Maia adotam a expressão *Arthahastra,* traduzindo-a para *Artaçastra,* sublinhando tratar-se do mais antigo tratado de finanças públicas do mundo, sendo composto por 15 livros, desdobrados em 150 capítulos (TENÓRIO, Igor; MAIA, José Motta. *Dicionário de direito tributário.* 2. ed. Rio de Janeiro: Forense, 1984. p. 13). Com efeito, a obra abriga interesse histórico para a Ciência das Finanças, senão também para o direito tributário, em razão das estreitas relações entre as aludidas disciplinas.

Atacadista

Comércio que opera entre a produção e o comércio varejista. Caracteriza-se, pois, pela venda de grandes quantidades, que excedem as necessidades de consumo dos particulares. A legislação do IPI, de seu turno, considera comerciante atacadista equiparado a estabelecimento industrial aquele que promover vendas de bens de produção de consumo em quantidades superiores às de uso particular, qualificando como tal, também, o comerciante que vender a revendedores, além de incluir no mesmo rol o comerciante varejista que realizar vendas por atacado esporadicamente.

Ativo

Expressão contábil com inegáveis repercussões na área tributária. Significa o conjunto de bens e direitos da pessoa jurídica expresso em moeda, caixa, bancos, imóveis, veículos, equipamentos, mercadorias, títulos a receber e clientes, entre outros.

Ativo circulante

Caracteriza-se por disponibilidades imediatas, bem como por direitos realizáveis no curso do exercício social subsequente. Aquelas podem ser ilustradas pelas contas caixa, pelos bancos e pelas aplicações de pronta liquidez. Estes se traduzem por meio de duplicatas a receber, duplicatas descontadas, provisão para créditos duvidosos, títulos a receber, estoques etc., além de aplicações de recursos em despesas do exercício seguinte, assim como as despesas diferidas ou antecipadas.

Ativo diferido

V. *Ativo permanente.*

Ativo fictício

É o ativo que abriga bens e direitos inexistentes em decorrência de manipulação deliberada por parte dos responsáveis pela pessoa jurídica. *Ad exemplum*, configura ativo fictício o registro de um dado valor, que simplesmente não existe, na conta caixa ou na conta banco, propiciando, assim, a ocultação de receitas que tenham sido objetos de desvio de destinação. Tal conduta enseja a imposição de multa agravada no patamar de cento e cinquenta porcento em relação ao importe do tributo, sem prejuízo das penalidades administrativas ou criminais aplicáveis à espécie, nos termos do disposto no art. 998 e seguintes, do Decreto n. 9.580, de 22 de novembro de 2018. V. *Passivo fictício.*

Ativo imobilizado

Parcela do ativo composta por bens e direitos vocacionados à manutenção da atividade da empresa, a exemplo de terrenos, edificações, máquinas e equipamentos de transporte (tangíveis), bem como patentes, direitos autorais, marcas de indústrias e comércio e outros (intangíveis).

Ativo permanente

Compreende os investimentos, o ativo imobilizado e o ativo diferido. Os primeiros são substanciados pelas contas representativas de bens e direitos por participações permanentes em outras sociedades, bem como pelos direitos de qualquer natureza, não classificáveis no ativo circulante e que não se destinem à manutenção da atividade da empresa, a exemplo de participações em coligadas e provisões para perdas, entre outros. O imobilizado abriga as contas preordenadas à manutenção das atividades da empresa, assim como imóveis, móveis e utensílios, marcas e patentes etc. Já o diferido é representado pelas contas relativas às aplicações de recursos em despesas que contribuirão para a formação do resultado de mais de um exercício social, inclusive os juros pagos ou creditados aos acionistas durante o período que anteceder o início das operações sociais.

Ativo realizável a longo prazo

Configura-se pelas contas representativas dos bens e direitos realizáveis após o término do exercício seguinte e por aquelas que representam os bens e direitos oriundos de negócios operacionais realizados com coligadas, controladas, proprietários, sócios, acionistas e diretores, a exemplo de créditos com controladas, créditos com coligadas etc.

Ato administrativo

Segundo Lucia Valle Figueiredo, é a norma concreta editada pelo Estado, ou por quem lhe fizer as vezes, no exercício da função administrativa, com o escopo de declarar, criar, modificar ou extinguir relações jurídicas entre o Estado e o administrado. Assume especial relevo no direito tributário, porquanto serve de roupagem para a cobrança dos tributos, a exemplo da notificação de lançamento e do auto de infração.

Ato administrativo discricionário

Ato editado por meio de valoração subjetiva que haverá de sopesar a razoabilidade, a proporcionalidade, a boa-fé, a lealdade e a igualdade, consoante predica o magistério fecundo de Lucia Valle Figueiredo. Deveras, segundo corrente moderna do direito administrativo, a discricionariedade já não comporta o livre-arbítrio da Administração, que, antigamente, ao expedir um ato desse jaez, podia escolher entre as alternativas 'a', 'b', 'c' etc. Atualmente, diante de uma situação qualificada por lei como suscetível de discricionariedade e defrontando-se com uma gama de possibilidades, o administrador pode e deve eleger aquela que melhor atender ao interesse público. A seara tributária, entretanto, é pouco frequentada por atos dessa natureza, salvo o estabelecimento de programas de fiscalização, momento em que a Administração subjetivamente seleciona o universo de contribuintes a ser alvo de auditorias fiscais. Outrossim, cumpre frisar que a Administração Tributária é presidida por atos vinculados, os quais, no tangente ao grau de liberdade na sua edição, situam-se em linha diametralmente oposta aos discricionários.

Ato administrativo vinculado

Conforme Celso Antônio Bandeira de Mello, é a norma concreta posta pela Administração, ou por quem lhe fizer as vezes, sem margem alguma de liberdade para se decidir, porquanto a lei previamente tipifica um único comportamento possível diante de uma hipótese prefigurada em termos objetivos. Os planos do nascimento, da existência e da extinção da obrigação tributária subsumem-se à prática de atos vinculados; em harmonia, é bem de ver, com a cláusula derradeira do art. 3º do Código Tributário Nacional, ao preceituar que a cobrança de tributos perfaz-se por meio de atividade administrativa plenamente vinculada.

Ato complementar

Diploma normativo de cunho ditatorial, utilizado pelo Presidente da República nos albores do regime militar, tendo por fundamento de validade o Ato Institucional n. 2, de 27 de outubro de 1965, que dispõe sobre a matéria constitucional. Entre os mencionados textos, merece destaque o art. 7º do Ato Complementar n. 36, de 13 de março de 1967, por força do qual a Lei n. 5.172, de 25 de outubro de 1966, passou a se denominar Código Tributário Nacional.

Ato cooperativo

Ato substanciado na venda e na compra de produto, mercadoria ou serviço, numa operação sem finalidade lucrativa e sem intermediário, em uma relação direta entre Cooperativa e Cooperado. Força é não confundir o ato sob exame com o Acordo Cooperativo que é o ato pelo qual se constitui uma Cooperativa.

Ato institucional

Diploma normativo de conteúdo constitucional, instituído no País ao ensejo da Revolução de março de 1964, que instrumentava o Presidente da República a expedir normas preordenadas a garantir os ideais revolucionários, uma das quais imersa no art. 30 do Ato n. 2, de 27 de outubro de 1965, que, por sua vez, instituiu a denominação Código Tributário Nacional, locução que rotulou a Lei n. 5.172, de 25 de outubro de 1966.

Autarquia

Pessoa jurídica de direito público dotada de capacidade administrativa. A sua etimologia pode ensejar equívocos, pois a expressão grega *autos* significa *por si só* e *arche, governo,* daí a justaposição sugerir o sentido de algo que se governa. Todavia, a autarquia não reveste autonomia na acepção do direito constitucional, até porque a ela incumbe cumprir a atividade que lhe fora confiada por lei, tudo na condição de verdadeira *longa manus* do Estado, como quer Lucia Valle Figueiredo (*Curso de direito administrativo.* 2. ed. São Paulo: Malheiros, 1995. p. 85). Na órbita tributária, merecem ser sublinhados os seguintes aspectos: *a)* submete-se ao princípio da legalidade, pois somente pode ser criada ou extinta por meio de lei; *b)* desfruta de imunidade no tocante aos impostos incidentes sobre o patrimônio, a renda e os serviços atrelados às suas finalidades essenciais, nos estritos termos do quanto dispõe o § 2º do art. 150 do Texto Excelso; *c)* os seus bens são imprescritíveis e inalienáveis, conforme quer expressiva e autorizada vertente doutrinal, seja por defluência do regime de direito público que lhe é inerente, conforme preleciona Oswaldo Aranha Bandeira de Mello (*Princípios de direito administrativo.* Rio de Janeiro: Forense, 1974. 2 v. p. 215), seja por desfrutar das prerrogativas ínsitas na Fazenda Pública, cuja carga semântica hospeda também as autarquias, em consonância com as lições de José Frederico Marques (*Instituições.* 3. ed. Rio de Janeiro: Forense, 1971. 5 v. p. 529). Em decorrência do exposto, a execução contra as autarquias haverá de ser efetivada por meio de precatório. Em face, ainda, de inserir-se no conceito de Fazenda Pública, desfruta de prazo em dobro para recorrer, nos termos do art. 183 do CPC/2015, em flagrante descompasso com a igualdade constitucional no âmbito do processo, consoante arguta e inestimável lição de Rogério Lauria Tucci e José Rogério Cruz e Tucci (*Constituição de 1988 e processo.* São Paulo: Saraiva, 1989. p. 40 et seq.).

Auto de infração

Ato administrativo da categoria dos vinculados que representa a peça vestibular do processo administrativo tributário de índole contenciosa. Sobre processo administrativo tributário v. *Processo tributário* e *Defesa administrativa*.

B

B

Bagagem

Sob o prisma semântico significa o conjunto de itens de uso pessoal que uma pessoa leva consigo numa viagem. Não é diferente o conceito legal, pois o art. 1º do Decreto-lei n. 2.120, de 14 de maio de 1984, bem assim os seus desdobres, cuida do assunto e qualifica como bagagem para efeitos fiscais o conjunto de bens de viajante que, mercê da quantidade ou qualidade, não revele destinação comercial. O conceito *in casu* se estende aos bens adquiridos em lojas francas no país ou aqueles levados para ao exterior e retornados para o país, respeitados os limites de isenção fixados na legislação de regência em relação aos bens comprados no exterior ou em lojas francas. A bem ver, trata-se de direito e garantia fundamental proclamado no art. 5º, XV, da Carta da Carta da República, cujo comando assegura a qualquer pessoa a liberdade de locomoção no território nacional, podendo dele sair ou retornar com seus bens, conforme bem sublinhado por Hugo de Brito Machado e Schubert de Farias Machado (*Dicionário de direito tributário,* São Paulo: Atlas, p. 20). Entrementes, na contramão da Constituição, a União Federal obteve sucesso no Superior Tribunal de Justiça que, por meio de remansosa jurisprudência, desconsiderou o veículo automotor como bagagem, mantendo, por consequência, a vedação genérica de sua importação, nos termos da legislação de regência (REsp 191.344-PE, Rel. Ministro Peçanha Martins, julgado em 05.12.2000, Segunda Turma; REsp 192.532-RS, Rel. Ministro Milton Luiz Pereira, julgado em 24.04.2001, Primeira Turma; REsp 639.588-RS,

Rel. Ministro Castro Meira, julgado em 04.10.2005, Segunda Turma).

Balancete

Utilizando uma imagem metafórica, poder-se-ia dizer que é um balanço miniatural, pois retrata uma parcela da situação patrimonial da pessoa jurídica, de forma sucinta, com ênfase nas contas de receita e despesa, bem como os saldos credores ou devedores.

Balanço

É a demonstração compendiada do estado patrimonial de uma pessoa jurídica, tendo por principais finalidades estampar o resultado do exercício, o que implica uma prestação de contas da respectiva gestão administrativa, bem como traduzir o cumprimento de exigência legal substanciada no Código Comercial e na legislação tributária.

Base de cálculo

Preliminarmente, cumpre esclarecer que, na visão deste Dicionário, a natureza jurídica dos tributos codificados é determinada pelo fato gerador, conjugado à base de cálculo, enquanto a natureza das espécies tributárias não codificadas é determinada pela destinação constitucional de suas receitas, a exemplo das contribuições sociais, as interventivas econômicas e profissionais, entre outros tributos não codificados. Com efeito, caso a lei de um dado tributo estabeleça o comprometimento de suas receitas com certa finalidade, tratar-se-á de tributo não codificado, a exemplo da extinta CPMF ou dos atuais PIS e Cofins. Nesses casos, o fato gerador e a base de cálculo não revestem nenhuma importância em relação à sua natureza jurídica, que é caracterizada pela afetação do produto de sua arrecadação. Por outro lado, sempre que a legislação não estipular a afetação das receitas, estar-se-á diante de tributo codificado, no qual a espécie será aquela em que o verdadeiro fato gerador guardar harmonia com o art. 16 – imposto –, o art. 77 – taxa – ou o art. 81 – contribuição de melhoria. Por fim, cabe sublinhar que o verdadeiro fato gerador é aquele a que se refere a base de cálculo, daí a sua extraordinária importância no plano da

Ciência do Direito Tributário. Ademais, ao lado de distinguir a espécie tributária codificada, a base de cálculo exerce, fundamentalmente, uma função quantificadora, na medida em que fixa o valor suscetível de tributação, que, combinado a uma alíquota, traduz o *debitum* tributário. Outrossim, é importante observar que nem todos os tributos são dotados de base de cálculo, assim como o ISS em relação aos profissionais liberais, cujo valor já é traduzido em moeda nacional pela legislação de regência e importa em dois salários-mínimos ao ano. Há taxas, por exemplo, valoradas desde logo pela legislação específica, a teor da taxa de inspeção veicular, que é representada por uma dada importância em reais e não contém base de cálculo.

Base imponível

Expressão utilizada pelo consagrado Geraldo Ataliba com o sentido de valor tributável ou base de cálculo. Aliás, o saudoso jurista empregava a locução Fato Imponível em vez de Fato Gerador, em estreita harmonia e correlação lógica e terminológica em relação ao binômio em apreço que integra a norma jurídica tributária.

Bem

No âmbito do direito tributário, a palavra significa o objeto corpóreo destinado a uso pessoal, ou seja, trata-se de algo fora do comércio. Opõe-se à mercadoria, que é o produto corpóreo destinado ao comércio. Baleeiro propicia-nos um exemplo singelo em expressivo dizer que um sapato exposto numa vitrine é uma mercadoria, mas, quando adquirido por alguém e uma vez calçado, transforma-se em bem. Essa sutil diferença entre bem e mercadoria pode suscitar consequências muito relevantes na área tributária.

Bem de família

Previsto no art. 70 do Código Civil de 1916, com desdobres normatizados na Lei n. 8.009, de 23 de março de 1990, encontra-se redimensionado na atual codificação interserta na Lei n. 10.406, de 10 de janeiro de 2002.

Com efeito, bem de família é aquele destinado a abrigar a

família, assegurando-lhe um lar, pelo que se afigura inalienável e impenhorável, salvo a hipótese de dívida sobre o imóvel, a exemplo de IPTU, IPTR ou mesmo prestação condominial, que se encontram excetuados daquela proteção, por força do disposto no art. 1.715 do Código Civil de 2002. A atual codificação estabeleceu limites para fins de instituição de bem de família, porquanto condicional como parâmetro o importe de, no máximo, um terço do patrimônio do instituidor, diferentemente da legislação de antanho. Consoante preleciona Maria Helena Diniz (*Código Civil anotado*. São Paulo: Saraiva, 2002. p. 1174-1175), o bem de família somente pode ser instituído por pessoas casadas ou conviventes, não podendo fazê-lo, a *contrario sensu*, as pessoas solteiras, sem prole, mesmo vivendo em concubinato, ou ainda curador, tutor ou avós. No tangente à impenhorabilidade, impende observar que a Lei n. 8.009/1990, retrocitada, já a garante, desde logo, independentemente de quaisquer formalidades, no que exsurge um descompasso com o novo Código, pois este alude a necessidade de escritura pública ou testamento como meio de dar roupagem legal ao aludido instituto. De todo modo, afigura-se aconselhável que seja lavrada a competente escritura pública e, posteriormente, averbada no registro de imóveis, seja como forma de afugentar questões intertemporais ou mesmo como caminho para estancar eventuais conflitos normativos, seja porque essa providência transforma um direito passível de revogação em direito adquirido. Observe-se que, na área tributária, a aludida legislação revela extraordinário alcance social, pois o imóvel categorizado como bem de família permanece a salvo de eventual responsabilidade tributária reflexa, seja por solidariedade, seja de terceiro, seja qualquer outra. Nesse caso, na seara tributária o imóvel somente pode ser atacado por dívida de imposto incidente sobre o próprio bem, vale dizer, o IPTU ou o IPTR.

Beneficiamento

Segundo a legislação do imposto sobre produtos industrializados, significa uma das hipóteses de industrialização. Ainda, significa o aperfeiçoamento de um produto ou a alteração do seu funcionamento, utilização, acabamento ou aparência, o que, a bem ver, dependendo de cada caso, pode configurar industrialização ou prestação de serviço. V. *Industrialização.*

Bens imóveis (1)

Consoante Código Civil de 1916

São aqueles cuja natureza os torna insuscetíveis de remoção, sob pena de serem danificados ou destruídos, acaso removidos ou transportados. À guisa de exemplo, merecem ser lembrados, entre outros, o solo com a sua superfície, os edifícios e os direitos reais sobre os imóveis. O Código Civil assim os define:

> "Art. 43. São bens imóveis:
>
> I – o solo com a sua superfície, os seus acessórios e adjacências naturais, compreendendo as árvores e frutos pendentes, o espaço aéreo e o subsolo;
>
> II – tudo quanto o homem incorporar permanentemente ao solo, como a semente lançada a terra, os edifícios e construções, de modo que se não possa retirar sem destruição, modificação, fratura ou dano;
>
> III – tudo quanto no imóvel o proprietário mantiver intencionalmente empregado em sua exploração industrial, aformoseamento ou comodidade."

Na seara tributária, os bens imóveis integram a norma-matriz de incidência de inúmeros tributos, a exemplo dos seguintes: IPTR, IPTU, ITBI *causa mortis* e *inter vivos,* além da contribuição de melhoria. Cumpre observar que os navios, embora não revestindo a condição de imóvel, submetem-se à ritualística dos imóveis para determinados efeitos, assim como no tocante à transmissão da propriedade que não se dá com a mera tradição, mas por meio de documento escrito devidamente transcrito no registro marítimo.

Bens imóveis (2)

Consoante Código Civil de 2002

O novo Estatuto Civil cuida do assunto por meio dos arts. 79 a 81, nos quais qualifica como tais o solo e tudo quanto se lhe incorporar natural ou artificialmente, considerando também imóveis, para efeitos legais, os direitos reais sobre imóveis e as ações interligadas ao exercício daqueles direitos, bem como o direito à sucessão aberta. Além disso, conforme estipula o art. 81, I e II, não perdem o caráter de imóvel as edificações que, separadas do solo, mas conservando a sua unidade, forem removidas para outro local, senão também os materiais provisoriamente separados de um prédio, para nele se reempregarem.

Bens móveis (1)

Consoante Código Civil de 1916

São aqueles que, mercê de sua natureza, são suscetíveis de remoção. O Código Civil estampa a seguinte definição: "Art. 47. São móveis os bens suscetíveis de movimento próprio, ou de remoção por força alheia."

Sua identificação rende margem à compreensão de inúmeros tributos de nosso sistema, porquanto, vezes sem conta, a regra-matriz hospeda bens desse timbre em sua contextura íntima, a teor do IPVA, ICMS e ITBI.

Bens móveis (2)

Consoante Código Civil de 2002

Na trilha da codificação pretérita, o Texto a viger qualifica como móveis os bens suscetíveis de movimento próprio ou de remoção por força alheia, sem alteração da substância ou da destinação econômico-social, na estrita conformidade com o que dispõe o comando imerso no art. 82. Ademais, o art. 83 do Código de 2002 categoriza como móveis as energias de valor econômico, bem como os direitos reais sobre objetos móveis e as ações correspondentes, além dos direitos pessoais de caráter patrimonial e suas respectivas ações. Por fim, o art. 84 inclui no rol dos móveis os materiais destinados à construção, enquanto não empregados naquela finalidade, sublinhando que esses materiais readquirem a condição de bens móveis quando provenientes de obra demolitória.

Bens parafernais (1)

Consoante Código Civil de 1916

Etimologicamente, provém do grego e significa *além do dote.* Consoante Planiol e Ripert, *no casamento sob o regime dotal, a parafernalidade constitui a regra, sendo a dotalidade a exceção*. Já no dizer de Marcus Claudio Acquaviva, são os bens que a mulher traz para o casamento, inclusive os supervenientes, desde que adquiridos por título anterior àquele evento (ACQUAVIVA, Marcus Claudio. *Dicionário jurídico brasileiro*. 1. ed. São Paulo: Jurídica Brasileira, 1993. p. 183). Segundo o mesmo autor, os bens parafernais são incomunicáveis, o que se afigura congruente com a sua própria natureza. A apontada incomunicabilidade opera efeitos na messe da tributação, pois esses bens encontram-se a salvo de eventual responsabilidade tributária relacionada ao cônjuge varão.

Bens parafernais (2)

Consoante Código Civil de 2002

O atual Código não contempla o aludido instituto, o que entreplica sua extinção a partir de então, respeitados os efeitos jurídicos em relação aos bens qualificados como tais à luz do Código Civil de 1916, tudo em obséquio ao postulado da irretroatividade da lei e do primado do direito adquirido.

Bens públicos

Consoante o art. 66 do Código Civil de 1916, são públicos os bens do domínio nacional pertencentes à União, aos Estados ou aos Municípios, donde, por exclusão, todos os demais são particulares. Já o Código Civil de 2002, por meio do art. 98, redimensiona o alcance da locução sob exame e qualifica como tais aqueles pertencentes às pessoas jurídicas de direito público interno, encampando, assim, o Distrito Federal, que ganhou a estatura de pessoa constitucional após o advento da Carta de 1988. De todo modo, não se pode olvidar a lição sempre arguta de Hely Lopes Meirelles, que inclui no rol dos bens públicos aqueles pertencentes às entidades autárquicas e paraestatais (MEIRELLES, Hely Lopes. *Direito administrativo brasileiro*. 13. ed. São Paulo: Revista dos Tribunais, 1987. p. 425). Com efeito, esses bens integram o domínio nacional e são dotados de um regime jurídico peculiar que os contradistingue dos bens particulares, uma vez que são *inalienáveis*, *impenhoráveis* e *imprescritíveis* ou, como bem compendia José Cretella Junior, são *intangíveis* (CRETELLA JUNIOR, José. *Curso de direito administrativo*. 7. ed. Rio de Janeiro: Forense, 1983. p. 615). Ainda, classificam-se em bens de uso comum, de uso especial e dominicais ou patrimoniais. Os primeiros são todas as coisas móveis ou imóveis com referência às quais qualquer pessoa, nacional ou estrangeira, anonimamente, pode utilizar, gratuitamente e sem qualquer restrição por parte de particular ou pelo poder público, a exemplo dos mares, rios, estradas, ruas e praças. A única medida restritiva possível consiste em eventual tributação, assim como ocorre com a taxa de pedágio, devidamente prevista no Texto Excelso. Os bens de uso especial, por seu turno, são todos os móveis ou imóveis utilizados no desempenho do serviço público. Já os bens dominicais ou patrimoniais são aqueles sobre os quais o Estado exerce direito pessoal ou real. Cretella Junior denomina-os patrimônio disponível, porquanto podem ser objetos de alienação, permuta ou cessão para exploração econômica, desde que seja vantajoso para o Estado.

Bens públicos da União

São os pertencentes à União Federal. A exemplo dos bens públicos, são categorizados em bens de uso comum, de uso especial e patrimoniais ou dominicais. Os bens dominicais autorizam a União a cobrar preços públicos, enquanto os de uso comum rendem margem à instituição de tributos, a exemplo da taxa de pedágio em rodovias federais. Com efeito, a classificação precitada comporta a seguinte enumeração, de caráter exemplificativo:

a) *Bens de uso comum:*

1) o mar territorial na faixa de 200 milhas marítimas, os golfos, as enseadas, as baías e os portos;

2) as praias e a plataforma submarina;

3) os lagos e os rios navegáveis que banhem mais de um Estado, bem como quaisquer águas que sirvam de limite ao Brasil com outros países ou que

se desdobrem a território estrangeiro;

4) as águas situadas nos Territórios;

5) as estradas públicas federais.

b) *Bens de uso especial:*

1) os edifícios, os terrenos e os bens móveis e imóveis destinados ao serviço público federal, inclusive os pertencentes a entidades autárquicas ou paraestatais federais;

2) os arsenais, as fortificações, as fortalezas, as construções militares e os terrenos adjacentes, bem como todo o material móvel e imóvel pertencente à Marinha, ao Exército e à Aeronáutica;

3) as porções de terra utilizadas pela União para a defesa das fronteiras ou o levantamento de fortalezas, bem como as construções militares.

c) *Bens patrimoniais ou dominicais:*

1) os terrenos de marinha, as terras ocupadas pelos silvícolas, as terras devolutas situadas nos Territórios, bem como aqueles bens indispensáveis à segurança nacional ou essenciais ao desenvolvimento do País;

2) os bens perdidos por criminosos condenados pela Justiça Federal;

3) os bens que foram do domínio da Coroa.

Bens públicos do Distrito Federal

São aqueles pertencentes ao Distrito Federal, sendo classificados como de uso comum, de uso especial e patrimoniais ou dominicais. A exemplo do que ocorre nas demais órbitas de governo, depara-se importante esclarecer que a natureza do bem público pode trazer repercussões no plano tributário, na dimensão em que os dominicais, *ad exemplum*, podem ensejar a criação e a cobrança de preço público, jamais de taxas, além de desfrutarem de imunidade recíproca em relação aos impostos, conforme o art. 150, III, *a*, do Texto Supremo. Já os de uso comum, ao menos em tese, podem ensejar a criação de tributos, a teor da taxa de pedágio nas rodovias distritais. Posto isto, os bens do Distrito Federal podem ser assim relacionados:

a) *Bens de uso comum:*

1) as águas superficiais ou subterrâneas, fluentes, emergentes ou em depósito, salvo as decorrentes de obras da União;

2) as áreas e as ilhas fluviais e lacustres não pertencentes à União;

3) as estradas públicas distritais;

4) as ruas, as praças, os jardins, os cemitérios e os demais logradouros públicos.

b) *Bens de uso especial:*

1) os edifícios públicos, os terrenos e os bens móveis e imóveis aplicados no serviço público distrital, inclusive os pertencentes a entidades autárquicas e paraestatais distritais;

2) o material bélico das polícias civil e militar distritais.

c) *Bens patrimoniais ou dominicais:*

1) as estradas de ferro, as fábricas, as oficinas, os telégrafos, dinheiro, créditos e quaisquer outros bens móveis e imóveis que não sejam destinados ao serviço público distrital;

2) os bens perdidos por criminosos condenados pela Justiça Distrital;

3) as terras devolutas situadas em seu território e não pertencentes à União;

4) os bens vagos e os de evento, ou seja, os perdidos, sem dono, que se encontram em seu território.

Bens públicos dos Estados

São aqueles pertencentes aos Estados, sendo categorizados como de uso comum, de uso especial e patrimoniais ou dominicais. Sua identificação afigura-se importante na órbita tributária, porquanto o Estado pode cobrar preços públicos apenas com relação aos seus bens dominicais, sendo que, no tocante aos bens de uso comum, poderá, conforme o caso, instituir determinados tributos, a exemplo das taxas de pedágio. Dessarte, os bens estaduais podem ser assim compendiados:

a) *Bens de uso comum:*

1) as águas superficiais ou subterrâneas, fluentes, emergentes e em depósito, ressalvadas, nesse caso, na forma da lei, as decorrentes de obras da União;

2) as áreas, nas ilhas oceânicas e costeiras, que estiverem no seu domínio, excluídas aquelas sob domínio da União, dos Municípios ou de terceiros;

3) as ilhas fluviais e lacustres não pertencentes à União;

4) as terras devolutas não compreendidas entre as da União;

5) as estradas públicas estaduais.

b) *Bem de uso especial:*

1) os edifícios públicos, os terrenos e os bens móveis e imóveis aplicados no serviço público estadual, inclusive os pertencentes a entidades autárquicas e paraestatais estaduais;

2) o material bélico das polícias civil e militar do Estado.

c) *Bens patrimoniais ou dominicais:*

1) as terras devolutas situadas no território dos Estados e não pertencentes à União ou aos Municípios;

2) os bens das antigas províncias;

3) os bens vagos e os de evento que se encontrem no território dos Estados;

4) as ilhas fluviais ou lacustres, excetuadas as de zona fronteiriça;

5) as estradas de ferro, as fábricas, as oficinas, os telégrafos, dinheiro, créditos e quaisquer outros bens móveis ou imóveis que não sejam destinados ao serviço público;

6) os bens perdidos por criminosos condenados pela Justiça Estadual.

Bens públicos dos Municípios

São os pertencentes às Municipalidades, sendo classificados

em bens de uso comum, de uso especial e patrimoniais ou dominicais. Na messe tributária, os bens dominicais autorizam tão somente a cobrança de preço público, enquanto os de uso comum podem propiciar a exigência de determinadas taxas, a teor da taxa de polícia chamada *zona azul*, que, no Município de São Paulo, foi instituída por decreto, decorrendo, assim, a sua flagrante inconstitucionalidade. A classificação, meramente exemplificativa, é a seguinte:

a) *Bens de uso comum:*

1) as ruas, as praças, os jardins e os logradouros públicos em geral, inclusive os cemitérios;

2) as estradas públicas municipais.

b) *Bens de uso especial:*

1) os edifícios públicos, os automóveis, os terrenos aplicados e quaisquer bens móveis ou imóveis destinados ao serviço público municipal, inclusive os pertencentes a entidades autárquicas ou paraestatais municipais.

c) *Bens patrimoniais ou dominicais:*

1) os bens móveis e imóveis não aplicados em serviço especial.

Bens remidos

V. *Remitente.*

Bis in idem

Tributação adicional. Significa a criação de um tributo dc natureza idêntica a de outro preexistente, ou seja, é o fato pelo qual uma mesma pessoa constitucional qualifica como tributável um dado comportamento já tipificado como suscetível de tributação, sendo que a respectiva norma configuradora do *bis in idem* aloja hipótese de incidência e base de cálculo semelhantes às da regra anteriormente editada e em plena vigência. Advirta-se que, no *bis in idem*, o tributo adicional é instituído pela mesma pessoa jurídica de direito público interno, no que difere da bitributação, que pressupõe a criação de um mesmo tributo por pessoas diferentes. A nossa ordem jurídica permite o *bis in idem,* desde que observados os princípios magnos aplicáveis ao caso.

Bitributação

Caracteriza-se pela tributação de um mesmo fato jurídico tributário por duas pessoas constitucionais. O nosso sistema constitucional atribuiu faixas de competência privativas às pessoas políticas, o que, desde logo, veda a possibilidade de ocorrer a bitributação. Excetua a regra o adicional do imposto sobre a renda estadual e o imposto sobre vendas a varejo de combustíveis, ambos extintos, os quais, a nosso pensar, representavam hipóteses de bitributação autorizada pela Constituição. No plano internacional, também pode ocorrer a bitributação, que, em tese, não atrita qualquer princípio jurídico. Exemplifica a hipótese o fato de alguém, com domicílio no Brasil, auferir rendimentos na Suíça e interná-los no Brasil, pelo que haverá de pagar o aludido imposto naquele país e aqui. Ainda, o Brasil subscreveu inúmeros tratados internacionais para evitar a bitributação na área do imposto sobre a renda, instituídos com os seguintes países: Alemanha, Argentina, Áustria, Bélgica, Canadá, China, Coreia, Dinamarca, Equador, Espanha, Filipinas, Finlândia, França, Hungria, Índia, Itália, Japão, Luxemburgo, Noruega, Portugal, Reino Unido dos Países Baixos, Suécia, República Tcheca e República Eslovaca.

C

C

Cadastro de Pessoas Físicas

V. *CPF*

CADE

Conselho Administrativo de Defesa Econômica. Órgão colegiado, integrante do Poder Executivo Federal, com sede em Brasília e jurisdição em todo o território nacional. Criado por meio da Lei n. 4.137, de 10 de setembro de 1962, já revogada, destinava-se a reprimir o abuso do Poder Econômico, a exemplo de dominação de mercado, especulação abusiva de preço, concorrência desleal e outras hipóteses enumeradas no art. 2º do referido diploma normativo. Foi transformado em autarquia por meio da Lei n. 8.884, de 11 de junho de 1994, que lhe dera cores novas, cabendo-lhe a partir de então, a missão de zelar pela ordem econômica. O referido diploma, a seu turno, foi substituído pela Lei n. 12.529/2011, a qual estruturou o denominado Sistema Brasileiro de Defesa da Concorrência, dispondo, outrossim, sobre a prevenção e repressão às infrações contra a ordem econômica.

CADIN

Cadastro Informativo de Créditos Não Quitados do Setor Público Federal. Consoante indica a própria locução, trata-se de um cadastro de devedores do setor público federal, abrangendo as administrações direta e indireta. Foi instituído pela Lei n. 10.522, de 19 de julho de 2002, que estabelece que o simples registro no referido cadastro representa fator impeditivo para a celebração de qualquer ato com entidades da administração pública federal, direta ou indireta, obstando, outrossim, a concessão de incentivos fiscais e financeiros, senão também a realização de operações de crédito que envolvam recurso público. Como se vê, as aludidas restrições desrespeitam o livre exercício de trabalho, ofício ou profissão, como quer o inciso XIII do art. 5º da Constituição da República, cujo teor permite tão somente a estipulação de qualificação profissional, nada mais, restando, assim, inconstitucionais as restringências retrocitadas. Por ocasião da elaboração deste trabalho, havia uma ação direta em andamento, no caso, a ADIn n. 1.454-4, que suspendeu a eficácia dos efeitos sancionatórios contidos no art. 7º do referido diploma normativo.

Cálculo *por dentro*

Representa uma fórmula de calcular o *quantum debeatur* em que o tributo integra a própria base de cálculo. A legislação do ICMS do Estado de São Paulo, bem como a do ISS do Município de São Paulo, senão também a do PIS e da Cofins incidentes sobre a importação, traduzem exemplos da cobrança de tributos por intermédio do método denominado *por dentro*, conforme o seguinte exemplo: ICMS incidente sobre o valor de uma conta de energia elétrica que importe em R$ 200,00 (duzentos reais) à alíquota de 25%, na qual, se adotado o cálculo tradicional, o imposto importaria em R$ 50,00 (cinquenta reais), mas, no denominado cálculo *por dentro*, o gravame importa em R$ 66,66 (sessenta e seis reais e sessenta e seis centavos). A fórmula consiste em uma regra de três, a saber: o valor da conta – R$ 200,00 – multiplicado por 100, cujo total é dividido por 100 menos o número da alíquota, que no caso em tela é 25. O resultado exprime a conta cheia, ou seja, R$ 266,66 (duzentos e sessenta e seis reais e sessenta e seis centavos), que abriga o preço da energia acrescido do imposto, donde temos R$ 200,00 (duzentos reais) a título de preço e R$ 66,66 (sessenta e seis reais e sessenta e seis centavos) de ICMS. Esse mecanismo de quantificação transgride os limites lógicos submersos na norma constitucional estabelecedora de competência, até porque o valor tributável máximo tem como fronteira inexorável o valor da coisa ou da conduta suscetível de incidência. O asserto justifica-se em nome dos limites do Poder Tributário Estatal, conjugado à segurança jurídica do contribuinte, sob pena de o Estado quantificar os tributos segundo seu alvedrio e não em consonância com o título competencial contido no Texto Excelso. De par com essa observação, o estrambótico *modus faciendi* do chamado cálculo *por dentro* pressupõe incluir, na base tributável, o próprio tributo, o que não consta da regra de competência, que autoriza tão somente que seja tributada uma dada conduta, o que representa outra burla à Carta da República. Debalde as ponderações expostas, em remansosa jurisprudência o Supremo Tribunal Federal proclamou a legitimidade e a validade do aludido critério de mensurar o tributo. Entre outros julgados, fê-lo por intermédio do Recurso Extraordinário n. 212.209, em que o Plenário daquela Corte decidiu pela constitucionalidade de a base de cálculo do ICMS corresponder ao valor da operação ou da prestação somado ao próprio tributo (Acórdão de 23.06.1999, *DJU* de 14.02.2003, p. 303-330).

Câmara Superior de Recursos Fiscais

Órgão colegiado dotado de competência para julgar recursos de divergência em relação à decisão do Conselho Administrativo de Recursos Fiscais (CARF), do Ministério da Fazenda, conforme estatuído no § 2º, II, do art. 37 do Decreto n. 70.235, de 6 de março de 1972, com redação estabelecida pela Lei n. 11.941, de 27 de maio de 2009.

Câmaras Reunidas

Expressão designativa do agrupamento de Câmaras de Cortes judiciais ou administrativas. No Tribunal de Impostos e Taxas do Estado de São Paulo, por exemplo, as Câmaras Reunidas são dotadas de competência para julgar recurso especial versando sobre tributos estaduais, o qual, conforme o caso, pode ser interposto tanto pelo contribuinte, quanto pelo representante fiscal da Fazenda do Estado. Na ambitude do Município de São Paulo, por seu turno, as Câmaras Reunidas do Conselho Municipal de Tributos são competentes para apreciar o recurso de revisão, pleito, diga-se de passo, restrito à matéria de divergência, podendo ser interposto pelo sujeito passivo ou pelo representante fiscal.

Capacidade contributiva

O Estado é custeado pelo contribuinte e pelo cidadão, os quais desfrutam de garantia constitucional, no sentido de arcarem com os encargos tributários em conformidade com a sua capacidade econômica e financeira. Essa garantia encontra-se proclamada por meio de princípios constitucionais que asseguram o direito de propriedade, como também exaltam o desfrute dos direitos sociais enumerados no *caput* do art. 6º do Texto Magno, além da vedação à tributação confiscatória e do primado da igualdade. Portanto, trata-se de um postulado norteador e balizador da competência tributária. Importa observar que é contribuinte aquele que ocupa o polo passivo na obrigação tributária, cumprindo lembrar que todo cidadão também suporta o ônus do tributo enquanto consumidor de bens e serviços, pois inúmeros gravames lhes são repassados no preço. Por outro lado, o art. 145, § 1º, do Texto Excelso estipulou um comando dirigido ao legislador, com o desígnio de priorizar a instituição de tributos sobre o patrimônio e a renda, porquanto são os que melhor espelham a capacidade contributiva. A despeito do entendimento diverso da doutrina tradicional, esta obra propugna que o referido princípio deve permear todos os tributos, inclusive aqueles que abrigam por pressuposto o exercício de uma atividade do Estado, pois, na verdade, não é a atividade estatal que é o objeto de tributação, mas o contribuinte ao qual ela se destina. Logo, não se pode desconsiderar a capacidade do contribuinte, mesmo em se tratando de outros tributos, que não somente os impostos sobre a renda e a propriedade.

Capacidade tributária ativa

É a prerrogativa de ocupar o polo ativo da relação jurídica tributária. Exprime um predicado inerente à competência tributária, pelo que o titular da competência igualmente dispõe da capacidade ativa. Por outro lado, embora a competência seja indelegável, o seu titular, querendo, pode transferir o exercício da capacidade ativa para uma terceira pessoa, quer de direito público, quer de direito privado. Cumpre notar que, nesses casos, a exemplo do quanto se verifica na cobrança de pedágios, ocorre tão somente a transferência do exercício da capacidade ativa, cuja titularidade remanesce em poder do titular da competência.

Capacidade tributária passiva

Segundo o magistério fecundo de Aliomar Baleeiro, o art. 126 do Código Tributário Nacional consagra o princípio da autonomia da aludida capacidade. O mencionado dispositivo estipula que a capacidade passiva independe da capacidade civil das pessoas naturais ou de encontrarem-se elas sob o manto de medidas privativas ou limitativas do exercício de atividades privadas ou públicas, bem como independe da regular constituição das pessoas jurídicas. Sumarizando, qualquer pessoa física ou jurídica que vier a praticar um ato qualificado como fato jurídico tributário (fato gerador) revestirá, assim, a chamada capacidade tributária passiva, independentemente de eventuais vicissitudes decorrentes de outros segmentos normativos.

Capital social

No direito tributário, como também no comercial, o capital social traduz instituto de magna importância. Deveras, representa o conjunto de recursos destinado ao exercício da atividade empresarial. Como se vê, o capital social significa o patrimônio inicial da empresa comercial, o qual pode permanecer inalterado, podendo, outrossim, aumentar, em caso de lucro, ou reduzir, na hipótese de prejuízo.

CARF

V. *Conselho Administrativo de Recursos Fiscais.*

Carga tributária

Expressão que traduz a quantificação percentual da totalização dos tributos arrecadados em um país em relação ao

Produto Interno Bruto (PIB). Convém obtemperar que a referida mensuração pode ser aferida em períodos parciais, a exemplo de um dado mês ou período de meses, tendo como limite o ano-calendário. Entre nós, a carga tributária situa-se em um patamar que oscila entre 37 e 40% do PIB, conforme o lapso temporal de apuração, valor sobremodo elevado para um país em desenvolvimento, com serviços estatais de terceiro mundo. Por incrível que possa parecer, a carga tributária no Brasil é maior do que a dos Estados Unidos (29,7%) ou mesmo do Japão (21%) ou ainda da África do Sul (27,9%), sem contar que, em países emergentes, a exemplo do Brasil, o referido percentual costuma ser inferior a 20%, caso do Chile (19,9%), da Argentina (15,3%) e do Peru (14,3%). V. *Produto Interno Bruto (PIB).*

Carnê-leão

Instituído pela Lei n. 7.713, de 22 de dezembro de 1988 e alterado pela Lei n. 9.430, de 27 de dezembro de 1996, representa modalidade de recolhimento mensal do imposto sobre a renda em relação às pessoas físicas que recebam rendimentos de outras pessoas físicas ou de fontes situadas no exterior, desde que não tenham sido tributados na fonte, a exemplo de pensão alimentícia e prestação de serviços de carga de passageiros, entre outros. Os valores então recolhidos sob esse regime jurídico são compensáveis ao ensejo da declaração de ajuste, tudo na estrita conformidade com o disposto no art. 118 e seguintes do Regulamento do Imposto sobre a Renda, aprovado pelo Decreto n. 9.580, de 22 de novembro de 2018.

Caução

Procedimento cautelar nominado específico previsto no art. 826 e seguintes do Código de Processo Civil, podendo ser proposto contra qualquer pessoa de direito público ou privado, cuja garantia pode ser efetivada por meio de depósito em dinheiro, papéis de crédito, títulos da União ou dos Estados, pedras e metais preciosos, hipoteca, penhor e fiança. Permite ao contribuinte demandar contra a Fazenda Pública, mediante depósito em bens ou títulos e não necessariamente dinheiro, como quer a Lei n. 6.830, de 22 de setembro de 1980, preservando, assim, a suspensão da exigibilidade e mantendo a regularidade de sua situação fiscal para efeito de certidões. Conquanto pouco utilizada na seara tributária, supre um ponto lacunoso contido na Lei da Execução Fiscal, a qual abriga censurável omissão, pois, não prevendo aquela possibilidade, culmina por discriminar o contribuinte, que, assumindo a condição de autor na demanda, somente ficaria a salvo da cobrança e da consequente execução caso obtivesse um provimento jurisdicional suspensivo da exigibilidade ou depositasse o valor discutido em dinheiro. É dizer que, segundo a Lei de Execução Fiscal, o contribuinte em débito para com a Fazenda pode oferecer bens à penhora e, com isso, regularizar a sua situação fiscal, enquanto aquele que nada deve e propõe um pleito contra a Fazenda teria que depositar o valor demandado em espécie, sob pena de ser executado. Exatamente nesse ponto é que repousa a valia do instituto ora examinado, pois, além de reparar as impropriedades da legislação específica, caminha de mãos dadas com o primado constitucional da igualdade, na dimensão em que instrumentaliza o contribuinte autor com as mesmas prerrogativas que o contribuinte executado.

Certeza do direito

Postulado revelador do caráter instrumental e deôntico do direito. Presente nas dobras de todo o sistema normativo, opõe-se ao juízo de probabilidade, conforme bem acentua Lourival Vilanova, em *As estruturas lógicas,* ao averbar o quanto seria absurdo o ato jurisdicional declarar que "A possivelmente deve reparar o dano causado por ato ilícito seu." Na verdade, aduz o mestre, isso não é sentenciar, por faltar a certeza jurídica que exprime pressuposto inarredável na composição de litígios, bem como em toda a aplicação do direito.

Certidão da dívida ativa

Documento expedido pela Procuradoria da Fazenda Pública – nacional, estadual, distrital ou municipal – ou por representante legal de qualquer pessoa exercente de capacidade tributária ativa, o qual atesta a existência de *debitum* com relação a um dado contribuinte em prol do Fisco. A mencionada certidão reproduz fatos constantes de processo administrativo tributário que exauriu as diversas fases recursais e representa título extrajudicial idôneo para lastrear a ação de execução fiscal. Ainda, desfruta da presunção *juris tantum*, segundo a qual compete ao contribuinte, querendo, infirmar o seu conteúdo. Deve conter a qualificação do devedor, a quantia devida com os acréscimos pertinentes, a origem e a natureza do débito, o fundamento legal, a data da inscrição e o número do processo administrativo que lhe dera causa, tudo nos termos do art. 201 e seguintes do Código Tributário Nacional.

Certidão negativa

Documento comprobatório da inexistência de débitos por parte do contribuinte em relação à Fazenda Pública. Encontra-se contemplada em inúmeros textos normativos, desde o Diploma Magno – art. 195, § 3º –, bem como no plano infraconstitucional, tanto em legislação nacional, a exemplo do Código Tributário Nacional e da Lei de Licitações, quanto em legislação ordinária de tributos específicos, senão também em decretos e outros atos infralegais. A Carta Magna condicionou a contratação com o Poder Público em prol de contribuintes que não tenham débitos com a Seguridade Social. Já o Código Tributário Nacional limitou-se a estabelecer os parâmetros sobre o assunto, estatuindo que a lei poderá exigir a prova da quitação de tributos por meio de certidão negativa. A legislação ordinária, por seu turno, exige a prova da regularidade no recolhimento dos tributos, como condição impostergável para a realização de uma série de operações, a teor da venda e compra de bens do ativo das pessoas jurídicas, venda e compra de bens imóveis e contratação com o Poder Público de um modo geral, além da hipótese da Seguridade Social contida no § 3º do art. 195 da Constituição. No pensar desta obra, contudo, toda a positivação relativa à exigência de certidão negativa representa um vitando entulho autoritário que mereceria ser banido de nosso direito. Dessarte, as normas que versam o assunto, inclusive o art. 195, § 3º, do Texto Magno, atritam o contexto do figurino constitucional. Assim, na trilha de Otto Bachof, igualmente reconhecida por Canotilho, ainda que em situações muito excepcionais, sempre que uma simples regra constitucional, a exemplo do caso tematizado, contrariar um princípio, de modo a esvaziar a sua quintessência, estar-se-á diante de uma norma constitucional inconstitucional. No problema questionado, a exigência de certidão negativa relativa à Seguridade Social como requisito para contratar com o Poder Público exprime absurdez inaceitável, pois ofende a liberdade de trabalho, ofício ou profissão, como quer o art. 5º, XIII, além de macular o exercício da livre atividade econômica, gizado no art. 170, parágrafo único. Tais comandos abrigam a fisionomia de princípios, pois exprimem regras diretoras do sistema constitucional, sublinhando que o art. 5º hospeda, ainda, o caráter de cláusula pétrea, por força do que dispõe o § 4º, IV, do art. 60. Se o dispositivo constitucional em tela afigura-se inconstitucional, melhor sorte não cabe, com muito mais razão, aos preceitos infraconstitucionais que exigem a referida certidão como pressuposto para a realização de determinadas atividades. Estas, ainda, ofendem o direito de propriedade sempre que a certidão for exigida como requisito para a operação de venda e compra de bem móvel ou imóvel. Deveras, a proibição de vender significa indisponibilizar os bens, o que contraria o exercício do *jus abutendi* garantido constitucionalmente. Não bastasse o exposto, a exigibilidade da certidão afronta o princípio da igualdade, pois estatui tratamento desigual entre os contribuintes, privilegiando aquele sem débito, em detrimento daquele com débito, tudo à míngua de qualquer nexo plausível entre o discrímen – regularidade fiscal – e a finalidade perseguida, ou seja, contratar com o Poder Público ou alienar bens. Na verdade, e na esteira fecunda de Cleber Giardino, a certidão justifica-se tão somente para revelar as condições de solvabilidade ou não do contribuinte, cabendo ao interessado, público ou privado, contratar ou não, conforme lhe aprouver (*Revista de direito tributário*, São Paulo, n. 47, 1989. p. 7 et seq.).

CGC

Cadastramento extinto

Cadastro Geral de Contribuintes. Cadastro de pessoas jurídicas no âmbito da Secretaria da Receita Federal extinto em 1º de julho de 1998, quando foi substituído pelo CNPJ. V. *CNPJ*.

CIDE

V. *Contribuição de Intervenção no Domínio Econômico.*

CIDE/FNDCT

Contribuição criada pela Lei n. 10.168, de 29 de dezembro de 2000, destinada a prover o Fundo Nacional de Desenvolvimento Científico e Tecnológico (FNDCT), que compete custear o Programa de Estímulo à Interação Universidade-Empresa para o Apoio à Inovação, preordenado a fomentar o desenvolvimento tecnológico, por meio de programas de pesquisa científica entre universidades, centros de pesquisa e o setor público. Tem como sujeito passivo a pessoa jurídica detentora de licença de uso ou adquirente de conhecimentos tecnológicos, como também a signatária de contratos de transferência de tecnologia para o exterior, incidindo na proporção de 10% sobre os valores remetidos ao exterior a qualquer título. Como visto, foi instituída por lei ordinária e não complementar, como quer o art. 149 da Constituição, além de não restar evidenciado o procedimento interventivo da União, que seria um pressuposto de validade do referido gravame, sem contar, ainda, a total ausência de correlação lógica entre o contribuinte e a suposta atuação estatal interventiva, que, por seu turno, simboliza também um traço peculiar das contribuições parafiscais. V. o seguinte estudo sobre o assunto: OLIVEIRA FILHO, Edmar. *Revista Dialética de Direito Tributário*, São Paulo, n. 68, maio 2001. p. 32 et seq.

CIDE/Tecnologia e CIDE/Combustíveis

Mercê de sua importância, o verbete *sub examen* versará sobre a CIDE/Tecnologia e acerca da CIDE/Combustíveis, fazendo-o de forma sucinta e objetiva.

Com efeito, a mencionada CIDE-Tecnologia foi instituída pela Lei n. 10.168, de 20 de dezembro de 2000, com inúmeras alterações supervenientes, a qual fixa o seu objeto nos arts. 1º e 2º, a saber:

> *Art. 1º Fica instituído o Programa de Estímulo à Interação Universidade-Empresa para o Apoio à Inovação, cujo objetivo principal é estimular o desenvolvimento tecnológico brasileiro, mediante programas de pesquisa científica e tecnológica cooperativa entre universidades, centros de pesquisa e o setor produtivo.*
>
> *Art. 2º Para fins de atendimento ao Programa de que trata o artigo anterior, fica instituída contribuição de intervenção no domínio econômico, devida pela pessoa jurídica detentora de licença de uso ou adquirente de conhecimentos tecnológicos, bem como aquela signatária de contratos que impliquem transferência de tecnologia, firmados com residentes ou domiciliados no exterior.*

Já a outra teria por desígnio subsidiar os preços ou o transporte de combustíveis, bem assim o financiamento de projetos ambientais relacionados com a indústria do petróleo e do gás, senão também o financiamento de programas de infraestrutura de transportes, com supedâneo, diga-se de passo, no disposto no art. 149 conjugado com o art. 177, § 4º e desdobres, todos da Constituição da República.

Ambas as CIDES não se escoimam de censuráveis imprecisões e descompassos que fulminam a sua validez. Deveras, segundo o magistério de Marcelo Guerra Martins, os referidos gravames não atendem nenhum dos pressupostos indispensáveis para a instituição de tributo desse jaez, quais sejam, entre outros: a) acentuado desajuste mercadológico que afronte os postulados contemplados no art. 170 da CF; b) necessidade de intervenção estatal com objetivo de induzir comportamentos; c) temporariedade da exação; d) destino da arrecadação na atividade estatal interventiva; e e) envolvimento do sujeito passivo na atividade econômica então disciplinada (Impostos e contribuições federais. Rio de Janeiro: Renovar, 2004. p. 553 et seq.).

Impende salientar que a criação de qualquer CIDE antessupõe a presença e a soma de todos os requisitos apontados, enquanto no caso tematizado as questionadas contribuições interventivas passam ao largo de todas essas exigências! É dizer, hospedam induvidosa nulidade que comporta gradação máxima de teratologia jurídica.

Merece destacar que um dos absurdos consiste no caráter permanente das CIDES, contrariando, dessarte, o primado da liberdade da atividade econômica consagrado no parágrafo único do art. 170 da CF. Em estreita síntese, ambas as CIDES não hospedam minimamente a tipologia de contribuições interventivas, mas abrigam, sim, a fisionomia jurídica de imposto inominado e são decididamente inconstitucionais.

Ciência das finanças

Disciplina teórica da atividade financeira do Estado. Conquanto tenha o nome 'ciência', não revela natureza científica, pois, ao contrário de abrigar unidade metodológica, caracteriza-se pelo sincretismo, tanto que estuda o seu objeto – atividade financeira do Estado – por vários ângulos, quais sejam: o político, o social, o administrativo, o histórico, o antropológico, o econômico e outros. Representou o marco inaugural do estudo das finanças públicas, o que ocorreu nos idos de 1727, na Alemanha, quando a cátedra de Kameralistik transformou-se em Ciência das Finanças.

Ciência do direito tributário

Disciplina que tem por objeto o estudo sistemático do direito tributário. Tem natureza teórica e "estuda" o direito positivo, no que difere do direito tributário positivo, que "normatiza" o universo da tributação. Exemplificando: instituir um dado tributo representa tarefa do direito tributário positivo, enquanto o exame do referido gravame com o desígnio de verificar a sua compatibilidade ou não com o sistema normativo, bem como de identificar a espécie tributária respectiva, simboliza mister da ciência do direito tributário. Em suma, a ciência do direito tributário estuda o direito tributário positivo, ao passo que o direito tributário positivo juridiciza atos e fatos de índole tributária. V. *Direito tributário.*

Cisão

Operação pela qual uma sociedade destina parte de seu patrimônio para a formação de outra ou outras sociedades. Pode ocorrer com a permanência da sociedade primitiva ou a sua extinção; neste caso, é denominada cissiparidade. Em ambas as hipóteses, a sociedade nova assume a condição de sucessora da cindida em direitos e deveres jurídicos, inclusive, é lógico, os de natureza tributária. Trata-se de instituto inspirado na lei francesa de 1966, que, em boa hora, foi introduzido no direito brasileiro por meio da Lei n. 6.404, de 15 de dezembro de 1976, sendo acolhido enfaticamente pela legislação do imposto sobre a renda, a partir de 1977, conforme estampado em inúmeros comandos do regulamento aprovado pelo Decreto n. 9.580, de 22 de novembro de 2018.

Citação

No definir de Pontes de Miranda, "é o ato escrito, no qual se informa o citado, implicitamente, de que se vai estabelecer, desde aquele momento, a demanda judicial, e, explicitamente, se lhe dá conhecimento da petição inicial e do tempo em que a demanda será tratada. O ato escrito é-lhe essencial." Dito de outro modo, citação é o chamamento do réu a juízo. Nesse aspecto, difere da notificação e da intimação, pois aquela é a comunicação para que alguém pratique ou deixe de praticar um determinado ato, ao passo que esta se limita a transmitir a alguém o conhecimento acerca de um ato ou termo de processo administrativo ou judicial. No direito tributário, a matéria é regulada pelo art. 8º, I a IV, da Lei n. 6.830, de 22 de setembro de 1980, bem como pelo art. 174, I, do Código Tributário Nacional e, de par com os predicados que lhe são inerentes, tem o condão de interromper o prazo prescricional.

Cláusula pétrea

Representa o núcleo imodificável contido nas constituições, o qual não pode ser alterado nem mesmo por intermédio de Emenda

Constitucional. Adota-o, por exemplo, a Constituição Francesa de 1958 ao proclamar, por meio do art. 89, que a forma republicana de governo não pode ser objeto de revisão. O referido comando assim dispõe: "*La forme républicaine du gouvernement ne peut faire l'objet d'une révision*". A Carta norte-americana, por sua vez, veda a possibilidade de modificação das formas republicana de governo e federativa de Estado. Já a Constituição da República Portuguesa estabelece uma série de limites materiais insuscetíveis de alteração, a exemplo da forma republicana de governo, da separação das igrejas do Estado, da independência nacional e da unidade do Estado, entre outros. No direito brasileiro, as cláusulas pétreas encontram-se contempladas no art. 60, § 4º, do Diploma Excelso, cujo conteúdo veda a proposta de emenda objetivada a abolir: *a)* a forma federativa de Estado; *b)* o voto secreto, universal e periódico; *c)* a separação dos poderes; e *d)* os direitos e as garantias individuais. Com efeito, imensa é a repercussão da cláusula pétrea na seara tributária, porquanto a utilização do arsenal tributário por parte do Estado jamais poderá transpor os balizamentos intersertos no § 4º do art. 60 do Texto Excelso. Dessarte, por considerar que a tributação recai sobre direitos e garantias fundamentais, portanto pétreos, força é depreender que o Congresso Nacional falece de poderes para instituir novas figuras tributárias que não estejam previstas no texto original da Carta Magna, a exemplo da extinta CPMF ou da contribuição de iluminação pública, entre outros gravames.

CNPJ

É a sigla designativa do Cadastro Nacional da Pessoa Jurídica. Representa um registro nacional de contribuintes, administrado pela Secretaria da Receita Federal do Brasil, instituído pela Lei n. 9.250, de 26 de dezembro de 1995, art. 37, II, em vigor a contar de 1º de julho de 1998, no qual devem ser obrigatoriamente inscritas todas as pessoas jurídicas, inclusive as empresas individuais.

Coação

Na esteira de Vallado Berrón, a coação consiste na incidência da sanção. Assim, força é reconhecer que a coação convive com todas as normas, quer as religiosas e as morais, quer as do direito positivo e outras, máxime porque, em todos esses sistemas, tanto expressos quanto inexpressos, existem sanções e a consequente aplicação, ainda que em um plano extraterreno, social ou qualquer outro. O que distingue a coação no direito posto, peculiarizando-a, é a sua gradação em nível máximo, jamais verificada em outro sistema, a qual se perfaz mediante a execução forçada do patrimônio ou por intermédio das penas privativas da liberdade. V. *Coerção* e *Sanção.*

Codificação do direito tributário

Consoante noção cediça, a codificação representa pressuposto inexorável no tangente ao aprimoramento da positivação do direito. Deveras, um código adequadamente composto e estruturado haverá de sistematizar a matéria nele versada, comunicando-lhe organicidade e dando-lhe, outrossim, caráter unitário, além de firmar uma linguagem compatível com o campo normativo que traduza o seu objeto. Assim, as codificações apresentam-se desdobradas em livros, capítulos, títulos, seções e subseções, tudo com os seus artigos, parágrafos, incisos e alíneas. Ademais, a codificação simboliza um direito de conteúdo nacional e, mercê de sua natureza, serve de fanal aos destinatários do direito e, com isso, otimiza toda a dimensão do primado da segurança jurídica. Na seara tributária, o primeiro código foi o alemão, promulgado em 13 de dezembro de 1919, tendo como paladino o jurista Enno Becker. A partir de então, outras codificações tributárias vieram a lume, entre outras as seguintes: o Código Fiscal de la Federación, no México, em vigor desde 1º de janeiro de 1939; o Internal Revenue Code, nos Estados Unidos da América, aprovado em 10 de fevereiro de 1939; o Code Général des Impôts, na França, pelo Decreto de 6 de abril de 1950; o Código Tributário do Chile, promulgado em 25 de março de 1960; o Código Fiscal do Equador, aprovado em 25 de junho de 1963; a Lei General Tributária, na Espanha, em vigência a contar de 1º de março de 1964; o Código Tributário do Peru, aprovado em 12 de agosto de 1966; o Código Tributário Nacional, do Brasil, por meio da Lei n. 5.172, de 25 de outubro de 1966; o Código Tributário da Costa Rica, aprovado em 29 de abril de 1971; e o Código Tributário do Uruguai, aprovado em 19 de novembro de 1974. É de mister obtemperar que, no direito brasileiro, a codificação do direito tributário não reveste a mesma importância que no direito comparado, tudo em virtude de sua constitucionalização exaustiva entre nós, diferentemente do quanto se verifica alhures. À guisa de exemplo, o nosso Código não cogita o princípio da anterioridade ano-calendário com as vestes firmadas pela Carta Magna de 1988 e pelas respectivas Emendas, sobretudo a de n. 42; na mesma esteira, não cuida da não cumulatividade do IPI e do ICMS, não versa sobre a seletividade do IPI e do ICMS e, ademais, nada dispõe sobre a progressividade do imposto sobre a renda. Cumpre observar que há sobrenumeráveis outros princípios de índole tributária de igual estatura que se encontram no Texto Supremo e não no Código, motivo pelo qual a sistematização do direito tributário brasileiro encontra-se na Constituição e não no Código Tributário Nacional. Essa observação é de supina importância, porque, entre nós, o paradigma do labor exegético é a Constituição, não o Código.

Código Tributário Nacional

Entre nós, o direito tributário encontra-se codificado por intermédio da Lei n. 5.172, de 25 de outubro de 1966, que reveste a estatura de legislação complementar. Como tal, realiza o comando inscrito no art. 146 da Constituição, ou seja, dispõe sobre conflitos de competência, além de regular as limitações ao poder de tributar e estabelecer normas gerais de direito tributário. Doutrinadores de tomo, a exemplo de Geraldo Ataliba, Paulo de Barros Carvalho e Roque Antonio Carrazza, entre outros, insurgem-se frontalmente contra as aludidas funções do Código Tributário Nacional; eles sustentam que o Código exerceria função tão somente dicotômica, vale dizer, caber-lhe-ia apenas dispor sobre conflitos de competência e regular as limitações ao poder de tributar, porquanto dispor sobre normas gerais implicaria ofender o princípio federativo, uma vez que autorizaria o legislador da União a invadir a esfera competencial das demais pessoas políticas. Entrementes, esta obra não sufraga daquele entendimento, visto fundamento que a legislação complementar tributária representa fruto do legislador nacional e não do legislador da União, no caso, federal. Ademais, em harmonia com o art. 24 do Texto Supremo e o primado federativo, nada impede que o legislador complementar edite norma geral que verse matéria tributária vinculando as demais pessoas constitucionais, respeitando, contudo, a faixa privativa de competência destas. V. *Lei complementar.*

Coerção

Embora o vocábulo renda margem a incontáveis testilhas, esta obra adota a posição de Vallado Berrón, fazendo-o com muita convicção (BERRÓN, Vallado. *Introducción al estudio del derecho.* México: Porruá, 1970. p. 122). Assim, é lídimo afirmar que a coerção é a possibilidade pela qual toda norma jurídica reveste força vinculante, pois, caso não seja cumprida, enseja a incidência de sanção (penalidade), culminando com a coação (execução forçada da sanção).

Cofins (1)

Sumário: Contribuição para o Financiamento da Seguridade Social, situada no campo competencial da União, com fulcro nos arts. 149 e 195 da Constituição Federal. Legislação básica: Lei Complementar n. 70, de 30 de dezembro de 1991; Medida Provisória n. 1.724, de 29 de outubro de 1998; Lei n. 9.718, de 27 de novembro de 1998, com alterações supervenientes; Lei n. 10.833, de 29 de dezembro de 2003; Lei n. 10.865, de 30 de abril de 2004; e Lei n. 11.727, de 23 de junho de 2008. Regulamento aprovado pelo Decreto n. 4.524, de 17 de dezembro de 2002.

Instituída pela Lei Complementar n. 70, de 30 de dezembro de 1991, incide sobre o faturamento das pessoas jurídicas. Inicialmente, cumpre observar que o art. 154, I, da Carta Magna não permite a criação de tributos que tenham o mesmo fato gerador ou a mesma base de cálculo, o que, desde logo, macula a validez da contribuição sob exame. Dessarte, por considerar que ao tempo de sua criação já existia outra contribuição incidente sobre o faturamento, no caso o PIS, força é inferir que a aludida contribuição não se escoimava de manifesto descompasso com o figurino constitucional. Ademais, ao ensejo de sua criação, a Cofins compreendia a alíquota de 2% sobre o faturamento. Ainda, ao tempo de sua instituição, abrigava impropriedades vitandas, a exemplo do *bis in idem* retromencionado, ao lado de outras, as quais deram margem à propositura de expressivo número de demandas judiciais, muitas das quais mereceram acolhida por parte da Justiça Federal de primeira instância, bem como no âmbito dos Tribunais Regionais Federais. Entrementes, com o advento da Ação Declaratória de Constitucionalidade, instituída pela Emenda Constitucional n. 3, de 17 de março de 1993, e prevista nos arts. 102, I, e 103 da Constituição da República, a União bateu às portas do Pretório Excelso, que, a seu turno, reconheceu a validade da referida contribuição, por meio de decisão proferida na ADC n. 1, em sessão realizada em 1º de dezembro de 1993 e devidamente publicada no *DJU* de 17 de fevereiro de 1994. Dado o caráter vinculante da decisão proferida em ADC, a Cofins tornou-se exigível a partir de então, impossibilitando, inclusive, que os contribuintes pudessem questionar a sua constitucionalidade. Como consequência, o contribuinte da Cofins torna-se compelido a cumprir o *decisum* de um pleito no qual não participou, além de se ver impossibilitado de insurgir contra a cobrança *in casu*, ainda que sob outra ótica. Como se vê, tudo na contramão do primado da universalidade da jurisdição e do devido processo legal, passando pela ampla defesa e pelo contraditório. Na sequência, sobreveio a Medida Provisória n. 1.724, de 29 de outubro de 1998, que elevou a alíquota para 3%, visto ter ampliado a base de cálculo, transfigurando o conceito de faturamento em receita bruta, providência, diga-se de passo, despropositada, como sói acontecer no plano da produção do direito entre nós. Afora o absurdo sob o ponto de vista semântico, não se pode olvidar que o fundamento constitucional de então consistia tão somente no faturamento, no qual era inconstitucional o alargamento da base de cálculo naqueles moldes. Outrossim, a Emenda n. 20, de 15 de dezembro de 1998, firmou que a base de cálculo da Cofins poderia ser tanto o faturamento quanto a receita, pelo que, a partir de então, o legislador pode adotar aquela grandeza, como aliás fê-lo, por intermédio da Lei n. 10.833, de 29 de dezembro de 2003. Cumpre ponderar que o apontado regime de incidência é aquele de caráter genérico e que alcança as pessoas jurídicas em geral, porquanto há regimes de tributação diferençados, desde a imunidade à exportação até as isenções, bem como alíquotas específicas aplicáveis a determinadas atividades. Com o advento da Lei n. 9.718, de 27 de novembro de 1998, a alíquota foi majorada para 3%, nos termos do art. 8º do aludido diploma normativo. Por outro lado, a Lei n. 10.833, de 29 de dezembro de 2003, estabeleceu a cobrança não cumulativa, pelo que, a partir de então, a não cumulatividade tornou-se a regra, embora a cobrança cumulativa tenha sido mantida em relação a uma série de atividades, enumeradas nos desdobres do art. 2º do diploma retrocitado. Assim, a alíquota aplicável ao regime cumulativo permanece em 3%, enquanto a não cumulativa importa em 7,6%, sendo ambas incidentes sobre o total das receitas auferidas pela pessoa jurídica, restando, pois, alterada e ampliada a base de cálculo que outrora fora o faturamento, não a receita bruta. Impende sublinhar que, ao lado do regramento genérico de incidência, há hipóteses de alíquotas mais elevadas, a teor da venda de gasolina – 23,44% – ou de óleo diesel – 19,42% – e, também, a venda de gás liquefeito de petróleo – 47,4%, entre inúmeras outras modalidades.

Outros aspectos polêmicos

(1) Cobrança cumulativa remanescente

Nesta obra, a cobrança cumulativa destoa da tessitura

lógica da Carta da República, quer na fase da cobrança integralmente cumulativa, quer na medida em que persiste a cobrança cumulativa remanescente. Deveras, cumpre observar que a maior parcela dos tributos não reveste natureza cumulativa, a exemplo do IR, do ITCMD, do IPVA, do ITBI, entre outros, ao passo que aqueles poucos suscetíveis de cobrança cumulativa mereceram o regime não cumulativo no plano constitucional, caso, a bem ver, do ICMS, do IPI e dos impostos e contribuições de seguridade residuais, donde força é depreender que o Texto Excelso veda a cumulatividade. Ante esse comento, não padece dúvida de que a cobrança cumulativa da Cofins, quer ao lume da lei velha, quer à luz da lei nova, afigura-se decididamente contrária ao postulado constitucional que veda, de forma absoluta, a exigibilidade de qualquer tributo de forma cumulativa.

(2) Receita como base de cálculo

Órgão: Superintendência Regional da Receita Federal (SRRF)/4ª Região Fiscal. Assunto: Contribuição para o Financiamento da Seguridade Social (Cofins). Ementa: No tocante à pessoa jurídica sujeita ao regime cumulativo da Cofins, relativamente aos fatos geradores ocorridos a partir de 28 de maio de 2009, data de publicação da Lei n. 11.941, cujo art. 79, XII, revogou expressamente o § 1º do art. 3º da Lei n. 9.718, de 27 de novembro de 1998, a base de cálculo daquela contribuição corresponderá ao faturamento, entendido como a receita bruta das vendas de mercadorias, de mercadorias e serviços e de serviços de qualquer natureza, e não mais à totalidade das receitas auferidas pela pessoa jurídica. Por outro lado, ressalte-se que a declaração de inconstitucionalidade do referido § 1º do art. 3º da Lei n. 9.718/1998, proferida incidentalmente pelo Supremo Tribunal Federal em 9 de novembro de 2005, produz efeitos apenas *inter partes* e não *erga omnes*, enquanto não for editada a competente Resolução do Senado Federal reclamada pelo art. 52, X, da Constituição da República. Dispositivos legais: Lei Complementar n. 70, de 30 de dezembro de 1991, arts. 1º e 2º; Código de

Processo Civil, art. 472; ADC n. 1-1/DF. Assunto: Contribuição para o PIS/Pasep. Ementa: No tocante à pessoa jurídica sujeita ao regime cumulativo da contribuição para o PIS/Pasep, relativamente aos fatos geradores ocorridos a partir de 28 de maio de 2009, data de publicação da Lei n. 11.941, de 2009, cujo art. 79, XII, revogou expressamente o § 1º do art. 3º da Lei n. 9.718/1998, a base de cálculo daquela contribuição corresponderá ao faturamento, entendido como a receita bruta das vendas de mercadorias, de mercadorias e serviços e de serviços de qualquer natureza, e não mais à totalidade das receitas auferidas pela pessoa jurídica. Por outro lado, ressalte-se que a declaração de inconstitucionalidade do referido § 1º do art. 3º da Lei n. 9.718/1998, proferida incidentalmente pelo Supremo Tribunal Federal em 9 de novembro de 2005, produz efeitos apenas *inter partes* e não *erga omnes*, enquanto não for editada a competente Resolução do Senado Federal reclamada pelo art. 52, X, da Constituição da República. Dispositivos legais: Código de Processo Civil/2015, art. 506; Lei n. 9.715, de 25 de novembro de 1998, arts. 2º, I, e 3º; ADC n. 1-1/DF (Isabel Cristina de Oliveira Gonzaga – Chefe. Data da decisão: 07.10.2010/11.11.2010).

(3) ICMS contido na base de cálculo

Tirante as impropriedades que comprometem a quintessência da Cofins, a referida contribuição não se escoima de outras vicissitudes, como a inclusão do ICMS na base de cálculo do gravame, nos termos da legislação de regência de antanho. Deveras, o descompasso é flagrante, pois o conceito de faturamento significa a obtenção de receita proveniente de atividade mercantil ou de prestação de serviços, pelo que é lídimo admitir que as pessoas jurídicas faturem receitas e não ICMS, como argutamente Roque Carrazza obtemperou (CARRAZZA, Roque. *ICMS*. 10. ed. São Paulo: Malheiros, 2005. p. 4279 et seq.). O desconcerto não resistiu a um contraste de constitucionalidade no Pretório Excelso, que decidiu pela exclusão do ICMS da base de cálculo do PIS e da Cofins, conforme estampado no RE 574.706/PR, na sessão de 15.03.2017, o qual foi julgado com matizes de Repercussão Geral.

(4) Desvio de destinação/DRU

O traço tipificador das contribuições sociais, inclusive da Cofins, consiste na afetação constitucional de suas receitas com a seguridade social, o que representa, a um só tempo, a causa e a finalidade. Na verdade, essa premissa caminha em sentido diametralmente oposto em relação aos tributos codificados, os quais se caracterizam em função da relação de compatibilidade do binômio fato gerador e base de cálculo com os art. 16, 77 ou 81 do Código Tributário Nacional, sendo irrelevante o destino do produto de sua arrecadação. Dessarte, em estreita síntese, é lídimo depreender que, em face do aludido dispositivo, a percentagem de 20% de sua cobrança não reveste a natureza de contribuição de seguridade, tornando-se um imposto inominado, restando, assim, à míngua de suporte constitucional que legitime a referida percentagem.

Cofins (2)

Comércio exterior

No âmbito do comércio exterior, a Cofins desfruta de imunidade com relação às receitas provenientes de operações de exportação, consoante prevê o art. 149, § 2º, I, da Carta Magna. Por outro lado, o Texto Excelso estabeleceu a incidência da contribuição em apreço em relação às operações de produtos estrangeiros ou aos serviços provindos do exterior, na estrita conformidade com o disposto no inciso II do comando retrocitado. Outrossim, a Lei n. 10.865, de 30 de abril de 2004, firmou uma série de hipóteses sujeitas à alíquota 0 (zero), além de ter contemplado com isenção uma gama de hipóteses, enumeradas nos arts. 8º e 9º do aludido diploma normativo.

Cofins (3)

V. Desvinculação de Receitas da União – DRU

Colis Postaux

O *Colis Postaux* é o serviço internacional de remessas contendo mercadorias, produtos ou bens. Compõe o rol de serviços prestados pela Empresa Brasileira de Correios e Telégrafos que reveste a natureza de empresa pública vinculada ao Ministério das Comunicações. As remessas de até 500 g não são tributadas e podem ser entregues no domicílio do interessado ou retiradas nas Unidades dos Correios. Já as tributadas ou com peso superior a 500g somente são liberadas após a fiscalização da Receita Federal e são encaminhadas para a Agência dos Correios mais próxima do endereço do destinatário. Caso haja exigência de imposto, o interessado deverá recolher os gravames para efetivar a liberação do objeto da remessa.

Comerciante

Pessoa dotada de capacidade para exercer a mercancia e que o faz em nome próprio, por conta própria e com habitualidade. Na seara tributária, as entrevozes do art. 155, II, do Texto Excelso contempla o comerciante como sujeito passivo do ICMS. O asserto decorre da fraseologia do título competencial, pois, ao qualificar como tributável o comportamento substanciado em realizar operações sobre circulação de mercadorias, o constituinte, por óbvio, alçou o praticante da operação, no caso o comerciante, no polo passivo da relação jurídica. Outrossim, cumpre lembrar que o § 2º, XII, do mesmo comando constitucional atribui ao legislador complementar a incumbência de definir outros contribuintes do referido imposto.

Comissão do representante comercial

É a remuneração atribuída ao representante comercial, traduzindo determinada percentagem em relação ao valor do negócio realizado ou do produto do trabalho prestado. Questão polêmica consiste em saber se os tributos indiretos, no caso o ICMS, o IPI, o PIS e a Cofins, devem ser incluídos ou excluídos do cálculo da comissão. A Lei n. 8.420, de 8 de maio de 1992, estabeleceu que a comissão recairá sobre o valor total das mercadorias, o que não resolveu a controvérsia, pois persiste o problema por outra ótica, na medida em que aquela grandeza poderia abrigar ou não os referidos gravames. Por considerar que os aludidos tributos exprimem despesas do comitente, afigura-se plausível a sua exclusão em relação ao importe do pagamento em prol do representante comercial. V. *Del credere.*

Comissário

Expressão dotada de polissemia, pois tanto pode designar um funcionário que trabalhe sob comissão quanto pode indicar o comerciante que, trabalhando com mercadoria de terceiros, opera em nome próprio, mediante remuneração percentual.

Companhia *offshore*

V. *Offshore.*

Compensação (1)

Generalidades

Representa modalidade extintiva da obrigação, em virtude de duas pessoas serem, ao mesmo tempo, credoras e devedoras entre si. O Texto Excelso cuidou do assunto expressamente ao versar sobre a não cumulatividade do IPI e do ICMS, por meio do art. 153, IV, § 3º, II, e do art. 155, II, § 2º, I. Outrossim, o Diploma Magno prestigiou a compensação de forma implícita, na proporção em que consagrou a isonomia entre governantes e governados ao vedar o locupletamento ilícito e ao assegurar o direito de propriedade, os quais, em suas entrelinhas, salvaguardam a utilização do instituto como forma de reafirmar os direitos e garantias precitados, se bem que, nesses casos, a aplicação do instituto haveria de depender da edição de norma individual. No direito tributário infraconstitucionalizado, a utilização do instituto condiciona-se à prévia estipulação legislativa, consoante dispõe o art. 170 do Código Tributário Nacional. Assim, na raia da tributação, o contribuinte somente poderá efetuar a compensação se houver expressa disposição legal acerca do assunto. Ainda, o aludido princípio aplica-se à Fazenda Pública, que, por seu turno, somente poderá reconhecer a compensação devidamente prevista em lei. Por outro lado, há hipóteses mais sutis de compensação, em que a previsão legislativa encontra-se sutilmente imersa nas entrevozes dos preceptivos legais. É o caso dos tributos submetidos ao regime de homologação, que são compensáveis por decorrência da própria sistemática de apuração, declaração e recolhimento, que é de iniciativa do contribuinte.

Ora, se o legislador autorizou o contribuinte a quantificar o tributo, além de efetuar a respectiva declaração e o competente pagamento, é crível que, por via travessa, esse plexo de poderes autoriza o contribuinte a promover a compensação. Esse asserto já mereceu o reconhecimento pretoriano, em consonância com o pronunciamento da Primeira Seção do Superior Tribunal de Justiça, ao apreciar os Embargos de Divergência em Recurso Especial n. 78.310/Bahia, cuja ementa assim dispõe: "*Tributário – Compensação. Tributos Lançados por Homologação. Ação Judicial. Nos tributos sujeitos ao regime do lançamento por homologação (Código Tributário Nacional, art. 150), a compensação constitui um incidente desse procedimento, no qual o sujeito passivo da obrigação tributária, ao invés de antecipar o pagamento, registra na escrita fiscal o crédito oponível à Fazenda, que tem cinco anos, contados do fato gerador, para a respectiva homologação (Código Tributário Nacional, art. 150, § 4º); esse procedimento tem natureza administrativa, mas o juiz pode, independentemente do tipo de ação, declarar que o crédito é compensável, decidindo, desde logo os critérios da compensação (v.g., data do início da correção monetária). Embargos de divergência acolhidos*" (*DJU* de 28.04.1997, p. 15803, m.v.). Obtempere-se, por outro lado, que nessa hipótese, diferentemente da Lei n. 8.383, de 30 de dezembro de 1991, por exemplo, é de mister que os tributos objetos da compensação sejam administrados pelo mesmo sujeito ativo, bem como é necessário que a providência seja efetivada dentro do exercício financeiro, coincidente com o ano do calendário gregoriano, vale dizer, entre 1º de janeiro e 31 de dezembro, porquanto a referida medida deverá curvar-se ao postulado orçamentário da anualidade, levando-se em conta a segurança jurídica das pessoas constitucionais.

Compensação (2)

Órbita federal

Na órbita federal, a Lei n. 8.383, de 30 de dezembro de 1991, alterada pela Lei n. 9.069, de 29 de junho de 1995, autorizou o aproveitamento de indébitos para efeito de pagamento de tributos e contribuições federais, inclusive previdenciárias, desde que da mesma espécie. Embora as contribuições sejam espécies de tributos, o legislador restringiu a compensação a contribuições da mesma espécie, vale dizer que tomou como gênero as contribuições federais, pelo que se afiguram compensáveis as contribuições sociais entre si, as de intervenção no domínio econômico entre si e as de categorias econômicas e profissionais entre si, pois são espécies do gênero *contribuições federais*. Por outro lado, a legislação *in casu* condicionou as demais compensações a tributos federais da mesma espécie, ou seja, impostos federais entre si, taxas federais entre si, empréstimos compulsórios entre si e assim por diante. Não obstante, o Poder Executivo editou atos administrativos na contramão do aludido diploma normativo. Assim, a Secretaria da Receita Federal de antanho expediu a Instrução Normativa n. 67, de 26 de maio de 1992, bem como o então INSS deu à estampa a Portaria n. 3.042, de 30 de janeiro de 1992, sendo que ambas condicionaram a compensação a tributos e contribuições do mesmo código, ou seja, da mesma subespécie e, portanto, em flagrante desrespeito à legislação de regência. Dito de outro modo, é o Poder Executivo legislando, o que exprime inegável absurdez.

Compensação e a Lei n. 9.250, de 26 de dezembro de 1995

Merece reflexões, também, outra condicionante concernente ao tema, no caso, a restringência do exercício da compensação a tributos e contribuições com igual destinação constitucional, conforme disposto na Lei n. 9.250, de 26 de dezembro de 1995. Não obstante, a referida disposição acutila a lógica do sistema e, se admitida fosse, culminaria por extinguir o instituto da compensação, em direção oposta à teoria geral do direito. Com efeito, o acolhimento da premissa da destinação entreplicaria em negar eficácia à compensação, porquanto, de um modo geral, o produto da arrecadação tributária submete-se à destinação, geralmente diversificada. O *imposto sobre produtos industrializados* e o *imposto sobre a renda*, por exemplo, destinam-se basicamente a prover os cofres da União, enquanto, de outra parte, objetivam-se a provisionar os cofres dos Estados, do Distrito Federal e das Municipalidades, sem contar que uma parcela do *imposto sobre produtos industrializados* é atribuída a programas de financiamento das Regiões Norte, Nordeste e Centro-Oeste. O mesmo ocorre em outros planos de governo, em que as receitas do IPVA, como também do ICMS, são redistribuídas aos Municípios. As receitas dos impostos em geral, por sua vez, devem ser aplicadas no ensino, na percentagem mínima de 18% com relação à União e 25% quanto às demais pessoas políticas. Por conseguinte, na trilha das ponderações expostas, força é reconhecer que a condição ora questionada, ou seja, limitar o exercício da compensação à destinação comum do produto arrecadado, significa, em geral, negar a compensação, implicando, consequentemente, em privilegiar a Fazenda, em detrimento dos contribuintes, além de discriminar contribuintes cujo indébito tenha destinação diversa em relação aos seus débitos, o que, em ambas as hipóteses, afronta o primado constitucional da igualdade. V. *Compensação (3).*

Compensação (3)

Plano administrativo

Representa fórmula de extinção tributária, prevista no art. 156, II, bem como nos arts. 170 e 170-A do Código Tributário Nacional, cujo teor condiciona a sua efetivação à autorização legal. No plano administrativo, diga-se de passo, tanto a Fazenda Pública quanto o contribuinte somente podem extinguir a obrigação por meio da compensação se houver lei autorizativa. Na verdade, não poderia ser de outra forma, porquanto a gestão tributária desenvolve-se no plano infralegal, em conformidade com o regime jurídico administrativo. Ademais, merece ser citada a inovação decorrente da Lei n. 10.637, de 30 de dezembro de 2002, que firmou novas regras acerca da compensação no âmbito dos tributos administrados pela Secretaria da Receita Federal do Brasil, na medida em que o art. 49 do referido diploma autoriza o contribuinte a efetuar a compensação de tributos federais, devendo simplesmente comunicar o fato à autoridade competente. De outra parte, diverso deve ser o tratamento da compensação no patamar judicial, no qual o magistrado não é servo da lei, mas do direito e da Constituição, motivo por que, se presentes determinados pressupostos constitucionais, torna-se cabível a edição de norma concreta e individual formalizando a compensação. V. *Compensação (4).*

Compensação (4)

Plano judicial

Consoante prefalado no verbete alusivo à compensação administrativa, é de mister identificar a existência de um divisor de águas entre aquela fórmula no plano infralegal e a compensação judicial. Dessarte, no âmbito da função administrativa, tanto a Fazenda quanto o contribuinte só podem compensar se a lei autorizar, premissa, aliás, induvidosa. Já na esfera judicial, ao contrário do entendimento vulgar e diferentemente do quanto ocorre na ambitude da função administrativa, o magistrado não é vassalo da lei, mas de todo o direito e, sobretudo, da Constituição. Com efeito, por considerar que o nosso direito não oferece meios que obriguem a Fazenda Pública a promover o pagamento de suas dívidas prontamente ou em curto prazo, o Judiciário pode e deve autorizar a compensação dos débitos da Fazenda com débitos dos contribuintes, fazendo-o não por subserviência à lei, mas por amor ao Diploma Excelso. Na verdade, a compensação justifica-se em obséquio ao primado constitucional que proclama a igualdade entre Governantes e Governados, bem como em respeito ao princípio que assegura o direito de propriedade, senão também em obediência ao vetor que proíbe o locupletamento ilícito, no caso em prol da Fazenda, sem contar o postulado da moralidade administrativa que repudia uma situação teratológica desse jaez, em que, de um lado, a Fazenda deve, não nega e não paga, a não ser depois de decênios, ao passo que, de outro lado, o contribuinte deve pagar a mesma Fazenda imediatamente, sob pena de ter seus bens arrestados, penhorados e executados! Por fim, merece veemente repúdio, também, a aberrante e esquipática norma instituída pela Lei Complementar n. 104, de 10 de janeiro de 2001, inserta no art. 170-A do Código Tributário Nacional, cujo comando condiciona a compensação judicial ao trânsito em julgado da decisão. A absurdidade contida nesse preceito causa estupefação, pois, a um só tempo, torpedeia direitos e garantias fundamentais do contribuinte, retrocitados, e acutila a independência do Judiciário, pois, ao restringir o direito à compensação após o trânsito, o legislador complementar quis dizer que o Judiciário não pode conceder determinados provimentos jurisdicionais! *Oh my God!*, diriam os ingleses.

Compensação (5)

Ex officio

A referida modalidade de compensação foi instituída pela Lei Federal n. 9.430, de 27 de dezembro de 1996, tendo sido revogada pela Lei n. 10.637, de 30 de dezembro de 2002, que permitia que fossem compensados indébitos e débitos de quaisquer tributos administrados pela então Secretaria da Receita Federal, atual Secretaria da Receita Federal do Brasil. Ao contrário do entendimento comum, a legislação *in casu* não revogara as hipóteses de compensação contempladas na Lei n. 8.383, de 30 de dezembro de 1991, as quais se condicionam a tributos e contribuições da mesma espécie. Na verdade, a Lei n. 9.430, de 27 de dezembro de 1996, autorizou o mencionado órgão a efetivar, de ofício, a compensação de tributos federais sob a sua administração, em decorrência de pedido de restituição ou ressarcimento de tributos por parte do contribuinte. Nesse sentido, preceituavam o art. 73, I e II, e o *caput* do art. 74 do aludido diploma normativo, cujos dizeres são transcritos *in verbis:*

> *"Art. 73. Para efeito do disposto no art. 7º do Decreto-lei n. 2.287, de 23 de julho de 1986, a utilização dos créditos do contribuinte e a quitação de seus débitos serão efetuadas em procedimentos internos à Secretaria da Receita Federal, observado o seguinte:*
>
> *I – o valor bruto da restituição ou do ressarcimento será debitado à conta do tributo ou da contribuição a que se referir;*
>
> *II – a parcela utilizada para a quitação de débitos do contribuinte ou responsável será creditada à conta do respectivo tributo ou da respectiva contribuição.*

Art. 74. Observado o disposto no artigo anterior, a Secretaria da Receita Federal, atendendo a requerimento do contribuinte, poderá autorizar a utilização de créditos a serem a ele restituídos ou ressarcidos para a quitação de quaisquer tributos e contribuições sob sua administração."

Por considerar que o *caput* do art. 73 faz remissão ao art. 7º do decreto-lei retrocitado, antolha-se conveniente trazer à baila o mencionado preceptivo, que assim estabelece:

"Art. 7º A Secretaria da Receita Federal, antes de promover à restituição ou ao ressarcimento de tributos, deverá verificar se o contribuinte é devedor à Fazenda Nacional.

§ 1º Existindo débito em nome do contribuinte, o valor da restituição ou ressarcimento será compensado, total ou parcialmente, com o valor do débito.

§ 2º O Ministro da Fazenda disciplinará a compensação prevista no parágrafo anterior."

Como se vê, resta claro que a legislação compulsada não alterou aquela prevista na Lei n. 8.383/1991, bem como não modificou a utilização do aludido instituto, nos termos proclamados no sistema normativo. Obs.: *Legislação revogada.* V. *Compensação (3).*

Compensação (6)

Limite compensável na seara das contribuições de seguridade social

A Lei n. 9.129, de 20 de novembro de 1995, estabelece que o limite compensável será a percentagem de 30% em relação ao montante apurado no trintídio. Essa limitação, obviamente, rende margem a um tratamento discriminatório em relação ao contribuinte titular de um indébito, que, em face da aludida restrição, ao contrário de efetuar a compensação em determinado espaço de tempo, seria compelido a fazê-lo em um prazo sobremodo maior. A condição desse jaez ofende o primado da igualdade, porquanto traduz privilégio em prol da Fazenda Pública, com nítida preterição dos direitos do contribuinte. Ademais, prestigia o locupletamento ilícito da Fazenda, além de agredir o postulado da moralidade administrativa que deve nortear a postura pública. Nesse sentido, bem decidiu a Primeira Turma do Tribunal Regional Federal da 3ª Região, a seguir exposta:

"Apelação Cível n. 96.03.008306-2/SP/300779

Relator: Juiz Theotonio Costa

Apelante: Instituto Nacional do Seguro Social – INSS

Apeladas: Laticínios Matinal S/A e Outros

Advogados: Jarbas Linhares da Silva e José Carlos Buch

Ementa:

Previdenciário. Constitucional. Contribuição Previdenciária. Compensação de Créditos. Possibilidade. Limitação.

I – Inconstitucionalidade da contribuição previdenciária prevista nos arts. 3º, I, da Lei n. 7.787/89 e 22, I, Lei n. 8.212/91, reconhecida pelo Colendo Supremo Tribunal Federal.

II – Descabe pretender-se a continuidade da cobrança da exação em apreço sob os auspícios do Decreto-lei n. 1.910/81, combinado com o Decreto-lei n. 2.318/86.

III – Presentes nesta ação de rito ordinário os documentos necessários à apuração dos valores a serem compensados, tornando-os líquidos e certos, impõem-se o deferimento da compensação. Aplicação do art. 66 da Lei n. 8.383/91.

IV – Os pagamentos da contribuição previdenciária patronal, realizados anteriormente a janeiro de 1992, podem ser compensados. Inteligência do art. 97 da Lei n. 8.383/91.

V – Incabível, na espécie, a limitação à compensação a que alude o art. 89, § 3º, da Lei n. 8.212/91. Precedente da Egrégia 2ª Turma desta Corte.

VI – A contribuição previdenciária debatida na presente demanda é exação suportada pelo empregador, vale dizer, é ele sujeito passivo da obrigação tributária em tela, circunstância que o legitima pleitear a compensação do que desembolsou aquele título, posto não se tratar do denominado imposto indireto.

VII – Apelação a que se nega provimento.

Acórdão

Vistos, relatados e discutidos estes autos, em que são partes as acima indicadas, acordam os Juízes da Primeira Turma do Tribunal Regional Federal da Terceira Região, em conformidade com a ata de julgamento, à unanimidade, negar provimento à apelação.

São Paulo, 1º de abril de 1997 (data do julgamento)."

Na verdade, a quintessência do acórdão, erigido numa linha de indiscutível logicidade e referto de densidade jurídica, sufraga a opinião enunciada neste tópico, segundo a qual a aludida limitação merece o pronto e enfático repúdio da comunidade jurídica.

Compensação (7)

Afora as modalidades de compensação existentes em nosso sistema, a Emenda Constitucional n. 30, de 13 de setembro de 2000, incorporada ao art. 78, § 2º, do Ato das Disposições Constitucionais Transitórias, instituiu nova fórmula compensatória explícita, ao reconhecer que determinados precatórios representam moeda de pagamento de tributos, no caso, aqueles pendentes de pagamento em 13 de setembro de 2000, como também os decorrentes de pleitos ajuizados até 31 de dezembro de 1999, caso não sejam objetos de pagamento do décimo anual até 31 de dezembro de 2001.

Competência tributária

É a aptidão legislativa tributária inerente às pessoas constitucionais, vale dizer, União, Estados, Distrito Federal e Municípios. Por meio da competência, as referidas pessoas criam os tributos no plano infraconstitucional, implementando os poderes abeberados no título competencial inserto no Texto Excelso, o qual, ao contrário do dizer comum, não cria tributos, mas estabelece poderes para fazê-lo. A competência tributária, bem como o seu exercício, são indelegáveis, no que diferem da capacidade tributária ativa, cujo exercício pode ser transferido para terceiras pessoas, embora a titularidade permaneça na esfera das pessoas constitucionais titulares da competência. Ainda, a competência afigura-se indelegável no plano interpessoal e intrapessoal. No primeiro caso, porque uma pessoa não pode delegar a competência para outras, assim como a União, por exemplo, não pode transferir poderes legislativos tributários em prol dos Estados. Na segunda hipótese, a indelegabilidade verifica-se em face de uma mesma pessoa não poder delegar sua competência internamente, porquanto é vedado ao exercente da função legislativa transferir poderes para o exercente da função administrativa. Importa sublinhar que o exercício da competência significa dispor sobre quaisquer elementos da norma de tributação, a exemplo do ato ou fato suscetível de tributação, bem como sobre o lugar e o momento em que aquele ato ou fato irradiará os efeitos jurídicos correspondentes. Seu universo compreende, também, a identificação dos sujeitos da obrigação tributária, a respectiva quantificação, a data do vencimento, além de outros desdobres atinentes aos planos da existência, da inexistência, da suspensão e da extinção da relação jurídica, além dos mecanismos revisores da legalidade. V. *Discriminação de competências tributárias* e *Partilha de competência tributária*.

Competência tributária residual

É a competência tributária prevista no art. 154, I, da Carta Magna, pela qual a União encontra-se instrumentada para instituir outros impostos ou contribuições de seguridade social, de natureza não cumulativa, afora aqueles expressamente constantes na Constituição, devendo fazê-lo por meio de lei complementar.

Comunicação

Segundo Fernanda Parisi, em seu Mestrado, a essência da expressão significa a troca de mensagens entre interlocutores, codificadas por meio de linguagem de conhecimento comum. Outrossim, a comunicação objeto de incidência do Imposto sobre comunicações consiste na prestação de serviço de comunicação a terceiros (Mestrado, PUC-SP, maio 2011).

Concordata

Extinta pela Lei n. 11.101, de 9 de fevereiro de 2005

Medida judicial consistente em dilação de prazo de pagamento, a fim de que o comerciante inadimplente promovesse o pagamento a seus credores. Revestia natureza preventiva ou suspensiva; aquela destinada a evitar a declaração de falência, enquanto esta se preordenava a liberar o comerciante do estado falencial. A legislação básica sobre a concordata repousava no Decreto-lei n. 7.661, de 21 de junho de 1945 – Lei de Falências –, e alterações supervenientes. Outrossim, cabe lembrar que a existência de créditos tributários exigíveis no decurso do processo de concordata ensejava a preferência absoluta desses créditos em relação a todos os demais, inclusive os trabalhistas.

Concurso de credores

Consoante Limongi França, é a execução judicial dos bens do devedor comum insolvente por parte de um ou mais credores, com o fim de se apurarem e liquidarem os direitos de cada qual, de acordo com a sua natureza e extensão. O crédito tributário, por seu turno, não se assujeita ao aludido concurso, bem como à sua habilitação, máxime porque prefere a qualquer outro, afora o trabalhista. Observa-se, contudo, que assume preferência absoluta, inclusive ao trabalhista, em processos de falência, recuperação judicial, inventário ou arrolamento. O art. 187 do Código Tributário Nacional, por outro lado, comete uma heresia jurídica, ao privilegiar a União em relação aos Estados e estes em relação aos Municípios. Deveras, a apontada hierarquização de preferências atrita o princípio federativo e a isonomia das pessoas constitucionais, que, desfrutando de plena igualdade no pacto federal, não podem ser privilegiadas nem preteridas entre si. Em boa hora o Supremo Tribunal Federal declarou a inconstitucionalidade da regra em apreço, fazendo-o por meio da ADPF n. 357 de 24.06.2021.

Condições da ação

V. *Legitimatio ad causam, Legitimatio ad processum, Interesse de agir* e *Possibilidade jurídica do pedido.*

Conduit company

É a denominação atribuída à empresa-base, consoante um dado planejamento tributário, que tenha por objeto a escolha do melhor acordo internacional em termos de tributação. *Ad exemplum*, o caso da empresa que se instala em determinado Estado, informado por regime fiscal favorecido, tornando-se contribuinte em função do critério do país de residência, tudo com a finalidade de transferir os lucros e os dividendos para outra empresa do mesmo grupo, situada em outro Estado. Como se vê, na hipótese vertente, a tributação ocorre no país de residência e não no da fonte de rendimento, tudo em conformidade com as lições de Heleno Torres, em sua obra *Direito tributário internacional* (São Paulo: Revista dos Tribunais, 2001. p. 347).

Confaz

Conselho Nacional de Política Fazendária. Órgão colegiado, criado pela Lei Complementar n. 24, de 7 de janeiro de 1975, que incumbe estabelecer isenções do ICMS, cabendo-lhe, também, firmar regras acerca de redução de base de cálculo, concessão de créditos presumidos, restituição e quaisquer outros incentivos concernentes ao referido tributo. O Conselho é constituído por um representante de cada Estado, um do Distrito Federal e um do Governo Federal. Aqueles representados pelos seus Secretários de Fazenda, Finanças ou Tributação e este pelo Ministro da Fazenda ou pessoa por ele indicada. O Regimento do aludido Conselho encontra-se aprovado pelo Convênio ICMS n. 133, de 12 de dezembro de 1997, objeto de ratificação nacional por meio do Ato Cotepe n. 2/98, publicado no *Diário Oficial da União* de 4 de fevereiro de 1998.

Confisco

V. *Perdimento de bens*

Ato administrativo ou judicial consistente na expropriação de bens sem contrapartida. Por óbvio, em obséquio ao direito de propriedade, o seu alcance limita-se ao objeto do crime, bem como ao seu produto, ou ainda às mercadorias objetos de contrabando. Em suma, representa figura interligada ao direito penal e não merece espaço no direito tributário, seja pela vedação à tributação confiscatória prevista no art. 150, IV, da Constituição Federal, seja pela inaplicabilidade no âmbito administrativo, mesmo diante de infrações de índole tributária, porquanto a proteção ao direito e garantia fundamentais substanciada na propriedade repugna qualquer modalidade de confisco, salvo as hipóteses retrocitadas de natureza penal.

Confusão

À luz da teoria geral do direito, representa modalidade extintiva da obrigação, em virtude de as qualidades do credor e do devedor confundirem-se numa só. Esse é o substrato do comando inserto no art. 1.049 do Código Civil de 1916, reproduzido no art. 381 do Código de 2002. Conquanto o instituto não esteja contemplado no Código Tributário Nacional, exprime hipótese de extinção do liame obrigacional, na medida em que, por exemplo, a Fazenda do Estado adquira uma empresa com débito do ICMS, o que poria termo à obrigação tributária em face da confusão.

Conluio

Ao lume da teoria geral do direito, a expressão 'conluio', também denominada colusão, designa o acordo cometido com má-fé entre duas ou mais pessoas, com o intuito de fraudar uma interposta pessoa. Na seara tributária, significa o ajuste doloso entre duas ou mais pessoas naturais ou jurídicas, com o desígnio de ocultar a ocorrência do fato jurídico tributário ou o intento de reduzir o montante do tributo devido. Exprime hipótese de circunstância agravante da penalidade, a exemplo da duplicação da multa na área do IPI, consoante previsto no § 6º do art. 80 da Lei n. 4.502, de 30 de novembro de 1964, o qual se reporta ao art. 73 do mesmo diploma legal.

Conselho Administrativo de Recursos Fiscais (CARF)

Tribunal Administrativo Tributário Federal, instituído pela Lei n. 11.941, de 27 de maio de 2009, exsurgiu com a extinção do então Conselho de Contribuintes do Ministério da Fazenda. As normas concernentes à sua criação foram introduzidas pelo Decreto n. 70.235, de 6 de março de 1972, que disciplina o processo administrativo tributário federal, bem como por meio da Portaria n. 343, de 9 de junho de 2015, que estampa o seu Regimento Interno.

Conselho de contribuintes

Extinto pela Lei n. 11.941, de 27 de maio de 2009

Órgão colegiado federal, extinto pela Lei n. 11.941, de 27 de maio de 2009, subordinado ao Ministro da Fazenda, investido de competência para apreciar, em grau de recurso, os processos administrativos relativos aos tributos federais então administrados pela Secretaria da Receita Federal, além de desdobrado em três Conselhos, todos divididos em câmaras compostas por oito membros titulares e três suplentes. Dotado de estrutura paritária, metade de seus membros provinham de representantes da Fazenda e a outra metade de representantes dos contribuintes, indicados por entidades de classe. A competência encontrava-se assim distribuída: ao Primeiro Conselho cumpria, basicamente, julgar processos de imposto sobre a renda, contribuição sobre o lucro, PIS, Pasep, Finsocial e Cofins; ao Segundo incumbia versar sobre IPI, IOF, IPTR, contribuições federais, empréstimos compulsórios, tributos estaduais e municipais de alçada da União nos Territórios, além das atividades de distribuição gratuita de prêmios, mediante sorteio, vale-brinde ou concurso, a título de propaganda, e das atividades de captação de poupança popular, sorteios e loterias. Já ao Terceiro cabia julgar processos sobre comércio exterior, bem como as taxas a ele relacionadas. Abrigava, ainda, uma câmara superior de recursos fiscais, preordenada a julgar, em instância especial, os recursos contra as decisões não unânimes do Conselho ou as decisões divergentes, quer do Conselho, quer da própria câmara. V. *Conselho Administrativo de Recursos Fiscais (CARF).*

Conselho de contribuintes estaduais

Denominação adotada pela maioria dos Estados da Federação para designar o órgão colegiado estadual incumbido de processar e decidir em grau de recurso os feitos administrativos que versem sobre os tributos situados na esfera competencial dos Estados, em especial o ICMS.

Conselho Municipal de Tributos

Tribunal integrante do Poder Executivo, preordena-se a julgar em segunda instância os processos administrativos que versem sobre tributos municipais. Por meio da Lei n. 14.107, de 02 de dezembro de 2005, com alterações posteriores estabelecidas pela Lei n. 14.256, de 29 de dezembro de 2006, o Município de São Paulo, no Estado de São Paulo, criou uma Corte dessa natureza, a qual é constituída por 4 (quatro) Câmaras Julgadoras, compostas, cada uma, por 6 (seis) conselheiros, sendo 3 (três) representantes da Prefeitura e 3 (três) dos contribuintes, convindo observar que nelas tem a participação um procurador da Fazenda que defende os interesses do Município no processo administrativo fiscal, em nome, diga-se de passo, do órgão denominado Representação Fiscal.

Consignação em pagamento

Prevista no art. 156, VIII, do Código Tributário Nacional, traduz fórmula especial de pagamento, que tem o condão de extinguir a obrigação tributária. Também denominada consignação judicial, é o pagamento que, por qualquer razão, a Fazenda tenha recusado, dando margem para que o contribuinte bata às portas do judiciário, com o intento de ficar a salvo das consequências decorrentes do inadimplemento do dever jurídico de índole tributária. Em havendo acolhida ao pleito, o importe consignado será convertido em renda da Fazenda Pública; caso contrário, a importância será devolvida ao demandante.

Constituição da obrigação tributária

Embora o Código trate do assunto sob a rubrica 'Constituição do crédito tributário', a expressão em epígrafe justifica-se na medida em que o que se verifica é a constituição da obrigação, da qual o crédito é parte. Com efeito, o crédito integra a relação jurídica tributária, a qual nasce com a ocorrência do fato jurídico tributário. Após exsurgir, todavia, a obrigação depende de certas formalidades para se aperfeiçoar. Assim, afigura-se de mister, logicamente, que o crédito inserto na obrigação seja explicitado, mensurado e, finalmente, recolhido. Por conseguinte, a sua constituição não se dá ao ensejo no nascimento da obrigação, mas no momento de sua constituição formal, vale dizer, por ocasião do lançamento com referência aos tributos cobrados por essa modalidade ou por meio do cumprimento das formalidades pertinentes e, consequentemente, do pagamento no tocante aos tributos, cujo adimplemento independe de lançamento, a exemplo do IPI, do ICMS e de outros.

Constituição estadual

Diploma supremo na ambitude dos Estados federados, subalterno apenas à Constituição Federal, com a qual deve guardar simetria em obediência ao quanto dispõe o art. 25 da Carta Magna. Comete-se-lhe, basicamente, firmar os princípios concernentes à organização dos Poderes, à tributação e finanças e à ordem econômica e social.

Constituição Federal

Lei fundamental, superior a todas as outras, que estabelece a forma de Estado e o sistema de governo, organiza o Estado, enquanto cuida da criação das pessoas jurídicas de direito público interno, sublinha o âmbito das funções do Executivo, Legislativo e Judiciário, versando, outrossim, a delimitação do poder do Estado, além de assegurar os direitos e garantias individuais, cabendo-lhe, por fim, firmar os postulados magnos que devem presidir a ordem jurídica. Ademais, incumbe ao Texto Supremo fixar os primados programáticos relativos à ordem econômica e social. A Constituição da República promulgada em 1988 encampou o sistema contido nas Cartas de 1967 e 1969, instituído pela Emenda n. 18, de 1º de dezembro de 1965; nesse sentido, dedicou especial atenção ao direito tributário, na medida em que contempla dezenas e dezenas de comandos concernentes a esse segmento normativo.

Consulta

Instituto representativo de direito e garantia do contribuinte no âmbito administrativo. Possibilita o esclarecimento de dúvida acerca da interpretação da legislação tributária no tangente à matéria controversa. Conquanto inexista disposição uniforme sobre o assunto, alguns requisitos afiguram-se inerentes à sua admissibilidade, a exemplo da espontaneidade, da controvérsia e da ausência de ato normativo ou mesmo de resposta a outra consulta dispondo sobre a questão proposta. Na área federal, o Decreto n. 70.235, de 6 de março de 1972, cuida do tema, enquanto, na área estadual, a legislação do ICMS de cada unidade federativa incumbe-se de fazê-lo, ao passo que, na órbita municipal, o problema deve ser analisado caso a caso, na estrita conformidade com a legislação específica de cada um dos milhares de Municípios do País.

Contrabando

Importação ou exportação de mercadorias cujo comércio é proibido, a exemplo de armas, munições ou drogas.

Difere de descaminho, que consiste na importação ou exportação de mercadoria permitida, sem a observância das formalidades alfandegárias (art. 334 do Código Penal).

Contraditório

Também denominado *contraditoriedade,* exprime direito e garantia fundamentais, estando inscrito no art. 5º, LV, da Carta da República. Consiste na "ciência bilateral dos atos e termos do processo e a possibilidade de contrariá-los", segundo a lúcida sinopse de José Canuto Mendes de Almeida, em *A contrariedade na instrução criminal.*

Contribuição

Espécie de tributo, que encampa como subespécies as contribuições de melhoria, sociais, corporativas e econômicas. Essa classificação segue a esteira proposta por Luciano Amaro, bem como por Cristina Lino Moreira. O primeiro, agudamente denominou de sociais, corporativas e econômicas as então chamadas contribuições parafiscais. Já a segunda entendeu que as contribuições de melhoria representam subespécies de contribuições, posição, diga-se de passo, pertinente por todas as luzes.

Contribuição ao Funrural

Contribuição social administrada pela Secretaria da Receita Federal do Brasil e devida ao Funrural e ao Incra, sendo cobrada de pessoas jurídicas rurais e urbanas, na proporção de 0,2% em relação ao montante da folha de salários. No tocante às empresas urbanas, conquanto exigida pelo sujeito ativo, afigura-se manifestamente indevida, ilógica e inconstitucional, seja pela ausência de pressupostos, dada a inexistência de nexo causal que justifique a afetação, seja pela superposição de incidências, que é vedada pelo mandamento interserto no art. 195, § 4º, do Texto Supremo. Vejamos, a propósito, um eloquente pronunciamento nesse sentido, contido em Acórdão do Superior Tribunal de Justiça assim ementado:

> "Tributário. Contribuição para o Funrural. Empresa Vinculada exclusivamente à Previdência Urbana. Impossibilidade de Superposição Contributiva. Embargos

> Conhecidos e Rejeitados.
>
> Não é de se exigir o pagamento das contribuições relativas ao Funrural e ao Incra, das empresas vinculadas exclusivamente à Previdência Urbana em face da impossibilidade da superposição contributiva.
>
> Embargos conhecidos, porém rejeitados" (EREsp 173.380/DF, julgado em 08.11.2000, *DJU* 1-E, de 05.03.2001, p. 119-120).

Outrossim, ao apreciar o Agravo Regimental no Recurso Extraordinário n. 255.360-3/São Paulo, o Supremo negou provimento ao pleito por ausência de antessuposto formal, pois entendeu tratar-se de assunto a ser dirimido no âmbito da legislação ordinária. Entrementes, o Ministro Maurício Corrêa, então Relator, expendeu sua opinião, sustentando que o art. 195 da Constituição nada diz acerca da exigibilidade de contribuição social em relação à empresa urbana, justificando, por outro lado, que o referido comando determina que a seguridade social seja financiada por toda a sociedade, daí, a seu ver, o cabimento da cobrança. Na verdade, a exigência contraria a vedação contida no art. 195, § 4º, da Constituição, que, encampando o comando inserto no art. 154, I, proíbe a superposição de tributos ou contribuições. Ademais, a referida exigência revela-se incompatível com a própria natureza da contribuição, pois a peculiaridade desse gravame repousa exatamente numa correlação lógica entre o fato suscetível de incidência e a afetação da receita correspondente, o que não se verifica no presente caso. Seria o mesmo que cobrar contribuição social de servidor público municipal para financiar a seguridade do servidor estadual! Enfim, a aludida contribuição não resiste a um contraste de constitucionalidade, pois falece de um mínimo de densidade lógica.

Contribuição ao IAA

Trata-se da contribuição ao Instituto do Açúcar e do Álcool (IAA), que, criada por meio do Decreto-lei n. 308, de 28 de fevereiro de 1967, destinava-se ao custeio da intervenção da União na economia canavieira nacional. Legislação superveniente, em particular o Decreto-lei n. 1.712, de 14 de novembro de 1979, autorizou o Conselho Monetário Nacional a quantificar o gravame, fato vedado pela Carta então vigente, pois, à época, apenas os impostos sobre o comércio exterior, além do IPI e do IOF, poderiam ter as bases de cálculo e as alíquotas fixadas pelo Executivo, como também pelo Presidente da República, e não por qualquer órgão integrante daquele Poder. Ademais, como se vê, aquela prerrogativa alcançava tão somente determinados impostos, jamais contribuições, razão por que o gravame sob exame já padecia de irremissível inconstitucionalidade. Ademais, o Decreto-lei n. 2.401, de 21 de dezembro de 1987, por meio do art. 1º, proibiu que o Tesouro Nacional utilizasse os valores provenientes da referida contribuição nas operações de venda e compra de açúcar para fins de exportação, ou seja, a partir de então, a contribuição transformou-se em imposto inominado, máxime porque o substrato do regime jurídico tipificador da contribuição desse timbre repousa exatamente na paga da intervenção, no caso, afastada pelo mencionado diploma normativo. Dessarte, fica evidenciado por todas as luzes que a contribuição ao IAA navegava na flagrante contramão do figurino constitucional pretérito. Se inconstitucional ao lume do Texto de antanho, não há de se falar, obviamente, em recepção de legislação desse jaez, sem contar que, sob a craveira da Constituição de 1988, as impropriedades apontadas culminam por ganhar feição teratológica. Apesar das máculas apontadas e por incredível que possa parecer, o Plenário do Supremo Tribunal Federal reconheceu a constitucionalidade da contribuição *in casu*, tanto sob a vigência da Carta velha, quanto sob o manto do Diploma Excelso a viger, conforme decidido no Recurso Extraordinário n. 214.206-9, tendo como Relator o Ministro Nelson Jobim, em sessão realizada em 15 de outubro de 1997, cuja ementa foi publicada no *DJU* 1, de 19.05.1998, p. 16.

Contribuição ao Incra

V. *Contribuição ao Funrural.*

Contribuição ao salário-educação

V. *Salário-educação.*

Contribuição confederativa

Modalidade de contribuição de natureza privada, preordenada a financiar a estrutura sindical, estando incluída a prestação de serviços assistenciais pelo sindicato aos membros da categoria profissional, nos termos, é bem de ver, do quanto dispõe o art. 8º e incisos da Constituição da República. Reveste natureza privada, porquanto é criada pela assembleia geral do sindicato e não por pessoa constitucional, tendo como contribuintes apenas aqueles que, facultativamente, optarem por se filiar a um dado sindicato. A jurisprudência é pacífica, no sentido de considerar descabido o desconto de empregado não sindicalizado.

Contribuição de iluminação pública

A Emenda Constitucional n. 39, de 19 de dezembro de 2002, estabeleceu uma nova competência tributária em prol do Distrito Federal e dos Municípios, na medida em que lhes outorgou poder para instituir a aludida contribuição, com o desígnio de custear o serviço de iluminação pública, respeitando, por óbvio, os postulados da legalidade e da anterioridade ano-calendário. Entrementes, o tributo *in casu* não se forra de impropriedades vitandas que comprometam de modo fulminante a sua validez. Em primeiro lugar, força é reconhecer que, ao menos em tese, o serviço público traduz pressuposto de taxa e não de contribuição. Em segundo lugar, o serviço de iluminação pública desatende ao requisito impostergável da divisibilidade, consoante firmado no inciso I do art. 145 da Constituição Federal. Com efeito, o serviço divisível é aquele que pode ser individuado, ou seja, fruível por alguém, com excludência de outrem, tornando-se, outrossim, mensurável caso a caso. Como se vê, a iluminação pública é desfrutável por todos os passantes das vias públicas, sendo também sujeita ao gozo comum por parte dos moradores dos locais iluminados, configurando, dessarte, um serviço *ut universi* e, portanto, indivisível, restando, assim, insuscetível de incidência por meio de taxa. Por outro lado, a fisionomia jurídica do tributo em apreço não se coaduna com o perfil de seu *nomem juris,* uma vez que, nos termos do art. 149 do Texto Excelso, um dos traços tipificadores das contribuições consiste na destinação de suas receitas, que são afetadas com o objetivo de custear a ordem social, a intervenção no domínio econômico e as entidades profissionais. Nem se diga tratar-se da competência residual contida no § 4º do art. 195 da Constituição Federal, pois o referido comando autoriza a criação de novas contribuições, desde que destinadas ao financiamento da seguridade social, bem como a competência é privativa da União, sendo vedado deferir essa prerrogativa ao Distrito Federal ou aos Municípios, como quer a Emenda sob exame. Portanto, a contribuição ora questionada não resiste a um contraste de constitucionalidade, pois hospeda, por hipótese de incidência, uma conduta própria de taxa, ao passo que, se contribuição fosse, apenas por argumentar, faleceria de suporte constitucional originário, convindo lembrar que a rigidez e a exaustividade do Sistema Constitucional Tributário não autorizam a instituição de novas competências, nem mesmo por meio de Emendas. Em suma, por qualquer ótica que seja, o mencionado gravame depara-se inconstitucional por todas as luzes.

Contribuição de Intervenção no Domínio Econômico (CIDE)

A aludida contribuição, de natureza econômica, já mereceu breves comentos, insertos no verbete 'Contribuições sociais, econômicas e corporativas'. Cumpre lembrar que, nos últimos anos, a União redescobriu os gravames desse jaez, tanto que instituiu inúmeras contribuições interventivas, a exemplo do Fust, do Funttel, do FNDCT, CIDE/Tecnologia e a CIDE/Combustíveis incidente sobre a importação e a comercialização de petróleo e seus derivados, gás natural e seus derivados e álcool etílico combustível. Consoante o disposto no art. 149 da Constituição da República, trata-se de gravame de competência privativa da União, tendo por pressuposto imprescindível a intervenção estatal, que deve ser custeada com o produto da arrecadação da mencionada contribuição, assujeitando-se, outrossim, ao postulado da anterioridade ano-calendário

Contribuição de melhoria

Tributo que tem por hipótese de incidência uma atividade estatal substanciada na realização de obra pública, da qual decorra valorização imobiliária. A noção de obra pública compreende a construção, a reparação, a edificação, a ampliação ou mesmo a demolição de imóvel pertencente ao domínio público, previsto no art. 145, III, da Constituição da República, bem como no art. 81 do Código Tributário Nacional, senão também no Decreto-lei n. 195, de 24 de fevereiro de 1967. Em que pese ao silêncio do Texto Excelso, no tocante à valorização imobiliária afigura-se induvidoso que a aludida cláusula foi recepcionada pela ordem constitucional a viger, cujo comando antolha-se harmônico com o art. 81 do Código Tributário Nacional, bem como com o teor do decreto-lei retrocitado. Ademais, a valorização do imóvel exprime característica tipificadora dessa modalidade de contribuição, o que torna legítimo reconhecê-la nas dobras do art. 145, III, da Carta Magna. Embora o decreto-lei *in casu* tenha estabelecido que o custo da obra será cobrado dos proprietários de imóveis situados na área de influência das obras, não se pode olvidar que essa disposição falece de idoneidade para usurpar direitos e garantias constitucionalizados, a exemplo do direito de propriedade e o direito de ficar a salvo de tributação confiscatória, entre outros, pelo que o limite individual da cobrança haverá de ser a *valorização imobiliária*, como quer a Constituição e como bem expressou o art. 81 do Código Tributário Nacional. Em consonância com a partilha constitucional de competências, a contribuição de melhoria é um tributo privativo de cada pessoa constitucional, ou seja, somente a pessoa que realizar a obra, da qual sobrevenha a mais-valia, poderá instituir o referido gravame. Ainda, é importante frisar que o procedimento de criação da aludida contribuição encontra-se pormenorizado no Decreto-lei n. 195, de

24 de fevereiro de 1967, que, acaso inobservado, como não raro costuma ocorrer, pode ensejar o comprometimento de sua exigibilidade. Por fim, impende assinalar que essa contribuição somente pode ser exigida uma única vez, ainda que em parcelas, bem como o limite anual da cobrança importa em até 3% em relação ao valor venal do imóvel, nos termos do *caput* do art. 12 do decreto-lei retrocitado. É digna de registro, outrossim, a dimensão do postulado da estrita legalidade em relação à contribuição de melhoria, uma vez que a simples previsão do gravame no art. 81 do Código Tributário Nacional não autoriza a sua instituição, porquanto é de mister a edição de lei específica. Em abono ao alegado, merece ser lembrado o incisivo pronunciamento pretoriano a seguir estampado:

"*Processo: REsp. n. 927846/RS.*

Recurso especial n. 2007/0038580-3.

Relator(a): Ministro Luiz Fux (1122).

Órgão Julgador: T1 - Primeira Turma.

Data do julgamento: 03.08.2010.

Data da publicação/Fonte: DJe 20.08.2010.

Ementa: Tributário. Recurso especial. Contribuição de melhoria. Lei Específica para cada obra. Necessidade. Ausência de publicação de dois editais. Ausência de notificação prévia do lançamento. Súmula 07 do STJ. Ausência de demonstração analítica do dissídio.

1. A contribuição de melhoria é tributo cujo fato imponível decorre da valorização imobiliária que se segue a uma obra pública, ressoando inequívoca a necessidade de sua instituição por lei específica, emanada do Poder Público construtor, obra por obra, nos termos do art. 150, I, da CF/88 c/c art. 82 do Código Tributário Nacional, uma vez que a legalidade estrita é incompatível com qualquer cláusula genérica de tributação. (Precedentes: REsp 739.342/RS, Rel. Ministro Francisco Falcão, Primeira Turma, julgado em 04.04.2006, DJ 04.05.2006; REsp. n. 444.873/RS, Rel. Ministro Castro Meira, Segunda Turma, julgado em 23.08.2005, DJ 03.10.2005).

2. In casu, consoante dessume-se do voto condutor do acórdão recorrido, o entendimento esposado pelo Tribunal a quo diverge da jurisprudência dominante nesta Corte Superior, in verbis: 'Inicialmente, destaco que entendo não ser necessária a existência de uma lei específica, obra por obra, para a instituição e cobrança de contribuição de melhoria. Nessa perspectiva, tenho que o Município apelado logrou comprovar o atendimento ao princípio da legalidade tributária (art. 150, I, da CF/88), ao acostar ao presente feito, a Lei Municipal n. 286/1996 de fl. 151, a qual autoriza o Poder Executivo a realização de obras de pavimentação asfáltica nas ruas no perímetro urbano, o que abarca a hipótese sob exame.'

3. O conhecimento do presente inconformismo, no tocante à alegada ausência da publicação do edital de conclusão da obra, bem assim da notificação prévia do lançamento, resta interditado a esta Corte Superior, à luz da Súmula 07/STJ, porquanto concluiu a instância a quo, com ampla cognição fático-probatória, in verbis:

'Da mesma forma, não merecem acolhida as alegações relativas à inobservância dos demais requisitos legais, especificamente no que concerne à publicação de edital de realização e conclusão da obra e notificação/intimação do apelante, visto que restaram ambos comprovados nos autos às fls. 62 e 100/101, bem como à fl. 45, bastantes para preencher os referidos requisitos previstos no Código Tributário Nacional, art. 82, I, e Decreto-Lei nº 195/67, art. 5º.'

4. A admissão do recurso especial pela alínea c do permissivo constitucional exige a demonstração do dissídio na forma prevista pelo RISTJ, com a demonstração analítica das circunstâncias que assemelham os casos confrontados, o que inocorreu, in casu.

5. Recurso especial parcialmente conhecido e, nesta parte, provido.

Acórdão: Vistos, relatados e discutidos estes autos, os Ministros da Primeira Turma do Superior Tribunal de Justiça acordam, na conformidade dos votos e das notas taquigráficas a seguir, por unanimidade, conhecer parcialmente do recurso especial e, nessa parte, dar-lhe provimento, nos termos do voto do Sr. Ministro Relator. Os Srs. Ministros Teori Albino Zavascki, Arnaldo Esteves Lima, Benedito Gonçalves (Presidente) e Hamilton Carvalhido votaram com o Sr. Ministro Relator."

Contribuição de seguridade social

Espécie de contribuição social prevista no art. 195 da Constituição Federal, que representa espécie daquelas genericamente contempladas no art. 149 do Texto Supremo. Compreende os campos da saúde, da previdência e da assistência social, nos termos, é bem de ver, dos arts. 196 a 204 do Diploma Excelso. Diferentemente das demais contribuições sociais que se subordinam à anterioridade ano-calendário, assujeita-se à chamada anterioridade nonagesimal, conforme quer o comando inserto no § 6º do aludido art. 195. Cumpre lembrar que as entidades beneficentes de assistência social desfrutam de imunidade em relação a essa espécie de contribuição e não de isenção, conforme a literalidade equivocada constante do § 7º do mencionado preceito.

Contribuição de seguridade social residual

A exemplo dos impostos residuais, o art. 195, § 4º, da Constituição Federal estabeleceu uma competência residual, que investe a União de poderes para criar outras contribuições de seguridade social, afora aquelas já enumeradas no Texto Magno. É a contribuição residual que se subordina às premissas contidas no art. 154, I, da Constituição, quais sejam, além da originalidade já aludida, deve ser instituída por lei complementar e ter natureza não cumulativa.

Contribuição para o Fundo de Garantia do Tempo de Serviço (FGTS)

Contribuição federal exigível do empregador no percentual de 8% em relação à remuneração mensal paga ao empregado. Tem por finalidade proteger o empregado na hipótese de despedimento imotivado ou mesmo com justa causa, extinção do contrato de trabalho, aposentadoria e em caso de força maior e culpa recíproca, bem como na extinção da empresa, além de tutelar os dependentes no caso de falecimento, afora outras situações previstas na legislação específica e na Consolidação das Leis do Trabalho. Encontra-se plasmada no inciso III do art. 7º do Texto Excelso com a roupagem de direito social, que, por seu turno, integra o tópico dos direitos e garantias fundamentais. Inexistente no direito comparado, foi introduzida entre nós por meio da Lei n. 5.107, de 13 de setembro de 1966, alterada pelo Decreto-lei n. 20, de 14 de setembro de 1966, ambos modificados pela Lei n. 8.036, de 11 de maio de 1990, e pela Lei n. 8.844, de 20 de janeiro de 1994, sendo finalmente objeto de inovações, contidas na Lei Complementar n. 110, de 29 de junho de 2001, esta, diga-se de passo, alvo de severas objurgatórias por parte da doutrina, mercê de suas inúmeras impropriedades que afrontam primados constitucionais, conforme demonstrado em verbete específico nesta obra. Ainda, reveste natureza tributária, porquanto é uma prestação originalmente pecuniária e compulsória, não traduz sanção de ato ilícito e foi instituída por pessoa constitucional, consoante esmiuçado em estudo publicado na *Revista Dialética de Direito Tributário*, n. 33, p. 23-33, pelo que, entre outros aspectos, assujeita-se à prescrição quinquenal prevista no

Código Tributário Nacional. V. *FGTS – Lei Complementar n. 110, de 29 de junho de 2001.*

Contribuição sindical

Em sua redação original, a Consolidação das Leis do Trabalho cuidava do assunto por meio do art. 579, no qual instituíra a referida contribuição, dotando-a de caráter compulsório. Entrementes, o art. 8º da Constituição e seus respectivos incisos não recepcionaram aquele dispositivo da legislação trabalhista, na medida em que o cogitaram de contribuição confederativa, de natureza facultativa, de competência de entidade privada, com a mesma finalidade que a então contribuição social. De todo o modo, cumpre ressaltar que a Lei n. 13.467, de 13 de julho de 2017, modificou o questionado dispositivo e estabeleceu caráter facultativo com referência à aludida contribuição, em harmonia, portanto, com o figurino constitucional.

Contribuição social

Prevista no art. 149 da Constituição, representa espécie de tributo. Abriga como subespécies as contribuições de seguridade social, vale dizer, aquelas voltadas aos campos da saúde, da previdência, da educação e da assistência social, além de quaisquer outras situadas na ambitude da ordem social, a exemplo da contribuição para o salário-educação. As aludidas contribuições compreendem, em seu universo, a contribuição patronal e a contribuição relativa ao empregado, bem como as contribuições para o Sesi, o Sesc, o Senai, o Senat, o salário-família, o salário-educação, retrocitado, e o Funrural, como também para o PIS, a Cofins e a contribuição sobre o lucro, todas administradas pela Secretaria da Receita Federal do Brasil. Compreende, também, o FGTS, que é administrado pelo Ministério do Trabalho. A enumeração exposta guarda caráter exemplificativo, uma vez que a legislação sobre o assunto é sobremodo dinâmica e mutável. Ademais, convém obtemperar que a classificação apresentada exprime o ponto de vista do autor, contando com a boa companhia de Edvaldo Brito, entre outros, cujas lições alojam premissas que se harmonizam com a opinião ora pugnada, cabendo lembrar, contudo, que esse terreno é propício a testilhas doutrinais (*Revista de Direito Tributário*, São Paulo, n. 33, jul./set. 1985. p. 224 et seq.).

Contribuição social para o Seguro de Acidente do Trabalho (SAT) (1)

Regime vigente até dezembro de 2009

Prevista na Lei n. 8.212, de 24 de julho de 1991, incide sobre a folha de salários, mediante percentagens progressivas entre 1 e 3%, as quais se atrelam ao nível do grau de risco inerente à atividade preponderante da empresa, que pode ser leve, médio ou grave. Entrementes, ao revés de definir a locução 'atividade preponderante' da empresa, o legislador delegou poderes ao Executivo e este editou decreto definindo a expressão em apreço. Como se vê, houve indevida delegação de competência, dando margem a que o Executivo usurpasse prerrogativa imanente à função legislativa, acutilando, assim, o primado constitucional da estrita legalidade. Ao lado desse descompasso, o decreto qualificou como preponderante a atividade que abrigar o maior número de funcionários, o que pode ensejar absurdos, a exemplo de uma empresa que, tendo 100 funcionários, dos quais 49 exercendo atividade de risco leve e 51 desenvolvendo atividades de risco grave, estaria sujeita ao pagamento de 3% sobre a folha de todos, em virtude do esquipático critério da atividade preponderante. Por todas as veras, esse paradigma desrespeita os primados da igualdade e da tipicidade; aquele em face de igualizar situações inequivocamente diferençadas e este por desconsiderar a cerrada adequação entre o fato e a norma, sendo que dessa conjugação resulta, também, menoscabo ao arquiprincípio da segurança jurídica. Debalde o exposto, o Supremo Tribunal Federal reconheceu a constitucionalidade da contribuição em apreço.

Contribuição social para o Seguro de Acidente do Trabalho (SAT) (2)

Em vigor a partir de janeiro de 2010

Com as alterações introduzidas pela Lei n. 9.732, de 11 de dezembro de 1998, a contribuição ganhou o epíteto de RAT, sigla designativa de Risco Acidentário do Trabalho, o qual decorre do Risco Ambiental do Trabalho e está catalogado nos mesmos níveis de 1, 2 e 3% da versão constante da redação original que instituiu o gravame. Outrossim, o Decreto n. 6.042, de 12 de fevereiro de 2007, instituiu um índice denominado Fator Acidentário de Prevenção (FAP), que se aplica à SAT/RAT e pode aumentar ou diminuir a percentagem original incidente sobre a folha de salários. Ainda, o aludido diploma foi alterado pelo Decreto n. 6.957, de 9 de setembro de 2009, com vigência a partir de janeiro de 2010. O cálculo afigura-se complexo e, por isso, recomenda-se compulsar os diplomas aplicáveis à espécie, incluindo a consulta ao *site* da Receita Federal do Brasil.

Contribuição social/Sesc

V. *Sesc*.

Contribuição social/Sesi

V. *Sesi*.

Contribuição social sobre a folha de salários

Fato gerador

Segundo disposto na Lei n. 9.063, de 14 de junho de 1995, a empresa é obrigada a promover o recolhimento das contribuições incidentes sobre o montante da folha de salários até o dia 2 (dois) de cada mês. É de mister obtemperar que a exigência *in casu* dá-se antes da concretização do fato jurídico (fato gerador), máxime porque o componente temporal respectivo repousa na data em que o salário torna-se devido nos termos da legislação específica – no caso, o § 1º do art. 459 da Consolidação das Leis do Trabalho –, ou seja, o dia 5 (cinco) de cada mês. Como se vê, trata-se de cobrança de tributo antes da ocorrência do fato gerador, contrariando, assim, o disposto no § 1º do art. 113 do Código Tributário Nacional, além de acutilar o art. 109 do mesmo diploma, cujo comando não autoriza que sejam modificados conceitos e formas de outros ramos do direito para efeito de instituição ou exigência de tributo. Ante o exposto, afigura-se lídimo depreender que o pagamento tornar-se-ia devido no dia 2 (dois) do mês subsequente ao do pagamento.

Contribuições de interesse das categorias econômicas e profissionais

V. *Contribuições sociais, econômicas e corporativas.*

Contribuições parafiscais

V. *Contribuições sociais, econômicas e corporativas.*

Contribuições sociais, econômicas e corporativas

Ao revés das contribuições parafiscais, consoante linguagem corrente na comunidade jurídica, esta obra adota a denominação em epígrafe na esteira das lições de Luciano Amaro, por entendê-la mais adequada e consentânea para exprimir as referidas espécies tributárias (AMARO, Luciano. *Direito tributário brasileiro.* São Paulo: Saraiva, 1997. p. 52 et seq.). Genericamente gravadas no art. 149 do Texto Supremo, são gravames compulsórios de direito público ou espécies de tributos, segundo entendimento dominante em nossa doutrina. Caracterizam-se pela compulsoriedade conjugada à destinação vinculada do produto da arrecadação e situam-se no campo competencial privativo da União. Exemplificam as primeiras as contribuições de seguridade preceituadas no art. 195 da Carta Magna, a teor da Contribuição Previdenciária Patronal, da Contribuição Previdenciária do Empregado e da Contribuição Social sobre o Lucro, entre outras. As de intervenção no domínio econômico podem ser representadas, por exemplo, pelas impropriamente denominadas Taxas de Renovação da Marinha Mercante e Taxas de Melhoramento dos Portos, máxime porque constituem instrumento de intervenção do Estado na economia privada, com o intuito de reaparelhar a frota mercante nacional, no primeiro caso, e de ampliar e reequipar o sistema portuário nacional, na segunda hipótese. As contribuições de interesse de categorias profissionais podem ser ilustradas pelas contribuições devidas à Ordem dos Advogados, ao CREA, ao CRC e outros Conselhos afins.

Contribuinte de direito

Expressão impropriamente utilizada para designar o sujeito passivo integrante do liame jurídico, contrapondo-se à locução 'contribuinte de fato', também imprópria, que, embora não fazendo da obrigação, suporta o ônus financeiro do tributo por repercussão, especialmente no caso do IPI e do ICMS. Deveras, *contribuinte de direito* é simplesmente *contribuinte,* ou seja, a pessoa que o direito qualifica para ocupar o polo passivo da relação tributária e que, na hipótese de inadimplemento, haverá de responder pelo débito em cobrança administrativa ou judicial. V. *Contribuinte de fato.*

Contribuinte de fato

A denominação é imprópria, na medida em que reveste conteúdo econômico e não jurídico, até porque o chamado contribuinte de fato, enquanto tal, não está sujeito a qualquer exigência ou cobrança por parte da Fazenda, visto não integrar a obrigação tributária. Outrossim, para efeito de devolução de tributo pago indevidamente, quer por meio de restituição administrativa, quer por repetição judicial, o mencionado contribuinte de fato assume a roupagem jurídica de contribuinte de direito, *ex vi* da disposição contida no art. 166 do Código Tributário Nacional. Na esteira do exposto, merece ser trazido à colação, por oportuno, um *decisum* do Superior Tribunal de Justiça, assim ementado: "Tributário – Repercussão – Contribuinte de Fato – Restituição – Legitimidade – CTN art. 166. O contribuinte de fato está legitimado para reclamar a devolução do tributo indevidamente recolhido pelo contribuinte de direito. Assim dispõe, a contrário senso, o art. 166 do CTN" (REsp 276.469/SP 2000/0090961-0, julgado em 14.08.2001, unânime, Relator Ministro Humberto Gomes de Barros). V. *Ação de repetição de indébito.*

Contribuinte ou responsável

Segundo o art. 121 do Código Tributário Nacional, a pessoa incumbida de cumprir o dever jurídico de natureza tributária é denominada sujeito passivo, que, por seu turno, desdobra-se em contribuinte, quando realiza o fato jurídico tributário, ou responsável, quando, mesmo não praticando o fato jurídico, assume a condição de sujeito passivo por força de lei. Ademais, tanto aqui, quanto alhures, a doutrina e a legislação costumam qualificar o gênero 'sujeito passivo' nas espécies contribuinte, responsável e substituto. Por outro lado, alguns autores classificam o sujeito passivo em diretos e indiretos ou, ainda, contribuintes de fato e de direito. Força é reconhecer, contudo, que essas classificações não são jurídicas, daí porque, sob a óptica do direito, afiguram-se inexistentes ou despropositadas. Deveras, ao direito interessa tão somente identificar a pessoa que a lei determinou que ocupasse o polo passivo da relação jurídica. Logo, os fatos econômicos, políticos e sociais, todos pré-legislativos ou metajurídicos, não são relevantes para a elaboração de uma sistematização jurídica, até porque são estranhos ao direito. Enfim, ao lume da Ciência do Direito, qualquer que seja o nome – contribuinte ou sujeito passivo ou assemelhado –, interessa apenas identificar a pessoa ocupante do polo passivo do liame obrigacional, porquanto essa pessoa e o seu patrimônio haverão de responder e garantir o direito subjetivo da Fazenda Pública.

Controle de constitucionalidade

Significa confrontar a compatibilidade ou não de atos normativos com o Texto Supremo, operando nos planos político e jurisdicional. O primeiro, de índole preventiva, compete tanto ao Legislativo quanto ao Executivo; àquele por meio de comissões permanentes, que emitem pareceres sobre a constitucionalidade ou não de projetos de lei em curso no Parlamento. Já o Chefe do Executivo exerce o controle na proporção em que detém poderes para julgar um dado projeto de lei inconstitucional. O controle repressivo, por sua vez, desdobra-se em duas modalidades: a via de exceção ou defesa, exercitável à luz de um caso concreto produtor de efeitos jurídicos apenas entre as partes; e a via da ação, desdobrada por meio da ação direta de inconstitucionalidade e da ação declaratória de constitucionalidade e arguível somente pelas pessoas enumeradas no art. 103 da *Lex Legum*. V. *Ação de inconstitucionalidade* e *Ação de inconstitucionalidade por omissão*.

Convênio administrativo

Ato administrativo predestinado ao intercâmbio de informações entre as pessoas constitucionais, além de prestar-se a uniformizar a tributação num dado espaço geoeconômico ou região metropolitana. O Código trata do assunto por intermédio dos arts. 100, IV, 199 e 213. Os Estados e o Distrito Federal, por exemplo, mediante a celebração de convênio desse jaez com a União, poderiam ter conhecimento de doações constantes das declarações de rendimentos de contribuintes, a fim de verificar se essas doações foram oferecidas à tributação do ITCMD. Sem dúvida, traduz instrumento de grande valia no campo da administração tributária.

Convênio normativo

Os convênios celebrados entre os Estados e o Distrito Federal, por meio do CONFAZ, e que versam sobre isenção, incentivos e outras modificações na legislação do ICMS revestem natureza normativa e, por isso, a sua eficácia condiciona-se à edição do competente decreto legislativo por parte da Assembleia de cada unidade federativa, a fim de ganhar a roupagem de diploma legal, em obséquio, diga-se de passo, ao primado da estrita legalidade tributária. V. *CONFAZ*.

Conversão do depósito em renda

Caso o contribuinte se insurja contra a cobrança de um dado tributo e queira preservar a regularidade fiscal ou assegurar a inalterabilidade do valor discutido, poderá ele efetuar o respectivo depósito, quer no plano administrativo, quer no judicial. Caso a decisão da demanda lhe seja adversa, dar-se-á a conversão do depósito em renda da Fazenda Pública, a qual representa fórmula extintiva de obrigação tributária prevista no art. 156, VI, do Código Tributário Nacional. Cabe obtemperar que, na hipótese de *decisum* desfavorável na esfera administrativa, o contribuinte poderá propor uma medida judicial postulando o questionamento do feito, pleiteando, inclusive, o sobrestamento do importe depositado, até o julgamento final do feito. Por outro lado, se a decisão for favorável ao contribuinte, seja no processo administrativo, seja no judicial, o valor depositado ser-lhe-á devolvido de imediato.

Cooperado

Sócio ou associado de uma Cooperativa, sendo, a um só tempo, gestor e destinatário de seu objeto social.

Cooperativa

Na trilha das lições de Renato Becho (*Tributação das cooperativas*. São Paulo: Dialética, 1998), configura uma forma de sociedade de pessoas, de conteúdo econômico, sem fins lucrativos, objetivada a realizar operações de venda e compra de produtos, mercadorias ou prestação de serviços, sem a participação de intermediários. O verbete *in casu* é objeto de definição legal contida no art. 4º da Lei n. 5.764, de 16 de dezembro de 1971, que assim dispõe, *in verbis*:

"Art. 4º As cooperativas são sociedades de pessoas, com forma e natureza jurídica próprias, de natureza civil, não sujeitas a falência, constituídas para prestar serviços aos associados, distinguindo-se das demais sociedades pelas seguintes características:

I – adesão voluntária, com número ilimitado de associados, salvo impossibilidade técnica de prestação de serviços;

II – variabilidade do capital social representado por quotas-partes;

III – limitação do número de quotas-partes do capital para cada associado, facultado, porém, o estabelecimento de critérios de proporcionalidade, se assim fôr mais adequado para o cumprimento dos objetivos sociais;

IV – incessibilidade das quotas-partes do capital a terceiros, estranhos à sociedade;

V – singularidade de voto, podendo as cooperativas centrais, federações e confederações de cooperativas, com exceção das que exerçam atividade de crédito, optar pelo critério da proporcionalidade;

VI – quorum para o funcionamento e deliberação da Assembleia Geral baseado no número de associados e não no capital;

VII – retorno das sobras líquidas do exercício, proporcionalmente às operações realizadas pelo associado, salvo deliberação em contrário da Assembleia Geral;

VIII – indivisibilidade dos Fundos de Reserva e de Assistência Técnica Educacional e Social;

IX – neutralidade política e indiscriminação religiosa, racial e social;

X - prestação de assistência aos associados, e, quando previsto nos estatutos, aos empregados da cooperativa;

XI - área de admissão de associados limitada às possibilidades de reunião, contrôle, operações e prestação de serviços."

Cooperativa e tributação

Mercê de sua natureza, os atos típicos praticados por Cooperativa seriam insuscetíveis de incidência. *Ad exemplum*, tratando-se de ICMS ou ISS, a Cooperativa ocupa o lugar do consumidor final em relação ao produto, mercadoria ou serviço adquirido ou utilizado pelo associado, pelo que não há de se falar em fato jurídico passível de tributação. O mesmo ocorre no tocante ao imposto sobre a renda, máxime por causa do fito de lucro em relação aos atos típicos de uma Cooperativa. Outrossim, estão ausentes também os pressupostos de incidência de contribuições de seguridade social, uma vez que, na dição constitucional, o sujeito passivo são os empregadores, as empresas e os equiparados, equipole dizer, entes sobremodo distintos da natureza das Cooperativas. Cumpre obtemperar que a aludida equiparação não poderia transcender os limites lógicos e ontológicos inerentes à expressão, pois a linguagem constitucional autoriza igualizar situações obviamente semelhantes, jamais um poder em branco pelo qual o legislador pudesse eleger qualquer pessoa que lhe aprouvesse para ocupar o polo passivo do vínculo obrigacional. Entrementes, a sanha arrecadatória governamental editou diplomas normativos na contramão do figurino constitucional, os quais estipulam uma série de incidências tributárias em relação às cooperativas, como se entidades desse jaez fossem empregadoras que realizassem operações mercantis!

Correção monetária

Conforme preleciona Limongi França (*Manual de direito civil.* São Paulo: RT, 19--. 4 v. p. 161), "correção monetária é, em suma, a atualização do valor real da moeda, tendo-se em vista a data do entabulamento do vínculo e a da execução da prestação." Com efeito, o substrato da correção monetária consiste na atualização do valor da prestação, objeto de relação jurídica de caráter patrimonial, em virtude da perda de poder aquisitivo da moeda. Esse mecanismo de reavaliação do valor da moeda surgiu na Inglaterra, no ano de 1575, quando foi exarado um ato pelo qual o Governo inglês corrigia as prestações devidas pelas Universidades de Winchester e Eaton, tomando como parâmetro a quantidade de dinheiro correspondente à cotação do melhor trigo e malte de Cambridge. O instituto ganhou maior dimensão ao ensejo da Segunda Grande Guerra, quando a economia alemã enfrentou uma hiperinflação, donde sobreveio legislação que adotou como medida de valor nos créditos hipotecários os preços do centeio, do trigo e do carvão. Entre nós, a correção foi implantada gradualmente, a exemplo da revisão monetária dos proventos da inatividade prevista na Carta de 1946, bem como a atualização de aluguéis comerciais e residenciais ou a reavaliação dos ativos das empresas na área do imposto sobre a renda, além de outras inúmeras situações desse jaez. Todavia, a matéria consolidou-se com o advento da Lei n. 4.357, de 16 de julho de 1964, que, entre outras medidas, dispôs sobre a correção dos débitos fiscais. A técnica da correção aprimorou-se ainda mais quando a Lei n. 6.899, de 8 de abril de 1981, estabeleceu a sua incidência sobre todos os débitos oriundos de decisão judicial. Em realidade, numa economia inflacionária, a ausência de atualização monetária em débito de qualquer natureza traduz enriquecimento ilícito, ofendendo o direito de propriedade, agredindo o princípio da igualdade e prestigiando o confisco em prol do credor. No direito tributário, o Código Tributário Nacional sublinha, no art. 97, § 2º, que a atualização monetária da base de cálculo não constitui majoração de tributo. Atualmente, é entendimento pacífico que a correção recai sobre a integralidade do *quantum debeatur*, ou seja, tributo, multa e juros. O grande problema, em nosso País, é que o Governo cobra com correção monetária, até diária quando consegue fazê-lo, mas se recusa a pagar pelo mesmo diapasão, obrigando, assim, o contribuinte, ou administrado, de um modo geral, a bater às portas do Judiciário para exercer um direito cristalino, deparando com as vicissitudes de um pleito judicial, tudo porque o Governo, ao contrário de dar o exemplo, como seria de mister, é o primeiro a descumprir a Constituição.

CPF

Cadastro de Pessoas Físicas no Ministério da Fazenda, criado pela Lei n. 4.862, de 29 de novembro de 1965, com alterações posteriores, é administrado pela Secretaria da Receita Federal do Brasil e consiste num serviço especial de registro de contribuintes do imposto sobre a renda, bem assim de pessoas relacionadas com fatos jurídicos concernentes ao aludido tributo (art. 31 do Regulamento aprovado pelo Decreto n. 9.580, de 22 de novembro de 2018). Outrossim, a regular inscrição no referido cadastro tornou-se exigível para ao exercício de inúmeros atos da vida civil, assim como obter carteira de motorista, abrir conta em instituição financeira, realizar operação financeira, adquirir cotas de sociedade, lavrar escritura de bem imóvel, e para ter a propriedade de automóvel, entre outras. Entrementes, cumpre obtemperar que tal exigibilidade somente pode ser admitida quando houver uma relação de pertinência lógica entre a conduta e o imposto sobre a renda, a exemplo de ter a propriedade de um dado bem, na medida em que o fato integra o universo do tributo *in casu*. Por outro lado, representa absurdez inaceitável a exigência de CPF para submeter-se ao exame de motorista ou para realizar concurso público, entre outras hipóteses, porquanto são situações em que a inscrição no aludido cadastro nada diz com a capacitação a ser demonstrada pela habilidade e pelo conhecimento, em nome, inclusive, da garantia do exercício de direitos fundamentais que não podem ser amesquinhados a qualquer título que seja. De fora a parte o aspecto polêmico que o assunto encerra, no ver da Receita Federal do Brasil estão obrigadas a se inscrever no cadastro as pessoas físicas: sujeitas à apresentação de declaração de rendimentos; inventariantes, cônjuges ou conviventes sucessores a qualquer título ou representantes do *de cujus* que tenham a obrigação de apresentar a DIRPF em nome do espólio ou do contribuinte falecido; cujos rendimentos estejam sujeitos ao desconto do imposto na fonte, ou estejam obrigadas ao pagamento do imposto; profissionais liberais, assim entendidos aqueles que exerçam, sem vínculo de emprego, atividades que os sujeitem a registro perante órgão de fiscalização profissional (CRE, CRM, CRQ, CRC etc.); locadoras de bens imóveis; os participantes de operações imobiliárias, inclusive a constituição de garantia real sobre imóvel; obrigadas a reter imposto na fonte; titulares de contas bancárias, de contas de poupança ou de aplicações financeiras; que operam em bolsas de valores, de mercadorias, de futuros e assemelhadas; inscritas como contribuinte individual ou requerentes de benefícios de qualquer espécie no Instituto Nacional do Seguro Social – INSS; e residentes no exterior que possuam no Brasil bens ou direitos sujeitos a registro público, inclusive: imóveis, veículos, embarcações, aeronaves, participações societárias, contas correntes bancárias (entre elas as CC-5, usadas para fazer remessa para ao exterior), aplicações no mercado financeiro e aplicações no mercado de capitais.

CPMF

Sumário: Tributo de competência da União. Positivação: Emenda n. 12, de 15 de agosto de 1996; Emenda n. 21, de 18 de março de 1999; Emenda n. 31, de 14 de dezembro de 2000; Emenda n. 37, de 12 de junho de 2002; Emenda n. 42, de 19 de dezembro de 2003, e os seguintes comandos do Ato das Disposições Constitucionais Transitórias: arts. 74; 75, caput e § 1º; 80, I; 84, § 1º; e 90, caput, §§ 1º e 2º. Legislação básica: Lei n. 9.311, de 24 de outubro de 1996, e alterações supervenientes; Decreto n. 6.140, de 3 de julho de 2007, além de inúmeros atos administrativos, especialmente Portarias, Atos Declaratórios e Instruções Normativas.

CPMF é a sigla designativa da Contribuição Provisória sobre Movimentação ou Transmissão de Valores e de Créditos e Direitos de Natureza Financeira. Trata-se de tributo federal criado em outubro de 1996 e extinto em dezembro de 2007. Seu fundamento de validade consistiu em dispositivo inserto na Competência Federal estatuída pela Emenda n. 12, de 15 de agosto de 1996, e, imersa no art. 74 do Ato das Disposições Constitucionais Transitórias, foi instituída pela Lei n. 9.311, de 24 de outubro de 1996. Abrigava por hipótese de incidência tributária a movimentação ou transmissão de valores, créditos e direitos de natureza financeira e, por base de cálculo, a integralidade da movimentação ou transmissão. Ante a afetação do produto de sua arrecadação, revestia natureza de contribuição de seguridade social, tornando-se irrelevante, nesse caso, o binômio fato gerador e base de cálculo. Ao longo de sua existência, desfrutou de vigência temporária e mereceu inúmeras prorrogações.

Pontos polêmicos

Cumulatividade

Consoante noção cediça, a incidência da CPMF revestia caráter cumulativo, vale dizer, a sua cobrança recaia sobre a totalidade de cada etapa da movimentação financeira, daí a inegável caracterização da cumulatividade, a qual é coloquialmente denominada *cobrança em cascata* ou *efeito dominó*. Na verdade, o único fundamento que autorizaria a instituição do referido gravame seria a competência prevista no art. 154, I, da Constituição Federal, a qual, diga-se de passo, estabelece que a não cumulatividade representa uma das condições para a instituição do tributo objeto da aludida competência residual. Dessarte, ao ensejo de sua instituição, a CPMF já falecia de foros de juridicidade.

Provisoriedade

A contribuição em apreço exsurgiu com vigência demarcada, no caso, vinte e quatro meses, em consonância, aliás, com o seu próprio *nomen juris*. Nesse sentido, o § 4º do art. 74 do Ato das Disposições Constitucionais Transitórias, instituído pela Emenda n. 12, de 15 de agosto de 1996, estabelecia que sua cobrança não poderia exceder o prazo de dois anos. Por conseguinte, o conteúdo desse comando inserido no

Texto Supremo gerou um direito subjetivo público em favor do contribuinte, no sentido de desonerá-lo da aludida exigibilidade após o decurso daquele lapso temporal. Dessarte, as sucessivas prorrogações, *per se*, afrontaram o arquiprincípio da segurança jurídica, pois descumpriam a premissa maior que lastreou a criação do gravame.

Prorrogação de lei revogada

A Lei n. 9.539, de 12 de dezembro de 1997, prorrogou a vigência da CPMF por mais vinte e quatro meses, a contar de 23 de janeiro de 1997, pelo que sua exigibilidade findar-se-ia em janeiro de 1999, o que, de fato, ocorreu. Entretanto, em março de 1999, o Governo resolveu restabelecer a cobrança do indigitado gravame e, para tanto, editou a Emenda n. 21, de 18 de março de 1999, que prorrogou a vigência da lei supramencionada, que se encontrava revogada pelo próprio decurso de tempo nela previsto!

Desvio de destinação

Força é reconhecer que a pobreza não integra a seguridade social, a qual compreende a saúde, a previdência e a assistência social, nos termos constantes do art. 194 do Diploma Magno, fato, diga-se de passo, que destoa da natureza intrínseca do gravame, tornando-a inconstitucional nesse ponto, restando, assim, comprometida a exigência dessa percentagem ao ensejo da cobrança da CPMF. Merece censura, por outro lado, a afetação de dez centésimos percentuais à Previdência Social, pois o regime jurídico constitucional das contribuições encontra-se tipificado na destinação de suas receitas, donde, por considerar que a CPMF foi instituída com o propósito de financiar a saúde, afigura-se inaceitável qualquer alteração no destino do produto de sua arrecadação, sob pena de afrontar a sua natureza e, por isso, macular a sua validez. Ademais, o apontado desvio de destinação traduz induvidosa afronta ao postulado da segurança jurídica, pois essa mudança inopinada das regras no meio do ciclo existencial da questionada CPMF representa uma verdadeira burla ao contribuinte.

Descompasso entre a movimentação financeira e a declaração de rendimentos

Por vezes, contribuintes são acoimados de sonegadores, em face de haver um desconcerto entre os valores movimentados em suas contas correntes e aqueles objetos da declaração do imposto sobre a renda. Verdade seja, tal situação poderia significar o cometimento de infração substanciada em omissão de receitas, ainda que no campo da mera presunção, e, por isso mesmo, um indício que autorizaria a Fazenda Pública a realizar uma auditoria objetivada a certificar a veracidade ou não do fato sob exame. Por outro lado, essa suposição não poderia ser generalizada a ponto de se transformar em notícia na imprensa ou mesmo em pronunciamentos por parte de autoridades públicas, que, não raro, apontam determinadas pessoas ou classes como sonegadores, em decorrência da divergência numérica entre a movimentação financeira e a declaração de rendimentos. Ora, tal afirmação revela reprochável irresponsabilidade e total desconhecimento de certos meandros da legislação do imposto sobre a renda, tanto que dadas categorias de contribuintes que sejam sócios de pessoas jurídicas optantes pelo regime do lucro presumido são isentas do imposto, cuja incidência exaure-se na pessoa jurídica, tudo na estrita conformidade com a legislação de regência, equipole dizer, art. 35, IV, *a*, do Regulamento do Imposto de Renda, aprovado pelo Decreto n. 9.580, de 22 de novembro de 2018.

Corolários

Como visto, a CPMF não se escoima de vitandas impropriedades, todas tendentes a comprometer a sua legitimidade, em face de seu descompasso com os ditames firmados na Carta da República, donde, a despeito da postura pretoriana em prol do gravame, força é reconhecer que a contribuição *sub examen* não resiste a um contraste de constitucionalidade.

Crédito tributário

É o objeto da prestação de índole tributária, o qual reveste a natureza de crédito, sob a ótica da Fazenda Pública, enquanto, sob o prisma do contribuinte, compreende a feição de débito. Por todas as veras, exprime um dos componentes da obrigação tributária, que são os seguintes: sujeito ativo, sujeito passivo, objeto, direito subjetivo imanente ao sujeito ativo e dever jurídico inerente ao sujeito passivo.

Criação do tributo

V. *Estrita legalidade.*

Crime contra a ordem tributária: dano ou conduta

O crime contra a ordem tributária é objeto da Lei n. 8.137, de 27 de dezembro de 1990, que criminaliza o contribuinte por infração tributária, criando, inclusive, a figura do devedor de tributos como depositário infiel, tudo como forma de contornar o conceito lógico jurídico do contribuinte inadimplente e, com isso, constrangê-lo a efetivar o pagamento. Deveras, disposições desse jaez representam uma burla aos direitos e garantias constitucionais, tanto que, por meio da Súmula n. 25, o Supremo Tribunal Federal qualificou como inconstitucional a prisão de depositário infiel, infirmando, assim, a exceção nesse sentido contida no art. 5º, LXVII, do Texto Supremo. Impende ressaltar que o legislador não pode definir como crime aquilo que não é crime, assim como não pode qualificar como renda o que não é renda, não podendo também dizer que não é propriedade aquilo que é propriedade. Enfim, existem limites lógicos, ontológicos e semânticos que o produtor do direito não pode transpor, sob pena de agredir o mais fundamental dos princípios, que é o primado da segurança jurídica, o qual simboliza a própria razão de ser do direito. Entrementes, fazendo uma abstração daquelas ponderações, analisemos a literalidade do diploma em questão, com o fito de verificar se os crimes nele elencados revestem a natureza de dano ou de mera conduta. Consoante noção cediça, os primeiros apenas se concretizam com a efetiva lesão do bem protegido pelo direito, a exemplo do homicídio, ao passo que os segundos verificam-se com a simples ação ou omissão do agente. Posto isso, passemos ao exame da referida lei, no tópico que versa sobre os crimes de natureza tributária cometidos por particulares, no qual o diploma *in casu* qualifica as condutas criminosas por meio dos arts. 1º e 2º, cada qual desdobrado em cinco incisos. Os aludidos comandos assim dispõem, *in verbis*:

"Art. 1º Constitui crime contra a ordem tributária suprimir ou reduzir tributo, ou contribuição social e qualquer acessório, mediante as seguintes condutas: (Vide Lei n. 9.964, de 10.4.2000)

I – omitir informação, ou prestar declaração falsa às autoridades fazendárias;

II – fraudar a fiscalização tributária, inserindo elementos inexatos, ou omitindo operação de qualquer natureza, em documento ou livro exigido pela lei fiscal;

III – falsificar ou alterar nota fiscal, fatura, duplicata, nota de venda, ou qualquer outro documento relativo à operação tributável;

IV – elaborar, distribuir, fornecer, emitir ou utilizar documento que saiba ou deva saber falso ou inexato;

V – negar ou deixar de fornecer, quando obrigatório, nota fiscal ou documento equivalente, relativa a venda de mercadoria ou prestação de serviço, efetivamente realizada, ou fornecê-la em desacordo com a legislação.

Pena – reclusão de 2 (dois) a 5 (cinco) anos, e multa.

Parágrafo único. A falta de atendimento da exigência da autoridade, no prazo de 10 (dez) dias, que poderá ser convertido em horas em razão da maior ou menor complexidade da matéria ou da dificuldade quanto ao atendimento da exigência, caracteriza a infração prevista no inciso V.

Art. 2º Constitui crime da mesma natureza: (Vide Lei n. 9.964, de 10.4.2000)

I – fazer declaração falsa ou omitir declaração sobre rendas, bens ou fatos, ou empregar outra fraude, para eximir-se, total ou parcialmente, de pagamento de tributo;

II – deixar de recolher, no prazo legal, valor de tributo ou de contribuição social, descontado ou cobrado, na qualidade de sujeito passivo de obrigação e que deveria recolher aos cofres públicos;

III – exigir, pagar ou receber, para si ou para o contribuinte beneficiário, qualquer percentagem sobre a parcela dedutível ou deduzida de imposto ou de contribuição como incentivo fiscal;

IV – deixar de aplicar, ou aplicar em desacordo com o estatuído, incentivo fiscal ou parcelas de imposto liberadas por órgão ou entidade de desenvolvimento;

V – utilizar ou divulgar programa de processamento de dados que permita ao sujeito passivo da obrigação tributária possuir informação contábil diversa daquela que é, por lei, fornecida à Fazenda Pública.

Pena – detenção, de 6 (seis) meses a 2 (dois) anos, e multa."

Com efeito, o art. 1º abriga a feição de crime material, portanto de dano, pois, em harmonia com o *caput* do mandamento sob exame, o crime somente se consuma se houver supressão ou redução do tributo. Assim, cumpre assinalar que o ponto de vista exposto faz coro com remansosa e abalizada postura doutrinal que esmiuçou o tema. O art. 2º, por seu turno, abriga hipóteses de crime de dano nos incisos II e IV, hospedando, outrossim, hipóteses de crimes de mera conduta nos incisos I, III e V e, por via de consequência de fisionomia formal, o asserto justifica-se na dimensão em que as condutas descritas nos incisos II e IV somente configuram crime se houver falta de pagamento do tributo, enquanto aquelas enumeradas nos demais incisos caracterizam a conduta delituosa, *simpliciter et de plano*, independentemente do inadimplemento da obrigação tributária. Por outro lado, torna-se de mister observar que a opinião trazida à cita não se compagina com entendimento predominante na doutrina, que se inclina a reconhecer as hipóteses sob exame como crimes de mera conduta, a exemplo de Gustavo Miguez de Mello, João Mestieri, Gabriel Lacerda Troianelli, Rafael Atalla Medina, Anthero Lopérgolo, Rubens Approbato Machado, Luiz Antonio Caldeira Miretti e Márcia Regina Machado Melaré, entre outros (In: MARTINS, Ives Gandra da Silva (Coord.). *Crimes contra a ordem tributária*. 4. ed. São Paulo: Centro de Extensão Universitária; Revista dos Tribunais, 2002. [Pesquisas Tributárias, Nova Série – 1]).

Crime contra a ordem tributária e o processo administrativo

O cometimento de infração à legislação fiscal pode ensejar, como decorrência, a configuração de crime contra a ordem tributária, previsto nos arts. 1º e 2º da Lei n. 8.137, de 27 de dezembro de 1990. Importa ressaltar, todavia, que nos termos do quanto dispõe o art. 83 da Lei n. 9.430, de 27 de dezembro de 1996, somente após a definitividade da decisão administrativa confirmando a existência de infração é que a Fazenda pode encaminhar a competente representação ao Ministério Público para a apuração dos efeitos penais correspondentes.

Crime contra a ordem tributária – Extinção

Segundo disposição expressa no art. 34 da Lei n. 9.249, de 26 de dezembro de 1995, o pagamento do tributo, inclusive dos acessórios, antes do recebimento da denúncia tem o condão de extinguir a punibilidade.

Crime contra a ordem tributária – Pacto de San José da Costa Rica

O Decreto Legislativo n. 26, de 28 de maio de 1992, introduziu no direito interno o Tratado Internacional consubstanciado no Pacto de San José da Costa Rica, do qual o Brasil é um dos subscritores. Com efeito, o art. 7º, cláusula 7ª, daquele diploma estabeleceu a vedação da prisão por dívida, salvo aquela proveniente de obrigação alimentar. Logo, força é dessumir que o inadimplemento da obrigação tributária não pode ser alvo de prisão, conforme originalmente estatuído na Lei n. 8.137, de 27 de dezembro de 1990, uma vez que o aludido decreto legislativo revogou a prisão por dívida prevista naquele diploma, tudo em face da contradição absoluta entre as normas sob comento, que, desde a Lei das XII Tábuas do Direito Romano, exprime um primado cardeal de hermenêutica, cristalizado, diga-se de passo, no brocardo *lex posterior derogat priori.*

Crime contra a seguridade social

A matéria é disciplinada pela Lei n. 9.983, de 14.07.2000, a qual revogou a Lei n. 8.212, de 1991. O diploma em questão reitera o espírito do legislador no sentido de criminalizar a infração tributária e, para tanto, encampou normas do Código Penal a seguir transcritas, *in verbis*:

> *"Art. 168-A. Deixar de repassar à previdência social as contribuições recolhidas dos contribuintes, no prazo e forma legal ou convencional: (Incluído pela Lei n. 9.983, de 2000)*
>
> *Pena – reclusão, de 2 (dois) a 5 (cinco) anos, e multa. (Incluído pela Lei n. 9.983, de 2000)*
>
> § 1º Nas mesmas penas incorre quem deixar de: (Incluído pela Lei n. 9.983, de 2000)
>
> *I – recolher, no prazo legal, contribuição ou outra importância destinada à previdência social que tenha sido descontada de pagamento efetuado a segurados, a terceiros*

ou arrecadada do público; (Incluído pela Lei n. 9.983, de 2000)

II – recolher contribuições devidas à previdência social que tenham integrado despesas contábeis ou custos relativos à venda de produtos ou à prestação de serviços; (Incluído pela Lei n. 9.983, de 2000)

III – pagar benefício devido a segurado, quando as respectivas cotas ou valores já tiverem sido reembolsados à empresa pela previdência social. (Incluído pela Lei n. 9.983, de 2000)

§ 2º É extinta a punibilidade se o agente, espontaneamente, declara, confessa e efetua o pagamento das contribuições, importâncias ou valores e presta as informações devidas à previdência social, na forma definida em lei ou regulamento, antes do início da ação fiscal. (Incluído pela Lei n. 9.983, de 2000)

§ 3º É facultado ao juiz deixar de aplicar a pena ou aplicar somente a de multa se o agente for primário e de bons antecedentes, desde que: (Incluído pela Lei n. 9.983, de 2000)

I – tenha promovido, após o início da ação fiscal e antes de oferecida a denúncia, o pagamento da contribuição social previdenciária, inclusive acessórios; ou (Incluído pela Lei n. 9.983, de 2000)

II – o valor das contribuições devidas, inclusive acessórios, seja igual ou inferior àquele estabelecido pela previdência social, administrativamente, como sendo o mínimo para o ajuizamento de suas execuções fiscais. (Incluído pela Lei n. 9.983, de 2000).”

O autor reitera o seu entendimento, segundo o qual o legislador transmudou a carga semântica da locução ‘apropriação indébita’, transpondo os limites ontológicos de sua competência, máxime porque o contribuinte é devedor de dívida própria e não é depositário da Fazenda Pública. Deveras, à luz do direito, o nascimento da obrigação decorre de uma conduta típica, mesmo aquela referente à chamada retenção de fonte, em que o fato jurídico tributário consiste na conduta de pagar um dado valor a título de salário, o que enseja o dever de pagar determinado percentual de contribuição social.

Crime tributário

Trata-se da criminalização por dívida, no caso, a de índole tributária. Encontra-se basicamente normatizado por meio da Lei n. 8.137, de 27 de dezembro de 1990, que, ao lado de outros diplomas, estabelece penas de detenção e reclusão para os delitos categorizados como crimes contra a ordem tributária. Preliminarmente, cumpre esclarecer que dados comportamentos podem desencadear efeitos simultâneos na seara tributária e na órbita penal, a exemplo da falsificação de guias de recolhimento de tributos e do descaminho, entre outros. O que se afigura inconcebível é a pretendida criminalização do devedor de tributos, pois essa hipótese afronta o inciso LXVII do art. 5º do Diploma Excelso, cujo teor proíbe a prisão por dívida, mesmo que acoimadas pela questionável condição de suposto depositário infiel, em obséquio, aliás, ao contido na Súmula n. 25 do Supremo Tribunal Federal. Que a dívida tributária não possui a natureza de pensão alimentícia depara-se óbvio e dispensa comentos. Resta questionar as hipóteses em que a legislação sob exame qualifica como crime o não recolhimento de tributo recebido ou descontado de terceiros. Nesse caso, o legislador foi longe de andar certo, pois pretendeu considerar o contribuinte depositário ou apropriador de dinheiro da Fazenda Pública, o que representa rematada absurdez. Possivelmente, o lamentável equívoco decorre da visão incorreta daqueles que confundem economia com direito. Sim, a economia classifica o sujeito passivo de obrigação tributária em contribuinte de fato e contribuinte de direito; o primeiro sendo aquele que a lei incumbe de pagar o tributo e o segundo, aquele que suporta o ônus do tributo. Ilustra a situação o ICMS, entre outros impostos, na medida em que o lojista, por exemplo, é o contribuinte de direito do referido gravame, ao passo que o chamado contribuinte de fato é aquele que arca com o encargo do tributo, integrado ao preço da mercadoria por ele adquirida. Verdade seja, sob o prisma da economia, a argumentação é correta, embora, juridicamente, esse raciocínio seja destituído de um mínimo de densidade científica. Ao lume do direito, somente existe a figura que a economia denomina contribuinte de direito, pelo que se torna irrelevante qualquer repercussão de natureza econômica que circunde uma dada situação factual. Em abono ao afirmado, pode-se dizer que o chamado contribuinte de fato não desfruta de legitimidade para ser cobrado pela Fazenda em caso de falta de pagamento do tributo, bem como, por iguais razões, não poderia ele postular a devolução de tributo recolhido a maior, tudo pelo simples fato de não revestir a condição de contribuinte à luz do direito. Merecem reproches, também, as hipóteses em que a legislação considera crime a falta de pagamento de tributo "descontado de terceiro, a exemplo do imposto sobre a renda na fonte ou da contribuição previdenciária incidente sobre a remuneração do empregado". Ao contrário dos dizeres literais da legislação de fonte, o que ocorre é o seguinte: ao pagar 'x' de salário, o empregador deve pagar 'y' de contribuição previdenciária e 'z' de imposto de renda na sistemática de fonte. Os chamados desconto e retenção simplesmente inexistem. Mais: se existissem, ainda assim o contribuinte não estaria exercendo a função de depositário da Fazenda Pública, até porque tal conceito vem cristalizado no Código Civil de 2002, arts. 627 a 630. Não bastasse isso, cumpre lembrar que a Teoria Geral do Direito não autoriza o legislador a subverter conceitos para estipular novas competências não deferidas pelo sistema normativo. Como se vê, o devedor de tributos, qualquer que seja a hipótese, é devedor de dívida própria, o que torna inadmissível a pretendida criminalização da infração tributária. O fato de o preço ou salário envolver um valor relativo ao tributo não significa que a eventual inadimplência da obrigação tributária entreplique em apropriação indébita ou configuração do depositário infiel. Tal conjetura seria tão despropositada como pretender reputar o adquirente de mercadorias como locatário do imóvel do comerciante ou como usuário da energia elétrica do mesmo comerciante, assujeitando-se às pertinentes cobranças, tudo pela circunstância de o preço por ele pago hospedar uma parcela desses componentes, afirmação esta, aliás, inspirada nas ensinanças de Hugo de Brito Machado (*Repertório IOB de jurisprudência*, São Paulo, p. 229, dez. 1994). O grau de absurdidade ganha foros de maior repúdio na dimensão em que a aludida legislação desrespeita frontalmente a Constituição da República.

Cabe ao Estado, isso sim, produzir normas em harmonia com o figurino constitucional, o que não é feito, diga-se de passo, e administrar de forma competente a tributação, pois não lhe faltam meios, mas sim capacitação. Reiterando o ponto de vista assinalado no preâmbulo deste verbete e imerso em suas dobras, impende averbar, em alto e bom som, que, sob o pálio do direito, o sistema normativo brasileiro é incompaginável com a criminalização da infração tributária, salvo, é lógico, quando um mesmo comportamento deflagrar efeitos tributários e criminais, estes tipificados como crimes autônomos, nos termos da lei penal, a teor de falsificações de guias de recolhimento de tributos. Para encerrar, merecem ser lembradas as palavras candentes de Rui Barbosa: "fora do direito não há solução!"

Curador

À semelhança do tutor, ao curador cabe proteger a pessoa incapaz de administrar os seus bens. Por outro lado, a sua nomeação dá-se por provimento judicial, e não voluntário, como ocorre no âmbito da tutela, cabendo-lhe, outrossim, uma gestão mais específica, assim como reger os bens de uma pessoa, maior ou menor, tanto capaz, quanto incapaz. Nos termos do inciso II do art. 134 do Código Tributário Nacional, acaso a Fazenda Pública não possa exigir o tributo do curatelado, o curador responde solidariamente pelo *debitum* nos atos em que intervier e pelas omissões cometidas. Na verdade, o assunto encontra-se versado nos arts. 1.767 *usque* 1.783 do Código Civil de 2002.

Custas judiciais

Importe basicamente destinado a prover as despesas dos atos processuais, preordenando-se, por vezes, a impor sanções aos sujeitos da relação processual, sendo que as partes devem antecipar o pagamento, a contar do início do pleito até a decisão final. São aferidas na conformidade com os dados constantes das tabelas anexas aos provimentos editados pelos Tribunais. Ainda, abrigam natureza de tributo da espécie taxa de serviço, quando correlacionadas com os dispêndios dos atos do processo, máxime porque, nesse caso, conotam o regime tipificador dos tributos, uma vez que hospedam como hipótese de incidência uma atividade estatal consubstanciada na prestação de serviço público específico e divisível, conforme prevê o art. 145, II, da Carta Magna. De outra parte, quando estipulam multas aplicáveis às partes, estampam a natureza de sanções administrativas. Nos termos do art. 39 da Lei n. 6.830, de 22 de setembro de 1980, a Fazenda Pública não está sujeita ao pagamento de custas, o que representa um rematado despropósito. Na realidade, esse privilégio de conteúdo feudal afigura-se contrastante com o Estado Democrático de Direito, cujo perfil antessupõe a igualdade entre governantes e governados. Ademais, os primados da igualdade e do devido processo legal repudiam esse desconcerto nas relações entre Fazenda Pública e particulares, sendo lídimo afirmar que o Texto Supremo não recepcionou as disposições ordinárias que conferem essa inconcebível primazia em prol do Estado. A persistência desse *statu quo* revela um casuísmo vitando, bem como o desapreço pela Constituição, além do despreparo para compreendê-la.

D

D

Dação em pagamento de bens imóveis

Modalidade extintiva da obrigação, preexistente na teoria geral do direito e, por vezes, utilizada pela legislação ordinária de determinados tributos. Na verdade, o mencionado instituto foi introduzido no art. 156, XI, do Código Tributário Nacional, por meio da Lei Complementar n. 104, de 10 de janeiro de 2001. Embora a medida não exprima uma inovação, máxime porque essa possibilidade já se encontrava ao alcance do legislador ordinário, impende reconhecer que representa um avanço em termos de sistematização do direito tributário codificado, o que serve de fanal para o legislador, além de afugentar dúvidas sobre a matéria.

Dacon

É o documento consubstanciado no Demonstrativo de Apuração de Contribuições Sociais (Dacon), tendo sido instituído por meio da Instrução Normativa SRF n. 387, de 20 de janeiro de 2004. Ao consoar do disposto no art. 2º da instrução sob exame, o mencionado Dacon tem por objeto espelhar a apuração da contribuição PIS/Pasep não cumulativa, bem como a Contribuição para o Financiamento da Seguridade Social (Cofins) não cumulativa, sendo de entrega obrigatória em relação às pessoas jurídicas em geral, excetuadas as seguintes: as elencadas nos §§ 6º, 8º e 9º do art. 3º da Lei n. 9.718, de 27 de novembro de 1998, e aquelas enumeradas na Lei n. 7.102, de 20 de junho de 1983; as sujeitas à incidência do imposto sobre a renda com base no lucro presumido ou arbitrado; as optantes pelo Simples; as imunes a impostos; os órgãos públicos, as autarquias e as fundações federais, estaduais e municipais, além das fundações aludidas no art. 61 do Ato das Disposições Constitucionais Transitórias da Constituição Federal. Conquanto o texto normativo retrocitado olvide as fundações distritais do rol das exceções, por óbvio a pessoa constitucional *in casu* merece igual tratamento, mercê do postulado constitucional da isonomia, conjugado à igualdade tributária.

Darf

Documento de Arrecadação de Receitas Federais. Documento destinado ao pagamento de tributos federais de valor igual ou superior a dez reais, o qual foi instituído pela Lei n. 7.738, de 9 de março de 1998, art. 32, objeto de alterações estatuídas pela Lei n. 9.430, de 27 de dezembro de 1996.

Day-trade

A legislação do imposto sobre a renda conceitua como *day-trade* a operação ou o conjunto de operações realizadas nas bolsas de valores, de mercadorias, de futuros e assemelhadas, quando iniciadas e encerradas num mesmo dia (Lei n. 8.981, de 20 de janeiro de 1995, art. 72, § 5º, modificada pela Lei n. 9.959, de 27 de janeiro de 2000, art. 8º, § 1º, I, *a*). Entre outros aspectos, merece ser lembrado que os ganhos são tributados na fonte, alcançando, inclusive, beneficiários isentos.

DCTF

Declaração de Débitos e Créditos Tributários Federais. Documento exigido a partir do ano-calendário de 1999, em que as pessoas jurídicas, inclusive as equiparadas, devem informar trimestralmente à Secretaria da Receita Federal do Brasil os impostos e contribuições apurados no período. Com fulcro nos Decretos-leis ns. 1.968, de 23 de novembro de 1982, e 2.065, de 26 de outubro de 1983, foi instituído por meio da Instrução Normativa n. 126, de 30 de outubro de 1998.

Decadência (1)

É a perda do direito, por parte da Fazenda Pública, no sentido de promover o lançamento do tributo, por inércia no tempo. O Código Tributário Nacional cuida do assunto por meio dos arts. 150, § 4º,

156, V, e 173, I e II, como também o parágrafo único. Difere da prescrição, que representa a perda do direito de efetuar a cobrança de tributo previamente lançado, também por desídia temporal. O art. 156, V, limita-se a fazer mera alusão à decadência ao enumerar as hipóteses extintivas da obrigação tributária. Já os arts. 150, § 4º, e 170, I, apresentam uma aparente contradição com referência à contagem do prazo, pois o primeiro estabeleceu como parâmetro a data da ocorrência do fato jurídico, ao passo que o segundo estabeleceu como paradigma o primeiro dia do exercício seguinte em relação ao exercício subsequente àquele em que se dera o fato jurídico. Entrementes, não há qualquer antinomia, uma vez que o art. 150, § 4º, diz respeito aos tributos apurados no curso do ano-calendário, em geral mensalmente, enquanto o art. 173, I, compreende os tributos sujeitos ao regime de apuração anual, a exemplo do IPTU, do IPVA e do imposto sobre a renda, este quando objeto de declaração anual. Consoante os mandamentos trazidos à cita, o prazo decadencial firmado pelo art. 150, § 4º, é de cinco anos, ao passo que o prazo estatuído pelo art. 173, I, é de 6 anos, acrescido dos meses embutidos no ano em que se deu o fato jurídico. Merece comento, outrossim, o prazo assentado no inciso II do art. 173 do Código Tributário Nacional, na dimensão em que o aludido comando estatuiu que, na hipótese de invalidação formal de lançamento anterior, seria iniciada novamente a contagem do lapso temporal concernente ao instituto sob exame, ou seja, o restabelecimento do lapso temporal significa que a decadência pretérita não seria decadência, o que traduz um rematado despropósito que a segurança jurídica não pode aceitar, máxime porque, se fosse dado ao legislador modificar a quintessência de categorias jurídicas universais, a teor de propriedade, renda ou importação, o direito faleceria de um mínimo de coerência, certeza e estabilidade, pressupostos altaneiros que gravitam no elevado patamar da teoria geral do direito e, por conseguinte, a salvo do alvedrio ou dos caprichos do produtor da norma. Em suma, essa norma aloja estrambótica absurdez, pois, além de comprometer a estabilidade da relação jurídica, consoante prefalado, culmina por contemplar a inércia ou a desídia da Fazenda Pública, que, mesmo cometendo incontáveis equívocos ou trapalhadas, teria preservada sua pretensão com relação ao crédito tributário, com total menoscabo aos direitos e garantias dos contribuintes. Por outro lado, torna-se de mister lembrar que a redação original do art. 45 da Lei n. 8.212, de 24 de julho de 1991, estabelecia prazo decadencial de dez anos com referência às contribuições de seguridade social, contra o qual o autor deste Dicionário sempre se insurgiu, consoante estampam as edições anteriores, tudo com fundamento no prazo quinquenal firmado no art. 173 do Código Tributário Nacional, que, mercê de sua eficácia complementar, não poderia ser alterado por diploma ordinário, a teor da lei retrocitada. Nesse sentido, o Pretório Excelso editou a Súmula Vinculante n. 8, que declarou a inconstitucionalidade do comando decenal contido na Lei n. 8.212, enquanto o art. 13, I, *a*, da Lei Complementar n. 128, de 19 de dezembro de 2008, revogou expressamente o comando então questionado. Dessarte, atualmente afigura-se incontroverso que o prazo decadencial de cinco anos alcança todos os tributos, sem quaisquer exceções, nem para mais, nem para menos. A aludida Súmula Vinculante assim estabelece, *in verbis*: “São inconstitucionais o parágrafo único do art. 5º do Decreto-lei n. 1.569/1977 e os arts. 45 e 46 da Lei n. 8.212/1991, que tratam de prescrição e decadência de crédito tributário” (Sessão Plenária realizada em 12.06.2008 e publicada no *DOU* de 20.06.2008, p. 1).

Decadência (2)

No processo judicial, a expressão é empregada com o significado de perda do próprio direito material, em face de o seu titular deixar de exercê-lo num dado decurso de tempo. Nos termos da legislação adjetiva, a decadência pode e deve ser decretada de ofício pelo Magistrado, *ex vi* do quanto dispõem os arts. 219, § 5º, e 295, IV, ambos do Código de Processo Civil. Nesse aspecto, mereceu tratamento sobremodo diverso ao da prescrição, cuja decretação depende de ser suscitada por uma das partes, fato, diga-se de passagem, pacificado em orientação pretoriana.

Decadência/Prescrição

Construção doutrinal e jurisprudencial anterior à Lei Complementar n. 118, de 9 de fevereiro de 2005

É a fluência do lapso temporal relativo à decadência, sucedido pelo prazo prescricional, em face do que sobrevém a extinção do crédito tributário, com relação aos tributos sujeitos ao lançamento por homologação. Esse é o entendimento abalizado de Paulo de Barros Carvalho, que assim atremou: "Por outro lado, nos casos de comportamento omissivo da Administração, decorridos cinco anos do fato gerador, sucederá o fato da decadência, com relação aos pagamentos antecipados que não foram regularmente promovidos, ao mesmo tempo em que se operaria a homologação tácita com relação aos pagamentos antecipados que tiverem sido efetivamente concretizados" (*Repertório IOB de jurisprudência*, São Paulo, n. 3, 1/10696, 1997). Dessarte, ao lume do Código, o lançamento dá-se após o quinquênio que medeia a antecipação de pagamento, donde, a partir de então, passa a fluir o prazo prescricional. Esse ponto de vista foi sufragado pela Primeira Turma do Superior Tribunal de Justiça, da qual foi Relator o Ministro Milton Luiz Pereira (Recurso Especial n. 107.919-SP, j. 12.12.1996, *DJU* 1, 24.02.1997, p. 3304). Cravada essa premissa, força é convir que, à época, os tributos sob o regime de homologação ou cujo recolhimento não dependesse de lançamento assujeitar-se-iam ao prazo decadencial de dez anos. Outrossim, o aludido prazo binomial foi expungido de nossa ordem jurídica, em face do disposto no art. 3º da Lei Complementar n. 118, de 9 de fevereiro de 2005, cujo comando estabeleceu que a decadência se perfaz no prazo de cinco anos a contar da data do pagamento do tributo.

Decisão administrativa

Na área do direito tributário, é o ato de caráter terminativo, emanado pela autoridade administrativa competente, no sentido de deslindar uma controvérsia submetida à sua apreciação, pondo termo ao processo em uma dada instância ou em caráter definitivo, se exauridos os estádios recursais. Inclui-se entre as hipóteses extintivas da obrigação tributária, estando inscrita no inciso IX do art. 156 do Código Tributário Nacional.

Decisão judicial

Em acepção lata, significa a prolação de qualquer despacho, sentença, despacho interlocutório ou acórdão em processo submetido ao crivo do Judiciário. No sentido estrito, o vocábulo denota a solução de litígio objeto de sentença ou acórdão. Simboliza hipótese de extinção da obrigação tributária, consoante prevê o inciso X do art. 156 do Código Tributário Nacional. É de se observar, por outro lado, que a definitividade da decisão judicial passada em julgado pode tornar-se relativizada, uma vez que, até o exaurimento do biênio superveniente, ao menos em tese, afigura-se possível a propositura, por qualquer das partes, de ação rescisória, obviamente se presentes os pressupostos de admissibilidade.

Decreto

Diploma de competência privativa dos Chefes do Executivo Federal, Estadual, Distrital ou Municipal, representa instrumento introdutório secundário de normas jurídicas, de grande utilização, diga-se de passo, na seara tributária, a exemplo dos decretos ou regulamentos do imposto sobre a renda, do ICMS, do ISS etc.

Decreto legislativo

Modalidade de diploma normativo integrante do processo legislativo, consoante estatui o art. 59, VI, do Diploma Excelso, situado na órbita de competência exclusiva do Parlamento, quer o Congresso Nacional, quer as Assembleias Estaduais ou Distritais, quer as Câmaras Municipais. Em exemplário armado ao propósito, merecem ser citados os Tratados Internacionais celebrados entre o Brasil e outros países com o fito de evitar a dupla tributação no plano internacional, os quais somente ganham roupagem de diploma legal interno após a conversão em decreto legislativo por parte do Congresso Nacional. É utilizado, também, como diploma de conversão de convênio normativo editado pelo Conselho Nacional de Política Fazendária (CONFAZ) e, nesse caso, sua ratificação situa-se no plano do Parlamento local.

Decreto-lei

Instrumento legislativo extinto pela Constituição de 1988

Diploma normativo previsto, originalmente, no art. 58 da Carta de 1967 e, posteriormente, mantido com alterações no art. 55 do Diploma de 1969. Figura híbrida, representava decreto com força de lei, alçado no âmbito competencial do Presidente da República, podendo ser aprovado ou rejeitado pelo Congresso Nacional no prazo de sessenta dias, cumprindo salientar que, ante o silêncio do Parlamento naquele espaço de tempo, operava-se a aprovação por decurso de prazo. Em sua versão inicial, tinha por objetos apenas duas matérias, vale dizer, segurança nacional e finanças públicas. À luz da Emenda de 1969, houve a ampliação de seu universo, que passou a incluir a criação de cargos públicos e respectivos vencimentos e, também, a matéria tributária. Por conseguinte, foi altamente utilizado até o advento da Constituição promulgada em outubro de 1988, que excluiu esse diploma do rol das categorias enumeradas no processo legislativo, mantidas, contudo, a vigência e a eficácia daqueles então existentes naquele momento histórico. Expressivo número de diplomas desse jaez ainda vigora, a exemplo, entre outros, daqueles que integram a legislação do imposto sobre a renda.

Defesa

Processo administrativo tributário no Estado de São Paulo

Meio de contestar o lançamento efetivado pela Fazenda do Estado de São Paulo, seja aquele contido em uma notificação decorrente de uma apuração realizada nas dependências da Fazenda Estadual, seja aquele inserto em um auto de infração lavrado no domicílio do contribuinte. Nas trilhas do bom direito, a aludida defesa, bem como os seus desdobres, suspendem a exigibilidade do crédito tributário, objeto da contenda.

Defesa administrativa

Locução de conteúdo genérico, cujo significado abrange todos os planos de defesa e recursos efetuados na chamada via administrativa, ou seja, entre o Fisco e o contribuinte. Entre nós, inexiste legislação adjetiva codificada na seara administrativa, como há em Portugal, por exemplo. Por conseguinte, os contornos da chamada defesa administrativa são cambiantes, pois variam caso a caso. Assim, os prazos, a autoridade julgadora de primeiro grau, os órgãos colegiados de segundo grau e a própria denominação da defesa são objetos de estipulação da legislação específica de cada tributo, salvo os tributos federais, que, de um modo geral, são regulados pelo Decreto n. 70.235, de 6 de março de 1972, e pela Lei n. 8.748, de 9 de dezembro de 1993. V. *Processos administrativos tributários distrital, estadual, federal e municipal.*

Del credere

Locução latina, originalmente adotada pelo direito comercial italiano, com o significado de cláusula pela qual, no contrato de representação comercial, o comissário assume todos os riscos do negócio e se obriga a pagar integralmente ao comitente o valor das mercadorias a ele consignadas. V. *Comissão do representante comercial.*

Delegacia da Receita Federal do Brasil

Órgão da Secretaria da Receita Federal do Brasil, que se encontra incumbido da administração dos tributos federais na jurisdição de sua competência, cabendo-lhe notadamente realizar o controle, a fiscalização e a arrecadação dos gravames retromencionados.

Delegacia da Receita Federal do Brasil de Julgamentos

Órgão incumbido de promover o julgamento de primeira instância em relação aos processos administrativos concernentes a tributos federais, nos termos do Decreto n. 70.235, de 6 de março de 1972.

Delegacia Regional Tributária

Órgão integrante da Secretaria da Fazenda do Estado incumbido da fiscalização da arrecadação dos tributos estaduais. É a denominação adotada no Estado de São Paulo e em muitas unidades da federação.

Delegacia Tributária de Julgamentos

Órgão julgador incumbido de proferir, em primeira instância, decisões em feitos administrativos que versem sobre tributos estaduais. Integra a estrutura administrativa do Estado de São Paulo, bem como de outras unidades federativas.

Denúncia

O vocábulo habita diversos segmentos normativos, a exemplo do direito penal, do direito locacional (denúncia vazia), do direito processual (denunciação da lide/denúncia à autoria) e outros. Na sua generalidade, o termo significa o ato de comunicar à autoridade competente a prática de infração por parte de terceiros, constituindo uma das acepções que a locução *in casu* reveste no direito tributário. A legislação do IPI, por exemplo, trata do assunto por meio do art. 93, parágrafo único, da Lei n. 4.502, de 30 de novembro de 1964, cujo comando estipula que a denúncia deve ser formulada por escrito, sendo obrigatória a qualificação do seu autor, bem como a descrição minuciosa dos fatos, de modo a determinar, com segurança, a infração e o infrator. Na verdade, esses requisitos deveriam ser aplicáveis à administração de qualquer tributo, porquanto oferecem informações claras, ao menos em tese, ensejando à Fazenda Pública aquilatar se o fato objeto da denúncia merece ser investigado ou não. Com isso, evita-se que a Fazenda Pública desloque auditores para uma tarefa eventualmente inócua, prestando-se, indiretamente, a satisfazer represálias pessoais estabelecidas entre particulares, o que seria um absurdo. Lamentavelmente, o Governo Federal baixou disposição em sentido oposto, permitindo que qualquer pessoa, anonimamente, possa denunciar terceiros, podendo fazê-lo, inclusive, por via telefônica; vale dizer que se instalou, no País, um terrorismo oficial, que acutila os direitos e garantias prestigiados pelo Diploma Excelso.

Não é intemperança dizer, por óbvio, que tal medida, além de licenciosa, depara-se flagrantemente inconstitucional.

Denúncia espontânea

Representa fórmula excludente da responsabilidade por infrações, prevista no art. 138 do Código Tributário Nacional, cujo comando deve ser conjugado às disposições relativas ao processo administrativo tributário que versem sobre o tributo, objeto da denúncia. Segundo o Código, na hipótese de haver infração à legislação tributária, o contribuinte pode proceder à denúncia espontânea da infração, que deve ser, necessariamente, acompanhada do pagamento do tributo devidamente corrigido e dos juros moratórios, ficando a salvo de quaisquer penalidades, até mesmo a multa de mora, desde que essa providência seja tomada antes da instalação de qualquer procedimento fiscal relacionado à infração. Por considerar que o Código correlaciona o instituto sob exame à exclusão de multas, é óbvio que a multa de mora jaz nesse rol de supressões. Entretanto, convém advertir que a legislação tributária ordinária dispõe em sentido inverso, donde o desfrute dessa prerrogativa inserta no Código Tributário Nacional – Lei Nacional – dependerá de postulação judicial. Ainda, a obrigatoriedade do pagamento pode ser parcial se a matéria for objeto de legislação que possibilite o parcelamento do *debitum,* caso em que o contribuinte pagaria a primeira parcela, na conformidade com a percentagem estatuída na lei específica. É de se notar que o antigo Tribunal Federal de Recursos expendeu a Súmula n. 208, na qual condicionou a pertinência da denúncia espontânea ao pagamento do tributo.

Depositário infiel

É a pessoa, entidade ou instituição que recebe bens ou valores de terceiros com o fim de guardá-los, preservá-los e, posteriormente, restituí-los, mas deixa de fazê-lo. Conquanto o legislador cogite qualificar como tal o contribuinte que retém ou recebe tributos de terceiros e não promove o respectivo pagamento à Fazenda Pública, no entender deste Dicionário, essa visão depara-se ilógica e despropositada, pela simples razão que o contribuinte *in casu* não é depositário de coisa alguma. Trata-se de um conceito erigido com fulcro em noções econômicas que reconhecem as figuras de contribuinte de fato – aquele que suporta o ônus financeiro – e contribuinte de direito – aquele incumbido de adimplir a prestação tributária. Ora, à luz do direito, o chamado contribuinte de fato é só de fato e, por isso, inexiste juridicamente. Com efeito, a premissa segundo a qual o contribuinte teria promovido a retenção ou o recebimento de tributos e deixado de pagar afigura-se juridicamente incorreta. Deveras, no caso vertente, o contribuinte não é depositário de valores da Fazenda Pública, mas simples devedor de tributos. Frise-se que o legislador não pode subverter conceitos da teoria geral do direito para estabelecer sanções ou instituir exigibilidade, a teor do quanto se verifica no problema tematizado.

Depósito administrativo

Faculdade atribuída ao contribuinte no sentido de promover o depósito do valor objeto de controvérsia administrativa, constante de auto de infração ou notificação de lançamento, a qual produz o efeito de assegurar a inalterabilidade do importe em discussão, máxime porque a importância depositada rende juros e correção monetária na mesma proporção que os acréscimos incidentes sobre o crédito tributário.

Depósito administrativo compulsório

Período anterior à Lei n. 10.522, de 19 de julho de 2002

Antes da fusão da Secretaria da Receita Federal com o Instituto Nacional do Seguro Social, a legislação de antanho estabelecia a exigência do depósito em dinheiro como requisito para o seguimento do Recurso à Corte Administrativa de segundo grau; exigência descabida por todos os títulos e devidamente afastada pela Lei n. 10.522, de 19 de julho de 2002. Por outro lado, o referido diploma legal, encampado pelo Decreto n. 70.235, de 6 de março de 1972, condiciona o seguimento do recurso ao arrolamento de bens, conforme estabelece o art. 33, § 2º, do Decreto n. 70.235, de 6 de março de 1972, consoante a redação introduzida pela lei retrocitada. Tal fato, diga-se, *à vol d'oiseau*, mereceu objurgatórias na edição anterior deste Dicionário, tudo por entender que essa medida configurava uma restringência indevida e intempestiva ao primado sacramental da plenitude da defesa. Com efeito, torna-se de mister pontuar que o Pretório Excelso houve por bem reconhecer o apontado descompasso e por intermédio da ADI 1976 considerou inconstitucional o dispositivo *sub examen*.

Depósito afiançado

Local destinado à guarda de materiais de manutenção e preparo de embarcações e aeronaves utilizadas no transporte comercial internacional, tendo por beneficiárias as empresas autorizadas a prestar essa modalidade de serviço, em consonância ao disposto no art. 402 do Regulamento Aduaneiro aprovado pelo Decreto n. 91.030, de 5 de março de 1985, e demais disposições administrativas que cuidam do assunto. Por tratar-se de regime aduaneiro atípico, as embarcações e aeronaves *in casu* não se assujeitam à incidência de gravames tributários.

Depósito especial alfandegado

Modalidade de regime aduaneiro atípico, consistente na permissão de estocagem de partes, peças e materiais de reposição ou manutenção para veículos, máquinas, equipamentos, aparelhos e instrumentos, bem como seus componentes de origem estrangeira, nacionalizados ou não, consoante dispõe o comando inserto no art. 398 do Regulamento Aduaneiro aprovado pelo Decreto n. 91.030, de 5 de março de 1985, e demais atos administrativos que versam sobre a matéria. Mercê da natureza de regime aduaneiro atípico, os bens objetos do aludido depósito especial não estão sujeitos à tributação.

Depósito franco

É o recinto alfandegado instalado em porto brasileiro e destinado a assegurar o trânsito de passagem de mercadorias pelo território nacional, sem incidência de gravames tributários, desde que destinadas a país limítrofe ou dele procedentes. O assunto encontra-se positivado no Regulamento Aduaneiro aprovado pelo Decreto n. 91.030, de 5 de março de 1985, e demais atos administrativos que esmiudam a matéria.

Depósito judicial

Em direito tributário, a expressão tem vestes próprias e não se confunde com o contrato de depósito do direito civil ou depósito comercial e outras dições semelhantes. Com efeito, no universo da tributação, o aludido depósito consiste na garantia em dinheiro ou título da dívida pública, fiança bancária ou qualquer outra elencada nos arts. 9º da Lei n. 6.830, de 22 de setembro de 1980, ou 655 do Código de Processo Civil, na exata proporção do *debitum*, que, nos termos dos arts. 151, II, do Código Tributário Nacional e 38 da Lei n. 6.830/1980 e demais disposições aplicáveis à matéria, tem o condão de suspender a exigibilidade. Exemplificando: se proposta uma ação anulatória de débito fiscal desacompanhada de depósito, não se opera a suspensão da exigibilidade, pelo que a Fazenda Pública pode ajuizar a competente ação de execução fiscal. Por outro lado, se o contribuinte propuser a ação retrocitada, acompanhada do depósito em dinheiro do valor questionado, dá-se a suspensão da exigência e a Fazenda fica obstada de executar o crédito tributário. Ainda, não se confunde com a penhora, que se destina a garantir o juízo na execução fiscal, representando, inclusive, um requisito indeclinável para o oferecimento de embargos à execução. Como se pode notar, o depósito em dinheiro exprime o exercício facultativo de um direito que permite ao contribuinte pôr-se a salvo de uma execução, além de ficar protegido dos efeitos da inflação, no caso de depósito em dinheiro, uma vez que este é alvo de juros e correção monetária. Roque Antonio Carrazza, com sua mestria, sustenta que todas as garantias suscetíveis de penhora, nos termos do art. 9º da Lei n. 6.830/1980 e do art. 655 do Código de Processo Civil, *ut supra*, afiguram-se igualmente prestantes de utilização por parte do contribuinte, quando autor da demanda, tudo segundo uma visão contextual do sistema normativo. Com muita propriedade, o eminente jurista e professor sutiliza que o contribuinte, quando autor do feito, não poderia ser discriminado e, por isso, impedido de utilizar as prerrogativas que a ordem jurídica explicitou em prol do contribuinte executado, até porque, salvo prova em contrário, o primeiro está a revelar maior preocupação com o assunto, além do que, ao oferecer a garantia, está dando pressa em salvaguardar os relevantes interesses da Fazenda, que nada mais são do que o interesse público, o qual, por ser indisponível, não pode ser alvo de subjetivismos que reduzam ou subvertam a sua integridade.

Depreciação

Redução do valor de coisas materiais, assim como bens ou mercadorias, no que difere da *amortização*, que tem por objetos tão somente coisas imateriais. Na seara do imposto sobre a renda, a Lei n. 4.502, de 30 de novembro de 1964, cuida da matéria por meio do art. 57, regulamentado pelo art. 317 e seguintes do Decreto n. 9.580, de 22 de novembro de 2018, definindo-a como a diminuição do valor dos bens do ativo imobilizado em decorrência do uso ou ação da natureza ou obsolescência, motivo pelo qual representa custo ou encargo dedutível do lucro tributável. Segundo a legislação do imposto sobre a renda, compete à Secretaria da Receita Federal do Brasil publicar ato administrativo periodicamente, com a finalidade de fixar os prazos de vida útil dos bens em geral, o que propicia ao sujeito passivo dimensionar a correspondente percentagem aplicável em cada caso. Como se vê, trata-se de instituto que produz relevantes efeitos no universo tributário, sobretudo na área do imposto sobre a renda, podendo, ademais, percutir noutros gravames.

Descaminho

Configura-se pelo ingresso ou pela saída do País de

mercadoria cuja importação ou exportação seja permitida, sem observância, contudo, das formalidades alfandegárias. Representa crime fiscal previsto no art. 334 do Código Penal e difere do contrabando, porquanto este tem por objeto mercadoria proibida.

Desvinculação de receitas tributárias da União

Prevista no art. 76 do Ato das Disposições Constitucionais Transitórias, cuida da destinação das receitas tributárias da União, na medida em que investe o Executivo de poderes para utilizar, conforme lhe aprouver, o percentual de 20% das receitas provenientes dos impostos federais e das contribuições sociais. Instituída por meio da Emenda n. 27, de 21 de março de 2000, com vigência até 2003, foi prorrogada pela Emenda n. 42, de 19 de dezembro de 2003, com vigência até 2007, que incluiu, na desvinculação, as receitas oriundas das contribuições de intervenção no domínio econômico e com vigência até 2007, enquanto, por outro lado, excetuou daquele regime as receitas do salário-educação. Impende advertir que a aludida medida subverte a destinação constitucional das contribuições e lhes dá um caráter de imposto inominado, máxime porque o regime jurídico constitucional proclama que, em geral, a receita dos impostos tem destinação genericamente orçamentária, ao passo que as receitas das contribuições encontram-se comprometidas com a finalidade que lhes dera causa, no caso, a ordem social. Ante essas ponderações, força é dessumir que o referido dispositivo criado por Emenda afigura-se manifestamente inconstitucional.

Devido processo legal

Contemplado no inciso LIV do art. 5º da Carta da República, com a dimensão de direito e garantia fundamentais, representa princípio constitucional que efunde seus efeitos a todos os segmentos normativos, inclusive o tributário, obviamente. Em suas dobras, encampa a correta e regular elaboração da lei, consoante a concepção norte-americana denominada *substantive due process of law*, até desaguar na sua aplicação judicial, compreendendo a ampla defesa e as garantias a ela inerentes, além de hospedar toda a dinâmica dos direitos e garantias, cabendo sublinhar, entre outros aspectos, a obrigatoriedade de aplicação da lei por meio de processo, observada a igualdade entre as partes.

Diferimento

Instituto pelo qual, em certas operações caracterizadas por sucessivas etapas de comercialização, o legislador elege uma dessas fases como o fato jurídico tributário (fato gerador). Nimiamente utilizado na legislação do imposto sobre operações de circulação de mercadorias, a exemplo das operações com leite, entre outras, em que a mercadoria submete-se a um ciclo de fatos jurídicos, em tese tributáveis, sendo que o legislador elege uma daquelas operações para efeito de promover o lançamento do imposto. Tal prática nada mais é do que cobrar de uma só pessoa o imposto devido por outras que realizaram fatos suscetíveis de tributação. Realmente, trata-se de uma absurdez que, evidentemente, atrita a norma-matriz de incidência, porquanto esta não permite eleger como sujeito passivo uma pessoa estranha ao respectivo fato jurídico. Além disso, o diferimento, a bem ver, ofende os postulados constitucionais da capacidade contributiva, da tipicidade e da vinculabilidade da tributação, entre outros.

Direito adquirido

Segundo Gabba, em *Teoria della retroattività delle leggi* (1891), o direito adquirido consiste na incorporação de um direito ao patrimônio do indivíduo, em virtude da ocorrência de um fato jurídico idôneo previsto em lei, em face do qual se opera a sua concretização personalizada ao respectivo titular. A teoria clássica do direito adquirido foi erigida no culto à irretroatividade das leis, procurando resguardar os direitos integrados ao domínio do indivíduo, os quais não poderiam ser mitigados com disposição de lei nova. Savigny, por seu turno, observa que a irretroatividade haverá de respeitar não a existência do direito em abstrato, mas a sua aquisição ou perda em concreto. Já os pandectistas alemães propuseram a teoria objetiva denominada *teoria do fato realizado*. Para eles, seria de mister verificar se um dado fato foi realizado sob o império de certa lei, de modo a ficar a salvo de ser alcançado retroativamente por lei nova, sem cogitar, contudo, do direito adquirido *per se*. Dessarte, uma vez efetivado um fato nos termos da lei, a situação jurídica dele defluente haveria de ser respeitada. Essa doutrina transpôs a fronteira alemã e frutificou na Itália, ecoando também na doutrina francesa. De par com as suas virtudes, a mencionada teoria não se escoima de algumas vicissitudes. Nesse sentido, Oswaldo Aranha Bandeira de Mello fez-lhe uma objeção de tomo, ao objurgar a ausência de resguardo à sobrevivência das cláusulas contratuais. Consoante o eminente Prof. Bandeira de Mello, as teorias existentes revelam algumas insuficiências, pois a subjetiva precisa ser completada com a do fato integralmente consumado e do ato jurídico perfeito, enquanto a objetiva merece ser completada com a reminiscência da lei antiga, porquanto o conflito da lei no tempo não se reduz ao problema da irretroatividade da lei nova, mas, também, ao da sobrevivência da lei velha.

Direito de petição

Adscrito nas alíneas *a* e *b* do inciso XXXIV do art. 5º da *Lex Legum*, exprime incontrastável apanágio do Estado Democrático. Com fulcro no comando imerso nesse preceptivo, qualquer pessoa física ou jurídica pode se dirigir aos Poderes Públicos, sem quaisquer ônus, em defesa de direitos ou contra o abuso de poder, sendo-lhe permitido, outrossim, obter certidões em repartições públicas, voltadas para a defesa de direitos ou o esclarecimento de situações de interesse pessoal. Jaz constitucionalizado também nos direitos alemão, argentino, norte-americano, italiano, português e outros. Celso Bastos e Canotilho nele entreveem um postulado de tal abrangência que envolve, a um só tempo, a representação, a reclamação e a queixa. Na área tributária, conquanto pouco empregado, poderia ser utilizado com significativa valia para os contribuintes.

Direito de propriedade

Em sua acepção romanística, compreende o *jus utendi, fruendi et abutendi,* equipole dizer, o direito de usar, gozar e dispor. O direito de usar consiste em obter da coisa as utilidades por ela oferecidas, sem alteração de sua substância, a teor do quanto ocorre com o proprietário de uma casa ou de um automóvel ao utilizar esses bens. A fruição ou gozo, por seu turno, implica tirar da coisa os rendimentos que ela pode propiciar, assim como alugar uma casa ou um automóvel e deles receber os aluguéis correspondentes. Já a disposição, por sua vez, representa a faculdade de dispor da coisa, quer consumindo-a, quer transformando-a, quer alienando-a. É o que se verifica quando o proprietário resolve vender uma casa ou mesmo demoli-la. Nas províncias da tributação, o direito de propriedade assume especial relevo, seja pelo fato de a incidência alcançar uma parcela da propriedade, além de fazê-lo compulsoriamente, seja por simbolizar a fronteira da capacidade contributiva, extremando-a da tributação confiscatória. Cumpre notar que o direito de propriedade haverá de ser dimensionado em sua plenitude semântica, donde qualquer subtração indevida em relação ao uso, gozo ou disposição entreplica ofensa ao referido primado constitucional.

Direito econômico

Disciplina jurídica da atividade econômica do Estado e dos particulares, no tocante à produção, distribuição, circulação e consumo de riquezas, tanto no plano interno quanto no internacional.

Direito financeiro

Disciplina normativa da destinação das receitas tributárias, bem como do orçamento público.

Direito líquido e certo

Um dos antessupostos da ação do Mandado de Segurança, consiste na certeza do direito que repousa sobre fatos incontroversos, na esteira, aliás, das lições de Hely Lopes Meirelles, que argutamente observa: “O direito, quando existente, é sempre líquido e certo, os fatos é que podem ser imprecisos e incertos" (MEIRELLES, Hely Lopes. *Mandado de segurança, ação popular, ação civil pública, mandado de injunção, habeas data...* 31. ed. São Paulo: Malheiros, 2008. p. 28, nota de rodapé). V. *Mandado de segurança.*

Direito subjetivo

Representa tema dos mais tormentosos no campo da teoria geral do direito. Divide-se em três grandes teorias, quais sejam, as afirmativas, as negativas e as absolutistas. Estas, defendidas por Kant, Fichte e Hegel, entre outros, merecem ser afastadas desde logo, pois proclamam a inexistência de direitos subjetivos, conforme Hegel ao dizer que o Estado não é organizado nem delimitado pelo direito, mas detentor e produtor soberano do direito, chegando ao extremo de sublinhar que os indivíduos somente possuem as faculdades concedidas pelo Estado e, por isso, não desfrutam de quaisquer poderes contra ele. Deveras, postulados desse jaez não se compaginam, sequer por hipótese, com os primados do Estado de Direito Democrático. Por outro lado, as teorias afirmativas, predicadas por Savigny, um de seus paladinos, ou mesmo por Jean Dabin, Enneccerus e outros, guardados certos traços diferençais, apoiam-se na existência de um interesse ou poder regulado pelo direito objetivo. As teorias negativas, por seu turno, embora por outra ótica, reconhecem a existência de situações subjetivas que representam pressupostos para a aplicação do direito – Duguit – ou simples reflexos de um dever jurídico situado na contraparte da norma, na medida em que esta confere ao indivíduo o poder de fazer valer, por via de ação, o descumprimento de um dever – Kelsen. Em que pese as diferenças das teorias afirmativas e negativas, ambas admitem a existência de interesse, situação ou poder em prol do indivíduo, regulada pelo direito objetivo. Dessa forma é que vemos o direito subjetivo na ambitude da teoria geral do direito e, em virtude da universalidade conceptual, é assim que o entendemos nas fronteiras do direito tributário. Dessarte, o Diploma Excelso consagra uma série de direitos subjetivos aplicáveis ao direito tributário, alguns genéricos e outros especificamente tributários, assim como o devido processo legal, a ampla defesa, o contraditório, o direito de propriedade, o direito à impetração de mandado de segurança volvido à proteção de direito líquido e certo, a capacidade contributiva, a imunidade, a anterioridade etc.

Direito tributário

Plexo de normas que juridicizam os planos do nascimento, da existência e da extinção da obrigação tributária. A definição preponderante em nossa doutrina move-se em outra direção, ao dizer que o direito tributário tem por objetos a instituição, a arrecadação e a fiscalização de tributos. Esta obra não sufraga essa opinião, seja porque reduz sobremaneira o objeto desse campo normativo, seja por entender que a fiscalização de tributos não integra o direito tributário, uma vez que traduz tópico do direito administrativo.

Direito tributário e o direito administrativo

As relações são estreitas, na medida em que a administração do tributo opera-se por meio da função administrativa, a qual se insere no regime jurídico administrativo. Com efeito, a cobrança do tributo, bem como a lavratura de autos de infração, a interposição de recursos e respectivos julgamentos, senão também os pedidos de parcelamento ou a inscrição de dívida, são atividades regidas por normas do direito administrativo, que é formado pelo conjunto de normas que disciplina a estrutura e o funcionamento da Administração, bem como do exercício da função administrativa. Outrossim, as afinidades apontadas desdobram-se na medida em que a Fazenda Pública formaliza a cobrança do tributo por meio de ato administrativo, sem contar que esses atos devem ser vinculados, e não discricionários, fato, como se pode notar, interligado a categorias jurídicas ínsitas ao direito administrativo.

Direito tributário e o direito civil

Embora o primeiro situe-se no universo do direito público e o segundo no do direito privado, afinidades estreitas permeiam o direito tributário e o civil.

Em veras, o universo da tributação opera com expressivo número de categorias inerentes ao direito civil, que, a um só tempo, são figuras tipológicas da teoria geral do direito. Exemplificam o asserto, entre outros, os seguintes institutos: o pagamento, a compensação, a decadência, a prescrição, a moratória, a novação, a restituição e a sub-rogação. Na mesma esteira, o conceito de propriedade, a definição de bem móvel ou imóvel e a conceituação de herdeiro, legado, cônjuge, meeiro, tutor, curador, inventariante e outros.

Direito tributário e o direito comercial

O direito tributário instrumentaliza-se com uma série de categorias do direito comercial, a exemplo dos conceitos de estabelecimento comercial, bem como as formalidades relativas à constituição das empresas, senão também os princípios atinentes à escrituração contábil que lastreiam os resultados de índole tributária. Outrossim, provém do direito comercial, também, a responsabilidade solidária dos sócios da empresa, no caso de sociedade de pessoas, tema tormentoso com desdobramento no direito civil, envolvendo, diga-se de passo, a questão da despersonalização das pessoas jurídicas. Dessarte, as relações entre o direito tributário e o comercial afiguram-se das mais angustas, na proporção em que determinados institutos desses planos normativos irradiam efeitos recíprocos, vale dizer, tanto o tributário interfere na ambitude do comercial, quanto o comercial intercede na seara tributária.

Direito tributário e o direito constitucional

Se por um lado é verdade que todos os segmentos do direito intercomunicam-se, mais verdade é que todos os ramos do direito relacionam-se intimamente com o direito constitucional, que representa a fonte de validade de todos os segmentos normativos. No tocante às relações ora especificadas, impende sublinhar que, ao lado da premissa que preside as relações entre o direito constitucional e os demais campos normativos, entre nós o liame entre o tributário e o constitucional afigura-se sobremodo intenso e peculiar. Deveras, a Constituição Brasileira, diferentemente do direito comparado, abriga dezenas e dezenas de comandos de natureza tributária, os quais versam sobre competência tributária e suas limitações, imunidades, um vasto universo de princípios que norteiam toda atividade legislativa infraconstitucional, além de regras que ingressam num grau de pormenorização incomum, a teor daquelas que determinam a não cumulatividade e a seletividade do IPI e do ICMS, entre outras.

Direito tributário e o direito do trabalho

Determinados tributos, a exemplo das contribuições previdenciárias incidentes sobre a folha de salários, já revelam, inicialmente, a existência de um liame entre esses planos normativos. Dessarte, o conceito de salário, bem como o significado de indenização e outras categorias inerentes ao direito do trabalho, repercutem vivamente na órbita tributária. Tanto é verdade que, ao contrário do disposto em lei federal expungida da ordem jurídica, a contribuição incidente sobre a folha de salários não poderia alcançar os valores pagos a título de remuneração de autônomos e administradores. Por iguais motivos, ao revés do quanto quer a União, as indenizações não poderiam ser gravadas por contribuição desse timbre. Não se pode olvidar, também, a falência ou qualquer outro processo de liquidação judicial ou voluntária, figuras do direito comercial interligadas ao direito tributário, uma vez que, nessas hipóteses, o crédito tributário prefere a qualquer outro, inclusive ao trabalhista, consoante preceitua o art. 190 do Código Tributário Nacional. Com efeito, o exposto preordena-se apenas a exemplificar alguns pontos de intimidade entre o direito tributário e o direito do trabalho.

Direito tributário e o direito financeiro

Preambularmente, cumpre advertir que tributário e financeiro não são expressões sinônimas, convindo salientar, também, que um não é parte do outro, como querem alguns, equivocadamente. Deveras, são dotados de objetos próprios, cabendo a cada qual disciplinar uma parcela distinta da atividade financeira do Estado, tanto que o direito tributário cuida dos planos do nascimento, da existência e da extinção do tributo, enquanto o financeiro normatiza a destinação das receitas tributárias, cabendo-lhe, outrossim, dispor sobre as demais receitas públicas, além das despesas públicas. Exemplificando: incumbe ao direito tributário dispor sobre o IPVA, cabendo ao financeiro estipular sobre a destinação das receitas respectivas, as quais são redistribuídas aos municípios onde são licenciados os veículos objetos da apontada tributação. Comete ao direito financeiro, ainda, normatizar sobre as demais receitas públicas, bem como as despesas e o orçamento públicos. Por fim, impende observar que as relações entre esses campos normativos exaurem-se numa estreita contiguidade, diferentemente, portanto, dos vínculos estabelecidos entre o direito civil e o tributário, uma vez que os institutos daquele segmento do direito lastreiam expressiva parcela do espectro tributário.

Direito tributário e o direito internacional

As relações são estreitas, na medida em que fatos jurídicos tributários podem irradiar efeitos em mais de uma nação, a exemplo de contribuinte que tenha rendimentos auferidos no exterior e internalizados no país onde tenha domicílio, hipótese, diga-se de passo, sujeita à bitributação, que rendeu margem à celebração de inúmeros tratados internacionais preordenados a evitar a dupla incidência. O Brasil, na verdade, subscreveu acordos nesse sentido com inúmeros países, como Alemanha, Argentina, Áustria, Bélgica, Canadá, China, Coreia, Dinamarca, Equador, Espanha, Filipinas, Finlândia, França, Hungria, Índia, Itália, Japão, Luxemburgo, Noruega, Portugal, Repúblicas Tcheca e Eslovaca, Reino Unido e Suécia, os quais foram objetos de conversão em direito interno por intermédio de decreto legislativo. Outrossim, de fora a parte do aspecto estritamente tributário no plano internacional, o direito tributário também se relaciona com desdobres da economia internacional, tanto que regras firmadas por organismos internacionais, a teor do GATT, FMI, OCDE, NAFTA e outros, repercutem na seara fiscal sempre que operações submetidas ao controle e regramento daquelas entidades ensejarem a incidência de tributos relativos ao comércio exterior, não só os que gravam a operação em si, mas também os decorrentes, caso do imposto sobre a renda.

Direito tributário e o direito penal

Há determinados comportamentos que, a um só tempo, violam normas tributárias e penais. Em exemplário armado ao propósito, cumpre citar a infração denominada *nota espelhada*, que consiste em consignar na 2ª e demais vias da nota fiscal um valor subfaturado da operação, ensejando, assim, o recolhimento do tributo a menor. Essa hipótese abriga uma infração tributária substanciada em recolhimento de tributo a menor, alojando, de outra parte, a prática de crime de falsidade ideológica, nos termos do art. 299 do Código Penal. Outrossim, a Lei n. 8.137, de 27 de dezembro de 1990, qualifica o caso em tela como crime contra a ordem tributária, nos termos do art. 1º, III. A menção à lei retrocitada exprime a forma como o direito encontra-se positivado, porquanto, no pensar do autor, o referido diploma, além de fisiológico, imoral e inútil, afigura-se manifestamente inconstitucional, conforme sustento no verbete que trata do crime contra a ordem tributária. Ademais, o comportamento consubstanciado em importar ou exportar mercadorias, cujo comércio seja permitido, sem a observância das formalidades alfandegárias configura crime de descaminho ao lume do direito penal, caracterizando, ao mesmo tempo, infração tributária. V. *Crime tributário*.

Direito tributário e o direito processual civil

Na hipótese de conflito de interesse que requeira provimento judicial, a concretização do direito tributário material haverá de operar-se por meio de regras de direito processual. Na verdade, o processo exprime o vértice para o qual deságuam todos os campos do direito material, quer o tributário, quer o civil, quer o comercial, quer o direito do trabalho ou qualquer outro. Outrossim, as regras de índole adjetiva que presidem a seara tributária encontram-se, basicamente, na Lei n. 6.830, de 22 de setembro de 1980, conjugada com o Código de Processo Civil, bem como na Lei n. 12.016, de 7 de agosto de 2009, referente ao mandado de segurança, além de inúmeros diplomas específicos, a teor da Lei n. 8.397, de 6 de janeiro de 1992, relativa à ação cautelar fiscal.

Direito tributário e o direito processual penal

Consoante demonstrado no verbete relativo aos direitos tributário e penal, existem estreitos liames entre esses campos normativos no plano material. Por conseguinte, sempre que houver a instalação de procedimento criminal envolvendo a conjugação do binômio tributário e penal, o devido processo legal será presidido por regras de direito processual penal, daí as relações íntimas que, por vezes, são estabelecidas entre esses segmentos do universo jurídico.

Direito tributário penal e direito penal tributário

Segundo José Frederico Marques, o ilícito tributário tipificado como fato punível representa objeto do direito tributário penal, mercê do nexo entre a órbita tributária e o campo penal, o que teria o condão de configurar esse segmento normativo como disciplina específica (MARQUES, José Frederico. *Direito penal tributário*. São Paulo: Resenha Tributária/IBDT, 1975). Outrossim, ao consoar de Roque Antonio Carrazza, o direito penal tributário teria por objeto a prática de crimes tipificados no Código Penal, os quais repercutem na esfera tributária, a exemplo do descaminho, da falsificação de documentos e outros (CARRAZZA, Roque Antonio. *Infrações e sanções tributárias em matéria de ICMS*. São Paulo: Malheiros, 1994). Em linha divergente, Luis Alberto Machado, em coro com Wagner Balera, sustenta inexistir direito tributário penal ou direito penal tributário, pois admitir esse juízo significaria cindir indevidamente o direito penal (MACHADO, Luis Alberto. Dos crimes contra a ordem tributária. *Revista de Direito Tributário*, São Paulo, n. 34, jul. 1998). No pensar do autor deste Dicionário, a última postura é a que melhor rotula os planos normativos. Verdade seja, se admitida a criação de sub-ramos do direito, em virtude da existência de liames entre eles, ter-se-ia que admitir a existência de outros planos igualmente dotados de uma relativa independência, a exemplo dos seguintes: direito tributário civil, direito civil tributário, direito tributário comercial, direito comercial tributário, direito tributário trabalhista, direito trabalhista tributário e assim por diante. Dessarte, por coerência lógica e metodológica, força é depreender que as denominações 'direito tributário penal' e 'direito penal tributário' não exprimem tese benemérita de acolheita.

Direitos coletivos

São os interesses metaindividuais peculiarizados pela determinação de seus destinatários, a teor de associações, sindicatos ou quaisquer outros agrupamentos, bem como fruíveis individualmente, mas não de forma exclusiva e relativamente disponível. Se acolhido um pleito de índole coletiva, os efeitos alcançam todo o universo da respectiva coletividade, embora o reverso não seja verdadeiro, ou seja, se adversa a decisão, remanesce a possibilidade de renovação postulatória, segundo o autorizado magistério de Ada Pellegrini Grinover (In: FIGUEIREDO, Lucia Valle. *Direitos difusos e coletivos*. São Paulo: RT, 1989. p. 42-43). Contemplados em diversos mandamentos constitucionais, os direitos coletivos têm como titulares os agrupamentos retromencionados, tendo, outrossim, como guardião o Ministério Público, sendo exercitáveis por meio de ação popular, se provocada por qualquer cidadão, ou por intermédio de mandado de segurança, nos demais casos.

Direitos difusos

Na esteira das lições de Lucia Valle Figueiredo, são qualificados como os interesses metaindividuais, a exemplo da pureza do ar atmosférico e da preservação do ambiente, os quais se caracterizam pela indivisibilidade do objeto, pela indeterminação de seus destinatários e pela indisponibilidade, que é uma de suas tônicas. Constitucionalizado por meio de inúmeros comandos impressos no Diploma Excelso, afiguram-se exercitáveis por ação civil pública, se deflagrada pelo Ministério Público ou pelas Pessoas Jurídicas de Direito Público Interno ou, ainda, por Autarquias, Empresas Públicas, Fundações e Sociedades de Economia Mista e entidades com objetivos institucionais compatíveis com essa postulação, senão também por ação popular, se titularizada por qualquer cidadão.

Dirf

Declaração do Imposto de Renda Retido na Fonte. Formulário pelo qual os contribuintes, tanto pessoas físicas quanto jurídicas, devem indicar os rendimentos tributáveis pagos ou creditados a terceiros, tendo sido instituído pelo Decreto-lei n. 1.968, de 23 de novembro de 1982, art. 11, § 1º, e pelo Decreto-lei n. 2.065, de 26 de outubro de 1983, art. 10, como também contido no art. 974 e incisos do Decreto n. 9.580, de 22 de novembro de 2018.

Discricionariedade

Exprime certa margem de conveniência, oportunidade ou subjetivismo na produção de atos normativos, sejam legislativos ou administrativos. No campo legislativo, a discricionariedade significa as inúmeras possibilidades outorgadas ao exercício da função legiferante, no sentido de editar diplomas normativos, tendo como fundamento, de um lado, o título competencial inserto no Texto Supremo e como limite, de outra parte, os balizamentos consagrados no plexo constitucional. No patamar administrativo, configura-se na edição de atos passíveis de inúmeras possibilidades, cabendo ao Administrador escolher a opção que melhor atender ao interesse público. V. *Ato administrativo discricionário.*

Discriminação de competências tributárias

A competência tributária, entendida como a aptidão para legislar sobre o direito tributário, representa uma prerrogativa inerente às pessoas constitucionais, equipole dizer, União, Estados, Distrito

Federal e Municípios. Ao fazer a respectiva partilha, o constituinte fê-lo de modo rígido, na dimensão em que atribuiu competências privativas e indelegáveis em prol das pessoas jurídicas de direito público interno retrocitadas. Com isso, erigiu um sistema infenso a vicissitudes concernentes à tributação concorrente, salvo o Adicional de Imposto de Renda Estadual e o imposto municipal incidente sobre a venda de combustíveis, os quais exprimem hipóteses únicas de bitributação constitucionalizada, cumprindo observar, contudo, que os referidos impostos deixaram de viger a partir de 1º de janeiro de 1996. Vejamos, pois, a divisão de competência impositiva insculpida no Texto Supremo:

a) *União:*

- imposto sobre a importação de produtos estrangeiros;
- imposto sobre a exportação, para o exterior, de produto nacional ou nacionalizado;
- imposto sobre a renda e proventos de qualquer natureza;
- imposto sobre produtos industrializados;
- imposto sobre operações de crédito, câmbio e seguro ou relativos a títulos ou valores mobiliários;
- imposto sobre a propriedade territorial rural;
- imposto sobre grandes fortunas;
- imposto extraordinário de guerra;
- impostos estaduais em território federal;
- impostos municipais em território não dividido em Municípios;
- outros impostos – competência residual;
- empréstimo compulsório preordenado a atender despesas extraordinárias, calamidade pública e guerra;
- empréstimo compulsório destinado a investimento público urgente e de relevante interesse social;
- contribuições sociais;
- contribuições interventivas econômicas;

- contribuições profissionais;
- contribuições sociais de seguridade residuais;
- taxas e contribuições de melhoria.

Obs.: *a)* os impostos sobre a importação, a exportação, os produtos industrializados e as operações de crédito, câmbio e seguro ou relativos a títulos ou valores mobiliários encontram-se excepcionados do princípio da anterioridade, pelo que podem ser aumentados e cobrados no mesmo ano-calendário, assujeitando-se, outrossim, à atenuação da estrita legalidade, na medida em que o Executivo pode lhes alterar as alíquotas nos limites estatuídos em lei; *b)* as contribuições sociais previstas no art. 195 da Constituição refogem, também, ao postulado da anterioridade, subordinando-se tão somente ao período de noventa dias que medeia a sua instituição ou o aumento da respectiva eficácia.

b) *Estados e Distrito Federal:*

- transmissão *causa mortis* ou doação de quaisquer bens ou direitos;
- imposto sobre operações relativas à circulação de mercadorias e sobre prestações de serviços de transporte interestadual e intermunicipal e de comunicações, ainda que iniciadas no exterior;
- imposto sobre a propriedade de veículo automotor;
- taxas e contribuições de melhoria;
- contribuição de seus servidores para custeio do sistema de previdência social.

c) *Municípios:*

- imposto predial e territorial urbano;
- transmissão *inter vivos* a qualquer título, por ato oneroso, de bens imóveis, por natureza ou acessão física, e de direitos reais sobre imóveis, exceto os de garantia, bem como cessão de direitos à sua aquisição;
- imposto sobre serviços de qualquer natureza;
- taxas e contribuições de melhoria;
- contribuição de seus servidores para custeio do

sistema de previdência social.

Discriminação de rendas ou partilha de receitas tributárias

A locução é utilizada para indicar a divisão do produto oriundo da arrecadação de tributos. A referida partilha, inserta na órbita do direito financeiro, atende ao quanto determinam o art. 157 e seguintes da Constituição.

Cumpre assinalar que a divisão de receitas tributárias não se confunde com a competência tributária, assim como sucede com o IPVA, entre outros gravames, pois se trata de imposto de competência estadual, cuja receita é repassada ao Município em que o veículo é licenciado. Por conseguinte, em regra, os recursos financeiros provenientes da tributação pertencem à pessoa jurídica de direito público interno titular da competência, enquanto, por outro lado, a Carta Magna estabelece uma série de transferências em prol de outras pessoas constitucionais, a saber:

a) *Receitas municipais:*

- IR/Fonte: 100% em relação às retenções decorrentes de pagamentos efetuados pela Municipalidade, bem como por autarquias ou fundações municipais;
- IPTR: 50% do produto arrecadado pela União, com referência aos imóveis situados em território municipal;
- IPVA: 50% das receitas oriundas dos veículos licenciados em território municipal;
- ICMS: 25%, observado o mínimo de três quartos com relação ao valor efetivamente cobrado nas operações realizadas em território dos Municípios, sendo que um quarto será distribuído nos termos do quanto dispuser a legislação estadual;
- IR/IPI: 22,5%, dos quais será deduzido o valor retido na fonte, consoante estipulado em lei complementar, esclarecendo que a referida percentagem é dividida entre os milhares de Municípios do País, não havendo, pois, uma relação entre a receita da União cobrada em cada Município e o correspondente repasse, como

acontece na relação entre Estados e Municípios no tocante ao ICMS;

- IPI/Exportação: 25% em relação aos 10% atribuídos pela União aos Estados na proporção das exportações de produtos industrializados;
- CIDE: 25% em relação aos 29% repassados pela União aos Estados.

b) *Receitas estaduais e distritais:*

- IR/Fonte: 100% no tangente às retenções incidentes sobre os pagamentos efetuados pelas aludidas pessoas constitucionais, bem como por suas autarquias e fundações;
- IR/IPI: 21,5%, lembrando que desse montante deve ser subtraída a parcela do imposto sobre a renda na fonte que lhes coube. O aludido rateio desse percentual privilegia os Estados das Regiões Norte, Nordeste e Centro-Oeste, pois a eles é atribuída a percentagem de 85% do montante das receitas do IR/IPI, tudo com fulcro no art. 2° da Lei Complementar n. 62, de 28 de dezembro de 1989, a qual, contudo, foi declarada inconstitucional pelo Supremo Tribunal Federal, mercê de quatro Ações Diretas de Inconstitucionalidade (ADIs) ajuizadas por Rio Grande do Sul (ADI 875), Mato Grosso e Goiás (ADI 1.987), Mato Grosso (ADI 3.243) e Mato Grosso do Sul (ADI 2.727). Entrementes, as decisões *in casu* somente produzirão os efeitos pertinentes após 31 de dezembro de 2012;
- Imposto residual da União: 20%, convindo sublinhar que esse imposto não foi instituído até a época da feitura desta obra.

c) *Regiões Norte, Nordeste e Centro-Oeste:*

- IPI: 3%, destinados a programas de financiamento ao setor produtivo dessas regiões.

Por outro lado, a Lei Complementar n. 143, de 17 de julho de 2013, modificou os percentuais de partilha originalmente contidos na Lei Complementar n. 62/1989, os quais constam da Tabela a seguir transcrita:

ANEXO ÚNICO À LEI COMPLEMENTAR N. 62, DE 28 DE DEZEMBRO DE 1989

Acre	3,4210
Amapá	3,4120
Amazonas	2,7904
Pará	6,1120
Rondônia	2,8156
Roraima	2,4807
Tocantins	4,3400
Alagoas	4,1601
Bahia	9,3962
Ceará	7,3369
Maranhão	7,2182
Paraíba	4,7889
Pernambuco	6,9002
Piauí	4,3214
Rio Grande do Norte	4,1779
Sergipe	4,1553
Distrito Federal	0,6902
Goiás	2,8431
Mato Grosso	2,3079
Mato Grosso do Sul	1,3320
Espírito Santo	1,5000
Minas Gerais	4,4545
Rio de Janeiro	1,5277
São Paulo	1,0000
Paraná	2,8832
Rio Grande do Sul	2,3548
Santa Catarina	1,2798

Disregard doctrine

Preliminarmente, cabe destacar que traduz noção cediça a distinção entre pessoa natural e pessoa jurídica, a primeira, consoante a lição de Clóvis Beviláqua, é o ser investido de direitos e deveres, já a segunda é formada pela reunião de pessoas que compõem uma entidade pública ou privada e titular de direitos e deveres. Importa ressaltar que, como corolário do aspecto conceptual ora mencionado, a pessoa jurídica desfruta de vida própria e não se confunde com as pessoas naturais que as integram. Entrementes, há hipóteses em que as pessoas naturais podem ser responsabilizadas por desvio de finalidade, o que pode ensejar a desconsideração da personalidade jurídica – *disregard doctrine* – nos termos do disposto no art. 50 do CC/2002. Em que pesem as incontáveis complexidades existentes nessa messe, é lídimo afirmar que haverá de prevalecer a premissa maior substanciada na existência autônoma da pessoa jurídica em relação aos seus integrantes, admitida a desconsideração, se presentes os antessupostos consistentes em fraude ou abuso de direito. Deveras, essas são as pedras angulares que permeiam os estudos abalizados de Fábio Konder Comparato, Rubens Requião e Fábio Ulhoa Coelho, entre outros. V. *Responsabilidade tributária solidária pessoal e de terceiros.*

Dissimulação

Conduta objetivada a ocultar o fato jurídico tributário, com a finalidade de deixar de pagar o tributo devido ou mesmo com a intenção de reduzir o gravame. Não se confunde com a simulação, que é a sua antítese, pois a dissimulação consiste em ocultar o que existe, enquanto a simulação, em parecer real um fato inexistente. Tirante a possível repercussão criminal, a conduta dessa natureza representa circunstância qualificativa que tende a majorar a multa tributária.

Distrito Federal

A contar da promulgação da Carta Magna de 1988, ganhou a estatura de pessoa constitucional, desfrutando, inclusive, de assento no Senado, pois, a exemplo dos Estados, elege três senadores com mandato de oito anos, nos termos do § 1º do art. 46 do Texto Excelso. Por força do quanto estabelece o § 1º do art. 32 da *Lex Legum,* exerce as mesmas competências que os Estados e os Municípios, quer as gerais, quer as tributárias, podendo, assim, legislar acerca dos impostos sobre transmissão *causa mortis* e doação, ICMS e IPVA, contemplados no art. 155, cabendo-lhe, outrossim, dispor sobre o IPTU, transmissão *inter vivos* e ISS, previstos no art. 157, além das taxas e contribuições de melhoria decorrentes de sua atividade estatal, senão também as contribuições sociais de seus servidores.

Dívida ativa tributária

É o crédito tributário regularmente inscrito na Procuradoria da Fazenda e proveniente de cobrança administrativa na qual houve inadimplemento por parte do sujeito passivo, após o exaurimento do respectivo processo fiscal. Na verdade, esse é o teor da definição contida no art. 201 do Código Tributário Nacional ao versar o assunto. O termo de inscrição deve conter, obrigatoriamente, a qualificação do devedor ou devedores, o *debitum* devidamente quantificado, bem como a sua origem, o fundamento legal, a data da inscrição e a referência ao respectivo processo administrativo que lhe dera causa. Ainda, desfruta da presunção de certeza e liquidez, podendo ser ilidida por meio de prova inequívoca a cargo do sujeito passivo ou terceiro interessado.

Dívida flutuante

V. *Dívida pública.*

Dívida fundada

V. *Dívida pública.*

Dívida pública

É o *debitum* do Estado, decorrente de empréstimos internos e externos. Pode ser *flutuante* ou *fundada.* A primeira, segundo o Decreto n. 15.783, de 8 de novembro de 1922, representa dívida de curto prazo, preordenada ao atendimento de exigências de caixa, bem como para prover o Tesouro; provém de depósitos judiciais, fianças, cauções, aumento de despesas não previstas, saldos passivos, depósitos de valores confiados à sua administração e resgate de letras do Tesouro, entre outros. Já a segunda, também denominada *consolidada,* é a dívida de longo prazo, devidamente inscrita no livro da dívida ativa, a exemplo do empréstimo voluntário ou compulsório, bem como os empréstimos externos. A matéria foi disciplinada originalmente pelo Decreto n. 15.783, de 8 de novembro de 1922 e agora é versada pela Lei n. 8.388, de 30 de dezembro de 1991, cuja ementa estabelece diretrizes para que a União possa realizar a consolidação e o reescalonamento de dívidas das administrações direta e indireta dos Estados, do Distrito Federal e dos Municípios e dá outras providências.

DOI

Declaração sobre Operações Imobiliárias. Documento pelo qual os Cartórios de Notas, de Registro de Imóveis ou de Registro de Títulos e Documentos devem informar à Receita Federal do Brasil acerca de operações sob seus cuidados que tenham por objeto a alienação de imóveis (Decreto-lei n. 1.510, de 27 de dezembro de 1976, art. 15 e § 1º). Objetiva-se, por óbvio, a instrumentar a Receita com informações acerca de variação patrimonial e ganhos de capital dos contribuintes.

Dolo

Tem como substrato a vontade deliberada e concreta na prática do delito. Assume feições diferençadas, conforme seja encampado pelo direito civil ou penal. No direito tributário, representa hipótese de responsabilização pessoal do agente que venha a praticar a infração, conforme prevê o art. 137 do Código Tributário Nacional. Ainda, afigura-se presente nos crimes fiscais, a exemplo da sonegação, do descaminho e outros. Na legislação do imposto sobre a renda e do imposto sobre produtos industrializados, por exemplo, independentemente da repercussão criminal que possa advir, o dolo rende margem à aplicação de multa majorada, em geral, 150% em relação ao tributo.

Domicílio tributário

Local juridicizado pela norma-matriz de incidência como aquele em que o sujeito passivo haverá de responder pelo cumprimento da obrigação tributária. O Código Civil trata da matéria do domicílio civil por meio do art. 70 e seguintes, enquanto o Código Tributário Nacional versa o assunto no art. 127, incisos e parágrafos. Como regra, o Código estipula o domicílio de eleição na estrita conformidade da disposição expressa retrocitada. Na contramão dessa regra, no entanto, ao dispor sobre o ISS, a legislação de antanho, no caso o art. 12, *a*, *b* e *c*, do Decreto-lei n. 406, de 31 de dezembro de 1968, qualificava como tal o local do estabelecimento prestador, nos termos do disposto no art. 12, *a*, *b* e *c*, do Decreto n. 406, de 31.12.1968. Cumpre observar, por outro lado, que tais comandos foram modificados pela Lei Complementar n. 116, de 31 de julho de 2003, a qual, entretanto, manteve em parte a premissa da incidência no local do estabelecimento prestador. Ora, merece críticas os mandamentos desse jaez, na medida em que contrariam postulados magnos do sistema, máxime porque o âmbito de incidência do ISS jamais poderia transcender o território da Municipalidade, sob pena de admitir-se a competência extraterritorial, o que seria um rematado dislate. Em prol do alegado, diga-se de passo, caminha remansosa orientação pretoriana, na medida em que o Superior Tribunal de Justiça vem consagrando esse entendimento acerca do assunto.

Domínio útil

O vocábulo em apreço simboliza uma das manifestações do direito de propriedade em relação às coisas materiais ou corpóreas, além de se desdobrar em útil e direto. O primeiro diz respeito ao desfrute da coisa, objeto da propriedade, cujo exercício opera-se de forma ampla, na qual o titular do domínio útil pode, inclusive, efetivar a transmissão do bem, ao passo que o domínio direto representa desdobramento do direito de propriedade em que o *dominus* vê-se privado do gozo, do uso e da disposição do bem. O domínio útil, por seu turno, exprime uma das condutas que integram a hipótese de incidência do imposto sobre a propriedade territorial rural e do imposto sobre a propriedade predial e territorial urbana, nos termos dos arts. 29 e 32 do Código Tributário Nacional.

Doutrina

Conjunto de reflexões, estudos e discursos expendidos por professores e juristas no sentido de desvendar o direito positivo. Comete-se-lhe descrever o direito posto, prescritivo e preexistente. Ainda, representa forma de manifestação do direito de natureza não estatal. V. *Fontes*.

Drawback

Locução cujo significado coloquial em inglês é "desvantagem, empecilho, estorvo, desconto ou diminuição". Já no direito público anglo-saxão, diz respeito ao reembolso de direitos aduaneiros. A expressão foi incorporada ao nosso direito tributário, especificamente no setor aduaneiro, com feição mais ampla, pois simboliza um incentivo fiscal na área de comércio exterior, abrigando três modalidades, quais sejam: *a)* a suspensão de tributos exigíveis na importação de mercadorias, desde que ocorra a ulterior exportação após submetê-las a qualquer processo de industrialização; *b)* a isenção na importação, na exata proporção da ulterior exportação após submeter as matérias-primas importadas a qualquer processo de industrialização; e *c)* a restituição, total ou parcial, dos tributos pagos na importação, após a exportação de matérias-primas utilizadas em qualquer processo de industrialização. Cuida do assunto o Decreto-lei n. 37, de 18 de novembro de 1966, por meio do art. 78, I a III, bem como o Regulamento Aduaneiro.

DRU

V. *Desvinculação de receitas tributárias da União.*

Due process of law

V. *Devido processo legal.*

Dumping

Prática comercial consistente em colocar mercadoria no exterior a preço inferior ao do mercado nacional. O Acordo Geral sobre Tarifas Aduaneiras e Comércio (*General Agreement on Tariffs and Trade* – GATT) assim o define: "introdução de mercadorias de um país no mercado de outro país a preço inferior ao preço comparável estabelecido no curso das operações comerciais normais para mercadoria similar destinada ao consumo do país exportador".

Duplo grau

Genericamente, consiste na possibilidade de revisão de uma decisão de primeiro grau por parte de órgão de grau superior. Exprime direito e garantia fundamentais, consoante preceito inscrito no inciso LV do art. 5º da Carta da República, cujo mandamento contempla o recurso como prerrogativa sacramental em prol dos litigantes em processo administrativo ou judicial, donde, por óbvio, alcança o processo administrativo tributário e o processo judicial tributário. A legislação processual, por seu turno, estabelece que as decisões proferidas contra as pessoas jurídicas de direito público interno e as autarquias e fundações de direito público somente produzem efeito após a confirmação da sentença pelo Tribunal *ad quem*, nos termos, a bem ver, do disposto no art. 496, I e II, do CPC/2015. Outrossim, a concessão de liminar, bem como a sentença concessiva em mandado de segurança, além da tutela antecipada, senão também o agravo de instrumento com efeito ativo, produzem os efeitos jurídicos respectivos imediatamente, excepcionando, assim, a dimensão do duplo grau de jurisdição com referência aos pleitos intentados contra a Fazenda Pública.

E

E

Efeito jurídico

Resultado advindo da incidência da lei em casos concretos. No direito tributário, por exemplo, o efeito jurídico produzido com a ocorrência do fato jurídico (fato gerador) consiste no nascimento da obrigação tributária.

Eficácia

Atributo imanente à norma jurídica, consubstanciado na produção de efeitos efetivos ou potenciais. Conforme observa Paulo de Barros Carvalho, "não se faz necessário, por certo, que a norma jurídica produza os efeitos que lhe são peculiares, para que se admita a eficácia. Esta haverá de ser latente, ínsita na aptidão para desencadear as consequências jurídicas adequadas, ainda que, por motivos exógenos, tais emanações venham a não acontecer, na inteira consonância com o fato que lhe deu origem" (CARVALHO, Paulo de Barros. *Curso de direito tributário*. 4. ed. São Paulo: Saraiva, 1991. p. 64).

Eficácia das normas constitucionais

Atributo inerente às normas no sentido de produzirem efeitos jurídicos. Por óbvio, toda norma constitucional é dotada de eficácia, embora com gradações diferençadas. A doutrina norte-americana captou argutamente a insuficiência de certas normas no tangente à produção de efeitos jurídicos na sua plenitude, o que deu margem ao florescimento de elaborações de tomo sobre o assunto, que teve por paladino Thomas M. Cooley, que classificou as normas em autoexecutáveis e não autoexecutáveis. Fê-lo em memorável obra dada à estampa em 1903, denominada *A treatise on the constitutional limitations which rest upon the legislative power of the states of American union.* Para Cooley, as normas autoexecutáveis (*self-executing*) são preceitos completos que não dependem de normação integrativa para produzirem todos os seus efeitos jurídicos. Já as não autoexecutáveis (*nor self-executing*), ao revés, dependem de normação infraconstitucional para ganharem a plenitude eficaz. Cumpre notar que mesmo as normas catalogadas como não autoexecutáveis alojam eficácia, pois, como bem acentua Crisafulli, tais comandos repugnam toda regra ordinária com ela contrastante. Ademais, essas regras compelem o legislador a implementar o seu conteúdo eficaz, máxime porque, segundo a lúcida advertência de Rui Barbosa, as normas constitucionais são comandos imperativos e não meros avisos ou conselhos. Em nossa doutrina, o assunto mereceu tratamento alentado e profícuo de muitos autores de prol, a exemplo de José Afonso da Silva, Pinto Ferreira, Celso Bastos e Maria Helena Diniz, entre outros. Esta obra adota a posição predicada por Maria Helena Diniz, para quem as normas constitucionais desdobram-se em quatro planos eficazes, quais sejam: eficácia absoluta, eficácia plena, eficácia relativa restringível e eficácia relativa complementável ou dependente de complementação (DINIZ, Maria Helena. *Norma constitucional e seus efeitos.* 8. ed. São Paulo: Saraiva, 2009. p. 107 et seq.). As de eficácia absoluta propagam seus efeitos imediatamente e, além disso, são insuscetíveis de emendas, porquanto se qualificam como cláusulas pétreas, a exemplo da separação de Poderes, do princípio federativo, do voto direto, secreto, universal e periódico e outros. Ainda, possuem eficácia positiva e negativa; a primeira pela própria intangibilidade e a segunda pela vedação de qualquer lei que se lhe contraponha. Já as de eficácia plena produzem todos os efeitos, desde logo, mas se assujeitam à alteração por meio de Emenda Constitucional. Outrossim, as normas com eficácia relativa restringível são aquelas que produzem os seus efeitos de imediato, mas são sujeitas à legislação ordinária restritiva, assim como os comandos insertos no art. 5º, VII, XI, XII, XIII, XV etc., da Carta Magna. Finalmente, exsurgem as complementáveis ou dependentes de complementação legislativa, que são dotadas de eficácia negativa, porquanto paralisam os efeitos de normas com elas incompatíveis, fazendo-o de plano, enquanto contêm eficácia positiva dirigida aos órgãos do Estado, notadamente o Legislativo. Podem ser institutivas ou programáticas; aquelas cogitam da estruturação e atribuições dos órgãos do Estado e estas tratam de estipular princípios a serem cumpridos pelos poderes públicos nos campos econômico e social. São institutivas, por exemplo, as regras contidas nos arts. 17, IV; 25, § 3º; e 148, I e II etc., do Texto Supremo. Entre as programáticas, merecem ser citadas as normas contidas nos arts. 170, 205, 211, 215 e 218 do Código Máximo.

Eficácia social da norma constitucional

Ao versar o assunto com sua proverbial mestria, Maria Helena Diniz assinala que a eficácia social consiste na observância dos preceitos normativos pelos destinatários da norma (*Norma constitucional e seus efeitos*. 8. ed. São Paulo: Saraiva, 2009. p. 65). Ante essa premissa, força é reconhecer que as normas tributárias são dotadas de inegável eficácia social, tanto que a maior parcela dos tributos é recolhida por iniciativa dos próprios contribuintes, a qual, diga-se de passo, representa uma das maiores cargas tributárias do mundo contemporâneo.

Elisão fiscal

Consoante o aspecto pragmático da linguagem, vale dizer, aquele segundo o qual o utente do idioma emprega as expressões, a doutrina brasileira emprega o vocábulo em apreço com o sentido de economia lícita de tributos, que, por isso mesmo, representa o objeto e o objetivo do planejamento tributário. Contradistingue-se de evasão, que, segundo a mesma ótica doutrinal, reveste a noção de economia ilícita de tributos. A despeito do ponto de vista tradicional, o autor entende que a carga semântica da dicção *elisão*, assim como a de *evasão*, nada dizem em relação à licitude ou ilicitude da conduta, pois a primeira consiste no ato ou efeito de *elidir, excluir, eliminar*, já a segunda é o ato de *evitar*, segundo o qual, sob o prisma etimológico, a discriminação usual afigura-se descabida. V. *Planejamento tributário* e *Evasão fiscal*.

Embaraço à fiscalização

Qualquer atitude do contribuinte no sentido de opor resistência à atividade de fiscalização tributária. Tal fato configura infração administrativa, passível de penalidade agravada, além de caracterizar crime previsto nos arts. 329, 330 e 331 do Código Penal.

Embargos à execução fiscal

Previstos no art. 16 da Lei n. 6.830, de 22 de setembro de 1980, representam meio de defesa do contribuinte com o qual pode se insurgir contra a execução fiscal, no prazo de trinta dias a contar da efetivação da penhora. Nos embargos, pode ser alegada toda sorte de razão de fato e de direito, como se fora um processo de conhecimento, nos termos do art. 917 do CPC/2015. É de se notar que os feitos de valor até 50 Obrigações Reajustáveis do Tesouro Nacional - ORTN - exaurem-se na primeira instância, por força do quanto dispõe o art. 34 do diploma retrocitado.

Embargos de declaração

Medida tendente a colher esclarecimento de dubitações, contradições ou obscuridades contidas em ato decisório. Por conseguinte, como preleciona Rogério Lauria Tucci, o ato embargável pode ser de qualquer natureza, interlocutório ou final, terminativo ou definitivo, e proferido tanto em processo de conhecimento quanto de execução ou cautelar, ou mesmo em procedimento de jurisdição graciosa ou administrativa (*Enciclopédia Saraiva do Direito*, v. 30, p. 497).

Embargos infringentes

Revogado pelo art. 942 do CPC/15

Modalidade de recurso então admitida contra julgamento não unânime proferido pelos Tribunais em apelação ou ação rescisória. Assim como dantes, o atual recurso cabível vocacionado a insurgir-se contra o resultado do julgamento da Apelação haverá de restringir-se à matéria objeto da divergência. Por óbvio, têm por palco privativo as instâncias superiores, nas quais são processadas as apelações e as rescisórias, alvos do aludido recurso.

Emenda constitucional

Diploma normativo objetivado a modificar o Texto Excelso, fazendo-o por meio de alteração de artigo, inserção de comando ou supressão de dispositivo. São competentes para deflagrar a propositura de Emenda: um terço, no mínimo, dos membros da Câmara dos Deputados ou do Senado Federal, o Presidente da República ou mais da metade das Assembleias Legislativas Estaduais, observada em cada qual a manifestação favorável por maioria de seus membros. Uma vez desencadeado o procedimento, sua discussão dar-se-á em dois turnos, condicionada a sua aprovação à obtenção de votos favoráveis por parte de três quintos dos membros do Congresso Nacional, sendo, na sequência, promulgada pelas Mesas da Câmara e do Senado. Por outro lado, as Emendas não podem alterar determinados núcleos qualificados como imodificáveis pelo exercente do Poder Constituinte originário, a exemplo das limitações materiais explícitas ou implícitas. As primeiras são as chamadas cláusulas pétreas, inscritas no § 4º do art. 60, quais sejam: as proibições relativas à abolição da forma federativa de Estado, ao voto direto, secreto e universal, à separação de poderes e aos direitos e garantias individuais. As implícitas, por seu turno, consistem na vedação de revogar o art. 60, § 4º, ou na redução das competências regionais, bem como na ampliação das competências federais, senão também na perpetuação de mandatos, entre outros. Há, ainda, limitações de índole circunstancial, a teor da proibição de reforma constitucional durante estado de sítio, estado de defesa ou intervenção federal, nos termos do § 1º do art. 60. Por conseguinte, força é reconhecer que os valores pétreos retrocitados não podem ser objetos de quaisquer restringências e, muito menos, de subtrações ou supressões. Por esse motivo, no ver desta obra, existem normas editadas por Emendas que descumprem as apontadas limitações, a exemplo da Ação Declaratória de Constitucionalidade (ADC) instituída pela Emenda n. 3, de 17 de março de 1993. A referida ação, na verdade, permite que o Presidente da República, por exemplo, bata às portas do Supremo Tribunal Federal com o desígnio de obter um *decisum* no sentido de reconhecer a conformidade de lei ou ato normativo com a Carta Magna. Se acolhido o pleito, o contribuinte que não tomou parte na referida ADC não pode mais discutir a matéria, em face dos efeitos *erga omnes* da decisão, tudo na contramão dos postulados da universalidade da jurisdição, do devido processo legal, da contraditoriedade e da ampla defesa, entre outros.

Empresa de pequeno porte

V. *Microempresa*.

Empréstimo compulsório

Tributo cujo regime jurídico caracteriza-se pela dupla afetação de suas receitas; a primeira destinada ao custeio das situações enumeradas no art. 148 da Constituição e a segunda representada pela devolução do valor emprestado ao contribuinte. Inserto no campo de competência privativa da União, desdobra-se em empréstimo de calamidade pública ou de guerra externa e empréstimo de investimento público urgente e de relevante interesse nacional. O primeiro jaz excepcionado da anterioridade, enquanto o segundo submete-se ao referido princípio, consoante dispõe o inciso II do art. 148. Observe-se, por fim, que sua instituição condiciona-se à edição de legislação complementar.

Encargo do Decreto-lei n. 1.025, de 21 de outubro de 1969

Consoante dispõe o referido diploma normativo, a inscrição do débito fiscal na dívida ativa rende margem ao acréscimo de 20%, suscetível de redução para 10% se houver pagamento antes da execução. O Supremo Tribunal Federal, com lastro em precedente do Pleno (RE 82.616, de 10 de junho de 1977), legitimou a exigência do encargo em apreço, atribuindo-lhe natureza de honorários devidos a título de sucumbência, o mesmo ocorrendo no plano regional, uma vez que os Pretórios Estaduais sufragaram igual entendimento. Com o devido acatamento em relação à postura pretoriana, cumpre obtemperar que o encargo sob exame não representa honorários, seja quando exigido antes do processo judicial, seja depois. No primeiro caso, em não havendo execução fiscal e dada a ausência de atuação do procurador, inexiste causa a ponto de justificar aquela remuneração. Já no segundo, ainda que instalado o processo judicial, o encargo não se confunde com a sucumbência, que simboliza o ônus a ser suportado pela parte perdedora com a finalidade de arcar com os honorários suportados pela parte vencedora e que, por isso mesmo, somente torna-se devido pelo contribuinte se a decisão do pleito lhe for adversa. Como se vê, encargo e sucumbência são noções distintas e inconfundíveis. Ademais, cabe lembrar que os procuradores da Fazenda Pública recebem salários e não honorários, os quais são previstos nos orçamentos do Poder Executivo. Outrossim, fazendo coro com Sacha Calmon Navarro Coelho, impende admitir que o encargo não é tributo, porquanto a inscrição da dívida não traduz fato jurídico tributário, bem como não é multa, uma vez que não exprime penalidade, além de não configurar juros, pois estes já estão embutidos na quantificação da dívida, resultando, assim, como enriquecimento sem causa por parte do Estado e, por essa razão, inconstitucional (COELHO, Sacha Calmon Navarro. *Teoria e prática das multas tributárias*. 2. ed. Rio de Janeiro: Forense, 1992. p. 79 et seq.).

Energia elétrica

Reveste a natureza de bem móvel, consoante dispõe o art. 83, I, do Código Civil, imerso na Lei n. 10.406, de 10 de janeiro de 2002. Dessarte, por tratar-se de bem desse jaez, destinado à operação de venda e compra, perfaz o perfil conceptual de *mercadoria*, segundo o qual se afigura objeto de incidência pelo ICMS, nos termos do disposto no art. 155, II, conjugado com o § 3º da Constituição da República.

Enfiteuse (1)

Ao lume do Código Civil de 1916

Previsto no art. 674, I, bem como no art. 678 e seguintes do Código Civil, trata-se de contrato perpétuo que tem por objeto o direito real sobre coisa alheia, pelo qual o proprietário atribui a outrem o domínio útil do imóvel, tornando-se, então, nu-proprietário. Ainda, é remunerado por meio de uma pensão anual, certa e invariável, denominada foro. V. *Foro* e *Laudêmio*.

Enfiteuse (2)

Consoante o Código Civil de 2002

O *caput* do art. 2.038 do Código Civil de 2002 vedou a constituição de novas enfiteuses, respeitadas as situações previamente formalizadas, as quais vigoram até a respectiva desaparição do vínculo obrigacional, em nome, diga-se de passo, dos direitos e garantias constitucionalizados por meio do postulado da irretroatividade da lei e do direito adquirido.

Entreposto aduaneiro

Local em que é permitido o depósito de mercadoria importada ou a ser exportada, cumprindo pontuar que o competente armazenamento rende margem à suspensão dos impostos incidentes sobre o comércio exterior. A matéria encontra-se positivada por meio dos arts. 9º e 10º do Decreto-lei n. 1.455, de 7 de abril de 1976, bem como em sobrenumeráveis atos administrativos, a exemplo de decretos, portarias e instruções normativas.

Entreposto industrial

Regime que permite a importação de matéria-prima ou mercadorias por parte de estabelecimento industrial, com suspensão de tributos, tudo condicionado à utilização em processo de industrialização e ulterior exportação, enquanto parte da produção poderá ser destinada ao mercado interno. Por óbvio, cumpre ressaltar que tanto a importação quanto o processo produtivo assujeitam-se ao respectivo controle aduaneiro.

Equidade

Instituto de cores fluidas e penetrado de subjetivismos, preordena-se a suavizar os rigores da lei, em obséquio aos altaneiros ideais de ética e justiça. Prevista no art. 108, IV, do Código Tributário Nacional, sua utilização não pode render margem à dispensa do pagamento do tributo devido.

Erro

A expressão deriva do latim *error* de *errare* e reveste o significado de engano em virtude de qualificar o verdadeiro como falso ou o falso como verdadeiro. Na seara jurídica comporta uma concepção dicotômica consubstanciada em Erro de Fato e Erro de Direito, na medida em que o primeiro consiste num equívoco em relação ao fato, ao passo que o segundo diz respeito à interpretação, a exemplo da aplicação de norma jurídica diferente daquela aplicável a um dado caso.

Erro de Direito

Funda-se no desconcerto entre o fato e a roupagem jurídica a ele atribuída, o que tem o condão de comprometer a validade do ato jurídico que formaliza a referida exigência.

Erro de Fato

Consiste no cometimento de engano no que concerne à materialidade do fato jurídico, *ad exemplum* de qualificar uma doação como se fosse uma operação de venda e compra. Por óbvio, um descompasso desse jaez rende margem à nulidade pleno jure da exigibilidade, seja ao lume da teoria geral do direito, seja ante o postulado da tipicidade cerrada que preside a tributação.

Escrivão

Derivado do latim *scribanus*, designa o servidor público incumbido de reduzir a escrito todos os atos de um processo administrativo ou judicial. Em sua acepção lata, indica tanto o cargo ocupado em repartição pública, a teor de escrivão de polícia, quanto, por vezes, denomina a função de secretário, a exemplo do que se verifica em determinadas Câmaras Municipais. No sentido estrito, o termo significa o mister do oficial público integrante das serventias judiciais, no que difere do tabelião ou notário, que é serventuário do foro extrajudicial. Enfim, ao lado dos oficiais de justiça, porteiros dos auditórios, depositários públicos, partidores, distribuidores e contadores, entre outros, representa espécie do gênero 'serventuário de justiça'.

Espécies tributárias

O gênero 'tributo' compreende as seguintes espécies: impostos, taxas, contribuições de melhoria, contribuições sociais, contribuições interventivas econômicas, contribuições profissionais e empréstimos compulsórios. Por óbvio, todas cá jazem contempladas no Texto Magno, embora apenas três modalidades encontrem-se codificadas, no caso, os impostos, as taxas e as contribuições de melhoria. O regime jurídico tipificador dos impostos, das taxas e das contribuições de melhoria é determinado pela ausência de afetação do produto de sua arrecadação e pela consequencial subsunção ao binômio *fato gerador* e *base de cálculo* descrito nos arts. 16, 77 ou 81 do Código Tributário Nacional. Por outro lado, sempre que a legislação estipular o comprometimento da receita de um tributo com dada finalidade, estar-se-á diante de tributo não codificado e, por conseguinte, a natureza jurídica específica – empréstimos compulsórios ou contribuições – será determinada pela destinação constitucional correspondente, conforme disposto no art. 148 ou 149, bem como nos respectivos desdobres contidos no Texto Excelso e estampados no art. 195 e outros que versam sobre a Ordem Econômica, Financeira e Social. Nessas hipóteses, ao contrário dos tributos codificados, serão irrelevantes o fato gerador e a base de cálculo para efeito de identificar a espécie tributária, a qual, conforme prefalado, resulta da afetação do produto da arrecadação, em conformidade com o disposto no Texto Excelso.

Espólio

Universalidade patrimonial, destituída de personalidade jurídica e formada pelo conjunto de bens móveis, imóveis, semoventes, dinheiro, títulos, dívidas ativas e passivas. É representado, ativa e passivamente, pelo inventariante, que, por vezes, é precedido por um administrador provisório, em face de nomeação judicial. Segundo o Código Tributário Nacional, o espólio responde pelos tributos devidos pelo *de cujus* até a data da abertura da sucessão. V. *Inventariante* e *Inventário.*

Essencialidade

Expressão adotada pelo constituinte ao tratar do imposto sobre produtos industrializados, conforme quer o art. 153, § 3º, I, da Constituição, bem como ao cuidar do imposto relativo a operações sobre circulação de mercadorias, consoante estampa o art. 155, § 2º, III, do documento citado, o qual, conjugado com a seletividade, compõe um postulado que deve permear toda produção normativa subconstitucional dos aludidos gravames. Ainda, diz respeito ao grau de maior ou menor necessidade do produto, da mercadoria ou do serviço em relação à maioria da população, na medida em que o percentual de tributação deve ser inversamente proporcional ao grau de essencialidade sob comento.

Estabelecimento comercial

Conjunto de elementos corpóreos e incorpóreos que instrumentalizam o empresário a exercer a atividade mercantil. Também denominado Fundo de Comércio por influência da doutrina francesa (*fonds de commerce*), abriga natureza jurídica sobremodo controversa, pois alguns autores comunicam-lhe a fisionomia de uma *universitas juris*, contestada por outros, que sustentam tratar-se de uma *universitas facti*. Rubens Requião afirma que, no direito brasileiro, inexiste previsão legal que lhe dê foros de universalidade de direito, a exemplo do quanto ocorre com a massa falida e a herança. De todo o modo, importa ressaltar que a quintessência da categoria jurídica não depende necessariamente de estatuição normativa, mas de seus contornos lógicos e ontológicos, que têm o condão inclusive de sobrepor, se for o caso, a conceito legal tendente a infirmar a sua verdadeira natureza. Deveras, não pode o legislador transpor determinados limites, como, *ad exemplum*, denominar de importação o que não é importação, transfigurar o conceito de propriedade ou mesmo chamar de renda aquilo que não é renda; enfim, é-lhe defeso burlar a segurança jurídica por meio de torneios de linguagem que não traduzam a realidade imersa em determinados institutos jurídicos. Ademais, importa sublinhar que os bens integrantes do estabelecimento comercial compõem um novo bem, o qual, segundo doutrinas nacional e estrangeira, aloja a natureza de bem incorpóreo. Por fim, convém observar que o instituto sob comento rende margem à produção de efeitos jurídicos no direito tributário, a exemplo da responsabilidade sucessória e da responsabilidade de terceiros, além da responsabilidade de terceiros por penalidades, conforme disposto nos arts. 132 *usque* 138 do Código Tributário Nacional.

Estado Federado

Pessoa jurídica de direito público interno, integrante do pacto federativo, porquanto tem assento no Senado da República, organizada e regida por Constituição local, observados os princípios adotados pela *Lex Legum*. Por conseguinte, ao editar a sua Constituição, bem como ao criar direito próprio, o Estado Federado encontra-se adstrito a se harmonizar com os primados cardeais contidos na Carta Magna, podendo, por outro lado, adotar princípios próprios, desde que não conflitem com aqueles prescritos na Constituição Federal. Sua competência genérica vem estampada nos arts. 23, 24 e 25 da Constituição Federal, enquanto os títulos competenciais de índole tributária jazem no art. 155, parágrafos e incisos. Ainda, pode legislar sobre ICMS, transmissão *causa mortis* e doação de quaisquer bens ou direitos, IPVA, bem como sobre taxas e contribuições de melhoria, em consonância com o exercício do poder de polícia, a prestação de serviço público ou a realização de obra pública situados na sua faixa de competência genérica. Não se pode olvidar, ademais, que, ao lado dos Municípios e do Distrito Federal, os Estados são dotados de competência para legislar sobre contribuição previdenciária de seus servidores, conforme quer o § 1º do art. 149 da Carta Magna, com a redação determinada pela Emenda Constitucional n. 103/2019.

Estatuto do Contribuinte

É o conjunto de direitos subjetivos do contribuinte,

constitucionalizado com o timbre de direitos e garantias, donde se afiguram imutáveis, mercê de sua condição de cláusula pétrea. Roque Antonio Carrazza entrevê, no chamado Estatuto do Contribuinte, um plexo de direitos "tão ou mais relevantes do que os recebidos pela União, pelos Estados, pelos Municípios e pelo Distrito Federal, para instituir impostos, taxas e contribuição de melhoria" (CARRAZZA, Roque Antonio. *Curso de direito constitucional tributário*. 2. ed. São Paulo: Malheiros, 1991. p. 204-205).

Estorno

Expressão utilizada em contabilidade, cujo significado consiste na retificação de erro cometido ao ensejo do lançamento contábil. Sua utilização merece atenção, porquanto produz efeito nas contas de resultado, refletindo, também, na apuração da base de cálculo de determinados tributos, em especial o imposto sobre a renda.

Estouro de caixa

Jargão fiscal que significa saldo credor de caixa, cuja ocorrência caracteriza omissão de receita sujeita à tributação na área do imposto sobre a renda, repercutindo na seara do PIS e da Cofins e, conforme o caso, indicando, também, omissão no campo do IPI, ICMS ou ISS (art. 12, § 2º, do Decreto-lei n. 1.598, de 26 de dezembro de 1977; art. 40 da Lei n. 9.430, de 27 de dezembro de 1996; art. 293, I, do Decreto n. 9.580, de 22 de novembro de 2018). V. *Saldo credor de caixa*.

Estrita legalidade

Em sentido amplo, o postulado da legalidade satisfaz-se com o simples exercício da função legislativa, a qual significa toda atividade constitucionalmente autorizada a inovar a ordem jurídica primariamente. Na esfera do direito público, contudo, a legalidade não se satisfaz com a simples relação de não contrariedade, a exemplo do quanto floresce no direito privado, em que prospera a parêmia "tudo aquilo que não é proibido é permitido". Já na ambitude do direito público, no qual o tributário está entroncado, a legalidade ganha roupagem nova, muito bem sintetizada por Renato Alessi ao assinalar: enquanto no direito privado pode-se fazer tudo aquilo que não é proibido, no direito administrativo só se pode fazer aquilo que é permitido. É com essas cores que a legalidade apresenta-se na esfera do direito tributário. Na seara da tributação, ademais, em que viceja a chamada estrita legalidade, não basta a função legislativa dispor sobre a tributação, pois lhe incumbe versar com explicitude sobre o comportamento sujeito à tributação, bem como sobre o local e o momento em que aquela conduta ensejará o nascimento do vínculo obrigacional, cabendo-lhe, outrossim, dizer quais são os sujeitos da relação jurídica, além de determinar a matéria tributável e a alíquota respectiva e, finalmente, declarar onde e quando deve ser efetuado o pagamento do tributo. Ainda, o princípio antessupõe a existência de mecanismos revisores da legalidade da cobrança de tributos, quer na esfera administrativa, quer na judicial, como argutamente salientou Eusebio González Garcia (El principio de legalidad tributaria en la constitución española de 1978. *Revista de Direito Tributário,* São Paulo, n. 17, p. 18:7, jul./dez. 1981). Enfim, a tributação exige um *maximum* de legalidade, como quer Roque Carrazza, em sutilíssima observação exarada em seu excelente *Curso de direito constitucional tributário* (São Paulo: RT, 1991).

Evasão fiscal

Segundo a doutrina brasileira, representa modalidade ilícita de economia tributária. Distingue-se da *elisão*, que significa a economia lícita de tributos. Essa concepção também prevalece no direito comparado, a exemplo da Espanha, da Itália e da Alemanha, entre outros. Na França, contudo, a evasão pode significar a economia lícita de tributos – *optimisation fiscale* – ou ilícita, no caso, a *habilité fiscale*. Na verdade, a expressão 'evasão' provém de *evitar*, ao passo que *elisão* procede de *elidir*, donde qualquer dos termos pode revestir licitude ou ilicitude, pois ambos cogitam de economia tributária e podem ser utilizados em harmonia ou desarmonia com o direito positivo.

Exaustão

Na órbita do imposto sobre a renda, significa a diminuição

do valor de recursos florestais ou minerais em face de sua exploração, o que rende margem à dedução do respectivo custo ou encargo em relação à composição do lucro tributável, consoante prevê o art. 59 da Lei n. 4.502, de 30 de novembro de 1964, além do art. 4º do Decreto-lei n. 1.483, de 6 de outubro de 1976, este em relação ao âmbito florestal, e do art. 336 e seguintes do Decreto n. 9.580, de 22 de novembro de 2018.

Exceção de preexecutividade

Instituto concebido pela doutrina e reconhecido por expressiva jurisprudência, traduz meio de defesa ao executado sem a garantia do juízo. Como exemplo, merece ser transcrita a lapidar definição de Luis Peixoto de Siqueira Filho, a saber: "Arguição de nulidade feita pelo devedor, terceiro interessado, ou credor, independente de forma, em qualquer tempo ou grau de jurisdição, referente aos requisitos da execução, que suspende o curso do processo até o seu julgamento, mediante procedimento próprio, e que visa à desconstituição da relação jurídica processual executiva e consequente sustação dos atos de constrição material" (SIQUEIRA FILHO, Luis Peixoto de. *Exceção de preexecutividade*. 2. ed. Rio de Janeiro: Lumen Juris, 1998. p. 92). O tema encontra-se inspirado no célebre Parecer n. 95, de Pontes de Miranda, elaborado em 1966, a pedido da Companhia Siderúrgica Mannesmann. É aplicável nos processos de execução em geral, bem como nas execuções fiscais, convindo assinalar que o Judiciário, não raro, vem acolhendo pleitos desse jaez, desde que, por óbvio, estejam presentes os antessupostos legitimadores do referido incidente processual. Deveras, não seria equável, por exemplo, o contribuinte ser instado a depositar o valor demandado ou oferecer bens à penhora na hipótese de uma execução lastreada em cobrança indevida, porquanto o tributo teria sido recolhido tempestivamente. O mesmo ocorreria se a execução derivasse de um lançamento que não tivesse sido regularmente notificado ao contribuinte na fase administrativa. Ainda, igual sorte mereceria a execução em que quaisquer dos sócios-gerentes de uma pessoa jurídica poderiam, ao menos em tese, ser responsabilizados pessoalmente por dívida da empresa, mas a exequente promove a execução contra todos os sócios. Enfim, sobrenumeráveis são as possibilidades de instalarem-se execuções fiscais embasadas em títulos desprovidos de executoriedade, as quais se deparam suscetíveis da defesa por meio de simples petição, a ser efetivada no próprio feito executório, sem embargos ou garantia. Decididamente, o instituto implementa uma série de direitos e garantias, entre eles, os primados do devido processo legal, da ampla defesa, da contraditoriedade, do direito de propriedade, do direito de petição e da presunção de inocência.

Exclusão do crédito tributário

Titulação sobremodo inadequada com que o Código cataloga os institutos da anistia e da isenção. Em realidade, o vocábulo 'exclusão' significa afastamento, expulsão ou eliminação, o que nada tem a ver com as figuras contempladas no aludido tópico, tanto que a anistia significa o perdão da multa tributária, por meio de lei, obviamente, enquanto a isenção é representada pela norma negativa que inibe a eficácia da norma de tributação (V. *Isenção*). A matéria encontra-se contida nos incisos I e II, bem como no parágrafo único, do art. 173 do Código Tributário Nacional.

Execução fiscal

V. *Ação de execução fiscal.*

Exercício

Nos lindes do imposto sobre a renda, a dição sob exame é utilizada com o fito de identificar o ano-calendário em que o contribuinte deve apresentar a declaração de rendimentos, a qual se refere ao ano-calendário anterior que é objeto de tributação. Equivale à locução *exercício financeiro* que também é empregada nos lindes do imposto em apreço.

Exercício financeiro

Expressão de índole orçamentária, portanto situada nos quadrantes do direito financeiro. Nessa messe do direito indica o período de vigência da Lei do Orçamento Público. Sob o prisma pragmático da linguagem é empregada na área do imposto sobre a renda com o desígnio de identificar o exercício no qual se apura o resultado do ano anterior. Ao contrário do que dispõe a Lei n. 4.320, de 17 de março de 1964, o exercício financeiro não corresponde ao ano civil, mas ao ano-calendário. *Vide ano civil e ano-calendário.*

Exportação temporária

É o regime aduaneiro especial que permite a saída de mercadoria do País, quer nacional, quer nacionalizada, com a suspensão de tributos, tudo condicionado à reimportação em prazo determinado, bem como ao mesmo estado ou após ser submetida a conserto, reparo ou restauração. Importa assinalar que o aludido regime propicia a suspensão dos tributos incidentes sobre a exportação, bem como sobre a importação, desde que sejam atendidas as exigências aplicáveis à espécie.

Ex-tarifário

Consoante prelecionado por Sérgio Renato Tejada Garcia, é a locução utilizada no âmbito do comércio exterior, como também na ambitude do IPI, que significa a redução de alíquota, nos limites da lei, de até 100% em relação ao imposto sobre a importação e ao imposto sobre produtos industrializados (In: FREITAS, Vladimir Passos de (Coord.). *Importação e exportação no direito brasileiro*. São Paulo: Revista dos Tribunais, 2004. p. 317 et seq.).

Extinção da obrigação tributária

O Código Tributário cuidou da extinção sob a imprecisa denominação 'extinção do crédito tributário'. A impropriedade terminológica, diga-se de passo, repousa na alusão à parte quando se cogitara referir ao todo, no caso, a obrigação. Deveras, o que se extingue não é o crédito, mas a obrigação tributária. Com efeito, as hipóteses extintivas são contempladas no art. 156, I *usque* XI, e consistem no pagamento, na compensação, na remissão, na prescrição, na decadência, na decisão administrativa ou na decisão favorável ao contribuinte, ambas irrecorríveis, além da dação de imóveis em pagamento. Outrossim, em relação às modalidades que o Código denomina conversão do depósito em renda, pagamento antecipado e consignação em pagamento, nós as excluímos, por qualificá-las como formas específicas de pagamento. Quanto à transação, esta obra considera-a inaplicável como meio de extinção da obrigação tributária, em face da discricionariedade que permeia o instituto, máxime porque consiste no término de litígio mediante concessões mútuas, donde, a bem pensar, afigura-se incompaginável com o primado da vinculabilidade, que preside a seara da tributação. V. *Verbetes específicos, os quais correspondem à enumeração constante no art. 156 do Código Tributário Nacional.*

Extrafiscalidade

Utilização da competência tributária como instrumento de ação política, econômica e social, em detrimento do objetivo arrecadatório. Ao criar uma zona franca, por exemplo, o Governo abre mão de recursos que, por certo, adviriam em face da cobrança de tributos, mas, com essa providência, estimula o desenvolvimento de determinada região eivada de vicissitudes, cuja efetiva transformação social e econômica somente poderia ser exercida por uma medida desse jaez.

Extraterritorialidade ou exterritorialidade

Circunstância pela qual a incidência da norma jurídica pode transcender os limites geográficos do editor do ato. No direito tributário, pode-se verificar tanto no plano interno quanto no internacional. Exemplo do primeiro encontramos nos arts. 101 e 102 do Código Tributário Nacional, ao admitirem que a legislação tributária das pessoas constitucionais pode reconhecer a extraterritorialidade de convênios que celebrarem. No campo internacional, alcança, por exemplo, as pessoas físicas ou jurídicas domiciliadas no exterior que recebem rendimentos de fontes situadas no País. A norma-matriz de incidência do ICMS, por seu turno, incorpora ao seu desenho estrutural a operação relativa à circulação de mercadorias ou à prestação de serviço de transporte ou comunicação, mesmo iniciada no exterior. Os Tratados e as Convenções internacionais, por sua vez, revogam ou modificam a legislação interna, se ratificados por meio de decreto legislativo.

F

F

Factoring ou faturização

Contrato pelo qual a empresa industrial, comercial ou de prestação de serviço realiza a venda de créditos resultantes de suas atividades em prol do *factoring*, que assume todo o risco por eventual inadimplemento, não dispondo do direito de regresso contra a empresa cliente. Ao lado da operação envolvendo o crédito *pro soluto*, o *factoring* pressupõe uma atividade de prestação de serviço de apoio à empresa cliente, no sentido de controlar estoques, aquilatar o mercado, negociar com os fornecedores e administrar as contas a receber e a pagar, conforme prelecionado por Luiz Lemos Leite; entendimento também sufragado por Waldirio Bulgarelli e Ives Gandra Martins (*Factoring no Brasil*. 6. ed. São Paulo: Atlas, 1999. p. 122-123). Como se vê, o instituto sob exame compreende um binômio substanciado na prestação de serviços conjugada à compra de direitos creditórios. Ainda, opera com recursos próprios, diferentemente das instituições financeiras, cuja atividade consiste na captação, intermediação ou aplicação de recursos financeiros de terceiros, na exata conformidade com o disposto no art. 1º da Lei n. 7.492, de 16 de junho de 1986. Definido no art. 58 da Lei n. 9.430, de 27 de dezembro de 1996, encontra-se cristalizado e espraiado em diversos preceitos, a saber: Código Civil (art. 594); Código Comercial (arts. 119 a 220, subsidiados pelos arts. 286 a 298 do Código Civil); Lei n. 5.474, de 18 de julho de 1968; inúmeros atos administrativos exarados pela Receita Federal do Brasil, a exemplo de atos declaratórios; e circulares editadas pelo Banco Central do Brasil. Na seara tributária, a partir de janeiro de 1997, assujeita-se às contribuições sociais sobre a folha de salários, bem como ao imposto sobre a renda, à alíquota de 15% sobre o lucro real, com fulcro na Lei n. 9.430, de 27 de dezembro de 1996, sendo contribuinte, outrossim, da Contribuição Social sobre o Lucro Líquido (CSLL), à alíquota de 8%, além do PIS/Cofins incidente sobre o faturamento, num total de 3,65%, sem contar o IOF, que é decididamente incabível, apesar da literalidade esdrúxula do art. 58 da Lei n. 9.532, de 10 de dezembro de 1997. Realmente, esse comando caminha na contramão da Constituição, bem como da lógica e do art. 110 do Código Tributário Nacional, pois transfigura o conceito de operação mercantil substanciado na cessão de direito creditório, conjugado com prestação de serviços, e o tributa por meio de imposto sobre operações financeiras! Deveras, a empresa de *factoring*, também denominada de Fomento Mercantil, não realiza operação de crédito, câmbio, seguro ou qualquer outra relativa a títulos ou valores mobiliários, que são as condutas passíveis de incidência por esse gravame. Já na órbita estadual, a empresa de *factoring* não está sujeita ao ICMS, pois não realiza compra e venda de mercadorias, ao passo que, na área municipal, é contribuinte do ISS incidente sobre a receita da prestação do serviço, cuja percentagem é estabelecida pela legislação local.

Falência (1)

Declaração judicial de insolvência de comerciante – *lato sensu* –, sucedida de execução geral e coletiva de seus bens. Instituto sobremodo complexo e ensejador de infindas testilhas, deu margem à elaboração das mais variadas teorias, contrastantes entre si e subscritas por juristas de tomo, a exemplo de Carvalho de Mendonça, Alfredo Buzaid, José Frederico Marques e Pontes de Miranda, afora outros, entre nós, bem como Carnelutti, Cristofolini, Oetker, Menger e outros, alhures. Por imperativo filosófico, é adotada a posição *ut supra* e, por razões metodológicas, será apresentada uma postura sucinta e objetiva do tema, cinzelando a sua quintessência, sob inspiração da trilha fecunda de Pontes de Miranda. A sua repercussão no direito tributário consiste em privilegiar em gradação máxima os créditos da Fazenda Pública, que preferem a todos, inclusive aos trabalhistas, nos termos, aliás, do art. 188 do Código Tributário Nacional. Essa repercussão pauta por duas variáveis, equipole dizer, a primeira no período contido na redação original do art. 188 do Código Tributário Nacional, o qual privilegiava os créditos da Fazenda Pública em relação a quaisquer outros, inclusive os créditos de natureza trabalhista, já a segunda, ora a viger, *ex vi* da Lei Complementar n. 118, de 9 de fevereiro de 2005, que, por seu turno, encontra-se estampada no parágrafo único, I, do art. 186 do Código Tributário Nacional, segundo o qual, no transcurso do processo falencial, o crédito tributário não prefere aos créditos oriundos de fatos geradores ocorridos no curso do feito, denominados extraconcursais, ou ainda às importâncias suscetíveis de restituição nos termos da lei falimentar, nem aos créditos objetos de garantia real, obviamente até o limite do valor do bem gravado. Com efeito, consoante a nova lei de falências, a ordem de preferência no pagamento das dívidas é a seguinte: *a)* créditos trabalhistas, limitados a 150 salários-mínimos por trabalhador, e os decorrentes de acidentes de trabalho; *b)* créditos gravados com direito real de garantia até o limite do valor do bem gravado; *c)* créditos tributários; d*)* créditos quirografários, incluindo os saldos dos créditos trabalhistas excedentes ao limite de 150 salários-mínimos; e*)* as multas contratuais e as penas pecuniárias por infração às leis penais ou administrativas, incluídas as de índole tributária; f*)* créditos subordinados; e g*)* os juros vencidos após a decretação da falência.

Falência (2)

Empresas excluídas da falência

A prevalência do interesse público em relação ao particular rende margem a que determinadas empresas fiquem a salvo do procedimento falencial. Esse regime não significa privilégio, mas proteção ao interesse público que permeia certas empresas, embora privadas. Com efeito, segundo o abalizado magistério de Amador Paes de Almeida, merecem ser enumeradas, em caráter exemplificativo, as empresas excetuadas do processo falencial: *a)* os estabelecimentos bancários; *b)* as instituições financeiras; *c)* as sociedades de investimento; *d)* as sociedades de crédito imobiliário; *e)* as sociedades corretoras de valores; *f)* as sociedades seguradoras; *g)* as sociedades cooperativas; *h)* as empresas de consórcio; *i)* as usinas de açúcar; *j)* as sociedades de fundo mútuo; *k)* as sociedades de economia coletiva; *l)* as sociedades de capitalização; *m)* as empresas públicas; e *n)* as sociedades de economia mista (ALMEIDA, Amador Paes de. *Curso de falência e concordata*. 15. ed. São Paulo: Saraiva, 1997. p. 460). Nada obstante, as empresas precitadas assujeitam-se à intervenção administrativa ou à liquidação extrajudicial.

Falência (3)

Pessoas excluídas da falência ao lume da Lei n. 11.101, de 9 de fevereiro de 2005

Ao consoar do abalizado magistério de Amador Paes de Almeida, encontram-se expressamente excluídas da falência as seguintes pessoas e entidades: sociedades cooperativas, empresas públicas, sociedades de economia mista, instituições financeiras públicas ou privadas, cooperativas de crédito, consórcios, entidades de previdência complementar, sociedades operadoras de plano de saúde, além das sociedades de capitalização. Outrossim, por considerar que, segundo a lei em vigor, estão sujeitos à falência tão somente o empresário e a sociedade empresária, força é deduzir que os profissionais liberais também se encontram excluídos do procedimento falencial, *ad exemplum*, advogados, médicos, engenheiros, economistas, contadores e outros exercentes de profissão regulamentada, os quais não são considerados empresários pelo Código Civil de 2002 (ALMEIDA, Amador Paes de. *Curso de falência e recuperação de empresas*. 22. ed. São Paulo: Saraiva, 2006. p. 46 et seq.).

Falsificação de selos e assemelhados

Espécie de crime fiscal, previsto no art. 293 do Código

Penal, sob o título 'Falsificação de papéis públicos', donde compreende papéis de natureza tributária, a exemplo dos selos de controle utilizados em uísque importado.

FAP

Fator Acidentário de Prevenção. Índice criado pelo Decreto n. 6.042, de 12 de fevereiro de 2007, e alterado pelo Decreto n. 6.957, de 9 de setembro de 2009, com vigência a contar de janeiro de 2010, aplica-se à percentagem de incidência da contribuição social para o seguro de acidente de trabalho, podendo majorá-la ou diminuí-la.

Fato contábil

V. *Lançamento contábil.*

Fato gerador

Trata-se de expressão dúbia e permeada de equivocidade, que deu margem a exaustivas críticas de doutrinadores de tomo. Realmente, a locução em tela tanto alude à descrição abstrata de um comportamento passível de tributação, quanto se refere ao próprio comportamento verificado no plano fenomênico. Além disso, o legislador, por vezes, utiliza a dição sob exame como componente temporal da hipótese de incidência. Assim, no patamar abstrato, o fato gerador é utilizado como sinônimo de hipótese de incidência e, nesse sentido, qualifica como tributável um dado comportamento. Por outro lado, no campo factual, o fato gerador indica a ocorrência de um comportamento que rende margem ao nascimento da obrigação tributária. O Código Tributário Nacional ocupa-se com o tema por meio dos arts. 114 a 118, além de focalizar especificamente a matéria ao cuidar dos tributos por espécie, quando proclama os fatos geradores de cada gravame, no Livro Primeiro do Sistema Tributário Nacional. Em virtude da impropriedade terminológica contida nos dizeres 'fato gerador', que, na lição abalizada de Alfredo Augusto Becker, "gera só confusão", a comunidade científica rejeita a mencionada expressão, embora frequente em todo o nosso direito positivo. Por conseguinte, a boa doutrina adota as expressões 'hipótese de incidência'

(Geraldo Ataliba e Becker) e 'hipótese tributária' (Paulo de Barros Carvalho), para efeito de aludir à descrição abstrata de um comportamento tributável, enquanto abraça as dições 'fato imponível' (Geraldo Ataliba), 'fato jurídico tributário' (Paulo de Barros Carvalho) e 'hipótese de incidência realizada' (Alfredo Augusto Becker), as quais, sem dúvida, desfrutam do rigor linguístico imprescindível no labor científico.

Fato imponível

V. *Fato gerador.*

Fatos geradores confrontantes – IPI/ICMS/ISS

Tema suscetível de testilhas doutrinais, bem como ensejador de divergências jurisprudenciais. Consoante as inolvidáveis lições de Geraldo Ataliba e de Cleber Giardino, as dúvidas e cincas que permeiam o assunto não defluem de sua complexidade, mas de uma visão pedestre do assunto, enquanto se pretende desvendar a matéria por meio da legislação infraconstitucional. Para agravar ainda mais a questão, esse enfoque equivocado inclina-se a colher conclusões por meio de um exame singelo da literalidade do texto ordinário ou complementar. Por conseguinte, o desprezo ao regime jurídico constitucional que tipifica a hipótese de incidência tributária concernente aos impostos em apreço, bem como o menoscabo a postulados de hermenêutica, senão também a desconsideração das categorias jurídicas fundamentais, não representam labor exegético, minimamente sequer, e, por isso mesmo, tendem a comprometer uma avaliação correta do assunto. Na esteira dos juristas precitados, bem como encampando as lições de Aires Fernandino Barreto, José Eduardo Soares de Mello, Marçal Justen Filho e José Roberto Vieira, entre outros, é lídimo depreender que os fatos tributáveis *in casu* serão determinados em virtude de sua subsunção à natureza das obrigações, segundo a teoria geral do direito. Assim, segundo sustentado por José Eduardo Soares de Mello, *o IPI traduz um fazer sucedido de um dar, praticado pelo autor do fazer. O ICMS, por seu turno, exprime uma obrigação de dar, ao passo que o ISS traduz um fazer.* Verdade seja, essas premissas devem presidir o exame do assunto, sobrepondo-se, obviamente, ao conceito errôneo de industrialização contido na lei básica do IPI, que ampliou indevidamente o conceito constitucional. Deveras, ao lume da Lei Superior, bem como à luz da Lógica e da Semântica, a atividade de industrialização consiste na transformação de matéria-prima e na consequencial obtenção de espécie nova, donde o simples beneficiamento da matéria-prima ou a montagem, bem como o condicionamento ou reacondicionamento, senão também a restauração, não configuram industrialização, mas prestação de serviços. Na vereda de desconcertos, não se pode olvidar as impropriedades estampadas na lista de serviços imersa na Lei Complementar n. 116, de 31 de julho de 2003. Com efeito, essa legislação comete heresias, a exemplo de pretender criar uma obrigação mista, ou seja, fazer e dar a um só tempo. É o caso do serviço do fornecimento de alimentação, bebidas e outras mercadorias em restaurantes, bares, cafés e similares, o que representa inominável teratologia, porquanto ninguém vai a um restaurante, bar ou equivalente com o intuito de comprar um quilo de café, peixe ou batata. Ressalta à obviedade que a atividade *in casu* reveste a fisionomia de obrigação de fazer e não de dar, daí a incompatibilidade de criar-se uma obrigação dicotômica, ou seja, um minotauro jurídico. Esses erros imersos nas letras de diplomas normativos não podem passar despercebidos pelo intérprete que busca desvendar o direito por meio de postulados científicos e não pela via singela e pedestre da visão literal. Aliás, se a literalidade representasse método de interpretação do direito, seria lídimo depreender que toda pessoa alfabetizada seria jurista! Na verdade, como bem sublinha Paulo de Barros Carvalho, a visão literal é tão somente a porta de entrada para o labor exegético. Nada mais.

Faturamento

Substancialmente, é o meio pelo qual se extrai a fatura das mercadorias vendidas. Fatura, por sua vez, em direito mercantil, é o documento relativo à venda de mercadoria, cujo teor discrimina o objeto da operação, mediante alusão explícita à quantidade, qualidade, espécie, tipo e outros caracteres, além das condições de entrega e pagamento, constituindo documento de emissão obrigatória, à luz da Lei n. 5.474, de 18 de julho de 1968. A despeito de equivocidades terminológicas e legislativas que tendem a confundir faturamento com receita bruta, é de mister ressaltar os seus traços diferençais, aliás, inconfundíveis. Assim, a expressão 'faturamento' diz respeito à soma das receitas provenientes de atividade empresarial ou profissional, enquanto o conceito de receita bruta significa a totalidade dos ingressos financeiros, ou seja, o faturamento acrescido de outras receitas de qualquer natureza. A propósito do apontado descompasso conceptual, cumpre observar que o art. 2º da Lei n. 9.718, de 27 de novembro de 1998, estabelece que a base de cálculo das contribuições de seguridade PIS/Pasep e Cofins é o faturamento, o qual corresponde à receita bruta!

Fazenda Pública

A locução comporta duas perspectivas, uma estrita e outra ampla. *Stricto sensu,* diz respeito aos órgãos incumbidos de gerir os interesses financeiros e patrimoniais das pessoas de direito público, nos vários planos de governo. Em sentido amplo, engloba todas as pessoas jurídicas de direito público, quer da administração direta, quer da administração indireta, equipole dizer, a União, os Estados Federados, o Distrito Federal, as Municipalidades e as entidades autárquicas. Na seara tributária, comete-se-lhe exercer o controle de legalidade dos processos que exauriram as instâncias administrativas e, consequentemente, promover a inscrição da dívida, cabendo-lhe, posteriormente, exercitar a representação judicial da pessoa de direito público interno à qual pertence, no tocante a pleitos que versem sobre tributos.

Fazenda Pública distrital

V. *Fazenda Pública.*

Fazenda Pública estadual

V. *Fazenda Pública.*

Fazenda Pública municipal

V. *Fazenda Pública.*

Fazenda Pública nacional

V. *Fazenda Pública.*

Federação

Forma de Estado caracterizada pela partilha constitucional de competências, conjugada pela participação das ordens locais na ordem jurídica nacional. Opõe-se ao Estado unitário, porquanto este hospeda um único centro de poderes legiferantes, ainda que realize uma descentralização meramente administrativa. Michel Temer, com sua proverbial mestria, em sua obra *Elementos de direito constitucional*, enumera três requisitos como indispensáveis à configuração do Estado Federal: *a)* descentralização política ou repartição constitucional de competências; *b)* participação da vontade das ordens jurídicas parciais na vontade criadora da ordem jurídica nacional; e *c)* possibilidade de autoconstituição, ou seja, a existência de constituições locais. Aduz, ademais, que a manutenção do Estado Federal, por seu turno, depende de dois requisitos: *a)* a rigidez tendente a impedir qualquer processo de reforma que cogite extinguir a Federação; e *b)* a existência de um órgão incumbido do controle da constitucionalidade das leis, no sentido de assegurar a intangibilidade do postulado federativo, bem como dos princípios imersos em suas dobras.

Federalismo Fiscal

A expressão significa o desdobre tributário e financeiro do Pacto Federativo, uma vez que a Federação consiste numa forma de Estado caracterizada pela descentralização política em que os poderes são partilhados entre o Governo Central e as unidades federativas, as quais são dotadas de autonomia financeira, administrativa e legislativa, consoante arguta observação de Michel Temer em seu clássico *Elementos de direito constitucional* (*Elementos de direito constitucional*. 24. ed., 4ª tiragem. São Paulo: Malheiros, 2017. p. 64 et seq.). Por conseguinte, a concretização da autonomia financeira e administrativa pressupõe o poder de obtenção de recursos financeiros próprios, o que configura o denominado Federalismo Fiscal. Em monografia sobre o assunto, José Maurício Conti (*Federalismo Fiscal* (Organização). São Paulo: Manole, 2004) ressalta que a autonomia dos membros do Pacto Federativo representa pressuposto inexorável para a configuração desse modelo estatal, o qual é dotado de imensa complexidade que se espraia nos âmbitos da Economia, Sociologia, Ciência Política, Estatística e Administração, entre outras áreas do saber.

Fenomenologia da tributação

Ciclo que abriga as diversas fases da tributação, desde os pressupostos que antecedem o nascimento da obrigação tributária até a sua extinção, perpassando pelos planos de sua criação em abstrato, pelo seu nascimento em concreto e sua formalização, bem como por eventuais percalços ou acidentes que possam ocorrer durante o seu curso existencial. Pode ser assim compendiada graficamente:

a) Constituição: título competencial;

b) legislação: criação do tributo em abstrato;

c) fato jurídico tributário (fato gerador): nascimento da obrigação;

d) lançamento ou gestão do contribuinte: formalização da cobrança do tributo;

e) fatos acidentais: inadimplemento ou questionamento da obrigação tributária, quer na fase administrativa, quer no plano judicial;

f) extinção: art. 156 do Código Tributário Nacional.

Feriado e férias forenses

Considera-se feriado o dia em que ocorre a suspensão ou interrupção do trabalho em virtude de disposição legal. No âmbito forense, a locução 'feriado' indica não só o feriado *stricto sensu,* como alude, também, aos domingos e demais dias em que as atividades do foro em geral são suspensas ou interrompidas, salvo as exceções estipuladas pela lei processual civil. Férias forenses, por outro lado, representam o período destinado ao descanso e repouso de serventuários, magistrados, procuradores, promotores, advogados e todos os que vivem em contato com o foro. Nos feriados, somente são praticados atos preordenados a resguardar perecimento de direito, mediante o plantão do foro, tendente a apreciar *habeas corpus*, mandado de segurança ou feitos do mesmo jaez. Nas férias, por sua vez, correm as ações vocacionadas à conservação de direitos, as causas de alimentos provisionais e de desapropriação, os processos falimentares e as renovatórias de locação, entre outros. Na área tributária, importa assinalar que as execuções fiscais não correm nesse período, o mesmo ocorrendo, *a fortiori*, com os demais pleitos ordinários, a exemplo das ações anulatória de débito fiscal, declaratória, de repetição de indébito etc. De outra parte, são processados durante as férias as causas fiscais subordinadas ao procedimento sumaríssimo e os mandados de segurança.

FGTS – Lei Complementar n. 110, de 29 de junho de 2001

Contribuição adicional criada pelo Governo Federal por meio da Lei Complementar n. 110, de 29 de junho de 2001, com a finalidade de gerar recursos para pagar os expurgos do Fundo de Garantia do Tempo de Serviço (FGTS) e com o desígnio de cumprir decisão do Pretório Excelso proferida no Recurso Extraordinário 226.855-7, em sessão realizada no dia 31.08.2000 e publicada no *DJU* de 13.10.2000. A aludida contribuição foi extinta pela Lei n. 13.932/2019, pelo que perdeu vigência a contar de 1º de janeiro de 2020. Deveras, apontada contribuição adicional abrigava inúmeras impropriedades, a exemplo da contribuição de 10% prevista no art. 1º, no caso de despedimento imotivado, uma vez que criou um tributo com natureza sancionatória, contrariando, assim, o regime tipológico dos tributos. Melhor sorte não cabe à contribuição estatuída no art. 2º, por ressentir-se de afetação inerente a tributo dessa têmpera. Ademais, alojava penalidades de 75 a 150%, as quais se configuram desproporcionais e confiscatórias. O gravame não se escoimava de outras dissonâncias em relação ao Texto Magno, entre outras, a ofensa ao primado da anterioridade ano-calendário, pois, erradamente, o art. 14 cogitou da anterioridade nonagesimal.

Em suma, embora revogada remanesce o direito de questionamento no tocante ao período pretérito, porquanto trata-se de gravame pleno de vicissitudes. V. *Estudos sobre o assunto publicados na Revista Dialética de Direito Tributário*, n. 73, p. 30-41.

Fiança

Na lição de Clóvis Beviláqua, "é a promessa feita por uma ou mais pessoas de satisfazer a obrigação de um terceiro para maior segurança do credor" (BEVILÁQUA, Clóvis. *Código civil dos Estados Unidos do Brasil.* 5. ed. Rio de Janeiro: [s.n.], 1939. 5 v. p. 245-273). No âmbito do direito tributário, a fiança bancária ou o seguro garantia tem o condão de garantir o juízo nas execuções fiscais, segundo prevê o art. 9º, II, da Lei n. 6.830, de 22 de setembro de 1980, com redação da Lei n. 13.043/2014. Por considerar que a fiança bancária, assim como qualquer outra garantia, afigura-se prestante para garantir a execução, *a fortiori* haverá de exercer igual função, quando objeto de iniciativa do contribuinte em ações cautelares, declaratórias ou anulatórias, suspendendo, dessarte, a exigibilidade. Ao propósito da fiança bancária, depara-se digna de nota a sutil observação do comercialista espanhol Joaquim Garrigues, para quem a fiança desse jaez situa-se no complexo dos atos praticados pelas instituições creditícias e que são destinados a conceder crédito a terceira pessoa não contratante (GARRIGUES, Joaquim. *Contratos bancarios.* Madrid: [s.n.], 1975. p. 37-38).

Ficção jurídica

É a verdade jurídica que difere da realidade fenomênica. *Ad exemplum*, embora no mundo real um dado contribuinte seja pessoa física e, portanto, um ser biológico, caso realize dadas condutas será qualificado como pessoa jurídica, *ex vi* da ficção jurídica, contida na legislação do imposto sobre a renda. Nesse sentido, a propósito, dispõe o Regulamento do Imposto sobre a Renda aprovado pelo Decreto n. 9.580, de 22 de novembro de 2018, o qual, entre outras hipóteses, considera como empresa individual a pessoa física que se dedicar à atividade de incorporação imobiliária, loteamento com ou sem construção, nos termos, a bem ver, do disposto no art. 163 do mencionado diploma normativo. Merece ser lembrada a primorosa lição de José Luis Pérez de Ayala, ao dizer que a ficção jurídica "*no falsea ni oculta la verdad real. Lo que hace es crear una verdad juridica distinta de la real*" (AYALA, José Luis Pérez de. Las ficciones en decreho tributario. *Editorial de derecho financiero*, Madrid, 1970. p. 16).

FINAM

Fundo de Investimentos da Amazônia. Criado pelo Decreto-lei n. 1.376, de 12 de dezembro de 1974, tem por finalidade o financiamento de projetos de interesse econômico na região da Sudam, inclusive aqueles atrelados à pesca, ao turismo, ao florestamento e ao reflorestamento. Os recursos derivam, entre outras fontes, de investimentos realizados por contribuintes do imposto sobre a renda que tenham optado por investir no Fundo a percentagem de até 40% do tributo devido.

Finor

Fundo de Investimentos do Nordeste. Instituído pelo Decreto-lei n. 1.376, de 12 de dezembro de 1974, destina-se a financiar projetos de interesse econômico na região da Sudene, inclusive aqueles relacionados com pesca, turismo, florestamento e reflorestamento. Os recursos originam-se, entre outras fontes, de investimentos feitos por contribuintes do imposto sobre a renda que tenham optado por investir no Fundo o percentual de até 40% em relação ao tributo devido.

Fiscalidade

Utilização dos tributos com o desígnio que lhe é imanente, equipole dizer, prover os cofres públicos. Situação semelhante ocorre na parafiscalidade, em que uma terceira pessoa assume o exercício da capacidade tributária ativa, também com a finalidade de obter recursos em prol do interesse público. Ambas contrapõem-se à extrafiscalidade, que não reveste objetivos arrecadatórios, mas ordinatórios. V. *Parafiscalidade* e *Extrafiscalidade*.

Fisco

Proveniente do latim *fiscus,* designava o cesto de vime utilizado pelos coletores romanos para guardar o dinheiro recolhido. Com o passar do tempo, ganhou a conotação de Tesouro do Imperador, diferentemente de Erário, este com a feição de receita pública confiada ao Senado. No período republicano, alcançou a natureza de Tesouro Público, equiparando-se a Erário, sendo que ambas as expressões tornaram-se equivalentes à Fazenda Pública, enquanto exprimem o conjunto de bens do Estado. Alguns autores adotam uma acepção semântica ampla para a expressão, a ponto de considerá-la sinônima de Estado, posição, aliás, sustentada por, entre outros, Earnest Forsthoff, em *Tratado de derecho administrativo* (Madrid: Gráficas Uguina, 1958. p. 52), e Otto Mayer, em *Derecho administrativo alemán* (Parte general. Buenos Aires: Editorial Depalma, 1949. 1 v. p. 59-66). Em que pese a autoridade dos juristas citados, no pensar desta obra, a dição *in casu* diz respeito apenas ao segmento fiscal do Estado, vale dizer, aquele que tem por objeto a administração dos tributos, perfilhando, pois, as lições de Bernardo Ribeiro de Moraes, que assim a define: "Fisco representa o conjunto de órgãos da Administração Pública, na área fazendária, que tem por finalidade arrecadar e fiscalizar os tributos e rendas do Poder Público" (MORAES, Bernardo Ribeiro de. *Compêndio de direito tributário*. 5. ed. Rio de Janeiro: Forense, 1996. 1 v.).

FISTEL

Fundo de natureza contábil, denominado Fundo de Fiscalização das Telecomunicações, foi criado pela Lei n. 5.070, de 7 de julho de 1966, o qual se preordena a gerar recursos com a finalidade de atender as despesas realizadas pelo Governo Federal na execução da fiscalização de serviços de telecomunicações, desenvolver os meios, como também, aperfeiçoar a técnica necessária a essa execução. Entre as receitas do respectivo Fundo, encontram-se as Taxas de Polícia contempladas no art. 6º, §§ 1º e 2º, do diploma normativo retrocitado.

Consoante a lei em apreço, são contribuintes do gravame as concessionárias, permissionárias e autorizadas que prestam serviços de telecomunicações e de uso de radiofrequência, o qual é devido anualmente, tendo seus valores estampados numa tabela fixada no Anexo I da lei ora mencionada.

FNDE

Fundo Nacional de Desenvolvimento da Educação. Entidade autárquica federal, criada pelo Decreto-lei n. 872, de 15 de setembro de 1969, e alterada pela Lei n. 9.424, de 24 de dezembro de 1996. Vinculado ao Ministério da Educação, com sede em Brasília, é provido com recursos oriundos da contribuição para o salário-educação. Segundo o diploma normativo retrocitado, destina-se a financiar programas e projetos voltados para a universalização do ensino fundamental, com o desígnio de atenuar os desníveis socioeducacionais existentes no País.

Fontes

A doutrina clássica considera como fontes as causas do nascimento do direito. Essa, aliás, é a visão civilística de Savigny, consoante cinzelada em *Traité de droit romain* (Tradução M. Ch. Guemaux. Paris: Librairie de Firmin Didot Frère, 1855. p. 7-63). As fontes costumam ser agrupadas em materiais e formais, segundo a lição de Planiol, consagrada universalmente. Ao lume dessa escola, as fontes materiais, também denominadas reais, são os atos ou fatos jurídicos qualificados pelo direito, enquanto as fontes formais são as normas pelas quais o direito exterioriza-se, assumindo força vinculante e criando direitos subjetivos e deveres jurídicos. Em sentido diverso ao da escola tradicional, Paulo de Barros Carvalho desenvolveu interessante estudo acerca do assunto, partindo da premissa pela qual a lei e os demais diplomas normativos não são fontes formais do direito, máxime porque, se as normas que criam normas fossem fontes, remanesceria inexplicada a primeira norma desse arco, que nada mais é do que uma falácia circular (CARVALHO, Paulo de Barros. *Curso de direito tributário*. 4. ed. São

Paulo: Saraiva, 1991. p. 45 et seq.). Nessa vereda, o autor é incisivo ao sublinhar que as denominações fontes materiais e formais revelam inequívoca imprecisão terminológica e científica. Dessarte, sustenta que as únicas fontes do direito positivo são os acontecimentos qualificados como hipóteses válidas no sistema ou, como preleciona Lourival Vilanova, o que denominamos fontes do direito são fatos jurídicos criadores de normas. Posto isso, Paulo de Barros Carvalho propõe substituir a expressão 'fonte formal' por instrumentos introdutórios de normas jurídicas, os quais podem ser primários ou secundários. Primários são aqueles enumerados no art. 59 da Constituição da República, inclusive o próprio Texto Excelso, obviamente, lembrando que, na seara tributária, merece ser excluída a lei delegada, porquanto esse diploma pressupõe o deslocamento de competências em prol do Executivo, o que atrita de modo inexorável com o primado da estrita legalidade tributária. Já na ambitude dos instrumentos secundários, situam-se os decretos, as portarias e os demais atos normativos (V. *Verbetes específicos sobre lei, Medida provisória* e *afins*). Outrossim, inspirada na corrente precitada, bem como nos magistérios de Carlos Cóssio e Maria Helena Diniz, esta obra abraça o ponto de vista segundo o qual as fontes do direito são os fatos sociais, os fatos astronômicos, os fatos geográficos e qualquer outra expressão do mundo fenomênico, os quais podem ser colhidos como objetos de normas, tornando-se juridicizados. Dessarte, as normas propriamente não são fontes, mas formas de manifestação do direito. Com efeito, na trilha de Maria Helena Diniz, as formas de manifestação do direito podem ser estatais e não estatais. A bem ver, as primeiras são representadas pelas normas, sejam as gerais e abstratas, sejam as individuais, enquanto as segundas encontram-se substanciadas nos estudos doutrinais.

Foro (1)

À luz do Código Civil de 1916

Previsto no art. 678 do Código Civil de 1916, é a pensão anual que o enfiteuta paga ao nu-proprietário ou em virtude do exercício do domínio útil do imóvel objeto do contrato de enfiteuse, também denominado aforamento ou emprazamento. Merece ser lembrada a polêmica que grassa em torno do aspecto prescricional da aludida prestação, pois alguns autores propugnam tratar-se de direito pessoal, donde o referido prazo seria de vinte anos, postura, diga-se de passo, infirmada enfaticamente por Pontes de Miranda, ao dizer que a dívida imobiliária é bem móvel, já a renda imobiliária, não. Logo, o prazo prescricional seria de dez anos, entre presentes, ou quinze, entre ausentes, nos termos do art. 1º da Lei n. 2.437, de 7 de março de 1955, que deu nova redação a dispositivos do Código Civil (PONTES DE MIRANDA, Francisco Cavalcanti. *Tratado de direito privado.* São Paulo: RT, 1983. 18 v. p. 177-178). Em que pese a autoridade das opiniões expendidas, esta obra permite-se dissentir daquele entendimento, pois entende que as prestações de rendas temporárias ou vitalícias, a exemplo do caso vertente, assujeitam-se ao prazo prescricional de cinco anos, com fulcro no mandamento previsto no art. 178, § 10, II, do Código Civil de 1916, encampado pelo art. 206, § 3º, II, do Código Civil de 2002. Ainda, o foro repercute no direito tributário, porquanto integra o rendimento bruto do nu-proprietário, sendo, outrossim, dedutível para efeito de apuração do rendimento líquido, consoante preceitua a Lei n. 4.506, de 30 de novembro de 1964, por meio dos arts. 21 e 24, respectivamente. V. *Enfiteuse.*

Foro (2)

Sob a craveira do Código Civil de 2002

Como visto, o foro traduz uma prestação anual tendente a remunerar o enfiteuta. Dessarte, ante a proibição de constituição de novas enfiteuses, conforme quer o art. 2.038, *caput*, do novo Código Civil, a aludida prestação remanesce apenas em relação aos liames celebrados sob o regime do Código Civil de 1916.

Foro (3)

Conjunto de órgãos nos quais juízes e tribunais realizam a prestação jurisdicional.

Comporta classificações em face da competência – federal, estadual, distrital ou municipal –, em virtude da natureza do direito – cível e criminal –, quanto ao grau – 1ª, 2ª, 3ª ou 4ª instância –, em vista da matéria – geral ou especial – ou em função das pessoas – comum ou privilegiado. A matéria tributária é processada no foro cível, salvo, é lógico, a hipótese de crime fiscal. Assim, em se tratando de tributos federais, o foro competente é a Justiça Federal, que abriga um foro específico para promover as execuções fiscais. Já os tributos estaduais, distritais e municipais pautam por duas variáveis, vale dizer, quando o contribuinte for o autor, o foro competente será a Vara da Fazenda Pública, ao passo que as execuções podem ser ajuizadas nos Ofícios das execuções, onde houver, na Justiça Ordinária da Comarca onde o contribuinte for domiciliado ou no local onde determinarem as regras de competência estatuídas no Código de Processo Civil.

Franchising

Segundo Marcus Cláudio Acquaviva, é o "contrato mercantil atípico, consistente na cessão de uma marca para utilização exclusiva em âmbito geográfico delimitado" (ACQUAVIVA, Marcus Cláudio. *Dicionário jurídico brasileiro*. São Paulo: Jurídica Brasileira, 1993. p. 421). Distingue-se de contratos aparentemente análogos, a teor do mandato, da comissão, da representação comercial e da concessão mercantil. Deveras, o mandato implica simples delegação de poderes, na qual o mandatário opera em nome do mandante; a comissão, debalde as testilhas doutrinais, pode ser considerada uma modalidade de mandato, em que o comissário age em seu próprio nome; a representação comercial consiste na mediação mercantil de forma habitual e sem subordinação; e a concessão de vendas, por seu turno, é um contrato de distribuição de produtos, em que a licença do uso de marca ou a eventual prestação de serviços do concedente ao concessionário são meros acessórios do pacto principal. Já o *franchising*, ou franquia, não se limita a uma delegação de poderes em nome próprio ou alheio, nem se cinge a uma simples mediação mercantil, nem se circunscreve à avença de distribuição de produtos, mas tem por substrato a licença de utilização de marca e a prestação de serviços por parte do franqueador ao franqueado, além de envolver mercadorias e serviços e remanescer a possibilidade de o próprio franqueado produzir os bens ou prestar os serviços (BULGARELLI, Waldirio. *Contratos mercantis.* 14. ed. São Paulo: Atlas, 2001; COMPARATO, Fábio Konder. Franquia e concessão de venda no Brasil: da consagração ou repúdio? *Revista de direito mercantil*, São Paulo, v. 18, 1975; REQUIÃO, Rubens. Contrato de franquia comercial ou de concessão. *Revista dos tribunais*, São Paulo, v. 513, n. 413, 1978).

Fraude

O substrato do instituto consiste no comportamento vocacionado a lesar terceiro. Essa é a quintessência de fraude à luz da teoria geral do direito, que, com algumas modelações, foi absorvida por inúmeros segmentos normativos, assim como o direito civil, o penal, o administrativo, o tributário etc. No universo tributário, a fraude representa hipótese de crime contra a ordem tributária, passível de reclusão ou detenção, conforme previsão contida nos arts. 1º, I, e 2º, I, da Lei n. 8.137, de 27 de dezembro de 1990; reclusão quando o contribuinte inserir elementos inexatos ou omitir operação de qualquer natureza em documento ou livro exigido pela legislação tributária e detenção na hipótese de fazer declaração falsa, omitir declaração sobre rendas, bens ou fatos, ou empregar outra fraude para eximir-se, total ou parcialmente, de pagamento de tributo. Por outro lado, a legislação do imposto sobre produtos industrializados - art. 72 da Lei n. 4.502, de 30 de novembro de 1964 - define fraude como "toda ação ou omissão dolosa tendente a impedir ou retardar, total ou parcialmente, a ocorrência do fato gerador da obrigação tributária principal, ou a excluir ou modificar as suas características essenciais, de modo a reduzir o montante do imposto devido, ou a evitar ou diferir o seu pagamento." Essa definição foi acolhida pela legislação do imposto sobre a renda e pela Lei n. 8.218, de 29 de agosto de 1991, sendo que esta estipula a multa de 300% em relação aos débitos exigíveis pela Fazenda Nacional, se presente a fraude na infração tributária. As legislações estaduais e municipais não costumam definir explicitamente o instituto, conquanto estatuam o agravamento da penalidade nas infrações revestidas de fraude.

Fraude à execução ou fraude contra a Fazenda Pública (1)

Antes da Lei Complementar n. 118, de 9 de fevereiro de 2005

A fraude à execução difere da fraude no sentido material, a exemplo das hipóteses examinadas no verbete 'fraude'. No caso em apreço, a fraude tem como substrato o desfazimento ou a ocultação de bens com o desígnio de frustrar a consumação da execução. Essa é a quintessência das definições do Código Penal, bem como do Código de Processo Civil, senão também do Código Tributário. Na órbita fiscal, o art. 185 do Código assim a define: "Presume-se fraudulenta a alienação de bens ou rendas, ou seu começo, por sujeito passivo em débito para com a Fazenda Pública por crédito tributário regularmente inscrito como dívida ativa em fase de execução. Parágrafo único. O disposto neste artigo não se aplica na hipótese de terem sido reservados pelo devedor bens ou rendas suficientes ao total pagamento da dívida em fase de execução." Segundo o preceptivo citado, a fraude perfaz-se quando o comportamento substanciado na ocultação ou no desfazimento de bens ou rendas realiza-se após a inscrição da dívida e o início da execução. *A contrario sensu,* antes daquele marco de tempo, o contribuinte desfruta de integral disponibilidade em relação a seus bens ou rendas e, mesmo autuado, poderá transferi-los, aliená-los, gravá-los, enfim, poderá deles dispor livremente, sem defrontar com as vicissitudes da configuração de fraude à execução, porquanto o próprio Código Tributário, ao revés de proteger a Fazenda Pública, acabou por atribuir um cheque em branco a favor do contribuinte inadimplente.

Fraude à execução ou fraude contra a Fazenda Pública (2)

Empós a vigência da Lei Complementar n. 118, de 9 de fevereiro de 2005

Deveras, a Lei Complementar em epígrafe introduziu alterações que modificaram substancialmente o tema relativo à fraude contra a Fazenda Pública. Nesse sentido, a nova redação do art. 185 do Código Tributário Nacional atremou que o marco temporal configurador da fraude é o momento da inscrição da dívida e não o da conjugação daquela providência com o início da execução, conforme estabeleciam as regras de antanho. Ademais, caso verificada a fraude e o devedor não garanta o juízo, o juiz poderá determinar a indisponibilidade de seus bens e direitos, comunicando a decisão aos órgãos incumbidos de transferir bens ou direitos, especialmente ao Registro Público de Imóveis e às autoridades do mercado bancário e do mercado de capitais, conforme quer, a bem ver, a Lei Complementar n. 118, de 9 de fevereiro de 2005, que introduziu o art. 185-A ao Código Tributário Nacional.

Fraude à lei

A expressão 'fraude' provém do latim *fraus*, cuja carga semântica significa engano, má-fé, logro. É com essa acepção que o direito a incorporou, seja no sentido genérico, seja nas suas várias modalidades, a teor de fraude civil, fraude contra credores, fraude à execução, fraude penal e fraude contra a Fazenda Pública, entre outras. Com efeito, qualquer que seja a espécie, a fraude hospeda uma conduta substanciada na burla da norma jurídica, mediante a adoção de meio ou procedimento aparentemente lícito, sempre com o intuito de lesionar direitos de terceiros. É o caso, por exemplo, do contribuinte que realiza a venda de um bem com a roupagem jurídica de doação, objetivando promover o recolhimento do ITCMD no percentual de 4%, deixando de pagar o imposto sobre a renda no percentual de 15% a título de ganho de capital.

Free shop

V. *Zona franca.*

Fumus boni juris

Locução latina empregada em pleitos judiciais com a

acepção de presunção de veracidade e legalidade, substanciada na pretensão suscitada pela parte que a invoca. Significa a presença da fumaça do bom direito, assim como na linguagem coloquial existe o jargão 'onde há fumaça há fogo', ou seja, se presente, justifica que seja acolhido o pedido, desde que em ações de natureza ordinária, afigurando-se inadequada, *a contrario sensu,* em mandado de segurança, uma vez que neste a concessão da medida liminar pressupõe a existência de direito líquido e certo, isto é, algo mais denso do que o *fumus boni juris.* V. *Mandado de segurança.*

Função administrativa

V. *Funções estatais.*

Função jurisdicional

V. *Funções estatais.*

Função legislativa

V. *Funções estatais.*

Funções estatais

Em rigor terminológico, o Estado alberga três funções e não três Poderes, máxime porque o Poder é uno e indecomponível, como salienta Michel Temer. Outrossim, as referidas funções desdobram-se em legislativa, judiciária e administrativa. A determinação do âmbito de cada função constitui tópico de intensas discepTações doutrinais que persiste em desafiar os publicistas que se debruçaram sobre o assunto. Por óbvio, a configuração de cada uma das funções estatais não se resume nem se confunde com o órgão editor dos respectivos atos, ou seja, a função legislativa não significa apenas aquela exercida pelo Parlamento, assim como a judiciária não se exaure na atividade do Judiciário, bem como a administrativa não se limita à prática de atos por parte do Executivo. Deveras, o critério orgânico depara-se insuficiente para explicar o conteúdo das mencionadas funções. Por outro lado, o critério material não merece melhor sorte, tanto que, por vezes, o Legislativo não só legisla, como também exerce atividade administrativa, além julgar funcionários, seus pares e agentes públicos; o Judiciário, além de realizar a prestação jurisdicional, pratica atos administrativos e edita normas abstratas, a exemplo dos regimentos dos tribunais; e, por fim, o Executivo, ao lado do exercício da função administrativa, produz atos abstratos de observância obrigatória, ao instituir decretos e outros diplomas infralegais. Na verdade, as variegadas funções do Estado identificam-se em virtude do regime jurídico que as tipifica e, sob o influxo das lições de Renato Alessi, podem ser assim categorizadas: *a) função legislativa* é a inovação primária da ordem jurídica com fulcro em título competencial inserto no Texto Excelso; *b) função jurisdicional* é a produção de atos jurídicos subsidiários dos primários, com a finalidade de atingir a concretização coativa dos atos primários; e *c) função administrativa* é a produção de atos jurídicos infralegais.

FUNDAP

A sigla em apreço diz respeito ao Fundo de Desenvolvimento das Atividades Portuárias, com sede no Estado do Espírito Santo. Representa um incentivo fiscal, conjugado com um financiamento, em prol de empresas com sede no Espírito Santo e que realizem operações de comércio exterior tributadas pelo ICMS. A empresa beneficiária do projeto paga 12% de ICMS, dos quais o percentual de 8% é financiado pelo BANDES, com cinco anos de carência e 25 anos para amortização.

Fundo de comércio

Ganhou estatura jurídica no terceiro quartel do século XIX, quando um dispositivo de legislação fiscal francesa estipulou a incidência de 2% sobre a transferência do *fonds de commerce.* O instituto foi positivado no direito italiano, na medida em que o Código o define como "o complexo de bens organizados pelo empresário, para o exercício da empresa". Assim, quer entre nós, quer alhures, o fundo de comércio exprime o conjunto de bens corpóreos e incorpóreos com que o empresário instrumentaliza-se para exercer a sua atividade. Conforme bem sutiliza Rubens Requião, embora os bens não percam a sua individualidade, o seu somatório integra um novo bem, no caso o fundo de comércio (REQUIÃO, Rubens. *Curso de direito comercial.* São Paulo: Saraiva, 1986. 1 v. p. 204). Cumpre obtemperar que o tema afigura-se dos mais tormentosos na seara do direito comercial, pelo que este léxico limita-se a transmitir uma noção compendiada da locução *in casu,* tudo em face da hipótese de responsabilidade sucessória que alcança o fundo de comércio na órbita tributária, nos termos do art. 133 do Código Tributário Nacional. V. *Estabelecimento comercial.*

Fundo de estabilização fiscal

Inserto no art. 71 e seguintes do Ato das Disposições Constitucionais Transitórias, foi criado em março de 1994, com a denominação Fundo Social de Emergência, ganhando o *nomen juris* em apreço a partir de 1996. Abriga dois objetivos, o primeiro tendente a sanear os cofres da Fazenda Federal e o segundo com o escopo de custear a seguridade e as despesas gerais do orçamento da União. Seus recursos são provenientes das receitas dos impostos federais, bem como das contribuições PIS e Cofins, na percentagem de 20% de cada qual, além de 100% das receitas do PIS das entidades financeiras enumeradas no § 1º do art. 22 da Lei n. 8.212, de 24 de julho de 1991. Como se pode notar, a vinculação das receitas das contribuições desnatura a fisionomia jurídica desses gravames, pois, ao contrário de se destinarem específica e exclusivamente à seguridade social, como exige o regime jurídico das contribuições desse jaez, ao integrarem o referido Fundo, passam a prover também as despesas orçamentárias gerais da União, fato, aliás, que compromete de modo fulminante e irremissível a validez dos percentuais apontados naquelas contribuições, quais sejam: 20% no tocante ao PIS e Cofins em geral, além da integralidade do PIS das entidades financeiras retromencionadas. Deveras, as normas acerca do assunto contidas no Ato das Disposições Constitucionais Transitórias deparam-se manifestamente inconstitucionais, pois afrontam o regime jurídico tipificado desses tributos, consoante impresso no Texto Excelso.

Fundo de pensão

Entidade de previdência privada, aberta ou fechada, constituída sob o patrocínio de empregadores e empregados, com a finalidade de suplementar os benefícios da seguridade social que não são cumpridos eficazmente pelo Estado. Até o ano de 2001, os recursos dos fundos de pensão gozavam de isenção em relação ao imposto sobre a renda, mas, a partir de 2002, os rendimentos tornaram-se tributáveis, por força do quanto dispôs a Medida Provisória n. 2.222, de 4 de setembro de 2002, incidência reafirmada por meio da Lei n. 11.053, de 29 de dezembro de 2004, o que, a bem ver, afigura-se manifestamente inconstitucional. Sim, o fundo de pensão reveste a natureza de entidade sem fins lucrativos e preordena-se a implementar a seguridade social, perfazendo, assim, os requisitos exigidos para a fruição da imunidade prevista no § 7º do art. 195 da Constituição Federal. Sob o prisma metajurídico, a providência também se mostra inadequada, pois, além de não cumprir a sua parte no tocante à seguridade social, o Governo realiza uma intromissão no campo privado com a finalidade de gerar superávit primário, com o risco de comprometer a aposentadoria dos beneficiários que buscam suprir as deficiências do Estado nos respectivos fundos.

Fundo social de emergência

V. *Fundo de estabilização fiscal.*

Fundos de participação dos Estados, do Distrito Federal e dos Municípios

São fundos de gestão, que revestem natureza contábil e financeira. Previstos no art. 159, I, *a* e *b*, do Diploma Magno, bem como nos arts. 86 a 94 do Código Tributário Nacional, destinam-se a prover os cofres estaduais, distritais e municipais. Assim, entre as receitas provenientes do imposto sobre a renda e do imposto sobre produtos industrializados, cabe à União redistribuir 21,5% aos Fundos de Participação dos Estados e do Distrito Federal e 22,5% aos Fundos de Participação dos Municípios. O Texto Excelso, outrossim, estabelece postulados genéricos acerca dos critérios que devem nortear a respectiva repartição de receitas tributárias em relação aos Fundos, fazendo-o por meio do art. 159 e seguintes, enquanto o Código Tributário Nacional também estipula regras acerca do assunto. No pensar desta obra, a existência desses Fundos empalidece a dimensão do postulado federativo, até porque a sobrevivência dos Estados, do Distrito Federal e dos Municípios condiciona-se ao recebimento dessas receitas federais. Logo, a organização do Estado brasileiro, com a proclamada autonomia das pessoas constitucionais, fica evidentemente comprometida, uma vez que a única pessoa efetivamente dotada de autonomia é a União, pois as demais dela dependem. Tirante esse aspecto, merece reproches, também, a pré-divisão de receitas, conforme estatuído na Lei Complementar n. 62, de 28 de dezembro de 1989. Deveras, o art. 2º, I e II, desse diploma normativo estabelece um estrambótico mecanismo de distribuição de receitas, que, na verdade, contraria o primado da isonomia entre as pessoas jurídicas de direito público interno. Dessarte, consoante estatuem aqueles dispositivos, a União deve repassar 85% dos valores arrecadados em prol dos Estados das Regiões Norte, Nordeste e Centro-Oeste, cabendo apenas 15% aos Estados das Regiões Sul e Sudeste, em flagrante desrespeito ao primado da isonomia entre as pessoas constitucionais. Tardiamente, embora, a flagrante inconstitucionalidade foi reconhecida pelo Pretório Excelso, ao julgar quatro Ações Diretas de Inconstitucionalidade (ADIs), ajuizadas pelo Rio Grande do Sul (ADI 875), Mato Grosso e Goiás (ADI 1987), Mato Grosso (ADI 3243) e Mato Grosso do Sul (ADI 2727), as quais somente produzirão os efeitos pertinentes após 31 de dezembro de 2012. Por outro lado, a Lei Complementar n. 143, de 17 de julho de 2013, modificou os percentuais de partilha originalmente contidos na LC n. 62/1989, os quais constam da Tabela a seguir transcrita:

ANEXO ÚNICO À LEI COMPLEMENTAR N. 62,DE 28 DE DEZEMBRO DE 1989

Acre	3,4210
Amapá	3,4120
Amazonas	2,7904
Pará	6,1120
Rondônia	2,8156
Roraima	2,4807
Tocantins	4,3400
Alagoas	4,1601
Bahia	9,3962
Ceará	7,3369
Maranhão	7,2182
Paraíba	4,7889
Pernambuco	6,9002
Piauí	4,3214
Rio Grande do Norte	4,1779
Sergipe	4,3214
Distrito Federal	0,6902
Goiás	2,8431
Mato Grosso	2,3079
Mato Grosso do Sul	1,3320
Espírito Santo	1,500
Minas Gerais	4,4545
Rio de Janeiro	1,5277
São Paulo	1,0000
Paraná	2,8832
Rio Grande do Sul	2,3548
Santa Catarina	1,2798

FUNRES

Fundo de Recuperação Econômica do Estado do Espírito Santo. Criado pelo Decreto-lei n. 880, de 18 de setembro de 1969, objetiva-se a financiar empreendimentos industriais e agropecuários localizados no Estado do Espírito Santo, fazendo-o por intermédio de participação acionária e operações de crédito. Tem como gestor o Grupo Executivo para Recuperação Econômica do Estado do Espírito Santo (GERES), órgão colegiado instituído pelo Decreto n. 65.185, de 18 de setembro de 1969, então provido com recursos de incentivos fiscais do imposto sobre a renda devido pelas pessoas jurídicas. Extinto por meio da Lei n. 12.979, de 27 de maio de 2014.

Funttel

Fundo para o Desenvolvimento Tecnológico das Telecomunicações. Instituído pela Lei n. 10.052, de 28 de novembro de 2000, reveste natureza contábil e destina-se a estimular o processo de inovação tecnológica, bem como a incentivar a capacitação de recursos humanos, fomentar a geração de empregos e promover o acesso de pequenas e médias empresas a recursos de capital, de modo a ampliar a competitividade da indústria brasileira de telecomunicações. Entre as receitas do Fundo previstas no rol de incisos do art. 4º do referido diploma normativo, incluem-se aquelas provenientes da contribuição de meio porcento incidente sobre a receita bruta das empresas prestadoras de serviços de telecomunicações, excluídas da base de cálculo as parcelas relativas às vendas canceladas, aos descontos concedidos e ao valor do ICMS e da PIS/Cofins. Embora o comando retrocitado faça alusão às receitas oriundas da aludida contribuição, inexiste lei que tenha criado o tributo questionado, até porque o inciso III do art. 4º da lei em apreço traduz regra de direito financeiro, cuja validez supõe a preexistência de norma jurídica tributária que tenha criado o referido gravame. Dessarte, a ausência de lei afronta o postulado da estrita legalidade, o que compromete de modo inexorável a validade da contribuição sob exame.

Fusão

Instituto definido legalmente pelo art. 228 da Lei n. 6.404, de 15 de dezembro de 1976, cujo teor reproduz integralmente o conceito inserto no Decreto-lei n. 2.627, de 26 de setembro de 1940. Consoante o texto retrocitado, fusão é "a operação pela qual se unem duas ou mais sociedades para formar sociedade nova, que lhes sucederá em todos os direitos e obrigações." Cumpre lembrar que, embora conceituada por meio da Lei das Sociedades Anônimas, a fusão é aplicável a qualquer tipo de sociedade, como bem sublinha Otto Gil, na *Enciclopédia Saraiva do direito* (São Paulo: Saraiva, 1977. 39 v. p. 283). O Código Tributário Nacional cuida do assunto por meio do art. 132, ao incluir a fusão entre as modalidades de responsabilidade sucessória.

FUST

Gravame instituído pela Lei n. 9.998, de 17 de agosto de 2000, com a finalidade de prover o Fundo de Universalização dos Serviços de Telecomunicações (FUST). Tem como sujeito ativo a Anatel e como sujeito passivo as prestadoras de serviços de telecomunicações, que devem promover o recolhimento mensal de 1% sobre a receita operacional bruta, excluindo-se da base de cálculo o ICMS, o PIS e a Cofins. Conquanto o legislador não tenha lhe atribuído um *nomen juris* específico, reveste a natureza jurídica genérica de tributo e, em virtude de encampar a fisionomia de prestação pecuniária instalada compulsoriamente, não representa sanção de ilicitude, tendo sido instituída por pessoa constitucional, no caso, a União. Outrossim, abriga a feição particular de contribuição interventiva, máxime porque tem por pressuposto uma atuação de intervenção no domínio econômico por parte da União, quadrando-se, assim, ao modelo gizado no art. 149 do Texto Excelso. Na verdade, hospeda os seguintes descompassos com o Texto Excelso: *Primus*: ao lume do direito tributário, é lídimo afirmar que a prestação *in casu* simplesmente não existe, até porque nenhum diploma normativo de índole tributária cuidou de instituí-la. Em verdade, a lei retrocitada criou o Fundo Nacional de Telecomunicações e, nos domínios do direito financeiro, incluiu as receitas do FUST no rol das fontes provedoras do respectivo Fundo, o que, obviamente, não significa instituir o gravame ora questionado; *Secundus*: por considerar que diplomas supervenientes estabeleceram a afetação de parte de suas receitas para finalidades outras que não o custeio da universalização de serviços de telecomunicações, no caso, deficientes e educação, resta evidente que esse desvio de destinação compromete a sua validade; *Tertius:* a lei básica referente ao FUST foi omissa em relação à indicação do sujeito ativo da obrigação, o que foi implementado por meio de decreto do Poder Executivo, maculando, assim, o primado da estrita legalidade, segundo o qual somente lei ou diploma de igual timbre detém o mister de dispor sobre quaisquer componentes da norma-matriz de tributação, entre os quais o sujeito ativo, a exemplo do caso vertente; *Quartus:* mercê tratar-se de contribuição prevista no art. 149 da Constituição Federal, é lídimo depreender que se ressente de legislação complementar, conforme determina o comando trazido à sirga da Seguridade Social (Cofins).

G

G

Ganho de capital relativo à pessoa física

Modalidade de incidência do imposto sobre a renda no âmbito das pessoas físicas, representa a diferença positiva entre o preço de aquisição e o de alienação de bens, direitos ou participações societárias, a exemplo de móveis, imóveis ou direitos de qualquer natureza, tais como casa, apartamento, terreno, terra nua, sala ou loja, veículo, aeronave, embarcação aquática, joia, objeto de arte, direito de autor, título de clube, quota ou quinhão de capital. Até o ano de 2016 estava sujeito à alíquota fixa de 15% em caráter de tributação definitiva, pelo que não é compensável ao ensejo da declaração anual de ajuste. Entrementes, a Lei n. 13.259, de 16 de março de 2016 adotou uma tabela progressiva, a qual, nos termos do art. 1º, assim dispõe: "O art. 21 da Lei n. 8.981, de 20 de janeiro de 1995, passa a vigorar com as seguintes alterações:

> "Art. 21. O ganho de capital percebido por pessoa física em decorrência da alienação de bens e direitos de qualquer natureza sujeita-se à incidência do imposto sobre a renda, com as seguintes alíquotas:
>
> I - 15% (quinze por cento) sobre a parcela dos ganhos que não ultrapassar R$ 5.000.000,00 (cinco milhões de reais);
>
> II - 17,5% (dezessete inteiros e cinco décimos por cento) sobre a parcela dos ganhos que exceder R$ 5.000.000,00 (cinco milhões de reais) e não ultrapassar R$ 10.000.000,00 (dez milhões de reais);
>
> III - 20% (vinte por cento) sobre a parcela dos ganhos que exceder R$ 10.000.000,00 (dez milhões de reais) e não ultrapassar R$ 30.000.000,00 (trinta milhões de reais); e
>
> IV - 22,5% (vinte e dois inteiros e cinco décimos por cento) sobre a parcela dos ganhos que ultrapassar R$ 30.000.000,00 (trinta milhões de reais)."

Outrossim, cumpre destacar que a legislação contempla as seguintes hipóteses de isenção:

a) o ganho de capital auferido na alienação de bens e direitos de pequeno valor, fazendo-o na proporção de R$ 20.000,00 (vinte mil reais), no caso de ações negociadas no mercado de balcão, e R$ 35.000,00 (trinta e cinco mil reais), nos demais casos; e b) o ganho de capital na alienação de um único imóvel do qual o contribuinte seja proprietário, no valor de até R$ 440.000,00 (quatrocentos e quarenta mil reais), desde que não tenha realizado outra alienação nos últimos 5 (cinco) anos, nos termos do art. 23 da Lei n. 9.250, de 26 de dezembro de 1995, desde que o respectivo valor seja destinado à aquisição de outro imóvel com igual finalidade, no prazo de 180 (cento e oitenta dias), em obséquio ao disposto no art. 39 da Lei n. 11.196, de 21 de novembro de 2005.*

* *Informações adicionais ou atualizações poderão ser colhidas no site da Receita Federal do Brasil: www.receita.gov.br*

Ganho de capital relativo à pessoa jurídica

No universo das pessoas jurídicas, o ganho de capital traduz uma das modalidades de receitas não operacionais, equipole dizer, aquelas originárias de atividades atípicas e não do objeto social da empresa. Com efeito, a legislação do imposto sobre a renda qualifica como ganho de capital a mais-valia decorrente de alienação; desapropriação; baixa por perecimento, extinção, desgaste, obsolescência ou exaustão; ou liquidação de bens do ativo permanente, convindo obtemperar que, na hipótese inversa, ou seja, em havendo resultado negativo naquelas operações, o que configura perda de capital, os importes respectivos representam componentes redutores do lucro real, consoante dispõe o art. 31 do Decreto-lei n. 1.598, de 26 de dezembro de 1977, com a redação estabelecida pela Lei n. 12.973, de 13 de maio de 2014, a saber:

> "Art. 31. Serão classificados como ganhos ou perdas de capital, e computados na determinação do lucro real, os resultados na alienação, inclusive por desapropriação (§ 4º), na baixa por perecimento, extinção, desgaste, obsolescência ou exaustão, ou na liquidação de bens do ativo não circulante, classificados como investimentos, imobilizado ou intangível. (Redação dada pela Lei n. 12.973, de 2014)

~~§ 1º – Ressalvadas as disposições especiais, a determinação do ganho ou perda de capital terá por base o valor contábil do bem, assim entendido o que estiver registrado na escrituração do contribuinte, corrigido monetariamente e diminuído, se for o caso, da depreciação, amortização ou exaustão acumulada.~~

§ 1º Ressalvadas as disposições especiais, a determinação do ganho ou perda de capital terá por base o valor contábil do bem, assim entendido o que estiver registrado na escrituração do contribuinte, diminuído, se for o caso, da depreciação, amortização ou exaustão acumulada e das perdas estimadas no valor de ativos. (Redação dada pela Lei n. 12.973, de 2014)

~~§ 2º – Nas vendas de bens do ativo permanente para recebimento do preço, no todo ou em parte, após o término do exercício social seguinte ao da contratação, o contribuinte poderá, para efeito de determinar o lucro real, reconhecer o lucro na proporção da parcela do preço recebida em cada período-base.~~

§ 2º Nas vendas de bens do ativo não circulante classificados como investimentos, imobilizado ou intangível, para recebimento do preço, no todo ou em parte, após o término do exercício social seguinte ao da contratação, o contribuinte poderá, para efeito de determinar o lucro real, reconhecer o lucro na proporção da parcela do preço recebida em cada período de apuração. (Redação dada pela Lei n. 12.973, de 2014)

~~§ 3º – O ganho ou perda de capital na alienação ou liquidação de investimento será determinado com base no valor contábil (§ 1º), diminuído da provisão para perdas (art. 32) que tiver sido computada na determinação do lucro real.~~ (Revogado pela Lei n. 12.973, de 2014)

§ 4º O contribuinte poderá diferir a tributação do ganho de capital na alienação de bens desapropriados, desde que:

a) o transfira para reserva especial de lucros;

b) aplique, no prazo máximo de 2 anos do recebimento da indenização, na aquisição de outros bens do ativo permanente, importância igual ao ganho de capital;

c) discrimine, na reserva de lucros, os bens objeto da aplicação de que trata a letra *b*, em condições que permitam a determinação do valor realizado em cada período.

§ 5º A reserva de que trata o parágrafo anterior será computada na determinação do lucro real nos termos do § 1º do art. 35, ou utilizados para distribuição de dividendos.

§ 6º A parcela de depreciação anteriormente excluída do lucro líquido na apuração do lucro real deverá ser adicionada na apuração do imposto no período de apuração em que ocorrer a alienação ou baixa do ativo. (Incluído pela Lei n. 12.973, de 2014)

§ 7º A Secretaria da Receita Federal do Brasil, no âmbito de suas atribuições, disciplinará o disposto neste artigo. (Incluído pela Lei n. 12.973, de 2014)"

Garantias à execução fiscal

Na garantia à execução fiscal, o contribuinte poderá efetuar depósito em dinheiro, oferecer fiança bancária ou nomear bens à penhora, podendo, outrossim, ter seus bens penhorados ou arrestados, acaso permaneça silente após a citação. Mercê da natureza executória da ação de execução fiscal, a garantia representa condição impostergável para o curso do feito, máxime porque, à míngua de bens tendentes a garantir o juízo, não haverá falar-se em execução por falta de objeto.

Garantias e privilégios do crédito tributário

Tema disciplinado pelo Código Tributário Nacional, por meio dos arts. 183 a 193, desdobra-se por duas variáveis, vale dizer, *garantias*, de um lado, e *privilégios*, de outra parte. Sim, as expressões albergam carga semântica nitidamente diferençada, pois garantias são os meios que protegem o direito subjetivo da Fazenda Pública, no sentido de cobrar o crédito tributário, enquanto a locução 'privilégios' exprime a primazia outorgada pela lei ao crédito tributário, na medida em que lhe confere preferência quando cotejado com outros créditos. Na verdade, não só as disposições do capítulo em apreço protegem o crédito tributário, como inúmeras outras o fazem, seja no corpo do Código, seja noutros diplomas normativos. Assim, as regras que estipulam a responsabilidade sucessória, ou de terceiros, não deixam de representar modalidades de garantia; o mesmo ocorrendo com a edição de diplomas objetivados a desestimular o comportamento infracional, a exemplo da Lei do Crime Tributário, das multas de até 300% contidas na legislação federal etc.

Garantias fundamentais do contribuinte

V. *Estatuto do Contribuinte.*

GATT

Sigla derivada da denominação *General Agreement on Tariffs and Trade*, é uma convenção de caráter multilateral, preordenada a reger o comércio internacional. Constituída no ano de 1947, com a participação do Brasil, prestigia, entre outras, "a cláusula da nação mais favorecida", cujo alcance, de um modo genérico, obriga cada país signatário a estender ao outro (contratante) as vantagens que venha a oferecer a um terceiro país. Cumpre salientar que o texto original do GATT foi encampado pelo Acordo Constitutivo da Organização Mundial do Comércio (OMC), a qual compõe a Ata Final que incorpora os Resultados da Rodada Uruguai de Negociações Comerciais Multilaterais, conforme positivado pelo Decreto Legislativo n. 30, de 15 de dezembro de 1994, e regulamentado pelo Decreto n. 6.759, de 5 de fevereiro de 2009, o qual disciplina a administração das atividades aduaneiras, e a fiscalização, o controle e a tributação das operações de comércio exterior. V. *Organização Mundial do Comércio (OMC).*

Graduação de penalidades

Em obséquio aos postulados de justiça tributária, bem como em homenagem ao princípio da igualdade, entre outros, as penalidades por infração à legislação tributária podem e devem ser graduadas. Ao fazê-lo, o legislador haverá de levar em conta aspectos objetivos e subjetivos que permeiam a ilicitude, além de sopesar a lesividade do ato infracional aos cofres da Fazenda e o prejuízo decorrente no tocante ao interesse público. Com efeito, a legislação de cada tributo estabelece uma graduação genérica, bem como uma graduação específica. A primeira consiste na estipulação de percentuais proporcionais e diferençados em função do grau de gravidade da infração, a teor da legislação do imposto sobre a renda, ao estatuir a multa de 75% no caso de falta de recolhimento do tributo na data do vencimento ou a multa de 150% se houver sonegação, fraude ou conluio. Por outro lado, as multas básicas retrocitadas podem ser progressivas, quando majoradas, ou regressivas, quando reduzidas. No exemplo trazido à cita, as multas de 75 e 150% podem ser agravadas para 112,5 ou 225%, respectivamente, caso haja descumprimento de exigência formal aplicável à espécie, podendo, outrossim, ser reduzidas, por exemplo, quando o sujeito passivo abdica do direito de defesa e promove o recolhimento do tributo objeto de auto de infração. Por fim, impende observar que o percentual das penalidades *in casu* afigura-se decididamente confiscatório, circunstância, diga-se de passo, comentada no verbete 'multa fiscal'.

Graduação dos tributos

Instrumento de quantificação de determinados tributos, a exemplo do imposto sobre a renda e do imposto sobre a propriedade de veículos automotores, entre outros. A despeito da opinião de abalizados autores que sustentam tratar-se de critério aplicável aos gravames sujeitos à progressividade ou regressividade, força é reconhecer que o referido mecanismo alcança, também, os tributos submetidos a outros meios de quantificação, a teor do imposto sobre produtos industrializados e do imposto relativo a operações de circulação de mercadorias, os quais são graduados em função do grau de essencialidade, combinado com a seletividade.

Grossista

Pessoa que se dedica ao comércio *por grosso*, ou seja, por *atacado*. V. *Atacadista.*

Guerra fiscal

Mecanismo utilizado por Estados e Municípios, consistente na redução de tributos ou na isenção tributária, com o desígnio de atrair investimentos e contribuintes para o seu território, o que implica uma verdadeira concorrência fiscal entre pessoas constitucionais. Exemplifica a situação a postura de um dado Estado que estabelece uma alíquota menor de ICMS como forma de estimular a instalação de empresas em seu âmbito espacial ou mesmo a política de alguns Municípios, que fixam alíquotas reduzidas de ISS, também como meio de induzir contribuintes a transferir o seu domicílio tributário para o seu território, mercê da redução ou isenção de tributos. Ao contrário do discurso governamental e do quanto se ouve no debate público, a chamada guerra fiscal é inerente ao Estado Federal e decorre do exercício da autonomia das pessoas jurídicas de direito público interno. Por conseguinte, opor-se a ela significa fazer tábula rasa do pacto federativo, cujos contornos não podem ser abolidos, nem mesmo restringidos, sob pena de afrontar o princípio da federação, o qual, diga-se de passo, traduz cláusula pétrea, por força do comando imerso no art. 60, § 4º, I, do Texto Excelso.

H

H

Habeas corpus

Alçado ao nível de direitos e garantias por meio do art. 5º, LXVIII, do Diploma Excelso, consubstancia o asseguramento da liberdade individual de locomoção – ir e vir –, quando esta se encontra ameaçada de sofrer violência ou coação por ilegalidade ou abuso de poder. A liberdade *in casu* deve ser entendida com a dimensão estatuída no *caput* do art. 5º, na medida em que o constituinte a consagrou como um dos valores supremos de nossa ordem jurídica, ao lado dos direitos concernentes à vida, à igualdade, à segurança e à propriedade. Ao versar o tema, Rui Barbosa atremou que o *habeas corpus* consiste numa "ordem dada pelo juiz ao coator". A expressão 'coação ilegal', um dos pressupostos para a sua concessão, aparece definida no Código de Processo Penal, nos seguintes termos: "Art. 648. A coação considerar-se-á ilegal: I – quando não houver justa causa; II – quando alguém estiver preso por mais tempo do que determina a lei; III – quando quem ordenar a coação não tiver competência para fazê-lo; IV – quando houver cessado o motivo que autorizou a coação; V – quando não for alguém admitido a prestar fiança, nos casos em que a lei a autoriza; VI – quando o processo for manifestamente nulo; VII – quando extinta a punibilidade." Deveras, as hipóteses enumeradas no dispositivo retrocitado são exemplificativas, máxime porque a lei não poderia restringir um comando constitucional de eficácia absoluta, a teor do instituto tematizado, cabendo ao julgador verificar, caso a caso, se há ou não a presença dos antessupostos insertos na *Lex Legum*, ainda que não explicitados no Código de Processo Penal, que venham a render margem à concessão do *habeas corpus*. Ainda, pode ser preventivo ou repressivo, este também denominado liberatório. O primeiro tem cabimento diante da iminência do ato ilegal, enquanto o segundo depara-se aplicável após a concretização da ilegalidade. Na área fiscal, pode ser utilizado sempre que o contribuinte encontra-se ameaçado de sofrer sanções penais indevidas, em virtude de acusação ou cometimento de infração administrativa acoimada com desdobramento criminal.

Habeas data

Direito e garantia fundamental, previsto no inciso LXXII, alíneas *a* e *b*, do Texto Supremo, pelo qual pessoas físicas e jurídicas podem ter conhecimento de seus dados e registros constantes em repartições públicas ou entidades particulares. O novel instituto encontra-se disciplinado pela Lei n. 9.507, de 12 de novembro de 1997, e, em tese, teria pertinência na seara tributária, a exemplo de pleito em que o autor necessita de informações a serem fornecidas pela Fazenda Pública para efeito de comprovar eventual pagamento indevido de tributos, com o desígnio de ajuizar uma ação de repetição de indébito. Ao propósito, em excelente Estudo sobre o tema Célio Armando Janczeski demonstra à saciedade o cabimento do Hábeas Data em matéria tributária, em que pese à existência de jurisprudência em sentido contrário (*Revista Tributária e de Finanças Públicas,* Revista dos Tribunais, n. 68, p. 204 te seq., maio-jun. 2006).

Hardware

Suporte físico que hospeda o programa de computador ou *software*, revestindo natureza de bem corpóreo destinado ao comércio e, portanto, suscetível de incidência pelo ICMS.

Hasta pública

É a alienação judicial de bens penhorados ou depositados ou de quaisquer outros submetidos a esse procedimento por força de lei, o que é efetivado por meio de leilão ou praça. O Código Civil e o Código de Processo Civil utilizam o vocábulo de um modo indiscriminado, na medida em que é empregado tanto com a acepção de praça quanto de leilão ou, ainda, como o gênero que compreende as modalidades praça e leilão. V. *Adjudicação*, *Arrematação*, *Leilão judicial* e *Praça*.

Hedge

Expressão inglesa com significação polissêmica. Entre outras cargas semânticas, assume o sentido de precaver-se contra prejuízos, por intermédio de medidas compensatórias. Com essa fisionomia é que o direito tributário a utiliza, tanto que a legislação do imposto sobre a renda qualifica como *hedge* a operação de cobertura realizada em bolsa de valores, de mercadoria e de futuro ou no mercado de balcão, quando destinada à proteção contra riscos inerentes às oscilações de preço ou taxas, desde que o objeto do contrato negociado esteja relacionado às atividades operacionais da pessoa jurídica ou destine-se à proteção de direitos ou deveres da pessoa jurídica (Lei n. 8.981, de 20 de janeiro de 1995, art. 77, V, § 1º, *a* e *b*), considerando como tributáveis, diga-se de passo, os ganhos de capital decorrentes, nos termos do art. 5º da Lei n. 9.779, de 19 de janeiro de 1999. A jurisprudência dos Tribunais Regionais Federais apresenta-se dicotômica, pois as Cortes das 3ª e 4ª Regiões consideram que os resultados obtidos nessas operações são suscetíveis de incidência do imposto de renda na fonte, ao passo que os Tribunais das 1ª e 2ª Regiões posicionam-se pela impossibilidade de exigência, a exemplo da Ementa a seguir transcrita:

> "Tributário. Operações de *Hedge* realizadas por meio de *Swap*.
>
> Incidência de imposto de Renda na modalidade Fonte.
>
> Impossibilidade.
>
> – Nas operações de *Hedge* inexiste acréscimo patrimonial, pois a cobertura que o *hedging* concede tem característica meramente indenitária, a fim de que não se desfalque o patrimônio do *hedger*.
>
> – Desse modo, não havendo para o *hedger* acréscimo patrimonial, também não haverá fato gerador do imposto de renda na modalidade fonte, caso em que, se admita tal possibilidade, estar-se-ia autorizando incidência sobre patrimônio" (Processo 2000.02.01.051610-0-RJ, decisão unânime da Quarta Turma, tendo por Relator o Juiz Fernando Marques, data da decisão: 14.03.2001, *DJU* de 07.06.2001).

Herança

É a universalidade de bens, direitos e encargos existentes ao tempo do falecimento do *de cujus*. Constitucionalizada por meio do comando inserto no art. 5º, XXX, situa-se no rol dos direitos e garantias individuais. No plano infraconstitucional, outrossim, encontra-se contemplada no art. 1.791 e seguintes do Código Civil de 2002. Ainda, repercute no direito tributário, na medida em que o Código Tributário Nacional cuida do assunto ao dispor sobre a responsabilidade dos sucessores. Nesse ponto, diga-se de passo, o legislador do Código estatuiu que a herança recebida representa o limite da responsabilidade sucessória, conforme prescreve o art. 131, II, do diploma citado.

Herdeiro

Pessoa com direito a uma quota/parte ou à totalidade de patrimônio a ser transmitido por sucessão *causa mortis*. Em regra, é pessoa física, podendo ser pessoa jurídica, na hipótese de sucessão testamentária, ou mesmo a Fazenda Pública, no caso de herança vacante. É pessoalmente responsável pelos tributos devidos pelo *de cujus*, nos termos do art. 131, II, do Código Tributário Nacional.

Hermenêutica

Impropriamente utilizada como expressão sinônima de interpretação, com ela não se confunde. Com efeito, a hermenêutica tem por objeto o estudo dos processos de interpretação, enquanto esta tem por desígnio investigar e desvendar o direito positivo. V. *Interpretação.*

Heteronomia normativa

Conspecto deôntico da norma jurídica, imanente ao direito, pelo qual todas as pessoas são compelidas a obedecer às regras editadas pelo Estado. A heteronomia, por conseguinte, é exógena ao destinatário da norma, ou seja, é algo que vem de fora em relação à pessoa, no que difere da autonomia, que, sendo a própria vontade individual, manifesta-se de dentro para fora.

Hierarquia normativa

Trata-se de aspecto da maior relevância no labor exegético, porquanto o desconhecimento ou o desapreço pela hierarquia tende a comprometer inexoravelmente todo e qualquer trabalho interpretativo, o qual fica, de logo, destituído de um mínimo de densidade científica. A hierarquia pode ocorrer por derivação ou por conteúdo. A primeira consiste na correlação entre diplomas normativos subordinantes e subordinados, na medida em que estes derivam daqueles, a exemplo de um decreto que se origina de uma lei ou desta que tem como origem a Constituição. A hierarquia por conteúdo, por seu turno, caracteriza-se pela preeminência de um diploma em relação a outro ou, ainda, pela superioridade de um princípio com referência a uma norma, tudo em virtude da quintessência dos primeiros em cotejo com os derradeiros. Assim, a legislação nacional, a exemplo do Código Civil, do Código Penal, do Código Tributário etc., sobrepõe-se às legislações federal, estadual, distrital e municipal, embora estas não derivem daquela. Igual fenômeno verifica-se na seara dos princípios, a teor dos postulados da legalidade e da igualdade, que se superpõem a outras normas constitucionais que deles não derivam, mas lhe devem obediência em face do conteúdo. Em veras, a hierarquia representa tópico dos mais singelos no plano da teoria geral do direito, embora, vezes sem conta, sejam produzidos estudos, pareceres e decisões que passam ao largo dessa noção fundamental para o desvendamento do direito.

Hipótese de incidência ou hipótese tributária

Descrição abstrata de um comportamento suscetível de tributação. A primeira locução é adotada pela linguagem científica do direito tributário, tendo como paladino, entre outros, Geraldo Ataliba. Já a segunda, na mesma trilha da antecedente, reveste igual conteúdo semântico e traduz proposta de Paulo de Barros Carvalho, não se confundindo com o fato imponível ou fato jurídico tributário, que aludem a um comportamento verificado no mundo fenomênico. A matéria aloja especial relevância, pois a hipótese de incidência, em conjunto à base de cálculo, tem o condão de determinar a natureza jurídica específica dos tributos codificados, na dimensão em que a justaposição daquele binômio a um dos *standards* contidos nos arts. 16, 77 e 81 do Código Tributário Nacional haverá de revelar se o tributo sob exame será imposto, taxa ou contribuição de melhoria. Por outro lado, essa regra não se aplica aos tributos não codificados, no caso, aqueles contemplados nos arts. 148, 149 e desdobres da Carta Magna, máxime porque a natureza destes é revelada tão somente em virtude da destinação constitucional do produto de sua arrecadação.

Hipótese de incidência realizada

Expressão empregada por Alfredo Augusto Becker, em *Teoria geral do direito tributário*, com o propósito de designar o fato jurídico passível de tributação. Enfim, a locução corresponde a fato imponível ou fato jurídico tributário.

Holding

Empresa controladora de um grupo econômico, na qual os sócios capitalistas transferem a função executiva a profissionais especializados, preservando, outrossim, a centralização de poderes por meio de um conselho deliberativo.

Homologação

Na ambitude do direito administrativo, o vocábulo sob exame simboliza o ato administrativo de controle pelo qual a autoridade competente verifica a legalidade de ato anterior – administrativo ou particular –, com o desígnio de dar-lhe eficácia. Nesse sentido, diga-se de passo, é o pensar de Hely Lopes Meirelles, conforme exposto em *Direito administrativo brasileiro* (4. ed. São Paulo: RT, 1976. p. 160). Posto isso, verifica-se uma flagrante incompatibilidade entre o conceito *ut supra* e o chamado lançamento por homologação, nos termos do art. 150 do Código Tributário Nacional. Decididamente, a locução 'homologação', como modalidade de lançamento, consoante o Código, seja expressa, seja tácita, afigura-se inconciliável com a carga semântica do termo, em sua plenitude terminológica. A primeira porque a sua admissibilidade implicaria negar eficácia ao pagamento do tributo anteriormente efetuado e a segunda pela simples razão de não configurar ato de controle, mas a fronteira do lapso de tempo decadencial.

Honorários

Importância destinada a remunerar a prestação de serviços de profissionais liberais, a exemplo de médicos, engenheiros, arquitetos e advogados, entre outros. Na órbita do direito, a paga do advogado, mediante os honorários advocatícios, é assegurada por meio do art. 33 e seguintes do Estatuto da Advocacia, contido na Lei n. 8.906, de 4 de julho de 1994. Outrossim, o § 2º do art. 85 do Código de Processo Civil de 2015 estabelece o mínimo de 10% e o máximo de 20%, a título de honorários, em relação ao valor atualizado da causa.

I

I

ICMS

A sigla em apreço compreende cinco impostos, na medida em que cada qual hospeda hipótese de incidência e base de cálculo diferentes entre si, em consonância, aliás, com o magistério sempre fecundo de Roque Carrazza (*ICMS*. 10. ed. São Paulo: Malheiros, 2005. p. 34-34). São os seguintes: *a)* imposto sobre operações mercantis, equipole dizer, aquele incidente sobre operações relativas à circulação de mercadorias; *b)* imposto sobre serviços de transporte interestadual e intermunicipal; *c)* imposto sobre serviços de comunicação; *d)* imposto sobre operações relativas à produção, à importação, à circulação, à distribuição e ao consumo de lubrificantes e combustíveis líquidos ou gasosos e de energia elétrica; e *e)* imposto sobre a extração, a circulação, a distribuição ou o consumo de riquezas minerais. V. *outras siglas ICMS e também o verbete "Imposto sobre operações relativas à circulação de mercadorias e sobre prestações de serviços de transporte interestadual e intermunicipal e de comunicação, além de operações relativas a derivados de petróleo e combustíveis e operações referentes a riquezas minerais (ICMS)".*

ICMS – Base de cálculo *por dentro*

Disposição heteróclita prevista na Lei Complementar n. 87, de 13 de setembro de 1996, conforme disposição contida em seu art. 13, § 1º, I. Segundo aquele comando, a base de cálculo do ICMS é integrada pelo próprio imposto, donde resta evidenciado que o legislador subconstitucional ultrapassou as fronteiras de sua competência, máxime porque a referida grandeza que representa o valor tributável não poderia expressar um valor superior ao da coisa, do fato ou da conduta suscetível de incidência, pois falece de poderes para tanto, obviamente. A observação é aplicável a qualquer gravame, na medida em que a base de cálculo a ser adotada pelo legislador poderá ser de zero até o limite representado pelo objeto de tributação, nunca acima desse paradigma, asserto, aliás, de clareza solar. Por exemplo: quando o constituinte autoriza o legislador a instituir um imposto incidente sobre a propriedade de veículo automotor, a importância máxima sujeita à tributação será o valor do veículo, sob pena de invalidação da incidência excedente, por total ausência de competência. Mal comparando, é o mesmo que emitir um cheque superior ao saldo constante em conta corrente, ou seja, aqui falta lastro, lá falta competência. Vejamos um exemplo, no qual uma mercadoria seja vendida por R$ 200,00, à alíquota de 18%, tudo para o fim de demonstrar o método correto de apuração do ICMS e o mecanismo, ora objurgado, instituído pela lei complementar sob comento. O primeiro caso pode ser assim demonstrado: base de cálculo = R$ 200,00 x 18% alíquota = ICMS R$ 36,00. Já o segundo seria efetuado da seguinte forma: base de cálculo = (R$ 200,00 x 18%) = R$ 360,00/82 = ICMS R$ 43,90! Como se vê, o cálculo firmado pela lei complementar afigura-se incorreto por qualquer ângulo de observação, ou seja, por um lado, não pode o legislador infraconstitucional transcender a base inexoravelmente definida e limitada no Texto Supremo ou, por outro lado, porque não poderia o legislador complementar elevar a alíquota, por tratar-se de matéria de competência privativa do Senado, por meio de Resolução. A opinião ora exposta é desenvolvida e esmiudada com pena de ouro pelo Professor Roque Carrazza (*ICMS*. 10. ed. São Paulo: Malheiros, 2005).

ICMS – Energia Elétrica

Segundo interpretação tradicional do art. 155, § 3º, da Constituição Federal, a energia elétrica ganhou *status* de mercadoria, premissa reafirmada pelo art. 83, I, do Código Civil e também prevista no art. 155, § 3º, do Código Penal. No mesmo rumo, a legislação do IPI qualifica a energia elétrica com a natureza de produto industrializado. Ao demais, o referido posicionamento é abraçado pelos Tribunais, consoante estampado em jurisprudência pretoriana. Entrementes, em sentido inverso, esta obra entende que a energia elétrica não configura *mercadoria*, mas, sim, prestação de serviço da modalidade de obrigação de fazer. Em que pese ao ponto de vista ora pugnado, a natureza jurídica da energia elétrica é reconhecida como mercadoria e, portanto, susceptível de tributação pelo ICMS mercantil.

ICMS – Petróleo e Combustíveis

Ao lume da ordem constitucional de antanho, as operações relativas a lubrificantes e combustíveis líquidos e gasosos eram tributadas pelo imposto único de competência da União Federal. A contar do advento da Constituição de 1988, o aludido imposto tornou-se privativo e exclusivo dos Estados Federados e do Distrito Federal, nos termos do art. 155, § 4º, do Texto Supremo.

ICMS – Riquezas Minerais

Outrora consistia num gravame de competência da União Federal e então denominado imposto único sobre minerais. Outrossim, desde o advento da Constituição Federal de 1988 tornou-se um tributo situado na esfera competencial dos Estados e do Distrito Federal, conforme dispõe o art. 155, § 3º, do Texto Constitucional.

ICMS – Serviço de Comunicação (1)

Imposto estadual e distrital incidente sobre a prestação de serviço de comunicação interestadual e intermunicipal, em regime de direito privado. Pondere-se que a comunicação em si não é objeto de tributação, mas sim a prestação de serviço que possibilite a relação comunicacional. Em São Paulo, por exemplo, a alíquota do imposto é de 25%, em flagrante afronta ao postulado da seletividade em função da essencialidade do serviço. Em face do princípio aludido, essa percentagem, que é a maior da tabela do ICMS, somente seria aplicável a serviços de luxo e não a algo tão essencial, como é o caso do serviço de comunicação. O critério ou componente espacial do imposto *in casu* compreende o âmbito intermunicipal e interestadual, não alcançando, pois, a prestação do serviço intramunicipal, por virtude de tratar-se de atividade estritamente local. Cumpre obtemperar que, ao lume das entrevozes contidas nos arts. 155 e 156 do Texto Excelso, determinados serviços situam-se no campo de competências dos Estados e do Distrito Federal, ao passo que os demais se inserem na esfera de poderes das Municipalidades. Ademais, o constituinte adotou um critério pelo qual enumerou os serviços de transporte e comunicação em prol dos Estados e do Distrito Federal, remanescendo os demais em favor dos Municípios. Entrementes, o Texto compreende um ponto lacunoso, pois a letra do art. 155 alude aos planos interestadual e intermunicipal no tangente ao imposto sobre serviços de transporte, mas silenciou em relação ao serviço de comunicação. Ora, como a literalidade representa apenas a porta de entrada do labor exegético e, por isso mesmo, não pode prevalecer, torna-se de mister considerar o texto em harmonia com o contexto, donde o primado da autonomia municipal impõe que seja reconhecido que o serviço estritamente municipal só pode ser objeto de incidência do imposto sobre serviços de qualquer natureza, em obséquio, aliás, à autonomia local, que, por seu turno, entronca-se à organização do Estado Brasileiro e ao próprio pacto federativo.

ICMS – Serviço de Comunicação (2)

Conforme precitado, encontra-se compreendido na sigla ICMS, diz respeito a imposto de competência estadual e distrital, consoante prevê o disposto no art. 155, II, da Carta da República. Na vereda da Dissertação de Mestrado de Fernanda Drummond Parisi, sua matriz constitucional ou fato gerador interserto no Texto Supremo consiste na prestação de serviço de comunicação a terceiros, em regime de direito privado e mediante remuneração, portanto em caráter negocial, por meio da disponibilização de canais físicos para que a troca de mensagens entre os destinatários seja viabilizada por meio de fluxo bidirecional pelo mesmo canal. Ante o traço sinalagmático precitado, o qual representa um dos pressupsotos da incidência *in casu*, força é lembrar, por oportuno, que a utilização de Internet, TV por assinatura, rádio difusão sonora, TV aberta e outros de igual jaez não se assujeitam ao ICMS-Comunicação justamente pela ausência da apontada bilateralidade (Mestrado titulado *ICMS – Comunicação* – Aspectos fundamentais e peculiaridades do imposto, apresentado na Pontifícia Universidade Católica de São Paulo, no dia 27 de maio de 2011, cuja Banca examinadora foi composta pelo Professor orientador Roque Antonio Carrazza, Professor José Eduardo Soares de Melo e pelo autor desta obra).

ICMS – Serviço de Transporte interestadual e intermunicipal

Em conformidade com o disposto no art. 155, II, do Texto Magno, os serviços de transporte interestadual e intermunicipal são susceptíveis de incidência do ICMS *in casu*, donde, *a contrario sensu*, excluídos os serviços intramunicipais, estes de competência privativa dos Municípios, nos termos do art. 156, III, da CF.

ICMS – Substituição *para frente*

Mecanismo pelo qual a Fazenda Pública do Estado cobra o ICMS com relação a fato futuro, fazendo-o por meio de substituição tributária, ou seja, um dado contribuinte é instado a pagar o imposto de outro ou outros contribuintes que, na cadeia produtiva, poderão realizar fatos jurídicos passíveis de incidência em data futura. Constitui uma aberração lógica e jurídica, pois torna exigível o tributo em virtude de um fato que ainda não ocorreu e que poderá não ocorrer. A modalidade *in casu*, prevista no § 7º do art. 150 da Constituição Federal, por força da Emenda n. 3, de 17 de março de 1993 – versão moderna do AI-5 na seara das finanças públicas –, encontra-se normatizada na Lei Complementar n. 87, de 13 de setembro de 1996, que, decididamente, representa inegável ultraje ao feixe de direitos e garantias. Por induvidoso, a Emenda citada antolha-se inconstitucional e, por via de consequência, comunica essas vicissitudes à legislação subconstitucional, no caso, a lei complementar retroaludida ou qualquer outra que venha a ser editada, tema, a bem ver, exemplarmente desenvolvido por Roque Carrazza, em sua obra *ICMS* (10. ed. São Paulo: Malheiros, 2005. p. 180 et seq.).

Igualdade

Postulado constitucional de conteúdo sobremodo fluido, elástico e subjetivo. Inspirado na concepção aristotélica, Rui Barbosa abordou o assunto em seu memorável *Oração aos moços,* quando atremou que "igualdade significa aquinhoar desigualmente os desiguais, observadas as suas desigualdades". Todavia, a despeito da superior autoridade de seu subscritor, bem como do eloquente efeito retórico dos dizeres assinalados, o conceito de Rui não se revela suficiente para explicitar o conteúdo do aludido princípio. A partir dessa reflexão crítica, Celso Antônio Bandeira de Mello captou o regime jurídico que decididamente permite identificar os iguais ou os desiguais. Assim, o festejado jurista demonstrou com pena de ouro a existência de um nexo plausível entre o critério desigualador e a finalidade por ele perseguida. Exemplificando: caso se queira discriminar os magros selecionando os obesos, poder-se-á fazê-lo, se porventura o discrímen preordenar-se a escolher atletas a serem treinados para a prática do sumô. Por outro lado, não poderia ser adotado se a discriminação objetivasse abonar a falta de funcionários públicos que comparecessem a um congresso religioso, pela simples razão de que inexiste plausibilidade entre o discrímen e a finalidade. A Constituição promulgada em outubro de 1988 insculpiu o postulado da igualdade no *caput* do art. 5º, comunicando-lhe dimensão plena, pois vedou a distinção de qualquer natureza. Como se vê, o instituto mereceu expressiva ampliação, porquanto a Carta de 1967 prestigiava a igualdade tão somente a sexo, raça, trabalho, credo religioso e convicção política. Na esfera tributária, por seu turno, o constituinte tratou do assunto de modo específico ao proibir tratamento desigual a contribuintes que se encontrem em situação equivalente (art. 150, II).

Ilícito tributário

Qualquer comportamento não autorizado por lei e, por isso, atentatório do direito e suscetível de sanção. Engloba as infrações à legislação tributária de índoles meramente administrativa e civil, bem como aquelas que repercutem na seara penal. Exemplificam as primeiras o simples atraso no pagamento do tributo ou equívocos de natureza técnica ou formal na determinação do lucro real na área do imposto sobre a renda das pessoas jurídicas e outras afins. Por outro lado, certas infrações revestem cores penais, a teor da falsificação de documentos, do desacato, da chamada nota espelhada, segundo o jargão utilizado por agentes do Fisco, do descaminho e de outros tantos. Em havendo crime fiscal, caso o agente promova o pagamento antes do recebimento da denúncia, essa providência tem o condão de extinguir a punibilidade, com fulcro, aliás, no art. 34 da Lei n. 9.249, de 26 de dezembro de 1995.

Imposto

Espécie tributária positivada no art. 145 da Carta da República e definida no art. 16 do Código Tributário Nacional, abrigando por pressuposto uma atividade particular, cujas receitas sejam destinadas a prover o orçamento público, genericamente considerado. Seu regime jurídico difere das taxas e das contribuições de melhoria, porquanto essas modalidades de tributos hospedam uma atividade estatal em seu fato gerador. Distinguem-se, também, dos empréstimos compulsórios e das contribuições sociais, interventivas e profissionais, porquanto a natureza jurídica desses gravames é determinada pela afetação de suas receitas e não pelo binômio fato gerador e base de cálculo, como sói acontecer com os tributos codificados. V. *Espécies tributárias.*

Imposto de Exportação (IE)

Sumário: Tributo de competência da União, com lastro no art. 153, II, do Texto Excelso. Código Tributário Nacional, arts. 23 a 28; Decreto-lei n. 1.578, de 11 de outubro de 1977; Decreto-lei n. 37, de 18 de novembro de 1966; Decreto-lei n. 1.455, de 7 de abril de 1976. Plano administrativo: Regulamento Aduaneiro aprovado pelo Decreto n. 6.759, de 05 de fevereiro de 2009, e alterações posteriores.

Tem por fato gerador constitucional a exportação, para o exterior, de produtos nacionais ou nacionalizados. É bem de ver que a materialidade de sua regra-matriz tem por objeto a expressão 'produtos', que abrange tanto bens quanto mercadorias. Por considerar que o Diploma Excelso ora empregou o vocábulo 'produto', ora *mercadoria,* conforme o caso, depara-se lídimo depreender que a locução 'produto' deve ser compreendida em sua plenitude semântica, daí por que o imposto recai sobre a saída física de produto, independentemente de tratar-se de negócio jurídico envolvendo algo fora do comércio ou algo destinado à prática de atos de comércio. A obrigação tributária instaura-se quando o produto ainda se encontra em território nacional, tendo como condicionante de tempo a competente formalização de saída efetivada nas repartições aduaneiras. Já a base de cálculo é a unidade de medida adotada pela lei tributária, nos casos de alíquotas específicas, ou o preço normal do produto, na hipótese de alíquota *ad valorem.* O Poder Executivo pode alterar as alíquotas dentro dos limites fixados por lei, conforme estipula o § 1º do art. 153 da Constituição. Por fim, o sujeito ativo é a União e o sujeito passivo, o exportador. O imposto *in casu* reveste natureza extrafiscal e encontra-se excetuado do postulado da anterioridade ano-calendário, por força do comando inscrito no art. 150, § 1º, da Constituição da República.

Imposto de Importação (II)

Sumário: Tributo federal previsto no art. 153, I, da Constituição da República. Código Tributário Nacional, arts. 19 a 22; Decreto-lei n. 37, de 18 de novembro de 1966; Decreto-lei n. 1.455, de 7 de abril de 1976; Decreto-lei n. 2.572, de 1º de setembro de 1988. Plano administrativo: Regulamento Aduaneiro aprovado pelo Decreto n. 6.759, de 05 de fevereiro de 2009, e alterações supervenientes.

Tributo de competência privativa da União, revestido de caráter extrafiscal, que tem por fato gerador constitucional o comportamento substanciado em importar produtos do exterior. Segundo o art. 19 do Código Tributário Nacional, o imposto de importação tem como coordenada temporal a entrada de produto estrangeiro no território nacional. Outrossim, em sentido diverso, Américo Masset Lacombe predica que o nascimento do vínculo obrigacional não se opera com a mera entrada física do produto no País, mas com o ingresso na repartição aduaneira, o que se dá ao ensejo da expedição da respectiva guia de importação (LACOMBE, Américo Masset. *Imposto de importação*. São Paulo: RT, 1979. p. 23 et seq.). A questão ganha foros de relevância porque, não raro, ocorre majoração da alíquota do imposto, quando o produto já se encontra em território nacional, mas não na repartição aduaneira. Na esteira de Lacombe, outros festejados doutrinadores opõem-se à visão singela contida no art. 19 do Código Tributário Nacional, entre outros, a Ministra do Superior Tribunal de Justiça Eliana Calmon (In: FREITAS, Vladimir Passos de (Coord.). *Código Tributário Nacional comentado*. 4. ed. São Paulo: RT, 2007). Entrementes, o entendimento do Judiciário Federal, seguindo a trilha do Pretório Excelso, move-se em sentido diverso, na medida em que encampa a literalidade do mandamento sob comento, firmando que o fato jurídico (fato gerador) concretiza-se com a entrada do produto no território nacional. Esta obra, contudo, não compartilha com nenhuma daquelas posições, pois entende que o componente temporal dá-se no momento em que o importador formaliza o contrato de importação, ao passo que a repartição aduaneira representa o critério espacial. Como corolário do ponto de vista ora sufragado, força é reconhecer que a exigibilidade do imposto deverá subsumir-se aos parâmetros da legislação vigente ao tempo do fechamento do negócio, sob pena de retro-operar efeitos e atritar o primado constitucional da irretroatividade. Por outro lado, o imposto sob exame encontra-se a salvo do primado da anterioridade ano-calendário, *ex vi* do disposto no art. 150, § 1º, da Constituição da República. No mais, o sujeito ativo é a União, enquanto o sujeito passivo pode ser o importador, o arrematante ou o adquirente do produto importado. Já a base de cálculo é o preço normal do produto, que pode apresentar-se sob três modalidades: *a)* o preço da fatura; *b)* a pauta de valor mínimo; e *c)* o preço de referência. A alíquota, por sua vez, será específica ou *ad valorem*, ambas constantes da Tabela Aduaneira do Brasil, que integra a legislação do imposto examinado, cumprindo lembrar que o Poder Executivo pode alterar as alíquotas nos limites estabelecidos em lei, nos termos do § 1º do art. 153 da Constituição da República.

Imposto extraordinário de guerra

Concebido entre nós ao ensejo da Carta de 1946, por certo inspirado sob o influxo da Segunda Grande Guerra, com o desígnio de instrumentar a União no sentido de prover os cofres públicos em consonância com a excepcionalidade e a dramaticidade de um evento belicoso. O mencionado título competencial foi mantido pelas Cartas subsequentes, constando do art. 154, II, da Constituição promulgada em outubro de 1988. O referido tributo é de competência privativa da União, que, se instituí-lo, deverá suprimi-lo gradativamente quando cessadas as causas de sua criação, cabendo assinalar que o produto da arrecadação desse imposto não é partilhado com os demais entes da Federação. Mercê de sua natureza excepcional, o constituinte autorizou a União a criar o aludido imposto, compreendido ou não em sua esfera competencial, pelo que o imposto extraordinário de guerra poderá revestir a natureza jurídica de quaisquer outros impostos, merecendo permanecer respeitados, por óbvio, os vetores magnos do Sistema Constitucional Tributário.

Imposto Provisório sobre Movimentação Financeira (IPMF)

Tributo extinto em 31 de dezembro de 1994

Tributo federal que teve existência efetivamente provisória, conforme sugere seu *nomen juris*. Instituído pela Lei Complementar n. 77, de 13 de julho de 1993, vigeu até 31 de dezembro de 1994, nos termos do art. 25, e incidia na proporção de 0,25% sobre a movimentação financeira dos contribuintes, basicamente aqueles que realizassem a conduta suscetível de incidência, conforme enumeração constante do art. 4º do referido diploma normativo. O traço diferençal entre o mencionado imposto e a contribuição CPMF, também extinta, repousava na destinação dos recursos provenientes de sua arrecadação, uma vez que o primeiro preordenava-se, basicamente, a prover o orçamento público, enquanto a contribuição predestinava-se a financiar a seguridade social, em particular a saúde pública. Importa sublinhar que essa afirmação traduz a opinião do autor, com fulcro no regime jurídico constitucional, que, por óbvio, infirma disposição em sentido inverso, contida no art. 4º do Código Tributário Nacional.

Imposto sobre a Propriedade de Veículos Automotores (IPVA)

Sumário: Imposto de competência dos Estados e do Distrito Federal, com fundamento no art. 155, III, da Constituição Federal. Estampado nas Constituições dos Estados e na Lei Orgânica do Distrito Federal; Legislação local; Legislação Estadual Paulista: Lei n. 6.606, de 20 de dezembro de 1989, com alterações supervenientes.

Imposto de competência privativa dos Estados Federados e do Distrito Federal, que tem por fato gerador constitucional o comportamento substanciado em ter a propriedade de veículo automotor, quer aquático, quer aéreo, quer terrestre. Não obstante, o Pretório Excelso firmou orientação no sentido de que o campo de incidência do tributo não alcança embarcações aquáticas e aeronaves, circunscrevendo-se, pois, aos veículos de circulação terrestre, matéria, aliás, cristalizada na Resolução n. 22, de 26 de junho de 2005, do Senado Federal. Impende obtemperar que a aludida Resolução limitou-se a suspender o dispositivo da lei paulista que versava sobre a incidência em relação às aeronaves, omitindo-se quanto às embarcações aquáticas, discrepando, assim, do *decisum* do Supremo Tribunal Federal de n. 255.111-2, que lhe dera origem. Segundo as entrevozes do Texto Constitucional, a simples condição de ser proprietário de veículo autorizaria o legislador a prever a instauração do liame obrigacional, na estrita conformidade com o critério temporal atinente à primeira aquisição do veículo. O imposto *in casu,* a exemplo dos gravames incidentes sobre a propriedade, é exigido anualmente dos proprietários de veículos, o que, na verdade, falece de supedâneo constitucional. Deveras, no caso em tela, o Texto Excelso investiu o legislador de poderes para instituir um imposto gravando a propriedade de veículo automotor, pressuposto que não autoriza tributar mais de uma vez essa conduta. Nem se diga que o fato jurídico repete-se anualmente, nem se invoque qualquer ficção jurídica, pois, a qualquer título que seja, um mesmo fato não poderia jamais ser objeto de nova tributação, quer por ausência de causa, quer por afrontar a segurança jurídica. Se a periodicidade fosse possível, apenas por argumentar, caso esse absurdo fosse procedente, nada impediria a sua aplicação semestral, trimestral ou até mesmo mensal, hipóteses que revelam a absurdez imersa nessa construção. A objurgada periodicidade do IPVA não se confunde com a do imposto sobre a renda, pois, nesse caso, verifica-se um novo fato, que tem por suporte uma nova renda ou novo acréscimo patrimonial. De outra aresta, as legislações das Unidades Federadas elegeram o dia 1º de janeiro de cada ano-calendário como momento destinado à instalação da relação jurídica. Logo, no plano ordinário, ter a propriedade de veículo usado em outro período, entre fevereiro e novembro, por exemplo, não configura fato jurídico passível de incidência do referido imposto, em face da ausência, nessa hipótese, do componente temporal. No Estado de São Paulo, a matéria é normatizada pela Lei n. 6.606, de 20 de dezembro de 1989, e alterações supervenientes, a qual estabelece como base de cálculo o preço médio de mercado vigente no mês de setembro de cada exercício, estipulando alíquotas seletivas insertas no art. 7º da lei básica, excluídas as embarcações marítimas e aeronaves, em face da prefalada postura pretoriana sobre o assunto, conforme estampado a seguir:

> "Art. 7º A alíquota do imposto, calculada sobre o valor venal é: (Redação dada ao art. 7º pelo inciso II do art. 1º da Lei n. 7.644, de 23-12-91 - DOE 24-12-91; efeitos a partir de 1º-01-92.)
>
> I - 5,0% (cinco porcento) para automóveis de esporte e de corrida;
>
> II - 4,0% (quatro porcento) para automóveis de passeio e camionetas de uso misto;
>
> III - 3,0% (três porcento) para automóveis de passeio, de esporte, de corrida e camionetas de uso misto, movidos a álcool, gás natural ou eletricidade; (Redação dada ao inciso III pelo inciso V do art. 1º da Lei n. 9.459, de 16.12.1996 - *DOE* 17.12.1996; efeitos a partir de 17.12.1996.)
>
> IV - 2,0% (dois porcento) para qualquer outro veículo inclusive motocicletas e ciclomotores;
>
> V - 1,5% (um e meio porcento) para os veículos de carga, categoria caminhões com capacidade superior a 1 tonelada;
>
> VI - 6,0% (seis porcento) para automóveis de passeios movidos a 'diesel';
>
> VII - 1,0% (um porcento) para qualquer veículo indicado nos incisos precedentes com mais de 20 (vinte) anos de fabricação, excetuando-se as aeronaves."

A legislação do gravame dispõe sobre uma série de isenções, a exemplo dos veículos de transporte público, na categoria táxi, de propriedade de motoristas profissionais autônomos e dos ônibus empregados exclusivamente no transporte urbano, suburbano ou metropolitano. Como se vê, o legislador não privilegiou o empresário do setor de transportes, mas o cidadão, uma vez que a referida exoneração tributária tende a proporcionar um custo menor na ida e vinda do trabalho, do colégio ou do lazer, valores, diga-se de passo, proclamados como direitos sociais no *caput* do art. 6º da Constituição da República. Importa ressaltar, ademais, que o transporte não significa algo unilateral em prol do cidadão, mas um imperativo para a dinâmica da vida social. Ante essa premissa, torna-se de mister sublinhar que o transporte público atende a uma parcela da população, máxime porque a respectiva frota não teria de acolher, sequer por hipótese, toda a sociedade. Pois bem, se o transporte é pressuposto necessário para o dia a dia da sociedade e, por limitação do transporte público, o cidadão vê-se instado a se locomover com veículo próprio, força é depreender que a alíquota de 4% reveste flagrante incompatibilidade com o primado da seletividade previsto no art. 155, § 6º, II, do Texto Constitucional, porquanto o veículo particular é tão necessário como o ônibus empregado no transporte urbano. V. *Informações adicionais e legislação atualizada no site www.fazenda.sp.gov.br ou compulsar o site do Distrito Federal ou do Estado objeto da pesquisa.*

Imposto sobre a Propriedade Predial e Territorial Urbana (IPTU)

Sumário: Imposto de competência municipal e distrital, nos termos do disposto nos arts. 156, I, e 32, § 1º, da Constituição Federal. Estampado nas Leis Orgânicas dos Municípios e do Distrito Federal, tudo harmonizado com a Consolidação da legislação municipal contida no Decreto n. 59.579, de 03 de julho de 2020, além da Legislação ordinária local e respectivos decretos regulamentadores.

Ter a propriedade predial e/ou territorial localizada na zona urbana municipal traduz a hipótese tributária do mencionado imposto, de competência privativa dos Municípios e do Distrito Federal. Noutros falares, o asserto retrocitado exprime o fato gerador constitucional do tributo em apreço. A definição de zona urbana, por sua vez, epíteto de inegável relevo para a configuração do fato imponível, é mister de legislação municipal específica, observados ao menos dois entre os cinco melhoramentos exigidos pelo § 1º, I a V, do art. 32 do Código Tributário. Outrossim, por considerar que ter a propriedade representa o fato gerador constitucional, resta óbvio que a pessoa que realiza aquela conduta haveria de ser o contribuinte, no caso, obviamente, o proprietário. Entrementes, há um descompasso entre o contribuinte constitucional, que é o proprietário, e o contribuinte indicado no art. 34 do Código Tributário Nacional, porquanto este qualifica como tal não só o proprietário, mas também o titular do domínio útil ou o possuidor a qualquer título. Portanto, a codificação apontada ampliou indevidamente o polo passivo do IPTU, consoante sustentado exemplarmente por Roque Carrazza. Ainda, tem por base de cálculo o valor venal, o qual se conjuga com a alíquota correspondente para a apuração do *quantum debeatur*. Na trilha dos gravames incidentes sobre a propriedade, o IPTU é exigido anualmente dos contribuintes, o que, na verdade, afigura-se impertinente. Ora, qualquer conduta suscetível de tributação haverá de ensejar a instalação do vínculo obrigacional que se exaure com o pagamento ou outra modalidade extintiva prevista no direito positivo. Dessarte, nada autoriza que uma conduta seja passível de sucessivas incidências, a exemplo do quanto ocorre com o imposto sob exame, bem como com os demais relativos à propriedade. Nem se diga que sempre foi assim, porquanto os postulados cardeais que norteiam a tributação repudiam a incidência periódica. Se fosse legítima essa postura, o legislador poderia adotar marcos temporais mensais, semanais ou diários, o que seria um rematado desatino. Enfim, por qualquer ótica, no ver do autor desta obra, o IPTU somente poderia ser cobrado uma única vez do proprietário do imóvel, nada mais, sob pena de exigir um imposto sem causa, ou seja, sem fato gerador. Por fim, abriga uma progressividade de caráter extrafiscal, fulcrada na função social da propriedade, conforme prevê o art. 182, § 4º, II, da Constituição, que não suscita dúvidas. Por outro lado, a progressividade em face do valor do imóvel rendeu margem a testilhas doutrinais e demandas judiciais, cumprindo sublinhar que o Pretório Excelso editou a Súmula n. 668, que qualificou a inconstitucionalidade da progressividade anterior à Emenda

n. 29, de 13 de setembro de 2001, que introduziu o § 1º, I, ao art. 156 da Constituição Federal, cujo comando explicitou que o imposto poderá ser progressivo em razão do valor do imóvel. No ver desta obra, contudo, depara-se totalmente desnecessária a edição de uma Emenda para autorizar o legislador a tornar o imposto progressivo. O asserto justifica-se pela simples razão de o legislador incumbido de criar o tributo ter o poder e o dever de quantificá-lo, sob pena de não o criar. Ora, por considerar que a progressividade representa um dos inúmeros mecanismos de quantificação, resta evidente que essa potestade já se encontra imersa na competência tributária. Assim, no silêncio do Texto Excelso, cabe ao legislador quantificar o tributo de modo progressivo, regressivo, seletivo ou qualquer outro. Por outro lado, caso a norma faça alusão à progressividade, a exemplo do que ocorre na área do imposto sobre a renda, mercê do disposto no art. 153, § 2º, I, da Constituição, essa regra não veicula uma autorização, mas, sim, uma ordem, pela qual o legislador é instado a tornar o referido gravame progressivo. Ao tempo da produção desta edição do Dicionário, tramitava no Supremo Tribunal Federal o RE 423.768, que foi objeto de repercussão geral, no sentido de estender o exame de constitucionalidade em relação ao período posterior à Emenda retrocitada.

Imposto sobre a Propriedade Territorial Rural (ITR)

Sumário: Tributo de competência da União, previsto no art. 153, VII, da Constituição da República. Código Tributário Nacional, arts. 29 a 31; Lei n. 9.393, de 19 de dezembro de 1996, e alterações supervenientes. Regulamento aprovado pelo Decreto n. 4.382, de 19 de setembro de 2002. Portarias, instruções normativas e outros atos administrativos.

Inserto na esfera competencial da União, hospeda por hipótese tributária "ter a propriedade de imóvel rural", assim considerado aquele situado fora da zona urbana do Município. A zona rural é definida por exclusão à urbana, tanto que o Código a qualifica em oposição a esta, que deve ser definida por legislação local, observados ao menos dois entre os cinco melhoramentos enumerados no § 1º, I a V, do art. 32 do Código Tributário Nacional. A base de cálculo é o valor fundiário, ou seja, o valor da terra, sobre o qual se opera a incidência de alíquotas progressivas, tendentes a desestimular a manutenção de propriedades improdutivas, nos termos do § 4º do art. 153 da Constituição da República. Ainda, é disciplinado pela Lei n. 9.393, de 17 de dezembro de 1996, tendo sido consolidado no Decreto n. 4.382, de 19 de setembro de 2002, com alterações supervenientes firmadas pelo Decreto n. 4.449, de 30 de outubro de 2002. A qualificação do imposto encontra-se estampada no art. 11 da lei básica, que assim dispôs:

Tabela de alíquotas

Área total do imóvel (em hectares)	Grau de Utilização – GU (em %)				
	Maior que 80	Maior que 65 até 80	Maior que 50 até 65	Maior que 30 até 50	Até 30
Até 50	0,03	0,20	0,40	0,70	1,00
Maior que 50 até 200	0,07	0,40	0,80	1,40	2,00
Maior que 200 até 500	0,10	0,60	1,30	2,30	3,30
Maior que 500 até 1.000	0,15	0,85	1,90	3,30	4,70
Maior que 1.000 até 5.000	0,30	1,60	3,40	6,00	8,60
Acima de 5.000	0,45	3,00	6,40	12,00	20,00

Impende observar que o proprietário de pequenas glebas, definidas em lei e devidamente exploradas, desfruta de imunidade quanto ao ITR, nos termos do inciso II, § 4º, do art. 153 do Texto Excelso. Outrossim, não se pode olvidar que a Carta da República qualificou como suscetível de tributação a conduta substanciada em ter a propriedade rural, o que não autoriza o legislador complementar a incluir no polo passivo o titular do domínio útil ou o posseiro, consoante previsto no art. 29 do Código Tributário Nacional, entendimento, aliás, sufragado por doutrinadores de tomo, a teor de José Antonio Coelho e Roque Carrazza. V. *Legislação no site www.receita.fazenda.gov.br.*

Imposto sobre a Renda e proventos de qualquer natureza (IR)

Sumário: Imposto de competência da União, com esteio no art. 153, III, da Constituição Federal. Código Tributário Nacional, arts. 43 a 45; Consolidação contida no Regulamento aprovado pelo Decreto n. 9.580, de 22 de novembro de 2018.

Tributo de competência da União, cuja hipótese de incidência consiste no auferimento de renda ou proventos de qualquer natureza, na trilha, aliás, do quanto sugere o seu *nomen juris*. O conceito de *renda*, bem como o de *proventos*, revestem significado de acréscimo financeiro ou patrimonial líquido apurado periodicamente, assim compreendido aquele resultante do cotejo entre entradas e saídas, incluídos os valores consumidos e excluídas as perdas e as deduções necessárias à percepção dos rendimentos, na trilha, aliás, do magistério de José Artur Lima Gonçalves (*Imposto sobre a renda* – Pressupostos constitucionais. São Paulo: Malheiros, 1997. p. 192 et seq. e 215). A legislação ordinária do imposto em apreço qualifica como *renda* o produto do capital, do trabalho ou da conjugação de ambos, conceituando como *proventos*, outrossim, quaisquer outros créditos, pensões, acréscimo patrimonial ou lucros, renda ou provento consumido. Como se vê, a terminologia legal é redundante, pois, em verdade, os conceitos de *renda* e *proventos* são equivalentes. Ao lado dos princípios constitucionais que presidem todo o sistema, o imposto em apreço submete-se aos postulados específicos de generalidade, universalidade e progressividade, na estrita conformidade do quanto dispõe o § 2º, I, do art. 153 da *Lex Legum*. O binômio substanciado na generalidade e na universalidade significa que, em tese, o imposto *in casu* alcança a totalidade das pessoas e dos rendimentos, enquanto a progressividade diz respeito à estipulação de alíquotas graduadas de forma crescente; vale dizer, quanto mais elevada for a renda, mais elevada deve ser a percentagem. Cumpre notar que, no direito comparado, a progressividade não se encontra explicitada no Texto Constitucional, conquanto exista nas dobras dos primados da capacidade contributiva e da igualdade. Entre nós, a Carta Magna qualificou o referido princípio como uma das pedras angulares do imposto sob exame, pelo que, ao contrário de uma faculdade, traduz uma imposição que deve nortear a produção normativa do imposto *in casu*. Ainda, biparte-se nos planos das pessoas físicas e jurídicas, alojando em ambos situações especificadas sujeitas à retenção na fonte. Na ambitude das pessoas físicas, a base de cálculo é a renda líquida, enquanto a alíquota progressiva deve guardar correspondência com a faixa de rendimento tributável. Até o ano-calendário de 2008, as alíquotas situavam-se em apenas dois patamares, quais sejam: 15 e 27,5%, ao passo que, a partir do ano-calendário de 2009, a progressividade ganhou maior intensidade, em virtude da criação de quatro faixas, a saber: 7,5, 15, 22,5 e 27,5%, tudo por força do disposto no art. 1º, III e IV, da Lei n. 11.482, de 31 de maio de 2007. Já no âmbito das pessoas jurídicas, existem alíquotas praticamente fixas e não progressivas, como determina o Texto Supremo, salvo as hipóteses excepcionais de tributação adicional, em face do elevado nível do lucro tributável, ou de variação da base de cálculo nos casos de arbitramento. Em 2009, esse imposto representou uma arrecadação de R$ 191 bilhões, significando, assim, uma das mais expressivas fontes de recursos financeiros em prol da União, convindo lembrar que, ao lado desse tributo federal, o ICMS estadual gerou o montante de R$ 226 bilhões no plano nacional, donde se depreende a importância desses gravames no concerto federativo. A legislação encontra-se consolidada no Regulamento do Imposto de Renda, aprovado pelo Decreto n. 9.580, de 22 de novembro de 2018. V. *Regulamento e alterações no site www.receitafazenda.gov.br.*

Imposto sobre Grandes Fortunas (IGF)

Sumário: Imposto de competência da União, com supedâneo no art. 153, VII, da Constituição Federal.

Quando da feitura do presente trabalho, o aludido imposto não existia entre nós, confirmando, assim, as lições de Roberto Vernengo, ao dizer que a Constituição não cria tributos, mas estabelece competências tributárias. Com efeito, ao outorgar os títulos competenciais à União, a Carta Magna promulgada em 1988 estabeleceu, entre eles, aquele relativo ao imposto sobre grandes fortunas. Todavia, como já dito, o legislador infraconstitucional ainda não houvera exercido a referida competência. Sem dúvida, o comando constitucional inserto no art. 153, VII, concernente ao imposto sob exame assim estabelece: "Compete à União instituir impostos sobre grandes fortunas, nos termos de lei complementar." O texto rende ensanchas a uma controvérsia em relação ao processo de criação, que, segundo alguns, seria matéria de diploma complementar, enquanto, conforme outros, de legislação ordinária, cabendo à lei complementar tão somente definir o componente quantitativo imerso na locução 'grandes fortunas'. No ver desta obra, a instituição do imposto *in casu* representa tema de lei ordinária, cabendo ao legislador complementar apenas definir o epíteto 'grandes fortunas'. Deveras, sempre que o constituinte condicionou a criação de um tributo por meio de diploma complementar, utilizou uma linguagem estreme de dúvidas, a exemplo, entre outros, do disposto nos arts. 148, I e II, e 154, nos quais o predicado 'mediante lei complementar' exsurge estampado com clareza solar e a olhos vista. Trata-se de um tributo anacrônico, em declínio no direito comparado e expungido em muitos países em que foi implantado, tanto que dotado de inexpressivo potencial arrecadatório e estimulador de evasão de capitais, conforme ocorreu na França. Ademais, afigura-se integralmente inadequado para o Brasil, não só pelas vicissitudes apontadas, como também pela elevada carga tributária entre nós, que, ao contrário de comportar novos tributos ou qualquer fórmula de majoração tributária, requer, isso sim, uma redução drástica na tributação.

Imposto sobre operações de crédito, câmbio e seguro ou relativas a títulos e valores mobiliários (IOF)

Sumário: Imposto de competência estadual e distrital, com fulcro no art. 153, V, da Constituição Federal. Arts. 63 a 67 do Código Tributário Nacional. Legislação básica: Lei n. 5.143, de 20 de outubro de 1966, Decreto-lei n. 1.783, de 18 de abril de 1980, e Lei n. 8.894, de

21 de junho de 1994, todos com inúmeras modificações posteriores. Consolidação no Regulamento aprovado pelo Decreto n. 10.572, de 11 de dezembro de 2020 e alterações posteriores. Portaria, instruções normativas, atos declaratórios e outros atos administrativos.

Grava as operações relativas a crédito, câmbio e seguro, bem como as relativas a títulos e valores mobiliários. As primeiras envolvem as operações de crédito em geral, desde o mútuo feneratício até as mais variadas operações de crédito praticadas por bancos e instituições financeiras, salvo as operações de custódia de ações, debêntures e afins, que não configuram operações de crédito no sentido da regra-matriz sob exame. O aspecto temporal verifica-se no instante em que o importe objeto da obrigação é colocado à disposição do interessado. Já a base de cálculo é o valor da operação, compreendendo o principal e demais acréscimos, enquanto a alíquota é aquela fixada em legislação específica. As operações de câmbio consubstanciam a entrega de moeda estrangeira ou documento equivalente, a exemplo dos *traveller's checks* e outros assemelhados, e exsurgem com a concretização da operação, sendo a base de cálculo o montante da operação. Outrossim, a norma *in casu* incide sobre contratos de seguro de qualquer natureza, tendo por critério temporal a efetivação do contrato ou o recebimento do prêmio, conforme a legislação específica dispuser. Há, ainda, as operações relativas a títulos e valores mobiliários. No caso tematizado, a expressão 'títulos' reveste acepção ampla, ou seja, qualquer título ou documento representativo de valores mobiliários ou a eles concernentes, até porque inexiste título mobiliário *per se*. Valores mobiliários, por sua vez, segundo a Lei n. 6.404, de 15 de dezembro de 1976, são as ações, as partes beneficiárias, as debêntures, os cupões desses títulos, os bônus de subscrição, os certificados de depósito de valores mobiliários e afins. Ainda, a base de cálculo, no caso, é o valor da operação. O imposto *sub examen* encontra-se sob o manto da atenuação da estrita legalidade, porquanto o Presidente da República pode alterar as alíquotas, em consonância com os limites firmados previamente em lei, segundo o disposto no art. 153, § 1º, do Texto Excelso, encontrando-se, outrossim, excepcionado da anterioridade ano-calendário, *ex vi* do art. 150, III, § 1º, da Constituição Federal.

Imposto sobre operações relativas à circulação de mercadorias e sobre prestações de serviços de transporte interestadual e intermunicipal e de comunicação, além de operações relativas a derivados de petróleo e combustíveis e operações referentes a riquezas minerais (ICMS)

Sumário: Imposto de competência estadual e distrital, com fulcro no art. 155, II e § 3º, da Constituição Federal. Estampado nas Constituições dos Estados e na Lei Orgânica do Distrito Federal. Decreto-lei n. 406, de 31 de dezembro de 1968. Legislação complementar: Lei Complementar n. 24, de 7 de janeiro de 1975; Lei Complementar n. 87, de 13 de setembro de 1996; Lei Complementar n. 116, de 31 de julho de 2003. Legislação ordinária local. Regulamento local aprovado por decreto, convênios e atos administrativos.

Tributo de competência privativa dos Estados Federados e do Distrito Federal, nos termos do art. 155, II, do Diploma Excelso, conjugado com o § 3º do mesmo dispositivo. Na verdade, o aludido tributo abriga cinco impostos, compreendidos numa única sigla, os quais jazem em cinco fatos geradores constitucionais, a saber: *a)* realizar operações relativas à circulação de mercadorias; *b)* prestar serviços de transporte interestadual ou intermunicipal; *c)* prestar serviço de comunicação; *d)* realizar operações relativas a derivados de petróleo e combustíveis; e *e)* operações referentes a riquezas minerais. Cumpre esclarecer que as operações envolvendo energia elétrica não foram catalogadas como um imposto específico, mercê de sua natureza de *mercadoria*, daí enquadrar-se no âmbito mercantil do ICMS. O âmbito espacial corresponde ao Território estadual ou distrital, enquanto o temporal consiste no átimo em que se concretiza o fato jurídico tributário. Já o sujeito ativo é o Estado ou o Distrito Federal e o sujeito passivo, aquele que realizar o fato jurídico, vale dizer, o comerciante, o prestador do serviço ou aquele que realizar operações com petróleo, combustíveis ou riquezas minerais. Quanto ao aspecto quantitativo, o Texto Magno indica tão somente o limite suscetível de tributação, no caso, geralmente o valor da operação mercantil, da prestação de serviço ou das operações envolvendo petróleo, combustíveis ou riquezas minerais. O ICMS é informado pelo postulado da seletividade e está sujeito ao primado da anterioridade ano-calendário, combinado à noventena, donde o primeiro impõe que as alíquotas sejam escalonadas em função do grau de maior ou menor necessidade da mercadoria ou serviço em relação à maioria da população, enquanto o segundo estipula que eventual majoração somente é autorizada se efetivada no ano-calendário anterior. No Estado de São Paulo, por exemplo, o ICMS compreende alíquotas nos patamares de 7, 12, 18 e 25%. Ainda, algumas impropriedades merecem ser anotadas, quais sejam: *a)* a legislação infraconstitucional despreza o primado da seletividade previsto no art. 155, § 2º, III, da Constituição Federal, tanto que algumas mercadorias merecedoras de graduação mínima são tributadas como percentagens máximas, a exemplo da energia elétrica no Estado de São Paulo, com alíquotas de 25%, ou de vestuários e calçados, cuja essencialidade não comportaria percentagem de 18%, mas alíquotas mínimas; *b)* o imposto sob exame é cobrado sobre o valor da operação acrescido do próprio imposto, ou seja, é a chamada cobrança *por dentro*, que representa burla à Constituição, pois o legislador encontra-se autorizado a tributar operações mercantis ou serviços e não o ICMS, isso sem contar que o valor do objeto tributável exprime uma limitação ao exercício da competência tributária, segundo o qual, o referido *modus faciendi* de incidência hospeda duas inconstitucionalidades; *c)* a Emenda n. 33, de 11 de dezembro de 2001, encartada no § 2º, IX, *a*, do art. 155 do Texto Supremo, qualificou que os *bens* seriam tributáveis, assim como as *mercadorias*, o que representa uma transgressão lógica à quintessência do direito, tanto que se afigura despropositado submeter um bem – algo fora do comércio – à incidência de um imposto de caráter mercantil; *d)* o fato gerador constitucional do ICMS mercantil pressupõe a realização de negócio de venda e compra de mercadoria, o que implica transferência de titularidade, razão pela qual a saída de mercadoria de um estabelecimento para outro de uma mesma pessoa jurídica não constitui fato gerador do imposto, embora assim seja considerado pelo Decreto-lei n. 406, de 31 de dezembro de 1968, que, nesse ponto, abriga induvidosa inconstitucionalidade; *e)* a Emenda n. 3, de 17 de março de 1993, imersa no art. 150, § 7º, da Constituição Federal, instituiu uma das maiores aberrações do direito público entre nós, pois concebeu o chamado fato gerador presumido, pelo qual o legislador do ICMS criou a chamada substituição tributária *para frente* e passou a cobrar o ICMS em relação a fatos geradores futuros; e *f)* ao contrário do disposto na Lei n. 9.718, de 27 de novembro de 1998, o ICMS jamais poderia integrar a base de cálculo das contribuições de seguridade social (PIS e Cofins), pela simples razão que esses gravames incidem sobre o faturamento e o ICMS, por óbvio, não representa faturamento das pessoas jurídicas, erro, aliás, corrigido pelo Pleno do Supremo Tribunal Federal no RE 574.706, com Repercussão Geral, tendo como Relatora a Ministra Carmem Lúcia (V. CARRAZZA, Roque Antonio. *ICMS*. 10. ed. São Paulo: Malheiros, 2005).

Imposto sobre Produtos Industrializados (IPI)

Sumário: Imposto de competência da União, com fundamento no art. 153, IV, da Carta da República. Arts. 46 a 51 do Código Tributário Nacional. Lei n. 4.502, de 30 de novembro de 1964, e inúmeras modificações posteriores. Consolidação contida no Regulamento aprovado pelo Decreto n. 7.212, de 15 de junho de 2020. Portarias, instruções normativas, atos declaratórios e outros atos administrativos.

Tem por fato gerador constitucional a realização de

operações com produtos industrializados em qualquer ponto do Território nacional, considerando-se instalado o vínculo obrigacional no momento da saída dos produtos do estabelecimento industrial ou das repartições aduaneiras. Na apontada relação jurídica, o sujeito ativo é a União, enquanto o passivo é o estabelecimento industrial, equiparado a industrial o importador ou reimportador. No tangente ao critério quantitativo, a base de cálculo é o valor da operação e a alíquota é aquela prevista em tabela específica constante da legislação do IPI. Ainda, a legislação do referido imposto conceitua como produto industrializado aquele resultante das operações de transformação (obtenção de espécie nova), beneficiamento (aperfeiçoamento de um produto ou alteração do seu funcionamento, utilização, acabamento ou aparência), montagem (reunião de produtos), acondicionamento ou reacondicionamento (colocação ou substituição de embalagem) e renovação ou recondicionamento (restauração do produto). Entrementes, o aludido conceito legal não se escoima de inexatidões, muito bem captadas por doutrinadores de prol, a exemplo de Geraldo Ataliba, Graça Wagner e José Roberto Vieira, entre outros, enquanto obtemperam que o acondicionamento ou o reacondicionamento, bem como a renovação ou o recondicionamento, tipificam prestações de serviços, jamais industrialização. Quanto às operações de montagem e beneficiamento, cumpre reconhecer que se situam nas chamadas zonas cinzentas ou "nebulosa de *incertidumbre*", no dizer de Alf Ross, donde é forçoso admitir que essas operações poderão configurar-se tanto industrialização quanto prestação de serviços, variando caso a caso, pois, se houver transformação de matéria-prima em bens de consumo, estar-se-á diante de uma industrialização, ao passo que, na hipótese reversa, de mera prestação de serviços. Aspecto de supina importância consiste em duas diretrizes constitucionais aplicáveis ao IPI no plano ordinário. Uma delas reside na denominada não cumulatividade, que significa a compensação do valor do imposto devido numa dada operação, em relação ao montante cobrado nas anteriores. Já a seletividade repousa na tributação graduada, de tal sorte que os produtos mais essenciais à coletividade são gravados com alíquotas menores, as quais vão se elevando na exata correspondência ao grau de menor essencialidade do produto com referência aos reclamos sociais. Assim, os produtos alimentícios, os calçados, o vestuário e outros são alcançados por alíquotas reduzidas ou, até mesmo, alíquota zero, enquanto os produtos de luxo ou supérfluos submetem-se à tributação mais elevada, a teor de cervejas, uísque e cigarros, que são gravados com alíquotas de 40%, 60% e 330%, respectivamente. Observa-se que essas alíquotas são bastante mutáveis, podendo sê-lo por decreto, nos termos do § 1º do art. 153, o que se afigura compatível com a natureza do imposto *in casu,* lembrando que o Executivo fica adstrito aos limites firmados em lei. Por fim, excepcionado da anterioridade ano-calendário, assujeita-se tão somente à noventena, substanciada em noventa dias corridos, nos termos do art. 150, III, § 1º, da Constituição Federal. As operações de exportação que envolvem produtos industrializados desfrutam de imunidade, nos termos do § 3º, III, do art. 153 do Diploma Excelso.

Imposto sobre Serviços de qualquer natureza (ISS)

Sumário: Imposto de competência municipal e distrital, com fulcro nos arts. 156, III, e 32, § 1º, da Constituição Federal. Leis Orgânicas municipais e distrital; Lei Complementar n. 116, de 31 de julho de 2003, bem assim a Lei Complementar n. 175, de 23 de setembro de 2020, tudo conjugado com a Consolidação da legislação municipal contida no Decreto n. 59.579, de 03 de julho de 2020, além da legislação local específica.

O fato gerador constitucional consiste no comportamento substanciado em oferecer utilidade material ou imaterial a terceiros, de conteúdo econômico e com caráter reiterado, sob o regime de direito privado, nos limites territoriais da Municipalidade, dando-se por acontecido o fato no momento da entrega do serviço, pronto e acabado, ao destinatário. Aspectos controversos merecem comentos: os primeiros relativos ao âmbito de incidência do tributo, o segundo concernente à responsabilização de interposta pessoa que não o realizador do fato gerador e o derradeiro, por seu turno, consistente na antiga discussão acerca da natureza exaustiva ou enunciativa da lista de serviços sujeitos ao ISS. Dessarte, no tocante à ambitude espacial do ISS, a legislação estabelece que o imposto será devido no local da prestação ou no local do estabelecimento prestador, salvo algumas exceções firmadas no art. 12 do Decreto-lei n. 406, de 31 de dezembro de 1968, e no art. 3º, I a XXV, da Lei Complementar n. 116, de 31 de julho de 2003, com a redação estabelecida pela Lei Complementar n. 157/2016. Como se vê, segundo o critério firmado na legislação de regência, o imposto torna-se devido no local onde tenha sede o estabelecimento prestador, ou seja, caso o prestador tenha sede no Município de Cabreúva e preste serviço em Itu, o imposto seria devido naquele Município, o que significa atribuir poderes para o Município de Cabreúva exercer competência tributária fora dos quadrantes de seu território, em flagrante desconcerto com a autonomia das pessoas constitucionais consagradas no pacto federativo. Por isso, afigura-se evidente que, a rigor, o imposto somente poderia tornar-se devido no local da efetiva prestação, vale dizer, no território onde ocorrer o fato gerador. Outra criação questionável consiste na absurda possibilidade de responsabilizar o tomador ou intermediário do serviço, incumbindo-os, conforme o caso, de promover o recolhimento do tributo e o cumprimento das obrigações de fazer, denominadas impropriamente acessórias, o que contraria a tipicidade inerente a qualquer vínculo de direito, sobretudo no orbe tributário, no qual viceja o primado da tipicidade cerrada, segundo a precisa linguagem do festejado Alberto Xavier. No tocante à lista de serviços, o entendimento corrente move-se no sentido de que o seu caráter seria exaustivo ou taxativo; assim, a Municipalidade somente poderia considerar tributável o serviço constante da lista do Decreto-lei n. 406, de 31 de dezembro de 1968, com as alterações posteriores insertas em legislação superveniente, culminando com a Lei Complementar n. 116, de 31 de julho de2003.

Todavia, o entendimento ora propugnado destoa frontalmente desse posicionamento doutrinal e jurisprudencial, adotando postura diametralmente oposta, na excelente companhia, aliás, de Aires Fernandino Barreto, Gerado Ataliba, Paulo de Barros Carvalho e Roque Carrazza, entre outros. Deveras, aquela linha de pensamento abraçada pela escola tradicional comete a cinca de condicionar o exercício da competência tributária ao alvedrio do legislador complementar, ou seja, se admitida essa visão, ter-se-ia que reconhecer que o legislador complementar poderia até reduzir a zero o campo de tributação municipal na seara do ISS, comprometendo, assim, a própria autonomia municipal e, por que não dizer, a organização do Estado brasileiro. Ora, se nem mesmo o Poder Reformador é dotado de prerrogativas para modificar ou remodelar o pacto federativo, com muito mais razão nada restaria ao legislador complementar nesse campo. Em suma, tirante os serviços de competência privativa dos Estados e do Distrito Federal, todos os demais se situam na órbita municipal, cabendo ao legislador complementar tão somente disciplinar eventuais conflitos de competência. V. *Lista de serviços, informações adicionais e eventual atualização legislativa no site www. receita.fazenda.gov.br.*

Imposto sobre Transmissão *Causa Mortis* e Doação de quaisquer bens ou direitos (ITCMD)

Sumário: Imposto de competência estadual e distrital, com fundamento no art. 155, I, da Constituição Federal. Estampado nas Constituições dos Estados e na Lei Orgânica Distrital; legislação ordinária local e respectivos regulamentos. No Estado de São Paulo: Lei n. 10.705, de 28 de dezembro de 2000, com modificações contidas na Lei n. 10.992, de 21 de dezembro de 2001, e Decreto n. 46.655, de 1º de abril de 2002, ambos com alterações supervenientes.

Exprime desdobramento do antigo imposto *inter vivos* e

causa mortis, uma vez que a Carta promulgada em 1988 cindiu o referido gravame, atribuindo o *causa mortis* aos Estados e ao Distrito Federal e deixando o *inter vivos* às Municipalidades. A sigla em apreço compreende dois impostos, quais sejam, um cujo fato gerador constitucional consiste na *transmissão causa mortis de bens ou direitos* e outro que tem por fato gerador constitucional a *doação de bens ou direitos*, tudo na exata conformidade com o comando inserto no art. 155, I, do Texto Magno. O termo de tempo em que se verifica a incidência ocorre no momento da transcrição, tratando-se de imóvel, ou no átimo da tradição, se for móvel. No caso da transmissão *causa mortis,* o contribuinte haveria de ser o espólio, o qual fica sub-rogado nos direitos e deveres relacionados com o *de cujus,* ao passo que, na hipótese de doação, será contribuinte o doador, tudo na exata conformidade com as entrevozes insertas na regra-matriz de incidência. Não obstante, a legislação paulista, por exemplo, desconsiderou a logicidade e a implicitude da potestade tributária contida no Texto Excelso e, nesse sentido, qualificou como contribuinte o transmitido e não o transmitente, conforme dispõe o art. 7º, I a IV, da Lei n. 10.705, de 28 de dezembro de 2000. No tocante à transmissão relativa a bens ou direitos, o aludido diploma enumerou exaustivamente as hipóteses passíveis de incidência, a exemplo de bem corpóreo ou incorpóreo, títulos ou direitos representativos de patrimônio ou capital de sociedade e companhia, tais como ações, quotas, debêntures, dividendos, dinheiro e créditos de qualquer natureza. Inovou o legislador ao instituir o imposto sobre doações, até então imerso apenas no âmbito competencial, alcançando bens de valor superior a 2.500 (duas mil e quinhentas) UFESPs. Ao lume da Constituição, a base de cálculo será, no máximo, o valor dos bens ou direitos, ao passo que a alíquota, por seu turno, será representada por percentagens firmadas em legislação específica, cabendo lembrar que, no Estado de São Paulo, à guisa de exemplo, aquela grandeza é simbolizada por um percentual do valor dos bens ou direitos, enquanto as alíquotas situam-se nos patamares de 2,5, até o montante de 12.000 UFESPs, e 4%, quando acima desse limite. V. *Informações adicionais ou legislação atualizada no site: www.fazendasp.gov.br ou compulsar o site do Distrito Federal ou do Estado objeto da pesquisa, a fim de conhecer a legislação local.*

Imposto sobre Transmissão *inter vivos*, a qualquer título, por ato oneroso, de Bens Imóveis, por natureza ou acessão física, e de direitos reais sobre imóveis, exceto os de garantia, bem como cessão de direitos à sua aquisição (ITBI)

Sumário: Imposto de competência dos Municípios e do Distrito Federal, com fulcro no art. 156, II, e art. 32, § 1º, da Constituição Federal. Leis Orgânicas municipais e distrital; legislação e regulamentação locais; no Município de São Paulo: Consolidação contida no Decreto n. 59.579, de 03 de julho de 2020.

Incide sobre a transmissão onerosa *inter vivos* de: *a)* bens imóveis; *b)* direitos reais; ou *c)* cessão de direitos à aquisição de imóveis. O aspecto temporal da regra-matriz, no caso de imóvel ou direito real, consiste no momento da transcrição do registro na Circunscrição Imobiliária competente, jamais antes, ao passo que, na cessão de direitos, o nascimento da obrigação dá-se no instante da concretização do negócio. Com efeito, a pessoa que realiza o fato gerador constitucional é o transmitente ou o cedente, os quais ocupam o polo passivo do liame obrigacional. A despeito do afirmado, tirante as hipóteses de cessão, a legislação ordinária dos diversos Municípios tende a eleger como contribuinte o adquirente, em flagrante desrespeito às entrevozes do disposto no comando constitucional *sub examen*. A base de cálculo será, no máximo, o valor venal dos bens ou direitos transmitidos, podendo o legislador, caso queira, adotar uma grandeza aquém daquele paradigma, observando, apenas para ilustrar, que no Município de São Paulo há duas classes de alíquotas, vale dizer, 0,5% com relação às transmissões compreendidas no Sistema Financeiro de Habitação, até o limite de R$ 42.800 (quarenta e dois mil e oitocentos reais), valor vigente à época da produção deste Dicionário, sendo de 2% a percentagem incidente no que exceder àquela importância e 2% também no tangente às demais transmissões. O ITBI submete-se ao postulado da anterioridade ano-calendário, conjugado à noventena, nos termos do disposto no art. 150, III, *b* e *c*, da Carta da República. Cumpre salientar que, por força da imunidade prevista no § 2º, I, do art. 156 da Constituição Federal, o ITBI não incide sobre a conferência de bens ou direitos destinados ao patrimônio de pessoa jurídica, o mesmo ocorrendo nas hipóteses de fusão, incorporação ou extinção. O constituinte excetuou da imunidade a empresa que tem como atividade preponderante a compra e venda dos bens ou direitos transmitidos, bem como a atividade de locação de imóveis ou arrendamento mercantil. A atividade preponderante, por sua vez, é aquela em que, no biênio anterior ou posterior à aquisição dos bens ou direitos, as operações decorrentes das transmissões retrocitadas representarem mais de 50% da receita operacional do adquirente. V. *Consolidação da legislação tributária do Município de São Paulo contida no Decreto n. 59.579, de 03 de julho de 2020 e no site: www.prefeitura.sp.gov.br e legislação específica em site local.*

Imposto sobre Vendas a Varejo de combustíveis líquidos e gasosos, exceto óleo diesel (IVV)

Sumário: Tributo extinto em 31 de dezembro de 1995. Competência municipal e distrital contida na redação original do art. 156, IV, da Constituição Federal de 1988. Revogação operada pela Emenda n. 3, de 17 de março de 1993, a partir de 1º de janeiro de 1996.

Tributo outrora situado na esfera competencial dos Municípios, por força do art. 156, III, da *Lex Legum*. Entrementes, logo nos albores de sua existência, a Emenda Constitucional n. 3/1993 determinou a sua desaparição da ordem jurídica a partir de 1º de janeiro de 1996, precedida, diga-se de passo, da redução de sua alíquota para 1,5%, pelo menos, já no exercício de 1995. O fato jurídico tributável consistia *simpliciter et de plano* na operação de venda de combustíveis líquidos ou gasosos. Segundo lúcida observação de Orlando Leite Júnior, a incidência alcançava combustíveis líquidos ou gasosos, não sendo de mister a coexistência desses dois estados para verificar-se a instalação do vínculo obrigacional. Aduz o autor que o constituinte excluiu do critério material tão somente o óleo diesel, firmando uma regra de imunidade e não fazendo qualquer alusão aos demais combustíveis sólidos ou atômicos ou aos químicos, pelo que todos os demais seriam objetos de tributação, quer líquidos, quer gasosos, ao contrário do quanto sugeria a literalidade da fraseologia constitucional, que aludia aos combustíveis líquidos e gasosos. O polo passivo era ocupado pelo vendedor, até porque o imposto recaía sobre a venda e não sobre a compra, embora uma representasse contrapartida da outra, mas o efeito relevante, no caso, é que a norma-matriz indicava com precisão quem era o contribuinte do referido gravame. Outra observação a ser compendiada repousa na não inclusão do imposto na base de cálculo, sob pena de dissimulação de aumento de alíquota, o que seria inconstitucional. Esses comentos, a talho de foice, seguem a esteira das reflexões empreendidas por Orlando Leite Júnior em sua excelente monografia sobre o assunto (LEITE JÚNIOR, Orlando. *A regra-matriz do IVVC*: sua textualidade. São Paulo: Gonçalves, 1993).

Impostos estaduais e distritais

São os seguintes: *a)* transmissão *causa mortis* e doação de quaisquer bens ou direitos; *b)* operações relativas à circulação de mercadorias e sobre prestações de serviços de transporte interestadual e intermunicipal e de comunicação, ainda que as operações e as prestações iniciem-se no exterior; e *c)* propriedade de veículos automotores.

* A Carta da República promulgada em 1988 instrumentou os Estados e o Distrito Federal a instituírem um tributo denominado adicional do imposto sobre a renda, o qual foi criado pela legislação local e extinto em 31 de dezembro de 1995, *ex vi* da Emenda Constitucional n. 3, de 17 de março de 1993.

Impostos dos Estados e do Distrito Federal (arts. 155, I a III, e 32, § 1º, da Constituição Federal)					
				QUANTIFICAÇÃO	
SIGLA	***NOMEN JURIS***	**FATO GERADOR CONSTITUCIONAL**	**CONTRIBUINTE CONSTITUCIONAL**	**BASE DE CÁLCULO CONSTITUCIONAL**	**ALÍQUOTA LEG. INFRACONST.**
ITCMD	Impostos sobre a transmissão *causa mortis* e doação de quaisquer bens ou direitos a eles relativos	Transmissão de bens ou direitos em face da morte de pessoa física; realizar a doação de bens ou direitos	Espólio/Doador	O valor dos bens ou direitos objetos da transmissão ou doação (limite máximo)	Progressiva
ICMS	Imposto sobre operações relativas à circulação de mercadorias e sobre prestações de serviços de transporte interestadual e intermunicipal e de comunicação	Realizar, com habitualidade, operação em que haja transferência de titularidade de mercadoria; prestar serviço de transporte intermunicipal ou interestadual; prestar serviço de comunicação	Pessoa que realiza a operação descrita no fato gerador	O valor da operação (limite máximo)	Operações mercantis: *ad valorem*; serviços de transporte e de comunicação: proporcional
IPVA	Imposto sobre a propriedade de veículos automotores	Ter a propriedade de veículo automotor	O proprietário do veículo automotor	O valor do veículo (parâmetro máximo)	Seletiva

Impostos federais

São os seguintes: *a)* importação de produtos estrangeiros; *b)* exportação, para o exterior, de produtos nacionais ou nacionalizados; *c)* renda e proventos de qualquer natureza; *d)* produtos industrializados; *e)* operações de crédito, câmbio e seguro ou relativas a títulos ou valores mobiliários; *f)* propriedade territorial rural; *g)* grandes fortunas; *h)* impostos residuais; *i)* impostos estaduais em Território Federal, bem como os impostos municipais, se o Território não for dividido em Municípios; e *j)* impostos extraordinários de guerra (arts. 147, 153 e 154 da *Lex Legum*).

Impostos da União (arts. 153, I a VII, 154, I e II, e 147 da Constituição Federal)					
				QUANTIFICAÇÃO	
SIGLA	***NOMEN JURIS***	**FATO GERADOR CONSTITUCIONAL**	**CONTRIBUINTE CONSTITUCIONAL**	**BASE DE CÁLCULO CONSTITUCIONAL**	**ALÍQUOTA LEG. INFRACONST.**
II	Imposto sobre a importação de produtos estrangeiros	Realizar negócio jurídico no exterior, consubstanciado na aquisição de produto estrangeiro, por meio de compra ou doação, e ulterior internalização no País	O importador	O preço de mercado do produto importado ou da unidade de valor, a exemplo de metro, litro ou qualquer outra	Específica, *ad exemplum*, a importância de R$ 10,00 por metro de tecido importado, ou *ad valorem*, que é um percentual incidente sobre o valor do produto importado
IE	Imposto sobre a exportação de produtos nacionais ou nacionalizados	Saída do produto nacional ou nacionalizado para o exterior	O exportador	Preço de mercado do produto ou da unidade de valor	Específica, um dado valor por metro ou litro etc., ou *ad valorem*, um percentual sobre o valor do produto objeto de exportação
IR	Imposto sobre a renda e proventos de qualquer natureza	Obter renda ou proventos de qualquer natureza ou acréscimo patrimonial	Pessoa física ou jurídica que obtiver renda ou proventos de qualquer natureza ou acréscimo patrimonial	Renda líquida, proventos ou acréscimo patrimonial	Fixa, na hipótese de ganho de capital, ou progressiva, nos demais casos
IOF	Imposto sobre operação de crédito, câmbio e seguro ou relativa a títulos ou valores mobiliários	Realizar operações de crédito, câmbio e seguro ou relativas a títulos ou valores mobiliários	Pessoa física ou jurídica que realizar operações de crédito, câmbio e seguro ou relativas a títulos ou valores mobiliários	O valor da operação de crédito, câmbio, seguro, títulos ou valores mobiliários	Fixa, com percentagens estipuladas em consonância com a natureza da operação suscetível de incidência

ITR	Imposto sobre a propriedade territorial rural	Ter a propriedade de imóvel territorial rural	O proprietário do imóvel territorial rural	O valor da propriedade	Percentagens graduadas em patamares progressivos
IGF	Imposto sobre grandes fortunas	Ter grande fortuna	Pessoa física ou jurídica que tiver grande fortuna	O valor da grande fortuna	Poderá ser progressiva, regressiva ou fixa
IPI	Imposto sobre produtos industrializados	Industrializar produtos e comercializá-los	O industrial	O valor da operação relativa ao produto industrializado	*Ad valorem*
	Impostos residuais	Qualquer conduta não contida nos impostos constantes dos arts. 153, 155 e 156	Aquele que realizar a conduta tipificada no respectivo fato gerador	Qualquer grandeza típica que não integra a base de cálculo de nenhum dos impostos enumerados nos arts. 153, 155 e 156	
	Impostos extraordinários ou impostos extraordinários de guerra	Quaisquer das condutas entre aquelas enumeradas nos arts. 153, 155 e 156 ou outra qualquer	Aquele que realizar a conduta tipificada no fato gerador	Quaisquer das grandezas contidas nos impostos enumerados nos arts. 153, 155 e 156 ou outra qualquer	A critério do legislador subconstitucional

OUTROS (1)

ITCMD, ICMS e IPVA em Território Federal (art. 147 da Constituição Federal)

OUTROS (2)

ITBI, IPTU e ISS em Território Federal não dividido em Municípios (art. 147 da Constituição Federal)

Impostos municipais e distritais

São os seguintes: *a)* propriedade predial e territorial urbana; *b)* transmissão *inter vivos*, a qualquer título, por ato oneroso, de bens imóveis, por natureza ou acessão física, e de direitos reais sobre imóveis, exceto os de garantia, bem como cessão de direitos à sua aquisição; e *c)* serviços de qualquer natureza.

* A Constituição Federal promulgada em outubro de 1988 instrumentalizou os Municípios e o Distrito Federal a criar o imposto sobre vendas a varejo de combustíveis líquidos ou gasosos, o qual foi criado efetivamente pelo legislador local, tendo sua vigência extinta em 31 de dezembro de 1995, por força de disposição constante na Emenda Constitucional n. 3, de 17 de março de 1993.

Impostos dos Municípios e do Distrito Federal (arts. 156, I, e 32, §1º, da Constituição Federal)

				QUANTIFICAÇÃO	
SIGLA	***NOMEN JURIS***	**FATO GERADOR CONSTITUCIONAL**	**CONTRIBUINTE CONSTITUCIONAL**	**BASE DE CÁLCULO CONSTITUCIONAL**	**ALÍQUOTA LEG. ORDINÁRIA**
IPTU	Imposto sobre a propriedade predial e territorial urbana	Ter a propriedade de imóvel predial e territorial urbano	O proprietário do imóvel predial e territorial urbano	O valor venal do imóvel	Variável conforme legislação local. Por exemplo: imóvel residencial, entre 0,8 e 1,6%
ITBI	Imposto sobre transmissão *inter vivos*, a qualquer título, por ato oneroso, de bens imóveis, por natureza ou acessão física, e de direitos reais sobre imóveis, exceto os de garantia, bem como cessão de direitos à sua aquisição	Transmitir, *inter vivos* e por ato oneroso, bens imóveis ou direitos reais sobre imóveis ou cessão de direitos à sua aquisição	O transmitente	O valor venal do imóvel ou dos direitos transmitidos	Variável conforme legislação local. Por exemplo: 0,5% (sistema financeiro); 2 e 3% (em geral)
ISS	Imposto sobre serviço de qualquer natureza	Prestar serviços de qualquer natureza, em regime privado, excetuados os de competência estadual e distrital previstos no art. 155, II, da Constituição Federal	O prestador do serviço	O preço do serviço	Graduadas entre 2 e 5%* (legislação complementar)

* Profissionais liberais sujeitos à quantia fixa anual.

Impostos residuais

Previstos no art. 154, I, da Carta da República, situam-se no campo de competência privativa da União. Com efeito, são quaisquer outros impostos que a União pode instituir, desde que não tenham a natureza jurídica específica dos impostos já existentes, os quais devem ser não cumulativos e criados por lei complementar. Nos termos do art. 157, II, da *Lex Legum*, o percentual de 20% do produto de sua arrecadação pertence aos Estados e ao Distrito Federal.

Impugnação (1)

Processo administrativo tributário federal

Espécie de defesa administrativa com efeito suspensivo no tangente à exigibilidade contida nos autos, tendo por fundamento o Decreto n. 70.235, de 6 de março de 1972, que abriga uma série de modificações supervenientes introduzidas por meio da Lei n. 8.748, de 9 de dezembro de 1993, além daquelas estipuladas em outras leis, senão também em medidas provisórias, afora os atos administrativos editados com o fito de regulamentar o assunto, a exemplo de decretos e portarias. Prevista basicamente nos arts. 10, V, 14, 15 e 16 do Diploma em apreço, tem o condão de instalar a fase litigiosa do feito, com o desígnio de submeter a controvérsia ao crivo da autoridade de primeiro grau, no caso, o Delegado da Receita Federal do Brasil, especializado em julgamento de processos relativos a tributos federais.

Imputação em pagamento

Instituto proveniente do Direito Romano, no qual, o devedor de múltiplas dívidas ao mesmo credor, podia realizar um pagamento destinado a solver um dado *debitum*, ou, ainda, na ausência de eleição, remanescia ao credor realizar essa faculdade (De Plácido e Silva, *Vocabulário Jurídico*, 28. ed. p. 720, Forense). Não é diferente a lição de Clóvis Bevilácqua que a define como a *operação, pela qual o devedor de vários débitos da mesma natureza, a um só credor, declara qual deles quer extinguir*" (opus cit., p. 720).

No âmbito do Direito Privado pode ser facultativa ou

compulsória, conforme firmado em avença, ao passo que no Direito Público, caso do Tributário, sua aplicação opera-se sempre compulsoriamente. Encontra-se prevista no art. 163 do Código Tributário Nacional que assim dispõe, *in verbis*:

> *Art. 163. Existindo simultaneamente dois ou mais débitos vencidos do mesmo sujeito passivo para com a mesma pessoa jurídica de direito público, relativos ao mesmo ou a diferentes tributos ou provenientes de penalidade pecuniária ou juros de mora, a autoridade administrativa competente para receber o pagamento determinará a respectiva imputação, obedecidas as seguintes regras, na ordem em que enumeradas:*
>
> *I – em primeiro lugar, aos débitos por obrigação própria, e em segundo lugar aos decorrentes de responsabilidade tributária;*
>
> *II – primeiramente, às contribuições de melhoria, depois às taxas e por fim aos impostos;*
>
> *III – na ordem crescente dos prazos de prescrição;*
>
> *IV – na ordem decrescente dos montantes.*

Entrementes, sua aplicabilidade é diminuta na seara tributária, máxime porque, de há muito, o pagamento dos tributos não é efetivado diretamente nos órgãos da Fazenda Pública, mas a interposta pessoa, em particular, a rede bancária, observação que não escapou do argumento comentário de Hugo de Brito Machado e Schubert de Farias Machado (*Dicionário de Direito Tributário.* São Paulo: Atlas, 2011, p. 108). Outrossim, podem exsurgir hipóteses típicas de imputação de pagamento, a exemplo da restituição de valor pago indevidamente em que a Receita Federal do Brasil pode compensar com eventual débito do sujeito passivo, conforme dispõe o art. 74, da Lei n. 9.430, de 27 de dezembro de 1996. Deveras, o aludido dispositivo exprime hipótese de imputação de pagamento, ora a viger, na seara do Direito tributário.

Impugnação (2)

Processo administrativo tributário no Município de São Paulo

Modalidade de defesa administrativa, em prol do contribuinte, com fulcro na Consolidação da Legislação Tributária do Município. Instaura a fase litigiosa do processo administrativo, bem como suspende a exigibilidade questionada, convindo observar que, na hipótese de decisão contrária à Fazenda Municipal, haverá o reexame necessário, a ser apreciado pela autoridade imediatamente superior àquela que houver proferido o *decisum* reexaminado.

Imunidade (1)

Instituto de expressivo relevo no direito tributário contemplado constitucionalmente, cujo teor estabelece a incompetência das pessoas políticas – União, Estados, Distrito Federal e Municipalidades – no sentido de legislar sobre tributos. Essa noção de imunidade, trazida à doutrina do direito tributário por Paulo de Barros Carvalho, corresponde à sutil lição de Hart, sob a ótica da filosofia do direito, em sua memorável obra *The concept of law,* ao dizer que "Uma Constituição, que efetivamente restrinja os poderes legislativos do órgão legislativo supremo no sistema, não o faz através da imposição de deveres, mas por meio do estabelecimento de incapacidades jurídicas" (*disabilities,* no original inglês). O ponto de vista ora firmado contraria o entendimento corrente sobre o assunto, porquanto a noção preponderante em nossa doutrina entrevê na imunidade uma limitação à competência tributária. Ora, como bem acentua Paulo de Barros Carvalho, a imunidade não é antecedida de qualquer competência, pois, quando estabelecida pelo Texto Supremo, retira, desde logo, a competência das pessoas constitucionais de editar normas incidentes sobre determinadas situações, a exemplo do quanto dispõe o art. 150, VI, *a, b, c* e *d,* entre outros (CARVALHO, Paulo de Barros. *Curso de direito tributário.* 4. ed. São Paulo: Saraiva, 1991. p. 105 et seq.). Ademais, o autor citado demonstra com mestria que, ao contrário do proclamado pela doutrina, quase à unanimidade, a imunidade não se limita aos impostos, sendo aplicável aos tributos em geral, a teor do que revela, por exemplo, o art. 151, I, cujo comando prescreve a incompetência da União no tocante à criação de tributos que não sejam uniformes em todo o território nacional, o que, indubidosamente, representa hipótese de imunidade que engloba qualquer deles, vale dizer, impostos, taxas, empréstimos compulsórios, contribuições de melhoria e contribuições parafiscais.

Imunidade (2)

Imposto sobre a renda/pessoa física. Aposentadoria e pensão de servidores com idade igual ou superior a sessenta e cinco anos. Revogada pela EC n. 20/1998.

Ao versar acerca do imposto sobre a renda, o art. 153, § 2º, II, do Texto Excelso assim dispõe: "não incidirá, nos termos e limites fixados em lei, sobre rendimentos provenientes de aposentadoria e pensão, pagos pela Previdência Social da União, dos Estados, do Distrito Federal e dos Municípios, a pessoa com idade superior a sessenta e cinco anos, cuja renda total seja constituída, exclusivamente, de rendimentos do trabalho." Como se vê, trata-se de não incidência tributária constitucionalizada, daí a sua feição de regra imunizante. Outrossim, os termos do comando revelam a completude de sua fraseologia, porquanto o destinatário da norma, bem como o respectivo objeto, encontram-se claramente evidenciados e explicitados. Logo, postulados básicos de lógica, senão também de linguagem, mostram que a norma reveste natureza autoaplicável. Por incredível que possa parecer, há quem confunda normas autoaplicáveis com normas não autoaplicáveis, em face da simples presença ou ausência de cláusula alusiva à legislação infraconstitucional. Ora, quando a norma constitucional dispõe sobre um dado objeto, de forma incompleta, cabe ao legislador subconstitucional editar a norma integrativa destinada à implementá-la, restando evidente, nessa hipótese, tratar-se de norma não autoaplicável de eficácia limitada, como quer José Afonso da Silva, ou de eficácia complementável, como ensina Maria Helena Diniz. Ao contrário, quando o desenho normativo constitucional contiver todos os elementos aptos para a deflagração dos efeitos próprios, a exemplo do caso vertente, ainda que autorize o legislador subconstitucional a disciplinar o campo de atuação do respectivo comando, estar-se-á, obviamente, diante de uma norma autoaplicável, da categoria das sujeitas à contenção, denominadas *contidas*, na abalizada lição de José Afonso da Silva, ou qualificadas como *restringíveis ou complementáveis*, consoante predica Maria Helena Diniz. É o caso, aliás, da regra *sub examen*, pois o constituinte definiu com clareza solar quem são os destinatários da norma, bem como o seu objeto. Assim, os primeiros são *os aposentados e os pensionistas com idade igual ou superior a sessenta e cinco anos*, enquanto o objeto consiste na *imunidade relativa ao imposto sobre a renda*. Dessarte, resta indubitável que a norma encontra-se pronta e acabada, apta, portanto, a irradiar os efeitos nela previstos, fazendo-o na plenitude, enquanto não sobrevier a normação disciplinadora. Outrossim, somente ao legislador complementar é deferido cuidar do assunto, nos termos do quanto dispõe o art. 146, II e III, *a*, do Diploma Magno. A hipótese contida no inciso II é propugnada por Paulo de Barros Carvalho, pois, a seu pensar, a matéria inclui-se no campo da regulação das limitações constitucionais ao poder de tributar (CARVALHO, Paulo de Barros. *Curso de direito tributário*. 4. ed. São Paulo: Saraiva, 1991. p. 132 et seq.). Já o disposto no item III, *a*, é sufragado por Ives Gandra Martins, com supedâneo na exigência de legislação desse jaez para mensurar a base de cálculo de tributos (MARTINS, Ives Gandra. *Comentários à Constituição do Brasil*. São Paulo: Saraiva, 2001. 6 v. p. 287-290). Pinto Ferreira, por seu turno, é incisivo ao atremar que: "A renda total do aposentado e do pensionista com mais de sessenta e cinco anos paga pela Previdência da União e dos Estados, do Distrito Federal e dos Municípios é imune" (FERREIRA, Pinto. *Comentários à Constituição brasileira*. São Paulo: Saraiva, 1992. 5 v. p. 409). "Todavia, é indispensável a presença de duas condições para que possa incidir a regra imunizante: ter o aposentado ou pensionista idade superior a sessenta e cinco anos e que a sua renda total seja constituída, exclusivamente, de rendimentos do trabalho. Recurso improvido" (STJ. ROMS 2.623/RJ.

Rel. Min. César Asfor Rocha. Primeira Turma. Decisão: 22.02.1995. *DJ* 1 de 27.03.1995, p. 7136). Na mesma vereda é o pensar abalizado de Regina Helena Costa, para quem a norma sob exame aloja as naturezas de eficácia contida e aplicabilidade imediata, suscetíveis de implementação tão somente por meio de lei complementar. Mais: aduz que a omissão do legislador infraconstitucional não impede a atuação da norma imunizante, ao observar que a sua eliminação pela Emenda n. 20, de 15 de dezembro de 1998, é inconstitucional, uma vez que as imunidades simbolizam direito subjetivo público qualificado como pétreo e não podem ser modificadas pelo Poder Constituinte Derivado (COSTA, Regina Helena. *Aspectos da imunidade tributária*. 2000. Tese (Doutorado em Direito) – Pontifícia Universidade Católica de São Paulo, São Paulo, 2000. p. 268-272 e 447-448). Em que pese a clareza hialina e solar da tese exposta e veementizada pela comunidade científica, a orientação pretoriana rejeita a tese, por entender que a norma compreende natureza eficacial limitada, cuja regulamentação se situa na alçada da legislação ordinária.

Imunidade (3)

IPTR

O art. 153, § 4º, II, do Diploma Excelso contemplou com imunidade do imposto sobre a propriedade territorial rural o proprietário de um único imóvel consubstanciado em pequenas glebas rurais, definidas em lei, quando as explore, só ou com sua família.

Imunidade (4)

IPI, ICMS e outros gravames

O art. 153, § 3º, III, estabelece a imunidade relativa aos produtos industrializados destinados ao exterior. Na messe do IPI, ainda, o ouro, quando definido em lei como ativo financeiro ou instrumento cambial, desfruta de imunidade desse tributo, assujeitando-se apenas ao IOF, nos termos, é bem de ver, do comando inserto do § 5º do art. 153 da *Lex Suprema*. Na seara do ICMS, o art. 155, X, *a*, retira do campo de incidência os produtos industrializados exportados para o exterior, enquanto a letra *b* do mesmo dispositivo imuniza as operações interestaduais que tenham por objeto petróleo, inclusive lubrificantes, combustíveis líquidos e gasosos dele derivados e energia elétrica, ao passo que a alínea *c* do referido comando abriga regra imunizante com referência a ouro, enquanto ativo financeiro ou instrumento cambial. Já o § 3º do art. 155 consagra a imunidade concernente às operações relativas à energia elétrica, serviços de telecomunicações, derivados de petróleo, combustíveis e minerais do País. Por força do mencionado preceito constitucional, essas operações podem ser gravadas tão somente pelo imposto sobre importação e exportação, além do ICMS, não podendo sobre elas incidir nenhum outro tributo.

Incentivo fiscal (1)

Generalidades

Figura situada no âmbito da extrafiscalidade, consiste na redução do *quantum debeatur* de natureza tributária ou mesmo na eliminação da exigibilidade. Sua instituição, quando legítima, representa instrumento de ação econômica e social objetivado à consecução do bem comum. Na área do comércio exterior, por exemplo, a nossa legislação abriga uma série de isenções de IPI, ICMS, IR e imposto sobre a exportação, tudo com a finalidade de possibilitar o ingresso de mercadorias nacionais no mercado internacional, enfrentando, inclusive, a competitividade de preços. No plano do imposto sobre a renda, por sua vez, a legislação estabelece inúmeros incentivos consubstanciados na dedução do imposto devido em relação à parcela objeto de destinação a projetos de desenvolvimento geral, a teor do Programa de Alimentação do Trabalhador, do Fundo da Criança e do Adolescente e do Apoio ao Desporto, entre muitos outros. Outro expressivo exemplo é a Zona Franca de Manaus, onde os estabelecimentos industriais e comerciais desfrutam de incontáveis isenções, justificáveis, por todos os títulos, porquanto foi a fórmula mais adequada, cremos, que o legislador encontrou para instalar um parque industrial naquela região de induvidoso potencial, mas sobremodo distante dos polos industrialmente desenvolvidos da Região Sudeste.

Incentivo fiscal (2)

Atividade audiovisual

Instituído pela Lei n. 8.565, de 20 de julho de 1993, e atualmente consolidado por meio do Decreto n. 6.304, de 12 de dezembro de 2007, preordena-se a estimular a atividade audiovisual cinematográfica brasileira de produção independente. Propicia esse desígnio ao estabelecer que os investimentos efetuados nessa atividade sejam objetos de redução tributária na área do imposto sobre a renda.

Incentivo fiscal (3)

Atividades culturais ou artísticas

As pessoas jurídicas submetidas ao regime do lucro real, bem como as pessoas físicas, poderão deduzir do imposto sobre a renda os valores efetivamente aplicados em projetos culturais ou artísticos devidamente aprovados pelo Programa Nacional de Apoio à Cultura (Pronac), na trilha, aliás, do quanto dispõe a legislação básica, no caso, as Leis ns. 8.313, de 23 de dezembro de 1991, e 9.250, de 26 de dezembro de 1995, além da Medida Provisória n. 1.739-19, de 11 de março de 1999, todas encampadas pelo art. 539, I e II, como também os demais parágrafos do mesmo comando, no caso, §§ 1º *usque* 2º do Regulamento do Imposto sobre a Renda, aprovado pelo Decreto n. 9.580, de 22 de novembro de 2018, além de inúmeros outros atos administrativos que disciplinam a matéria. No tocante às pessoas jurídicas, a dedução deve observar dois limites, quais sejam: um que permite a dedução da percentagem de 40% com relação às doações efetuadas e 30% aos patrocínios e outro cujo teor estabelece que aqueles valores não poderão exceder o percentual de 4% do imposto devido. Ainda, considera-se doação a transferência gratuita e definitiva de numerários, bens ou serviços para a realização de projetos culturais, vedada a publicidade do ato. Já o patrocínio consiste na transferência gratuita, em caráter definitivo, de numerário para a realização de projetos culturais, com finalidade promocional e institucional de publicidade, considerando-se como tal, ainda, a cobertura de gastos ou a utilização de bens móveis ou imóveis do patrimônio do patrocinador, respeitado o objetivo cultural, sem a transferência do domínio. Ademais, a legislação qualifica determinados projetos com a condição de especiais, a exemplo de artes cênicas, livros de valor artístico, literário ou humanístico, música erudita ou instrumental, circulação de exposições de artes plásticas ou doações de acervos para bibliotecas públicas ou museus. Nesses casos, o valor das doações e patrocínios não pode ser deduzido como despesa operacional, podendo apenas ser efetivada a dedução da quantia despendida, na percentagem máxima de 4% do imposto devido. No tangente às pessoas físicas, a sistemática é semelhante, pois a legislação autoriza a dedução de determinadas percentagens, desde que observado o limite de até 6% em relação do imposto devido. Os mencionados percentuais são de 80 e 60%, no que concerne aos projetos culturais em geral aprovados pelo Pronac, ao passo que, no tocante aos projetos especiais, a percentagem é de 100%.

Inconstitucionalidade

V. *Ação de inconstitucionalidade* e *Controle de constitucionalidade.*

Inconstitucionalidade por omissão

V. *Ação de inconstitucionalidade por omissão* e *Controle de constitucionalidade.*

Incorporação

Modalidade de responsabilidade sucessória prevista no art. 132 do Código Tributário Nacional consiste na absorção de uma sociedade por outra. Assim, opera-se a desaparição da sociedade absorvida, no que difere da fusão, por exemplo, em que ocorre o desaparecimento de duas sociedades, as quais constituem uma nova organização societária. Ambos os institutos, por seu turno, não se confundem com a cisão, em que uma sociedade transforma-se em duas novas sociedades. V. *Cisão* e *Fusão.*

Indelegabilidade da competência tributária

A competência, compreendida como a faculdade de legislar sobre matéria tributária, não pode ser objeto de delegação, ou seja, a pessoa constitucional investida de poderes legislativos para dispor sobre um dado tributo não pode transferir essas prerrogativas para outra pessoa, ainda que o queira. Exemplificando: o Estado não pode transferir para o Município a competência legislativa para dispor sobre o ICMS, porquanto a rigidez com que o Texto Supremo partilhou as competências tributárias não admite essa possibilidade, a qual, embora inexpressa, representa um princípio que norteia o direito tributário brasileiro. No plano infraconstitucional, o *caput* do art. 7º do Código Tributário Nacional explicitou aquele comando constitucional, ao firmar que a competência tributária é indelegável, ressalvando, contudo, a delegação de atividades relacionadas à administração tributária.

Indício

É o fato conhecido que guarda uma relação de causalidade e verossimilhança com o fato desconhecido, o qual se presume verdadeiro, resultando, assim, em presunção. Importa ressaltar que indício e presunção não se confundem, pois aquele representa a circunstância que possibilita a construção de um raciocínio lógico, cuja conclusão é representada pela presunção. Nessa esteira é a lição de Paulo Celso Bergstrom Bonilha, para quem "o indício é a base objetiva do raciocínio ou atividade mental por via do qual poder-se-á chegar ao fato desconhecido. Se positivo o resultado, trata-se de uma presunção" (BONILHA, Paulo Celso Bergstrom. *Da prova no processo administrativo tributário*. São Paulo: LTr, 1992. p. 112). Torna-se de mister veementizar que, nas raias do processo tributário, o indício é legítimo enquanto pressuposto lógico para erigir a presunção, embora esta se aplique minimamente nesse campo normativo em virtude da gradação máxima dos primados da legalidade, tipicidade e vinculabilidade, cujos substratos rejeitam por todos os títulos a exigência de tributos com lastro de mera presunção. Entrementes, por vezes a presunção legal merece ser cabida, assim como ocorre com a prova emprestada, que enlaça logicamente um fato conhecido a outro então desconhecido, rendendo ensanchas à incidência de gravames tributários. Ilustra a hipótese a infração à legislação do imposto sobre a renda, consubstanciada na omissão de receitas, uma vez que a referida conduta pressupõe a realização de vendas não contabilizadas e sem emissão de nota fiscal, o que, ao menos em tese, legitima a Receita Federal do Brasil a efetuar o lançamento do IPI, o mesmo ocorrendo em relação à Fazenda do Estado no tocante ao ICMS, tudo com fulcro na presunção em apreço.

Indisponibilidade do interesse público

Relevante vetor do Sistema Constitucional Brasileiro, caracteriza-se pela impropriabilidade dos interesses proclamados como ínsitos à coletividade, os quais não se encontram à disposição dos governantes. Mercê de sua feição de primado constitucional, embora inexpressa, propaga efeitos a todos os recantos do direito, habitando o regime jurídico-administrativo, como bem apregoa Celso Antônio Bandeira de Mello. O direito tributário, assim como os demais segmentos normativos, jaz sob a égide do aludido princípio constitucional.

Industrialização

Trata-se de conceito juridicizado pela legislação do imposto sobre produtos industrializados. Debalde objeto de norma de direito (arts. 3º, parágrafo único, da Lei n. 4.502, de 30 de novembro de 1964, e 46, parágrafo único, do Código Tributário Nacional), representa tópico de refertas interrogações, tanto que existe uma discrepância entre o conceito inserto na lei do IPI e o conceito do Código Tributário Nacional. Ao lume da ciência jurídica, o que importa é o desenho constitucional de industrialização, o qual jaz nas dobras da própria dição e haverá de ser compreendido em consonância com a sua coloquialidade, em obséquio às autorizadas lições de Cooley. Assim, a atividade de industrialização caracteriza-se negativamente, na proporção em que não seja uma obrigação de fazer, vale dizer, não será industrializado o que advier de prestação de serviço, conforme fundamenta Geraldo Ataliba (ICMS – Semielaborados. *RDT*, São Paulo, n. 48, p. 31-32, abr./jun. 1989). Dessarte, a despeito de o conceito legal qualificar como *industrialização* as operações de transformação, beneficiamento, montagem, acondicionamento e renovação, esta obra abraça as lições de José Roberto Vieira, para quem a transformação é decididamente uma industrialização, enquanto, *a contrario sensu*, o acondicionamento e a renovação tipificam prestações de serviços situados no campo de incidência do ISS municipal, jamais do IPI. Outrossim, o eminente jurista aduz que o beneficiamento (o aperfeiçoamento de um produto ou a alteração do seu funcionamento, utilização, acabamento ou aparência), bem como a montagem (a reunião de produtos), dependendo de cada caso, podem configurar industrialização ou prestação de serviço (VIEIRA, José Roberto. *A regra-matriz de incidência do IPI*. Curitiba: Juruá, 1993. p. 96).

Inflação

É a perda do poder aquisitivo da moeda, em virtude do descompasso entre o excesso de sua respectiva emissão e o volume da produção nacional. Essa é a noção moderna do vocábulo, na linha sustentada por Raymond Barre, em *Économie politique,* a qual se contrapõe ao conceito imperante no século passado, que, inspirado nas lições da chamada *Currency School*, propugnada por David Ricardo (1772-1823), adotava como parâmetro identificador da inflação o ouro e não a produção nacional.

Infração tributária

Consiste em toda ação ou omissão, voluntária ou involuntária, que importe em inobservância do dever jurídico de índole tributária, por parte do sujeito. O conceito *in casu* exprime o substrato da definição inserta no diploma básico do IPI, no caso, a Lei n. 4.502, de 30 de novembro de 1964, que, mercê da dimensão semântica, espraia-se a todos os recantos do direito tributário.

Inscrição da dívida

V. *Certidão da dívida ativa* e *Dívida ativa tributária.*

Insolvência civil

Consoante orientação pretoriana proclamada pelo Superior Tribunal de Justiça, a insolvência civil se subsume analogicamente ao concurso civil, daí o cabimento da aplicação do Decreto-lei n. 7.661, de 21 de junho de 1945, pelo que merece excluída a multa e os juros moratórios *(REsp 1.108.831-Paraná, Rel. Ministro Luiz Fux)*. A lei de antanho, ora apontada, foi alterada pela Lei n. 11.101, de 9 de fevereiro de 2005, a qual regula a recuperação judicial, extrajudicial e a falência do empresário e da sociedade empresária.

Instâncias administrativas tributárias

São órgãos investidos de poderes para decidir sobre processos administrativos tributários. No plano dos tributos federais, a decisão de primeiro grau compete à Delegacia da Receita Federal do Brasil de Julgamentos e é efetivada por um colegiado composto por três auditores da Receita Federal do Brasil. Na hipótese de decisão favorável ao contribuinte, torna-se de mister o reexame necessário, pelo que a autoridade julgadora é instada a interpor o recurso de ofício, ao passo que, no caso de decisão contrária ao contribuinte, poderá ele interpor recurso voluntário perante o Conselho Administrativo de Recursos Fiscais, restando, ainda, conforme previsão regimental, a possibilidade de levar o feito ao crivo da Câmara Superior de Recursos Fiscais. Nos Estados, a sistemática é semelhante, pois há um órgão julgador de primeira instância, no caso, a Delegacia Tributária de Julgamentos, e um Tribunal Administrativo de segunda instância; em São Paulo, por exemplo, essa Corte é denominada Tribunal de Impostos e Taxas. Os Municípios, por seu turno, adotam modelo semelhante em relação à existência de duas instâncias administrativas, embora poucos tenham um Tribunal de segunda instância, como ocorre na cidade de São Paulo. Tanto nos Estados quanto nos Municípios e no Distrito Federal, apesar das especificidades de cada legislação, todas abrigam o recurso de ofício quando a decisão de primeiro grau é favorável ao contribuinte. Importa sublinhar que a decisão administrativa definitiva favorável ao contribuinte tem o condão de extinguir a obrigação tributária, nos termos, a bem ver, do disposto no art. 156, IX, do Código Tributário Nacional.

Instâncias judiciais tributárias

São os variegados patamares dotados de órgãos jurisdicionais investidos de competência para decidir sobre processos de cunho tributário. Tratando-se de tributo municipal, estadual ou distrital, o pleito submete-se ao crivo singular da primeira instância, que tanto pode ser o juízo da comarca de domicílio do contribuinte ou o juízo do local da ocorrência dos fatos, podendo, outrossim, situar-se no âmbito competencial do juízo da Fazenda Pública ou do Ofício das Execuções Fiscais, tudo na exata conformidade com a legislação de organização judiciária. Em segundo grau, o feito é apreciado pelo Tribunal de Justiça do Estado, que compreende Câmaras especializadas em direito público. Na órbita federal, o feito é processado na Justiça Federal da região da comarca em que tenha domicílio o contribuinte ou, na ausência de Varas Federais, no Foro estadual, ao passo que, na segunda instância, será necessariamente distribuído ao Tribunal Regional Federal da região competente. Ademais, após a decisão de segunda instância, as partes podem recorrer ao Superior Tribunal de Justiça, se entenderem que o *decisum* contrariou legislação federal, cabendo, por fim, o julgamento final ao Supremo Tribunal Federal, que é dotado de competência para julgar o Recurso Extraordinário tendo por objeto matéria constitucional.

Instituição do tributo

Prerrogativa privativa das pessoas jurídicas de direito público interno, vale dizer, União, Estados, Distrito Federal e Municípios. Consiste na faculdade de criar o tributo, mediante o exercício do título competencial inserto no Diploma Excelso. Cumpre esclarecer que a Constituição não cria tributos em sua completude, fazendo-o apenas em tese, na medida em que se limita a enumerá-los, ao catalogar as competências tributárias em prol das pessoas jurídicas de direito público interno, as quais devem implementar o processo de criação. Ao propósito, o asserto pode ser exemplificado por meio do imposto sobre grandes fortunas, que inexiste entre nós, embora previsto *in albis* no art. 153, VII, da Carta da República. Impende frisar que a instituição do tributo prende-se ao primado da estrita legalidade, entre outros, donde a instituição do tributo requer que a lei descreva à saciedade todos os componentes da norma jurídica tributária, devendo explicitar, pois, o fato jurídico suscetível de tributação e as variáveis de espaço e tempo em que o fato deve ocorrer – critérios espacial e temporal –, cabendo-lhe, também, designar os sujeitos ativo e passivo do vínculo obrigacional e, finalmente, quantificar o tributo. Tal mister, diga-se de passo, traduz matéria privativa do exercício da função legislativa, sendo absolutamente indelegável, por todos os títulos e por todas as luzes, sob pena de manifesta afronta ao primado constitucional da estrita legalidade.

Instituto Nacional do Seguro Social (INSS)

Autarquia federal criada pelo Decreto n. 99.350, de 27 de junho de 1990, com fulcro na Lei n. 8.029, de 12 de abril de 1990, à qual competia a fiscalização, arrecadação e administração das contribuições sociais e demais receitas destinadas à seguridade social, função, diga-se de passo, encampada pela Receita Federal do Brasil, mercê do disposto na Lei n. 11.457, de 16 de março de 2007. Remanesce incumbida do gerenciamento dos recursos do Fundo de Previdência e Assistência Social, cabendo-lhe, outrossim, conceder e manter os benefícios previdenciários, além de executar atividades e programas relacionados ao emprego, apoio ao trabalhador desempregado, identificação profissional, segurança e saúde do trabalhador.

Instrução normativa

Ato administrativo veiculador de normas gerais e abstratas,

situado no âmbito competencial de autoridades subordinadas ao Chefe do Executivo. A rigor, deveria limitar-se a transmitir orientação interna aos seus subordinados, mas, em veras, é utilizada como diploma regulamentador da legislação tributária.

Instrumentos jurídicos em prol da Fazenda Pública

São os meios de cobrança com os quais a ordem jurídica instrumentaliza a Fazenda Pública, no sentido de promover a cobrança do crédito tributário. Assim, na via administrativa, a Fazenda utiliza a intimação, a notificação de lançamento e o auto de infração, que representam peças vestibulares do processo administrativo, havendo, ainda, a cobrança amigável do crédito, por parte da Procuradoria da Fazenda, após o exaurimento do processo administrativo. Já no plano judicial, exsurgem as seguintes ações: cautelar fiscal, execução fiscal e outras ações e recursos que, direta ou indiretamente, visam a proteger o crédito tributário e viabilizar o sucesso de sua cobrança, a exemplo dos recursos genericamente previstos no Código de Processo Civil, no primeiro caso, ou os aspectos coercitivos plasmados na legislação que define o crime tributário, cujo teor tende a garantir a cobrança de créditos tributários, sem prejuízo da repercussão criminal decorrente do delito cometido.

Instrumentos jurídicos em prol do contribuinte

São representados pelo conjunto de normas e princípios que resguardam o direito subjetivo do contribuinte no plano da aplicação da lei. Assim, as prerrogativas do sujeito passivo, gravadas na *Lex Legum* e qualificadas como verdadeiras no Estatuto do Contribuinte, segundo asserto de Louis Trotabas, Paulo de Barros Carvalho e Roque Antonio Carrazza, constituem mecanismos jurídicos em abstrato, que, sem dúvida, amparam o contribuinte. No âmbito da cobrança em concreto, o contribuinte dispõe, basicamente, dos seguintes instrumentos: consultas, defesas e recursos administrativos em geral, nas diversas instâncias do processo administrativo. Na esfera judicial, por seu turno, merecem ser enumerados: os embargos à execução; a ação anulatória de débito fiscal; a ação declaratória de inexigibilidade de tributo; a ação de consignação em pagamento; as ações cautelares, quer inominadas, quer nominadas, tanto preparatórias quanto incidentais; a ação de repetição de indébito; a ação rescisória; e o mandado de segurança, além dos recursos em geral, conforme previstos no Código de Processo Civil.

Insumo

Segundo mencionado por Antônio Houaiss, a expressão originara-se da palavra inglesa *input*, designativa de tudo aquilo que entra, conjugada com o vocábulo pátrio 'consumo'. A expressão situa-se no plano da economia e indica os elementos destinados à industrialização, comercialização e prestação de serviços, a exemplo de matéria-prima, equipamentos, capital, mão de obra e energia, entre outros componentes ligados à produção de bens ou serviços. Na ambitude do direito tributário, os insumos ganham especial relevância, uma vez que o seu custo repercute na base de cálculo dos tributos em geral. Além disso, em tributos não cumulativos, como o IPI e o ICMS, o custo com insumos numa dada etapa do ciclo econômico propicia o surgimento de crédito a ser compensado nas operações. A legislação do ICMS do Estado de São Paulo, por exemplo, cuida do assunto por meio do art. 71, § 8º, do Regulamento do ICMS, apresentando a seguinte definição: "Consideram-se insumos as matérias-primas, os materiais secundários ou de embalagem e os serviços recebidos no âmbito do imposto, utilizados no processo de industrialização dos produtos ou na prestação de serviços cujas operações ou prestações possibilitaram a geração de crédito acumulado." Nesse ponto, por vezes, exsurgem questões polêmicas tendo por objeto o direito ou não ao crédito proveniente da aquisição de insumos, seja no tangente à geração do crédito em face da natureza de certos insumos, seja no tocante ao aproveitamento extemporâneo do crédito, seja pela eventual transferência para terceiros, seja em entrada tributada com saída não tributada.

Interesse de agir

Previsto no art. 17 do CPC/2015, traduz uma das condições da ação. Pressupõe a existência de conflito de interesses e o cabimento da providência jurisdicional pertinente, em virtude da plausibilidade objetiva da pretensão postulada. No dizer sempre abalizado de José Frederico Marques, "interesse de agir significa a existência de pretensão objetivamente razoável" (MARQUES, José Frederico. *Manual de direito processual civil.* São Paulo: Millennium, 1974. 1 v. p. 157-158).

Interpretação

Mister supremo do bacharel em direito, seja advogado, professor, delegado, agente fiscal, procurador, magistrado etc. Consubstancia-se no desvendamento do direito, buscando compreendê-lo em seus contornos e estruturas, com o desígnio de aquilatar o verdadeiro significado de uma norma ou princípio e o seu traço de harmonia ou desarmonia com os vetores magnos do sistema jurídico. O Código Tributário Nacional incorreu no lamentável equívoco de estatuir regras de interpretação, o que representa um paradoxo, porquanto tais regras devem ser interpretadas, gerando, assim, uma falácia circular. Por outro lado, o Código cogitou de interpretação literal, premissa, por todos os títulos, inadmissível. Esta obra sobraça as lições de Geraldo Ataliba, Paulo de Barros Carvalho e Roque Carrazza, entre outros, enquanto propugnam pela interpretação sistemática, vale dizer, aquela que leva em conta a justaposição do texto ao contexto, mediante o sopesar dos grandes princípios constitucionais e das categorias jurídicas universais que devem informar o labor exegético. A talho de foice, ouçamos a inolvidável lição de Rudolf Stammler, que assim averbou: "*quando alguém aplica um artigo do Código, aplica todo o Código*". Parafraseando o jusfilósofo alemão, este Dicionário assim arremata: *quando alguém aplica um artigo do Código, não se limita a aplicar todo o Código, mas todo o direito*. É com esse ânimo que o exegeta deve instrumentar-se para tão importante tarefa, que, vezes sem conta, desenvolve-se na raia pedestre e menor da literalidade, tão a gosto dos chamados práticos do direito!

Interpretação analógica

Método interpretativo substanciado na aplicação da lei a um caso semelhante, justificável apenas nas hipóteses de ausência de previsão legal específica com referência ao fato então susceptível de incidência. Não é diferente a lição de Norberto Bobbio, para quem a referida interpretação é o procedimento pelo qual se atribui a um caso não regulamentado a mesma disciplina que a um caso semelhante (*Teoria do ordenamento jurídico*, trad. Maria Celeste C.L. dos Santos, Brasília, 1991, p. 151). Ézio Vanoni, com pena de ouro, como sói acontecer, define analogia como a identificação da vontade da lei, mais além da fórmula empregada (*Natureza e interpretação das leis tributárias,* trad. Rubens Gomes de Sousa, Rio de Janeiro: Ed. Financeiras, p. 320-1). Conquanto utilizada nimiamente no âmbito do direito civil, não se pode dizer o mesmo na seara tributária, pois, rejeitada pela doutrina tradicional, não mereceu melhor sorte na jurisprudência, o mesmo ocorrendo no plano legislativo. Ao propósito, assim como Alemanha, México, Grécia, Bélgica e Itália, o Brasil veda a analogia no universo tributário (*Interpretação da Lei Tributária,* Wilhelm Hartz, Resenha tributária, 1993, Trad. Brandão Machado, p. 24). Nessa vereda, o art. 108, § 1º, do Código Tributário Nacional estabelece a vedação da analogia gravosa, bem como o art. 113, III, da aludidas codificação, também estipula sua proibição no tangente à dispensa de obrigações de fazer. Outrossim, se essas disposições proíbem o recurso à analogia para tributar, por iguais razões afigura-se vedado utilizá-la para isentar, senão também, no mesmo diapasão, sendo defeso dispensar o cumprimento de obrigações de fazer pela via analógica, torna-se vedado exigir o adimplemento daqueles deveres jurídicos. Em suma, segundo o art. 108, I, do Código Tributário Nacional, a analogia pode ser utilizada, embora não tenha nenhuma valia. Noutros dizeres, por via transversa o CTN proíbe expressamente a interpretação analógica. A jurisprudência do Supremo Tribunal Federal, bem assim a do Superior Tribunal de Justiça, abraçando a literalidade do CTN, conquanto não devesse fazê-lo, rejeita a analogia como meio de interpretação na messe tributária. Ademais, a codificação brasileira incorre numa insuperável contradição, pois, de um lado, proíbe a analogia, ao passo que, de outra parte, recorre à analogia com o desígnio de tipificar o abuso de forma, conforme disposto no parágrafo único do art. 116 do CTN. Outrossim, esta obra sufraga entendimento diametralmente oposto ao das Cortes Pretorianas e ao da doutrina dominante, pois tem convicção no sentido em que a analogia, assim como qualquer método interpretativo, pode e deve ser aplicada no direito tributário. Hipótese de analogia, por exemplo, seria qualificar como tributável pelo ISS um dado serviço não enumerado na Lista contida na Lei Complementar n. 116, de 321 de julho de 2003. Situação idêntica dar-se-ia ao ensejo da classificação fiscal de produto industrializado enquadrado com dígitos finais 90 ou 99, designativo de outros, o que significa categorizá-los e tributá-los por intermédio de critérios analógicos.

Interpretação autêntica

Método anacrônico que tem um pressuposto falacioso e autoritário, segundo o qual o labor exegético compete a quem elabora a Lei, conforme preconizado no Código do Imperador Justiniano, a saber: *Ejus est interpretari legem cujus est condere* (Livro I, título 44). Por incredível que possa parecer, o direito brasileiro ainda hospeda regras de interpretação, a exemplo da Lei de Introdução às Normas do Direito Brasileiro e do Código Tributário Nacional, entre outras. Não demasia dizer que a aludida fórmula de interpretação não se harmoniza com os postulados básicos de Hermenêutica, *ad exemplum* da concepção contextual do direito, tudo conjugado com um amplo universo de métodos de interpretação, assim como a linguagem, o lógico, o analógico, o teleológico e o histórico evolutivo, entre outros.

Interpretação doutrinal

A denominada interpretação doutrinal se desdobra em pública e particular, a primeira contida nas manifestações do judiciário, enquanto a segunda decorre da produção científica da lavra de estudiosos, acadêmicos e jurisconsultos.

Interpretação econômica

A expressão é induvidosamente equivocada e hospeda inegável caráter falacioso. Deveras, inconcebível por todas as luzes a ideia de interpretar o direito pela via econômica, assim como seria despropositado interpretar economicamente a Ciência Médica. Debalde o fato jurídico de índole tributária abrigue conteúdo econômico, como proclamado pelo Direito Tributário Alemão, a compreensão e a implicação econômica na relação jurídica somente pode ser aquilatada ao lume do direito, vale dizer, por meio de interpretação jurídica, jamais econômica.

Interpretação eficacial

Conforme noção cediça, a eficácia consiste na produção dos efeitos jurídicos das normas na seara do Direito. Logo, o labor exegético não pode passar ao largo do aspecto dimensional da eficácia, tanto no plano constitucional, como nos demais patamares normativos. Em suma, a compreensão do direito não poderia olvidar nenhum dos métodos de interpretação, inclusive a completude ou incompletude das normas e a sua aptidão para deflagrar os efeitos que lhes são imanentes. V. *Eficácia das normas constitucionais*.

Interpretação filológica

A filologia é a ciência que estuda a linguagem por meio de textos escritos, o que compreende o aspecto semântico, o sintático e o pragmático, premissa, diga-se de passo, aplicável na seara do Direito. Assim, se é verdade que a letra isolada da norma jurídica não tem nenhuma valia, não menos verdade é também que a exata compreensão da linguagem representa atributo indispensável na missão do exegeta. Deveras, muito além da literalidade rasa, o que se propõe consiste em perquirir sobre a estrutura interior das palavras a fim de aquilatar o seu significado – semântica – bem assim a relação entre os termos nos dispositivos normativos – sintático – senão também o sentido com que os utentes empregam as palavras no âmbito do Direito. Nessa trlha, aliás, pontua de há muito e com a mestria de sempre o renomado jurista Paulo de Barros Carvalho ao versar o tema em seu festejado *Curso de direito tributário* (2017, p. 117 et seq.). A título de exemplo, o Direito hospeda conceitos lógico-jurídicos, cujo significado não pode ser infirmado, assim como alguns conceitos do direito tributário, caso de Mercadoria ou Renda ou Venda e Compra ou Doação, entre outros. Em exemplário armado ao propósito, merece ser lembrada a lição do Ministro Luis Galotti ao atremar que a lei não pode chamar de renda ou que não é renda ou de venda e compra aquilo que não é venda e compra e assim avante (*in* RE 71758GB – *RTJ* 66/165). Não se pode olvidar que a linguagem traduz a porta de entrada para o labor interpretativo, o que se perfaz mediante uma óptica contextual contendo os múltiplos métodos interpretativos.

Interpretação histórico-evolutiva

Consiste no desvendamento do direito em consonância com o tempo da aplicação da norma e não ao tempo da sua edição. Surgiu sob a inspiração de Savigny que abriu caminho para os juristas germânicos criarem a Escola dos Pandectistas, a qual buscou compreender o Direito além da letra, buscando compatibilizar a norma ao tempo de sua aplicação. Na França, Gabriel Saleilles ousou infirmar os postulados rígidos da Exegese e, nesse sentido sustentou que, ao ser editada, a norma se desprende da pessoa do legislador, ganhando vida própria, daí a equivocidade contida na premissa que leva em conta a suposta vontade do legislador. Entre nós, por exemplo, na seara penal o adultério representava crime previsto no art. 240 do Código Penal até sua revogação por meio da Lei n. 11.106, de 28 de março de 2005, o qual, todavia, não desfrutava de eficácia social e, por isso, não merecia aplicação, mercê da visão histórico-evolutiva do Direito. No direito tributário a sua aplicação afigura-se remota em virtude da rigidez dos princípios constitucionais informadores da tributação, a teor da estrita legalidade, da vinculabilidade e da tipicidade, entre outros. Não obstante, pode ocorrer, tanto que, imersa no uso e costume, encontra-se qualificada no Código Tributário Nacional com a roupagem de legislação tributária, conforme estampa o art. 100, III, ao contemplar como norma complementar da legislação as práticas reiteradamente observadas pelas autoridades administrativas.

Interpretação literal

Esse método interpretativo, também denominado filológico ou gramatical, consiste no significado das palavras que integram as normas jurídicas. Surgiu com o advento do primeiro direito nacional veio a lume, no caso o Código Civil Francês, o qual representou um momento de glorificação da Revolução Francesa e um marco impostergável na história da humanidade. Aquela codificação proclamou a igualdade de todos perante a lei, pondo fim aos privilégios da nobreza e do clero, embora persistisse, como ainda hoje remanesce, um descompasso entre o direito positivado e o direito aplicado. Em visão literal, deu margem ao surgimento da Escola da Exegese. Com efeito, aquela Escola buscava encontrar na Lei a solução para todos os conflitos de interesses e, sob pretexto de proteger a segurança jurídica e evitar privilégios, adotou como craveira a visão literal. Desconsiderava a existência de pontos lacunosos, vedava a interpretação analógica, senão também a histórica evolutiva, com reservas o plano lógico e o sistemático. Merece reproches a noção comum, segundo a qual a disposição expressa de lei vincularia o magistrado, o intérprete e a autoridade fiscal na seara fiscal, como quer o art. 108 do Código Tributário Nacional. Ora, o texto fora do contexto não tem o menor sentido, daí a impropriedade de outros diplomas normativos, inclusive a Lei de Introdução às Normas do Direito Brasileiro que contempla a analogia, os costumes e os princípios gerais do direito, somente nas hipóteses em que a lei for omissa.

Outrossim, a concepção moderna da literalidade não se limita ao sentido dos vocábulos em sua superficialidade, mas na dimensão de sua carga semântica, conjugada com o aspecto sintático que é a relação entre as palavras no contexto normativo, sopesando, também, o pragmatismo que é o sentido com que os utentes do direito empregam a linguagem jurídica. Essa é a lição, aliás, de Paulo de Barros Carvalho que, em feliz metáfora, sublinha que a literalidade é a porta de entrada para o labor interpretativo, estando longe, por si só, de propiciar o desvendamento e a compreensão de problemas na seara da Ciência do Direito (*Curso de direito tributário*. 19. ed. São Paulo: Saraiva, 2007. p. 108).

No plano da literalidade, merece especial dimensão o aspecto semântico, o qual delimita o poder do editor na norma, quer geral e abstrata, quer concreta e individual, máxime porque, à guisa de exemplo, não poderia ele chamar de compra o que não é compra, de exportação o que não é exportação, importação o que não é importação ou designar como renda aquilo que não é renda, na esteiras, a bem ver, de memorável voto do Ministro Luiz Galotti em Seção realizada na Pretório Excelso no dia 14 de junho de 1972 (RE 71758/GB). Por esse prisma, portanto, o componente semântico da linguagem exprime uma inegável limitação ao Poder do Estado, bem assim jaz entroncado na essência da segurança jurídica.

Cumpre obtemperar que apesar da importância de literalidade sob a óptica suscitada, sua utilização no mister exegético requer seja conjugada com os demais métodos interpretativos, a teor do lógico, teleológico, histórico-evolutivo e sistemático, entendimento, aliás, propugnado pelos clássicos Carlos Maximiliano e Miguel Reale (*Hermenêutica e aplicação do direito*. 9. ed. Rio de Janeiro: Forense, 1979; e *Lições preliminares de direito*. 27. ed. São Paulo: Saraiva, 2002; 9ª tiragem 2010).

Interpretação lógica

Método teórico de compreensão do direito, em harmonia

com a teoria pura do direito de Kelsen, o qual utiliza os postulados da lógica formal, tanto por meio de raciocínio dedutivo, como indutivo, sempre estabelecendo uma relação lógica entre as premissas e a conclusão, sem influência de fatores externos, a exemplo de aspectos axiológicos, sociológicos ou quaisquer outros que não sejam estritamente formais.

Interpretação teleológica

Consubstancia a compreensão finalística da norma jurídica, a qual, segundo Miguel Reale, é um dos pontos essenciais da hermenêutica estrutural, pois, consoante suas lições, toda interpretação reveste natureza teleológica fundada na consistência axiológica do Direito (*Lições preliminares de direito*. 27. ed. São Paulo: Saraiva, 2002; 9ª tiragem 2010. p. 291). O aludido método interpretativo, por óbvio, transcende à literalidade, na medida em que se busca aquilatar qual é o bem ou valor ou conduta perseguido ou tutelado pelo comando normativo. Exemplo sobremodo eloquente sobre o tema repousa no aviso estampado numa estação ferroviária, com os dizeres: É proibido passear com cães neste local, mesmo com coleira (*apud* Recaséns Siches. *Nueva filosofia de la interpretación del derecho*. 2. ed. México: Porreua, 1973. p. 164 et seq.). A literalidade, obviamente, não revela toda a dimensão da norma, tanto que a disposição expressa não proíbe a presença de ursos, rinocerontes e outros animais. Por outro lado, sob o ponto de vista finalístico, força é reconhecer que a proibição que alcança animais domésticos, como cães, com mais razão encamparia animais ferozes. Essa conclusão, óbvia embora, exsurge em face da visão teleológica da regra sob exame. Na seara tributária, a seu turno, a imunidade desfrutada por livros e jornais tem por finalidade viabilizar o acesso à informação e ao produto cultural, donde haveria de aplicar-se, também, aos livros e jornais eletrônicos, os quais, ainda não existiam ao tempo da redação do referido mandamento constitucional previsto no art. 150, VI, *d*, da Carta da República. O asserto trazido à colação é abraçado por expressiva a abalizada corrente doutrinal, a teor de Regina Helena Costa (*Imunidades tributárias*. São Paulo: Malheiros, p. 188-189). Entrementes, com fulcro na visão literal do Texto Constitucional, o Supremo Tribunal Federal não considerou por muito tempo os pressupostos expostos e circunscreveu a imunidade tão somente aos livros e jornais impressos em papel. Por oportuno, a Egrégia Corte houve por bem reconhecer a referida imunidade e fê-lo por meio da Súmula Vinculante 57, consoante estampado no site da STF a seguir transcrito:

> "Súmula Vinculante 57
>
> A imunidade tributária constante do art. 150, VI, *d*, da CF/88 aplica-se à importação e comercialização, no mercado interno, do livro eletrônico (*e-book*) e dos suportes exclusivamente utilizados para fixá-los, como leitores de livros eletrônicos (*e-readers*), ainda que possuam funcionalidades acessórias.
>
> *Precedente Representativo*
>
> O art. 150, VI, *d*, da Constituição não se refere apenas ao método gutenberguiano de produção de livros, jornais e periódicos. O vocábulo "papel" não é, do mesmo modo, essencial ao conceito desses bens finais. O suporte das publicações é apenas o continente (*corpus mechanicum*) que abrange o conteúdo (*corpus misticum*) das obras. O corpo mecânico não é o essencial ou o condicionante para o gozo da imunidade, pois a variedade de tipos de suporte (tangível ou intangível) que um livro pode ter aponta para a direção de que ele só pode ser considerado como elemento acidental no conceito de livro. A imunidade de que trata o art. 150, VI, *d*, da Constituição, portanto, alcança o livro digital (*e-book*). (...) A teleologia da regra de imunidade igualmente alcança os aparelhos leitores de livros eletrônicos (ou *e-readers*) confeccionados exclusivamente para esse fim, ainda que, eventualmente, estejam equipados com funcionalidades acessórias ou rudimentares que auxiliam a leitura digital, tais como dicionário de sinônimos, marcadores, escolha do tipo e do tamanho da fonte etc. Esse entendimento não é aplicável aos aparelhos multifuncionais, como tablets, smartphone e laptops, os quais vão muito além de meros equipamentos utilizados para a leitura de livros digitais.

Interpretação sistemática

Segundo alguns autores, tratar-se-ia de método interpretativo lógico-sistemático consistente na justaposição do texto ao contexto, sem sopesar a visão analógica ou teleológica, entre outras. No ver desta obra, contudo, a interpretação sistemática leva em conta a linguagem, o aspecto lógico, o analógico, o teleológico, e o histórico-evolutivo.

Por meio desse caminho, ao ensejo do mister exegético, o operador do direito haverá de contrastear o ponto *sub examen* com os postulados cardeais do sistema normativo, assim como submeter um artigo de lei ao crivo dos princípios constitucionais gerais e tributários, tudo com o desígnio de aquilatar a sua relação de compatibilidade ou incompatibilidade com o sistema, donde despontará o traço de validez ou invalidade, bem assim a dimensão e o alcance do comando questionado. Já em Roma, cumpria ao juiz decidir em consonância com o conjunto normativo, conforme averbado por Celso, no Digesto, senão vejamos: "*Incivile est, nisi tota lege perspecta, uma alíqua partícula etjus proposita, judicare, vel respondere*" – "é contra o Direito julgar ou emitir parecer, tendo diante dos olhos, ao invés da lei em conjunto, só uma parte da mesma" (*Livro 1, tit. 3, fragmentos 24, do Digesto*). No mesmo sentido é o eloquente pronunciamento de Domat, para quem a verdade inteira resulta do contexto e não de uma parte truncada, quiçá defeituosa, mal redigida; examine-se a norma na íntegra (*Teoria da Interpretação das Leis*. Trad. Correia Teles, transcrita integralmente no Código Filipino, de Cândido Mendes, v. III, cit. 431, X). Não se pode olvidar, ao demais, as palavras de Carlos Maximiliano acerca do assunto. Por oportuno, merece estampado um excerto memorável do mestre que assim averbou: "*O processo sistemático encontra fundamento na lei da solidariedade entre os fenômenos coexistentes. Não se encontra um princípio isolado em ciência alguma: acha-se cada um em conexão íntima com outros. O Direito objetivo não é um conglomerado caótico de preceitos; constitui vasta unidade, organismo regular, sistema, conjunto harmônico de normas coordenadas, em interdependência metódica, embora fixada cada uma no seu lugar próprio. De princípios jurídicos mais ou menos gerais deduzem corolários; uns e outros se condicionam e restringem reciprocamente, embora se desenvolvam de modo que constituem elementos autônomos operando em campos diversos. Cada preceito, portanto, é membro de um grande todo; por isso, do exame em conjunto resulta bastante luz para o caso em apreço" (Hermenêutica e aplicação do direito.* 9. ed. Rio de Janeiro: Forense, 1979. p. 128).Na seara tributária, a interpretação sistemática tem por paladino o eminente jurista Geraldo Ataliba, seguido por Paulo de Barros Carvalho, Roque Antonio Carrazza e outros festejados doutrinadores, com os quais esta obra se alinha, por entender que o contexto é que tem o condão de revelar a verdade em sua plenitude.

Interrupção do prazo prescricional

Conforme sugere a expressão, significa a descontinuidade do lapso temporal da prescrição. Importa notar que, uma vez configurada, ressurge um novo ciclo prescricional completo, no que difere da suspensão do prazo prescricional, pois nesta o curso de tempo anterior não desaparece, devendo somar-se ao período que se reinicia; o asserto desfruta do abono autorizado de Hector Villegas (*Curso de direito tributário.* São Paulo: RT, 1980. p. 143). As hipóteses interruptivas do prazo prescricional são as seguintes: o despacho do juiz que ordenar a citação em execução fiscal, o protesto judicial, o ato judicial que constitua o devedor em mora e o ato de reconhecimento do débito pelo devedor. A hipótese prevista no inciso I do art. 174 do Código Tributário Nacional, mercê da nova redação estatuída pela Lei Complementar n. 118, de fevereiro de 2005, segundo a qual o simples despacho do magistrado tem o condão de interromper o prazo prescricional, afigura-se merecedora de incisivas objurgatórias, pois significa admitir a validade de atos secretos, o que se revela incompaginável com os postulados basilares do Estado Democrático. Por outro lado, cumpre observar que o prazo prescricional começa a fluir a contar da formalização do lançamento ou da notificação de lançamento, que representam a constituição definitiva do crédito, nos termos do disposto no *caput* do art. 174 do Código Tributário Nacional, ao contrário do quanto equivocadamente muitos afirmam quando supõem que a constituição definitiva seria a cobrança administrativa irrecorrível. Tal construção depara-se irremediavelmente incorreta, até porque admiti-la significaria reconhecer a existência de atos administrativos transitórios, o que simboliza um rematado despropósito. Deveras, o ato administrativo de lançamento, quer auto de infração, quer notificação, é efetivamente definitivo, embora, logicamente, suscetível de reforma, fato que não se confunde com a definitividade em termos existenciais.

Intervenção administrativa

Representa modalidade de gestão do Estado, de índole administrativa, pela qual se promove a intervenção em empresa insolvente excluída do regime falencial. Dessarte, a aludida providência ambiciona restabelecer o equilíbrio financeiro da empresa, hipótese que põe termo à intervenção; outrossim, na hipótese de insucesso daquela medida, a intervenção culminará com a competente liquidação. Caso sobrevenha a liquidação, os créditos tributários preferem a quaisquer outros, inclusive aos trabalhistas, nos termos do quanto dispõe o art. 190 do Código Tributário Nacional. V. *Falência (2).*

Intimação

Ato pelo qual se transmite a alguém o conhecimento de um ato ou termo de processo administrativo ou judicial. Trata-se de instituto nimiamente utilizado no âmbito do processo administrativo tributário. V. *Citação* e *Notificação.*

Inventariante

Pessoa nomeada pelo juiz, que administra o espólio até a partilha dos bens. Consoante previsto no art. 134, IV, do Código Tributário Nacional, o inventariante pode ser responsabilizado pelos tributos devidos pelo espólio. V. *Espólio* e *Inventário.*

Inventário

Processo destinado à apuração dos haveres deixados pelo *de cujus*, com o desígnio de reparti-los com os herdeiros. Opera efeitos na seara tributária, em especial no tocante à responsabilidade sucessória. V. *Espólio* e *Inventariante.*

Irretroatividade da lei

Primado constitucional inserto no inciso XXXVI do art. 5º da Constituição, pelo qual a lei nova não pode operar efeitos retro-operantes com relação ao direito adquirido, à coisa julgada e aos atos jurídicos perfeitos. Consoante sutil observação de Antonio Joaquim Ribas, agudamente captada por Pinto Ferreira, a irretroatividade não significa a absoluta inaplicabilidade de norma aos casos pretéritos ou processos pendentes, mas, acima de tudo e antes de qualquer coisa, consiste no respeito aos direitos adquiridos, tendo como vértice os sobreprincípios da certeza do direito e da segurança jurídica. Ao tecer o Sistema Tributário Nacional, o constituinte tratou do tema de forma específica, na medida em que vedou a possibilidade de a lei nova alcançar fatos jurídicos anteriores à sua vigência (art. 150, III, *a*).

Isenção

Na esteira de Sainz de Bujanda, Becker e Souto Maior e abonada por outros festejados publicistas, esta obra abraça a opinião segundo a qual a isenção é uma norma negativa que inibe a incidência da norma positiva. Por exemplo, quando o legislador qualifica como isento do imposto sobre a renda um dado fato jurídico, assim como o recebimento de aviso prévio, pago em dinheiro, em virtude de rescisão de contrato de trabalho, é de se notar que essa norma obsta a incidência da norma de tributação. Essas ponderações, debalde sucintas, revelam a imprecisão da doutrina bem comportada que, de forma equivocada, vê na isenção "um favor legal consistente na dispensa do pagamento do tributo devido". O incorretismo é realmente inconcebível, até porque a isenção não é cronologicamente precedida da instalação do vínculo obrigacional. Vejam-se as várias construções que o instituto mereceu:

1) *Isenção como favor legal*: sob o fulgor da doutrina tradicional, a isenção é entrevista como um favor legal, consistente na dispensa do pagamento do tributo devido; como expoentes dessa corrente

destacam-se Rubens Gomes de Souza e Amílcar de Araújo Falcão. Para esses renomados juristas, a isenção antessupõe a existência da obrigação, que é seguida pela exoneração do dever jurídico consubstanciado em promover o recolhimento do tributo;

2) *Teoria de Alfredo Augusto Becker*: o espírito arguto e agudo de Becker apontou os equívocos contidos na doutrina clássica. Nesse sentido, observou que a lógica da definição tradicional descansa tão somente no plano pré-jurídico. Inspirado na elaboração de Pontes de Miranda no tangente à classificação das normas jurídicas (juridicizantes, desjuridicizantes e não juridicizantes), o festejado jurista assinalou que, na verdade, a isenção não é precedida por uma relação jurídica anterior, máxime porque não se situa ela no feixe de normas desjuridicizantes. Daí emerge a sutil conclusão: a regra jurídica de isenção consiste na formulação negativa da regra estabelecedora de tributação;

3) *Teoria de José Souto Maior Borges*: forcejado nas lições de Sainz de Bujanda, Pontes de Miranda e Alfredo Augusto Becker, é considerado o autor da obra mais completa sobre o tema, no caso, a magnífica *Isenções tributárias*. Partindo do reconhecimento no sentido de que a isenção não sucede à relação jurídica tributária, o mestre pernambucano preleciona que o referido instituto configura hipótese de não incidência legalmente qualificada, no que difere da imunidade, que, por seu turno, exprime hipótese de não incidência constitucionalmente qualificada. Ademais, seguindo a trilha de Bujanda e Pontes de Miranda, entende que as reduções percentuais do tributo simbolizam isenções parciais, em oposição às totais;

4) *Teoria de Sacha Calmon Navarro Coelho*: o professor da Universidade Federal de Minas Gerais conceitua as isenções como "exonerações tributárias", as quais podem ser *qualitativas* ou *quantitativas*. As primeiras desqualificam os fatos

aptos ao desencadeamento da incidência, enquanto as segundas afetam o consequente da norma, observando que ambas obstam o nascimento da relação jurídica tributária. Ademais, proclama a divisão das isenções em internas e externas; aquelas habitam o interior da norma tributária e precedem à instalação da relação jurídica, ao passo que estas se verificam após o surgimento da obrigação tributária, a exemplo das remissões e da restituição de indébito;

5) *Teoria de Paulo de Barros Carvalho*: o consagrado jurista versou o assunto com sua proverbial mestria e altivez. Sua proposta consiste, basicamente, em reconhecer na isenção uma regra que investe contra um ou mais critérios da norma-matriz de incidência, mutilando-os parcialmente. Justificando a relatividade da mutilação da norma, aduz que a supressão não poderia ser total, sob pena de destruir a própria regra de incidência. Para ilustrar a proposta, alude à isenção do imposto sobre a renda com relação aos funcionários de carreira diplomática. Mostra, então, que nesse caso a regra de incidência vai de encontro ao critério pessoal do consequente da norma, subtraindo da raia de incidência apenas aquela classe de pessoas, remanescendo, contudo, a intangibilidade da norma-matriz para os demais domínios da sujeição passiva;

6) *Teoria de Alberto Xavier*: o profícuo professor português ensina que a isenção reveste a natureza jurídica de fato impeditivo autônomo e originário e sublinha que o asserto firmado não se confunde com a delimitação negativa da incidência, conforme muitos pretendem. Nesse rumo, observa que a delimitação negativa ou não incidência decorre da não verificação de um elemento positivo do tipo legal do fato tributário. Já a isenção dá-se quando, não obstante se ter verificado o fato em todos os seus elementos, a eficácia constitutiva deste é paralisada pela ocorrência de outro fato, a que a lei atribui eficácia impeditiva;

6.1) *Isenção e igualdade*: Alberto Xavier assinala que a isenção não atrita o princípio da igualdade ou da capacidade contributiva, pois pressupõe tratamento diferençado a pessoas reveladoras de igual capacidade contributiva, mas com desigual aptidão para realizar desígnios econômicos e sociais qualificados como relevantes no ordenamento jurídico. Em sentido oposto, a Constituição do México chega ao extremo de proibir as isenções;

7) *Exclusão ou esenzione secondo la fattispècie*: a primeira expressão é adotada, por vezes, pelo legislador pátrio, enquanto a segunda é predicada por Albert Hensel, ao categorizar um dado tipo de isenção, ou seja, aquela que reduz o campo de abrangência do fato gerador, alcançando determinado número de situações e não a generalidade originalmente inerente ao mencionado fato jurídico. Em veras, Paulo de Barros Carvalho explica bem o assunto, ao dizer que o caso vertente cogita da regra de isenção, que desqualifica um critério na norma-matriz, qual seja, o verbo da hipótese de incidência.

Isenção em caráter geral

Mercê da geralidade imanente às normas jurídicas, a lei que estabelece isenção tende a fazê-lo em caráter geral, vale dizer, alcançando um dado universo de destinatários que se enquadrem na moldura isencional, de forma incondicional. Ilustra o asserto, por exemplo, a isenção do imposto sobre a renda em prol das pessoas físicas com ganhos até um dado patamar mensal e anual. Cumpre observar que na hipótese de revogação da lei isencional, o restabelecimento da cobrança do tributo se submete ao primado da anterioridade aplicável à espécie.

Isenção em caráter individual

Modalidade de isenção diametralmente oposta às de caráter geral, porquanto o seu desfrute se condiciona a determinada providência por parte do sujeito passivo da relação tributária, cuja implementação depende da edição de um ato administrativo com o fito de formalizar o direito à isenção. Cumpre observar que uma vez atendidos os pressupostos firmados em lei, a Administração é instadas a praticar o ato no sentido de deferir o direito à isenção, até porque o ato reveste natureza vinculada, donde, por igual razão, o aludido ato administrativo afigura-se insusceptível de revogação, salvo a hipótese de invalidação, caso ocorra algum vício formal em sua edição.

Isenção heterônoma

Consiste na isenção instituída por uma pessoa jurídica de direito público interno com relação a tributo de competência de outra pessoa constitucional. Incompatível com o pacto federativo, porquanto desconsidera a autonomia inerente a essa forma de Estado. Expressamente vedada por meio do art. 151, III, da Carta da República, teve vigência ao tempo da ordem constitucional pretérita, pois instituída por intermédio do § 2º do art. 19 da Emenda n. 1, de 17 de outubro de 1969, aliás, na verdade uma verdadeira Constituição com *nomen juris* de Emenda. Aspecto controverso repousa na hipótese de isenção de tributos estaduais ou municipais firmada pelo Presidente da República em Tratado Internacional, o que, no pensar de abalizados doutrinadores justificaria a estipulação da isenção heterônoma por tratar-se de legislação nacional e não federal. Todavia, no pensar deste Dicionário, a autonomia dos Estados e dos Municípios não poderia ser restringida nem mesmo por lei de índole nacional, a qual poderia, quando muito, firmar diretrizes e produzir normas gerais, a teor do que faz o Código Tributário Nacional. Dessarte, resta reafirmado o ponto de vista ora pugnado no sentido em que as isenções heterônomas seriam inconciliáveis com o pacto federativo.

Isenção por prazo certo

Compreende tanto as de caráter geral, como as de caráter individual. Caracteriza-se por abrigar prazo de vigência determinado, o qual, uma vez expirado, restabelece a incidência; desde logo, vale dizer, não se submete ao intertempo de qualquer anterioridade, máxime porque ausente estaria o elemento da não surpresa que traduz o pressuposto axiológico do referido princípio constitucional. A aludida modalidade de isenção encontra-se positivada no art. 178 do Código Tributário Nacional que a exceptua expressamente daquele postulado inscrito no Texto Magno.

Isonomia das pessoas constitucionais

Trata-se de princípio constitucional que, debalde inexpresso, desfruta da mesma magnitude que os explícitos. Significa a plena igualdade das pessoas constitucionais no concerto federativo, vale dizer, ao lume do direito, a União, os Estados, o Distrito Federal e os Municípios gozam de idêntica estatura jurídica. O asserto jaz embutido nas dobras do próprio postulado federativo. Deveras, a aludida isonomia ou igualdade perfaz-se na proporção em que as pessoas constitucionais titularizam competências próprias, hauridas diretamente no Texto Supremo e não por delegação do Governo Central ou de qualquer outra pessoa de direito público interno. Ainda, a isonomia repercute intensamente na seara tributária, porquanto as pessoas constitucionais receberam títulos competenciais para legislar privativamente sobre determinados tributos, donde cada qual se move em raia própria, a exemplo da partilha de competências estatuídas nos arts. 153, 155 e 156 da *Lex Legum.*

ITCMD

V. *Imposto sobre Transmissão Causa Mortis e Doação de quaisquer bens ou direitos (ITCMD).*

J

J

Joint venture ou *merger*

Expressão inglesa de conotação econômica e contábil que, segundo as regras da etimologia, significa, basicamente, fusão ou associação de capitais ou mesmo participação acionária. U. W. Rasmussen define-a como "uma fusão de interesses entre uma empresa com um grupo econômico, pessoas jurídicas ou pessoas físicas, que desejam expandir sua base econômica com estratégias de expansão e/ou diversificação, com propósito explícito de lucros ou benefícios, com duração permanente ou a prazos determinados" (RASMUSSEN, U. W. *Holdings e joint ventures*. São Paulo: Aduaneiras, 1988. p. 135).

Juizado de Pequenas Causas

Criado pela Lei n. 7.244, de 7 de novembro de 1984, e extinto pela Lei n. 9.099, de 26 de setembro de 1995, que instituiu o atual Juizado Especial Cível e Criminal, representou um grande passo na busca de uma justiça desburocratizada e acessível por classes econômicas de modesto poder aquisitivo. A exemplo do Juizado Especial, falecia de competência em relação à matéria tributária.

Juizado Especial Cível e Criminal

A Lei n. 9.099, de 26 de setembro de 1995, criou o aludido juizado e pôs termo ao anterior Juizado de Pequenas Causas, instituído pela Lei n. 7.244, de 7 de novembro de 1984. A exemplo deste, o Juizado Especial preordena-se a conferir celeridade ao provimento jurisdicional, expungindo o pleito de gestões burocráticas inúteis, além de assegurar o acesso ao judiciário a classes de baixo poder aquisitivo, propiciando, assim, a realização dos ideais de justiça. Outrossim, o juizado *in casu* tem por objetos não só pequenas causas, mas também causas qualificadas como de menor complexidade, além de projetar-se no plano penal. As causas tributárias, por seu turno, refogem ao âmbito competencial dos Juizados Especiais, conforme dispõe, aliás, o § 2º do art. 3º do diploma retrocitado.

Juizados Especiais federais

Criados por intermédio da Lei n. 10.259, de 12 de julho de 2001, preordenam-se a simplificar a prestação jurisdicional, na medida em que os processos submetidos ao crivo desses juizados tornar-se-ão mais céleres, pois marcados pela simplicidade e oralidade, abrigando, a um só tempo, natureza cognoscitiva e de execução, firmado o tempo total de 180 dias entre a sua deflagração e extinção. Compreendem causas cíveis cujos valores não excedem 60 salários-mínimos e, no âmbito criminal, é competente para julgar infrações sancionadas com pena máxima não superior a dois anos ou multa. O feito pode ser instalado por meio de petição escrita, via oral ou, até, meio eletrônico. Sem dúvida, representam um grande avanço no sentido de distribuição de justiça, agora também na esfera federal.

Julgamento

A palavra sob exame significa tão somente as sentenças terminativas, quer de natureza administrativa, quer no âmbito judicial. Representa uma das modalidades de *decisão*, que, por seu turno, compreende tanto os simples despachos, quanto as manifestações interlocutórias, bem como os julgamentos, os quais, consoante prefalado, revestem caráter concludente.

Jurisdição

O Estado, na busca incessante de seus desígnios institucionais e constitucionais, substanciados na consecução do bem comum, quando instado, deve aplicar o direito ao caso concreto, como meio de composição de litígio e forma de distribuição de justiça, realizando, dessarte, os elevados e altaneiros ideais de ética, justiça e direito. Isso constitui a jurisdição. V. *Funções estatais.*

Jurisprudência

O direito romano definia-a como o conhecimento das coisas divinas e humanas e a ciência do justo e do injusto: "*Jurisprudentia est divinarum atque humanarum rerum notitia justi atque injusti scientia*" (Ulpiano, Digesto). Já no direito contemporâneo, é o modo pelo qual os tribunais interpretam e aplicam o direito. Ao lado da doutrina, representa um meio sobremodo importante para o labor exegético, pois, ainda que respeitada a livre convicção do intérprete, o conhecer a jurisprudência afigura-se decididamente indispensável no mister da compreensão do direito. Por outro lado, há julgados que operam efeito vinculante, caso da Ação Declaratória de Constitucionalidade, bem como da Ação Direta de Inconstitucionalidade e, também, das Súmulas vinculantes, que, no pensar do autor, empalidecem o primado da ampla defesa, senão também os princípios da universalidade da jurisdição e do juiz natural.

Juro de mora

Bernardo Ribeiro de Moraes considera o juro de mora uma modalidade de sanção compensatória. Com sua reconhecida mestria, define o juro como "o preço pago, em moeda, pelo uso da moeda alheia" e qualifica como juro moratório aquele decorrente da impontualidade do devedor. Previsto no art. 161 do Código Tributário Nacional, reveste-se de natureza sancionatória e incide sobre o *debitum* corrigido, na proporção de 1% ao mês, vedada a sua cobrança capitalizada, ou seja, os juros não recaem sobre os juros, pois a figura do anatocismo foi banida de nossa ordem jurídica desde o advento do Decreto n. 22.626, de 7 de abril de 1933. O referido diploma, aliás, foi editado ao lume do Governo Provisório instalado por meio do Decreto n. 19.398, de 11 de novembro de 1930, no qual o Chefe do Governo exercia discricionariamente, em toda a plenitude, as funções dos Poderes Executivo e Legislativo, daí a sua natureza legislativa. Logo, merece ser acoimado como inválido o Decreto sem número, editado em 25 de abril de 1991, que dispôs indevidamente sobre a sua revogação. Por conseguinte, a chamada Lei da Usura, contida no decreto de antanho continua a viger.

Justiça Estadual

Com fulcro no regime federativo, bem como com supedâneo no art. 25 da Carta Magna, os Estados organizam-se num sistema de repartição das funções executiva ou administrativa, legislativa e jurisdicional, tendo como vértice a Constituição do Estado, observados os limites cravados no Diploma Excelso, pelo que, nessa estrada, cada unidade federativa erigiu um Poder Judiciário. A Justiça do Estado de São Paulo, por exemplo, hospeda os seguintes órgãos: Tribunal de Justiça, Tribunal de Justiça Militar, Tribunais do Júri, Turmas de Recursos, Juízes de Direito de primeira instância, Auditorias Militares e Juizados Especiais Cíveis e Criminais. Ademais, cada Estado edita a sua legislação específica de organização judiciária. Em Estados em que existem Varas da Fazenda Pública, a estas compete apreciar feitos ordinários de índole fiscal. Da mesma forma, nos Estados onde há Ofícios das Execuções Fiscais Estaduais e Municipais, a estes compete decidir acerca de processos de execução fiscal. Na hipótese reversa, vale dizer, em não havendo esses juízos, a matéria será afeita aos Juízes de Direito.

Justiça Federal

Prevista no art. 106 e seguintes da Constituição da República, encontra-se organizada por meio da Lei n. 5.010, de 30 de maio de 1966, e demais disposições aplicáveis à matéria. Compreende uma justiça comum, desdobrada em foros cível e criminal, alojando, outrossim, uma justiça especial, esta abarcando a Corte Eleitoral, a Militar e a do Trabalho. A Justiça Federal tem por competência básica, entre outras, apreciar questões que envolvam a União, bem como autarquias ou empresas públicas federais, sendo composta de Tribunais Regionais Federais e Juízes Federais. Na órbita tributária, opera com grande intensidade, máxime porque é o juízo competente para julgar feitos que tenham por objeto tributos federais, os quais, além de existirem em expressivo número, são alvos de incredíveis trapalhadas legislativas e administrativas, o que, obviamente, rende margem ao desencadeamento de significativa quantidade de demandas que, consequentemente, reclamam uma desmedida atuação da Justiça Federal comum. Cumpre lembrar, por fim, que a aludida justiça alberga Vara de Execuções Fiscais incumbidas de promover as execuções, fato que representa um avanço no sentido de melhor operacionalizar o desempenho da Justiça Federal.

L

L

Lacuna

É a ausência de uma norma explícita com referência a determinada situação fática. Karl Engisch define-a como "incompletude insatisfatória no seio de um todo jurídico" (ENGISCH, Karl. *Introdução ao pensamento jurídico*. 3. ed. Lisboa: Fundação Calouste Gulbenkian, 1964. p. 223). Na verdade, as lacunas existem, consoante assinalado, mas o direito não é lacunoso, porquanto a tarefa de interpretar o direito não é dependente da literalidade do sistema normativo. Aliás, em obséquio às regras de interpretação, a explicitude das normas, *per se*, pouco ou nada vale, pois o seu verdadeiro significado será determinado pelo confronto entre o texto e o contexto. A Lei de Introdução às Normas do Direito Brasileiro, o Código de Processo Civil, bem como o Código Tributário Nacional, este por meio do art. 108, cogitam o tema, na dimensão em que obrigam o aplicador da norma a decidir, acaso se depare com situações lacunosas, recorrendo aos princípios gerais do direito, à equidade, aos costumes e à analogia. A bem pensar, contudo, quer haja lacuna, quer não, é de mister interpretar o direito mediante o concurso indeclinável dos princípios magnos do sistema, sob pena de comprometimento inexorável dos resultados a serem alcançados.

Lançamento

Ato administrativo de aplicação da norma tributária material (Alberto Xavier), reveste natureza jurídica constitutivo-formal, porquanto formaliza a cobrança de tributo nascido anteriormente ao ensejo da ocorrência de fato jurídico tributário. Na verdade, o lançamento não é um ato apenas declaratório, consoante visão tradicional, pois os seus efeitos não se limitam a declarar uma dada situação, a exemplo de uma simples certidão. Pode ser classificado sob dois planos, vale dizer, direto ou de ofício e misto ou por declaração; a primeira modalidade caracteriza-se quando somente o sujeito ativo participa dos atos preparatórios do lançamento, a teor do lançamento do IPTU. Já a segunda verifica-se quando o sujeito passivo também compartilha os atos prévios ao lançamento, assim como ocorreu com o lançamento do imposto sobre a renda/pessoa física no ano-base de 1992, em que o contribuinte preenchia a declaração e efetuava os cálculos, podendo até antecipar o pagamento, sendo que, depois, o sujeito ativo promovia o processamento do quanto foi informado e, por fim, expedia a competente notificação de lançamento. Cumpre assinalar, ao final, que a maior parcela dos tributos não depende de lançamento, porquanto a lei atribui ao contribuinte o mister de quantificar o *debitum* e, em seguida, efetivar o respectivo pagamento, cabendo à Fazenda tão somente o direito de revisão dentro do quinquênio legal. É o caso do ICMS e do IPI, entre outros.

Lançamento contábil

É o ato consistente em promover o registro de fatos contábeis, vale dizer, tudo aquilo que ocorre no patrimônio de uma empresa, a exemplo de operações de compra, venda, pagamentos e recebimentos, entre outras. Repercute no direito tributário, na medida em que os lançamentos contidos nos livros fiscais e contábeis servem de parâmetro para a apuração dos tributos, notadamente o imposto sobre a renda, cuja mensuração decorre do corretismo dos lançamentos contábeis.

Laudêmio (1)

Sob a égide do Código Civil de 1916

É a prestação que o enfiteuta paga ao nu-proprietário, mercê de sua concordância, ao ensejo da transferência do domínio útil de bem gravado por enfiteuse. Não se confunde com foro, pois este é a pensão devida anualmente em virtude do exercício do domínio útil do bem. A percentagem do laudêmio é de 2,5% em relação ao valor do bem, se outro não constar do título de aforamento, como quer, aliás, o art. 686 do Código Civil de 1916. Merece registro a questão do lapso prescricional concernente ao laudêmio, pois, diferentemente do foro, o referido prazo é de vinte anos. Nesse sentido é a lição sempre abalizada de Pontes de Miranda, que, de forma incisiva e contundente, averba se tratar de pretensão e ação de natureza pessoal, daí subsumir-se à prescrição de vinte anos prevista no art. 177 do Código Civil de 1916 (PONTES DE MIRANDA, Francisco Cavalcanti. *Tratado de direito privado.* São Paulo: RT, 1983. t. XVIII. p. 178). O rendimento proveniente do laudêmio é objeto de incidência do imposto sobre a renda, nos termos do quanto dispõe o inciso XVIII do art. 47 do Decreto n. 9.580, de 22 de novembro de 2018. V. *Foro* e *Enfiteuse.*

Laudêmio (2)

Sob o pálio do Código Civil de 2002

A Lei n. 10.406, de 10 de janeiro de 2002, que hospeda o novo Código Civil, proibiu a constituição de enfiteuses e subenfiteuses, pelo que vedou a cobrança de laudêmio ou prestação análoga nos aforamentos, mercê do quanto dispõe o comando inserto no art. 2.038, *caput,* § 1º, I. Por óbvio, o referido preceito convalida os existentes até a sua extinção, em homenagem ao postulado da irretroatividade da lei e do resguardo ao direito adquirido, tudo em harmonia com os direitos e garantias proclamados no Texto Excelso. Ao demais, assujeita-se ao prazo prescricional de dez anos, nos termos do disposto no art. 205 do CC/2002.

Leasing

Expressão oriunda do direito norte-americano, corresponde à denominação *crédit-bail*, na França, e *hire purchase*, na Inglaterra, e consiste na conjugação de dois contratos conexos com repercussões recíprocas, o primeiro repousando na compra de equipamento por parte da empresa financeira e o segundo consubstanciado na respectiva locação ao cliente, facultada a este, ao final, a opção de compra, a renovação ou mesmo a restituição do bem ao locador. Conforme sublinha Marcus Cláudio Acquaviva, o *leasing* representa um meio de financiamento de investimentos (ACQUAVIVA, Marcus Cláudio. *Dicionário jurídico brasileiro*. São Paulo: Jurídica Brasileira, 1993. p. 545). A sua origem deu-se nos Estados Unidos, na década de 1950, onde o proprietário de uma grande empresa na Califórnia concebeu um sistema que teve muito sucesso, o qual consistia no arrendamento de bens e equipamentos sem o dispêndio. A primeira legislação específica foi aprovada pelo Congresso norte-americano, a pedido do Presidente Roosevelt, com o objetivo de emprestar material de guerra aos aliados, que deveriam devolvê-lo ou pagá-lo após o evento belicoso. Na seara tributária, é previsto em diversos diplomas normativos, entre os quais a Lei Complementar n. 116, de 31 de julho de 2003, que o qualifica como serviço tributável pelo ISS, conforme estampado nas posições 15.09 e 10.04 da lista de serviços anexa ao referido texto legal. Entrementes, o tema é sobremodo polêmico, pois a singela locação de bens móveis, a exemplo de veículos automores, não representa serviço e, por isso mesmo, não enseja a instalação do vínculo obrigacional relativo ao ISS, salvo se a locação for acompanhada de um suporte, como assistência técnica, manutenção e outras formas de apoio que tenham o condão de revestir a feição de serviço. V. PAULSEN, Leandro. *Direito tributário*. 12. ed. Porto Alegre: Livraria do Advogado, 2010.

Legado

Consoante primorosa definição de Limongi França, "legado é a herança de um ou mais objetos singulares deferida por testamento a uma pessoa estranha ou não à sucessão legítima" (FRANÇA, Limongi. *Manual de direito civil*. São Paulo: Revista dos Tribunais, 1973. 2 v. t. 2. p. 104). No direito brasileiro, diferentemente do francês, contradistingue-se da herança, que simboliza uma universalidade, pois, entre nós, o legado representa tão somente uma parte da herança. Já no direito tributário, exprime um dos marcos que delimitam a responsabilidade sucessória, nos termos do art. 131, II, do Código Tributário Nacional.

Legalidade

Princípio constitucional consagrador do império da função legislativa, vale dizer, somente atividade estatal deste timbre pode criar direitos e deveres jurídicos. Insculpido no art. 5º, II, do Diploma Excelso, exsurge vestido nos dizeres "ninguém será obrigado a fazer ou deixar de fazer alguma coisa senão em virtude de lei." Embora a literalidade do texto possa sugerir que somente a lei tem o condão de obrigar, cumpre ponderar que qualquer diploma normativo é dotado de coercibilidade e, por isso, exige observância obrigatória. Deveras, é de mister esclarecer que a quintessência da legalidade e o substrato do princípio significam que somente a função legislativa pode inovar a ordem jurídica em caráter inaugural. *A contrario sensu,* pois, o decreto, a portaria ou qualquer outro diploma que não revista a estatura de função legislativa, conquanto conotados de coerção, não criam direito em nível primário, mas secundário.

Legalidade tributária ou legalidade estrita

V. *Estrita legalidade.*

Legislação tributária

Ao definir a locução *in casu,* o Código Tributário Nacional qualificou-a como o conjunto de diplomas normativos de índole legal e administrativa que, no todo ou em parte, versem matéria tributária, quer direta, quer indiretamente (art. 96).

Legislação tributária distrital

É o acervo dos diplomas de competência do Distrito Federal, os quais têm por objeto os impostos enumerados nos arts. 155 e 156 da Constituição, além das taxas distritais de polícia e serviço, assim como as contribuições distritais de melhoria e as contribuições previdenciárias de seus servidores, abrangendo, também, as regras atinentes ao processo administrativo tributário distrital.

Legislação tributária estadual

É o plexo de diplomas tributários concernentes aos impostos gizados no art. 155 do Diploma Magno, bem como aqueles que digam respeito às taxas estaduais de polícia, serviço e pedágio, a contribuição estadual de melhoria e as contribuições previdenciárias de seus servidores.

Legislação tributária federal

Aquela situada no âmbito competencial da União, a exemplo das normas que versam acerca dos impostos enumerados nos arts. 147, 153 e 154, I e II, da Constituição Federal, bem como aquelas que versam sobre os empréstimos compulsórios previstos no art. 148, I e II, do Texto Magno, senão também as contribuições sociais, interventivas no domínio econômico e de categorias profissionais ou corporativas, contempladas no art. 149 da *Lex Legum*, além das contribuições de melhoria e das taxas federais de polícia, serviço e pedágio, genericamente descritas nos arts. 145, II e III, e 150, V, da Carta da República.

Legislação tributária municipal

É o conjunto dos diplomas normativos de índole tributária produzidos na ambitude de cada Municipalidade, tendo por objetos os impostos previstos no art. 156 da Carta Magna, as taxas municipais de polícia e serviço, as contribuições municipais de melhoria, as contribuições previdenciárias de seus servidores e as normas sobre o processo administrativo tributário municipal.

Legislação tributária nacional

Diferentemente das legislações federal, estadual e municipal, que têm por destinatários os jurisdicionados da União, dos Estados e dos Municípios, a legislação em comento subordina ao seu raio de ação não só as pessoas retrocitadas, mas também as pessoas jurídicas de direito público interno. A legislação nacional, *lato sensu*, compreende desde o Texto Supremo até as codificações, incluindo as normas gerais previstas no art. 24, XVI, § 1º, da Carta da República, ao passo que, no sentido estritamente tributário, compreende as normas dessa natureza contidas naqueles textos, a exemplo do Código Tributário Nacional.

Legitimatio ad causam e legitimatio ad processum

A primeira consiste na titularidade ativa ou passiva de um direito subjetivo, enquanto a segunda diz respeito à capacidade de titularizar, ativa ou passivamente, uma relação jurídica processual. Assim, acaso uma pessoa menor de 16 anos seja proprietária de um imóvel, cujo IPTU não seja recolhido nos termos da legislação de regência, reveste-se ela de *legitimatio ad causam*, porquanto é titular de direitos e deveres, mas não desfruta de *legitimatio ad processum*, uma vez que falece de capacidade para ocupar o polo passivo em processo de execução fiscal, no qual deve ser representada, nos termos do art. 70 do Código de Processo Civil/2015. Ao abordar o tema à luz do direito civil, Hélio Tornaghi oferece-nos interessante exemplo, ao dizer que o credor goza de *legitimatio ad causam*, mas, se for incapaz, não goza de *legitimatio ad processum*, assim como o amigo do credor, sendo plenamente capaz, embora dotado de *legitimatio ad processum*, obviamente encontra-se despojado de *legitimatio ad causam* (TORNAGHI, Hélio. *Comentários ao código civil*. São Paulo: Revista dos Tribunais, 1974. 1 v. p. 100).

Legitimidade

Ato revestido das formalidades legais exigidas pelo ordenamento jurídico. Não se confunde com legalidade, que significa a conformação ao direito, uma vez que o termo *in casu* requer não só o arrimo do direito, mas suscita, também, o cumprimento de solenidades estatuídas pelo sistema normativo.

Lei complementar

Historicamente, tratava-se de diploma normativo que complementava a Constituição, seja para cuidar da estruturação e da organização dos Poderes Públicos, a exemplo da lei orgânica inserta na Carta Francesa de 1875, seja para implementar o grau eficacial de normas não autoaplicáveis, segundo doutrina que floresceu nos Estados Unidos, presidida por Cooley e trazida ao nosso direito por Rui Barbosa. Modernamente, contudo, a lei complementar não exerce, necessariamente, a função de dispor sobre a organização de órgãos públicos, bem como não lhe cabe perfazer a eficácia de normas não autoaplicáveis. Na verdade, ao dispor sobre o âmbito de incidência dos diplomas normativos, o constituinte atribuiu certas matérias ao legislador complementar, bem como outorgou outras tantas ao legislador ordinário, ao legislador do decreto legislativo etc. Enfim, a chamada lei complementar não se preordena a dar completude à Constituição, ou seja, não lhe cabe complementar, como sugere a palavra no plano etimológico. De par com o apanágio de normatizar sobre determinados temas, a lei complementar submete-se a procedimento legislativo especial e qualificado, porquanto a sua aprovação depende de concordância da maioria absoluta dos membros do Parlamento, ou seja, metade mais um, nos termos do art. 69 da Carta Magna. Outro aspecto merecedor de ponderações consiste na hierarquia desse diploma, uma vez que expressivo segmento doutrinal comunica-lhe postura intercalar entre a Constituição e a legislação ordinária, enquanto uma linha divergente coloca-a no mesmo nível que a legislação ordinária. Por todas as veras, a lei complementar *per se* não desfruta de hierarquia superior à legislação ordinária. O asserto justifica-se por duas razões: a primeira porque tanto uma quanto a outra versam sobre matéria previamente especificada no Texto Supremo; a segunda porquanto ambas têm o mesmo fundamento de validade, vale dizer, o Diploma Excelso. Logo, não há de se falar em hierarquia por derivação. Ademais, inexiste também hierarquia por conteúdo em prol da legislação complementar em relação à legislação ordinária; o que existe, por vezes, é a preeminência de um dado diploma normativo em relação a outros, não em face da natureza complementar, mas em virtude de seu conteúdo de legislação nacional, que desfruta de preeminência em relação aos planos normativos federal, estadual, distrital e municipal.

Lei complementar tributária

Ao consoar do disposto no art. 146 do Texto Supremo, cabe à lei complementar realizar três desígnios: *a)* dispor sobre conflitos de competência entre as pessoas constitucionais; *b)* regular as limitações constitucionais ao poder de tributar; e *c)* estabelecer normas gerais, a exemplo de definição de tributo e espécies tributárias, fato jurídico tributário, base de cálculo, prescrição, decadência e institutos, cuja universalidade preside a seara da teoria geral do direito tributário. No tangente à edição de normas gerais, é importante demarcar a ambitude de abrangência da legislação complementar, pois não lhe compete apequenar ou mutilar o título competencial outorgado pelo constituinte. Outrossim, comete-se-lhe editar regras que, ao contrário de atritar o postulado federativo, antes o confirmam, se veicularem comandos harmônicos com a legislação local, buscando tão somente a unidade reclamada e exigida pela própria natureza do Estado Federal. Deveras, ao definir tributo, como o faz o Código Tributário Nacional, bem como ao preceituar acerca de prescrição, decadência etc., a legislação complementar não está comprometendo a competência local. Ainda, a teor de qualquer legislação complementar, antessupõe *quorum* qualificado expresso por maioria absoluta dos membros do Congresso Nacional, sendo vedada, outrossim, a votação por lideranças, porquanto esse expediente desnatura o substrato e a razão de ser do procedimento legislativo especial e qualificado. V. *Lei complementar.*

Lei delegada

Diploma normativo ordinário, previsto no art. 59, IV, da Constituição, pelo qual o Parlamento transfere competências legislativas ao Chefe do Executivo, por solicitação deste. É de se notar que a matéria objeto de legislação complementar encontra-se excluída do âmbito da referida lei, bem como outras matérias enumeradas no art. 68, § 1º, do Texto Supremo.

Assim, por considerar que todos os contornos do direito tributário jazem imersos em legislação de índole complementar, a exemplo do Código Tributário Nacional, recepcionado pelo art. 146 da *Lex Legum*, força é depreender que o aludido diploma afigura-se inaplicável na seara tributária. Não bastassem essas razões, a lei delegada atrita, também, o postulado da legalidade estrita, em face do deslocamento de competências, além de acutilar o primado republicano, porquanto ambos se plasmam e não podem admitir a subtração do Parlamento ao ensejo da edição de normas tributárias.

Lei de Responsabilidade Fiscal

Em que pese o epíteto fiscal contido na referida locução, constitui diploma de índole financeira e não tributária. Trata-se da Lei Complementar n. 101, de 4 de maio de 2000, publicada no *Diário Oficial* de 5 de maio daquele ano, a qual estabelece normas de direito financeiro preordenadas a assegurar um controle sobremodo eficaz e transparente na gestão das finanças públicas. Prioriza o equilíbrio orçamentário, bem como firma regras acerca da execução do orçamento e do cumprimento de metas, além de cuidar da previsão e da arrecadação da receita pública. Por outro lado, estipula normas rígidas em relação à geração de despesas, prescrevendo limites no concernente às despesas com pessoal e estatuindo, inclusive, percentuais respectivos entre os três Poderes, na medida em que cada qual deve destinar determinada percentagem no tocante a esse tópico. Ainda, trata dos limites da dívida pública e das operações de crédito, esmiuçando, enfim, todos os meandros relacionados com o controle e a fiscalização dos recursos públicos, lembrando que os agentes políticos ou administrativos que infringirem os seus dispositivos assujeitar-se-ão às sanções previstas nas legislações penal, administrativa e civil.

Lei interpretativa

Consoante o magistério de Maria Helena Diniz é aquela que elucida o conteúdo, o sentido ou o alcance de outra lei (*in Dicionário Jurídico*, v. 3, 1998, p. 92). Dito de outro modo, a lei interpretativa destina-se a interpretar outra lei, obviamente editada anteriormente. Ruy Barbosa a defendia ardorosamente, reconhecendo seu traço induvidosamente retroativo, mas ponderando que sua eficácia haveria de respeitar o direito adquirido (*Obras completas*, Rio de Janeiro, 1948, v. 25, t. 4) Por outro lado, Pontes de Miranda sustentava que "no sistema jurídico brasileiro não há leis interpretativas" (*Tratado de direito privado*, v. 1, § 18/6). Na messe tributária, a Lei Complementar n. 118, de 9 de fevereiro de 2005, exprime eloquente exemplo de lei interpretativa, na dimensão em que se preordena a dispor sobre a interpretação do inciso I do art. 168 do CTN. Esta obra suscita duas objeções em relação ao tema, a primeira consubstanciada na impropriedade da positivação das normas de interpretação, já a segunda, consiste na inevitável irretroatividade da lei interpretativa. Ao demais, caso não seja irretroativa, seria no mínimo inútil a acoimada lei interpretativa. Enfim, se no geral a aludida lei merece repúdio sob a craveira de postulados de hermenêutica, sua intempestividade ganha gradações maiores na seara da tributação, tudo em face do rigor da irretroatividade, conjugado com a tipicidade e outros postulados que limitam o poder do Estado no plano constitucional.

Lei orçamentária

Diploma que tem por objeto o orçamento público, vale dizer, a previsão de receitas e despesas governamentais em relação ao ano-calendário. Em face do postulado federativo, pode revestir natureza federal, distrital, estadual ou municipal, assumindo relevância incomensurável, na medida em que a efetivação de qualquer programa de governo haverá de depender de previsão e consequencial autorização orçamentária. Florescem testilhas acerca de sua natureza jurídica, porquanto alguns autores sustentam tratar-se de ato administrativo, caso de Léon Duguit e Gaston Jèze, uma vez que, ao revés de normas de conduta, o seu objeto abriga números relativos a receitas e despesas públicas. Paul Laband, por sua vez, reconhece que a lei orçamentária comporta natureza meramente formal de lei, mas seu conteúdo nada tem de legislação. Hoennel, a seu turno, proclama a natureza de lei em face do critério orgânico, porquanto seu editor é o Parlamento. Entrementes, no ver do autor, a lei orçamentária hospeda a fisionomia de lei, independentemente de sua materialidade ou de quem a expediu, mas em virtude de inovar a ordem jurídica inauguralmente no patamar subconstitucional, o que, *obiter dictum*, traduz a quintessência configuradora do diploma denominado lei. No tangente à União, a matéria encontra-se constitucionalizada por meio dos arts. 165 a 169, comandos, na verdade, aplicáveis às demais pessoas constitucionais, em obséquio ao disposto nos arts. 25, 29 e 32, cujos comandos estabelecem regras simétricas noutras esferas de governo.

Lei ordinária

No pensar de festejados juristas, a legislação ordinária representa o meio mais adequado para a introdução de normas jurídicas no universo do direito tributário. Deveras, a positivação do direito tributário no plano infraconstitucional coube, primordialmente, ao legislador ordinário, embora outros diplomas do mesmo patamar também disponham sobre o assunto, observadas as competências específicas, a exemplo de lei complementar, medida provisória, decreto legislativo e resolução do Senado.

Lei orgânica municipal

Diploma fundamental na esfera da Municipalidade, traça as linhas mestras do Município, nos termos dos arts. 29 a 31 da Constituição da República, observados, outrossim, os preceitos estatuídos na Constituição do Estado.

Leilão judicial

Venda pública de bens móveis penhorados em processo de execução, a mando do juízo onde tem curso o feito respectivo, sendo precedida por publicidade anunciando a sua realização e tendo por desígnio efetivar a transferência dos bens pelo preço mais alto então ofertado. Difere da praça, pois esta tem por objeto o bem imóvel. Realiza-se no átrio do Fórum, no lugar onde os bens se encontrarem ou, ainda, no lugar designado pelo juiz. Uma vez efetivado, sobrevém a arrematação, que é o ato pelo qual se opera a transferência do bem em prol de terceira pessoa, máxime porque a transferência da titularidade ao próprio exequente denomina-se adjudicação. V. *Adjudicação, Arrematação, Hasta pública* e *Praça.*

Liminar

Também denominada medida liminar, reveste a feição de instituto de direito processual civil, preordenado a proteger direito sujeito a dano irreparável e cabível em sede de mandado de segurança, bem como em procedimentos cautelares, quer inominados, quer nominados, além de procedimentos comuns por meio da tutela antecipada, senão também em ações de despejo, ação popular, ação civil pública, nunciação de obra nova, venda a prazo com reserva de domínio, ações de proteção ao consumidor, interdito proibitório, embargos de terceiro e liberação de mercadoria importada. A liminar pode ser postulada tanto em caráter preliminar, ao ensejo da exordial, quanto em qualquer fase do feito, com a natureza de medida liminar incidental. Como se vê, entre as hipóteses retrocitadas, muitas versam sobre feitos utilizados na seara tributária, a exemplo do mandado de segurança, bem como procedimentos cautelares inominados ou mesmo alguns de caráter nominado. Outrossim, cumpre sublinhar que a concessão ou indeferimento da liminar não representa ato discricionário do magistrado, mas vinculado, porquanto o órgão judicante deve acolher o pleito ou indeferi-lo, conforme estejam presentes ou ausentes os antessupostos pertinentes ao assunto.

Limitação ao poder de tributar

Ao desenhar o Sistema Constitucional Tributário, o constituinte elaborou conceitos, firmou normas gerais, estabeleceu competências e, além disso, cuidou de delimitar o exercício da potestade tributária. Fê-lo expressamente por meio dos arts. 150 a 152 e respectivos parágrafos, além de haver consagrado outras limitações espraiadas ao longo do Texto Supremo, algumas explícitas, outras implícitas. No tangente ao tema específico, a *Lex Legum* cuidou do assunto por meio das seções contidas no Capítulo I do Título VI, dedicado ao tema 'Da Tributação e do Orçamento', no qual delimitou o exercício da competência por intermédio de uma série de princípios, entre os quais merecem ser enumerados os seguintes: legalidade, igualdade, irretroatividade, anterioridade, vedação à discriminação tributária entre bens e serviços em virtude da sua procedência ou destino, uniformidade dos tributos federais no território nacional e imunidade.

Liquidação extrajudicial

É o procedimento administrativo aplicado a entidades excetuadas do regime falencial, o qual consiste na realização do ativo e na consequencial conversão de bens e direitos em dinheiro, com o fito de serem efetivados os respectivos pagamentos aos credores e, se houver resíduo, este deve ser distribuído aos titulares da liquidada. Uma vez instalada, priva os administradores dos atos de gestão, sobrestando, outrossim, as execuções porventura intentadas contra a empresa em liquidação. No caso de liquidação, os créditos tributários desfrutam de preferência absoluta, inclusive em relação aos trabalhistas, *ex vi* do quanto preceitua o art. 190 do Código Tributário Nacional. V. *Falência (2).*

Lista de serviços – ISS

Instituída por meio do Decreto-lei n. 406, de 31 de dezembro de 1968, e modificada pela Lei Complementar n. 56, de 15 de dezembro de 1987, bem como pela Lei Complementar n. 116, de 31 de julho de 2003, integra a codificação do direito tributário. Seu teor enumera extenso rol de atividades categorizadas como serviços suscetíveis de incidência pelo ISS. Ao revés de aclarar o caminho concernente ao âmbito de tributação do referido imposto, a mencionada lista culminou por ensejar longa testilha doutrinal e jurisprudencial. Assim, alguns lhe comunicam caráter exaustivo ou taxativo, enquanto outros lhe atribuem feição meramente enumerativa, exemplificativa ou, até mesmo, sugestiva, como quer Roque Carrazza. Segundo o ponto de vista da primeira vertente, somente as atividades contempladas na lista estariam sujeitas à incidência do ISS, com fulcro nos dizeres literais do art. 156, III, da Constituição Federal, que dispõe que os serviços suscetíveis de tributação seriam definidos em lei complementar. Contudo, esse entendimento falece de densidade jurídica, pois navega ao largo do primado da autonomia municipal e desconsidera a natureza eficaz da competência tributária, que, mercê da própria organização do Estado Brasileiro e conjugada ao princípio federativo, não pode se compaginar com aquela opinião, embora majoritária e abraçada por orientação pretoriana. Nessa vereda, esta obra faz coro com Geraldo Ataliba, Paulo de Barros Carvalho e Roque Carrazza, entre outros, para os quais a lista é meramente exemplificativa, donde, por via de consequência, o Município pode estatuir a incidência do ISS com relação a serviço de qualquer natureza, excluídos os de competência estadual e distrital, independentemente de constarem na lista ou não. V. *Imposto Sobre Serviços de qualquer natureza (ISS).*

Lista de serviços anexa à Lei Complementar n. 116, de 31 de julho de 2003

"1 – Serviços de informática e congêneres.

1.01 – Análise e desenvolvimento de sistemas.

1.02 – Programação.

1.03 – Processamento, armazenamento ou hospedagem de dados, textos, imagens, vídeos, páginas eletrônicas, aplicativos e sistemas de informação, entre outros formatos, e congêneres. (Redação dada pela Lei Complementar n. 157, de 2016)

1.04 – Elaboração de programas de computadores, inclusive de jogos eletrônicos, independentemente da arquitetura construtiva da máquina em que o programa será executado, incluindo *tablets*, *smartphones* e congêneres. (Redação dada pela Lei Complementar n. 157, de 2016)

1.05 – Licenciamento ou cessão de direito de uso de programas de computação.

1.06 – Assessoria e consultoria em informática.

1.07 – Suporte técnico em informática, inclusive instalação, configuração e manutenção de programas de computação e bancos de dados.

1.08 – Planejamento, confecção, manutenção e atualização de páginas eletrônicas.

1.09 – Disponibilização, sem cessão definitiva, de conteúdos de áudio, vídeo, imagem e texto por meio da internet, respeitada a imunidade de livros, jornais e periódicos (exceto a distribuição de conteúdos pelas prestadoras de Serviço de Acesso Condicionado, de que trata a Lei n. 12.485, de 12 de setembro de 2011, sujeita ao ICMS). (Incluído pela Lei Complementar n. 157, de 2016)

2 – Serviços de pesquisas e desenvolvimento de qualquer natureza.

2.01 – Serviços de pesquisas e desenvolvimento de qualquer natureza.

3 – Serviços prestados mediante locação, cessão de direito de uso e congêneres.

3.01 – (VETADO)

3.02 – Cessão de direito de uso de marcas e de sinais de propaganda.

3.03 – Exploração de salões de festas, centro de convenções, escritórios virtuais, **stands**, quadras esportivas, estádios, ginásios, auditórios, casas de espetáculos, parques de diversões, canchas e congêneres, para realização de eventos ou negócios de qualquer natureza.

3.04 – Locação, sublocação, arrendamento, direito de passagem ou permissão de uso, compartilhado ou não, de ferrovia, rodovia, postes, cabos, dutos e condutos de qualquer natureza.

3.05 – Cessão de andaimes, palcos, coberturas e outras estruturas de uso temporário.

4 – Serviços de saúde, assistência médica e congêneres.

4.01 – Medicina e biomedicina.

4.02 – Análises clínicas, patologia, eletricidade médica,

radioterapia, quimioterapia, ultra-sonografia, ressonância magnética, radiologia, tomografia e congêneres.

4.03 – Hospitais, clínicas, laboratórios, sanatórios, manicômios, casas de saúde, prontos-socorros, ambulatórios e congêneres.

4.04 – Instrumentação cirúrgica.

4.05 – Acupuntura.

4.06 – Enfermagem, inclusive serviços auxiliares.

4.07 – Serviços farmacêuticos.

4.08 – Terapia ocupacional, fisioterapia e fonoaudiologia.

4.09 – Terapias de qualquer espécie destinadas ao tratamento físico, orgânico e mental.

4.10 – Nutrição.

4.11 – Obstetrícia.

4.12 – Odontologia.

4.13 – Ortóptica.

4.14 – Próteses sob encomenda.

4.15 – Psicanálise.

4.16 – Psicologia.

4.17 – Casas de repouso e de recuperação, creches, asilos e congêneres.

4.18 – Inseminação artificial, fertilização *in vitro* e congêneres.

4.19 – Bancos de sangue, leite, pele, olhos, óvulos, sêmen e congêneres.

4.20 – Coleta de sangue, leite, tecidos, sêmen, órgãos e materiais biológicos de qualquer espécie.

4.21 – Unidade de atendimento, assistência ou tratamento móvel e congêneres.

4.22 – Planos de medicina de grupo ou individual e convênios para prestação de assistência médica, hospitalar, odontológica e congêneres. (Vide Lei Complementar n. 175, de 2020)

4.23 – Outros planos de saúde que se cumpram através de serviços de terceiros contratados, credenciados, cooperados ou apenas pagos pelo operador do plano mediante indicação do beneficiário. (Vide Lei Complementar n. 175, de 2020)

5 – Serviços de medicina e assistência veterinária e congêneres.

5.01 – Medicina veterinária e zootecnia.

5.02 – Hospitais, clínicas, ambulatórios, prontos-socorros e congêneres, na área veterinária.

5.03 – Laboratórios de análise na área veterinária.

5.04 – Inseminação artificial, fertilização **in vitro** e congêneres.

5.05 – Bancos de sangue e de órgãos e congêneres.

5.06 – Coleta de sangue, leite, tecidos, sêmen, órgãos e materiais biológicos de qualquer espécie.

5.07 – Unidade de atendimento, assistência ou tratamento móvel e congêneres.

5.08 – Guarda, tratamento, amestramento, embelezamento, alojamento e congêneres.

5.09 – Planos de atendimento e assistência médico-veterinária. (Vide Lei Complementar n. 175, de 2020)

6 – Serviços de cuidados pessoais, estética, atividades físicas e congêneres.

6.01 – Barbearia, cabeleireiros, manicuros, pedicuros e congêneres.

6.02 – Esteticistas, tratamento de pele, depilação e congêneres.

6.03 – Banhos, duchas, sauna, massagens e congêneres.

6.04 – Ginástica, dança, esportes, natação, artes marciais e demais atividades físicas.

6.05 – Centros de emagrecimento, *spa* e congêneres.

6.06 – Aplicação de tatuagens, *piercings* e congêneres. (Incluído pela Lei Complementar n. 157, de 2016)

7 – Serviços relativos a engenharia, arquitetura, geologia, urbanismo, construção civil, manutenção, limpeza, meio ambiente, saneamento e congêneres.

7.01 – Engenharia, agronomia, agrimensura, arquitetura, geologia, urbanismo, paisagismo e congêneres.

7.02 – Execução, por administração, empreitada ou subempreitada, de obras de construção civil, hidráulica ou elétrica e de outras obras semelhantes, inclusive sondagem, perfuração de poços, escavação, drenagem e irrigação, terraplanagem, pavimentação, concretagem e a instalação e montagem de produtos, peças e equipamentos (exceto o fornecimento de mercadorias produzidas pelo prestador de serviços fora do local da prestação dos serviços, que fica sujeito ao ICMS).

7.03 – Elaboração de planos diretores, estudos de

viabilidade, estudos organizacionais e outros, relacionados com obras e serviços de engenharia; elaboração de anteprojetos, projetos básicos e projetos executivos para trabalhos de engenharia.

7.04 – Demolição.

7.05 – Reparação, conservação e reforma de edifícios, estradas, pontes, portos e congêneres (exceto o fornecimento de mercadorias produzidas pelo prestador dos serviços, fora do local da prestação dos serviços, que fica sujeito ao ICMS).

7.06 – Colocação e instalação de tapetes, carpetes, assoalhos, cortinas, revestimentos de parede, vidros, divisórias, placas de gesso e congêneres, com material fornecido pelo tomador do serviço.

7.07 – Recuperação, raspagem, polimento e lustração de pisos e congêneres.

7.08 – Calafetação.

7.09 – Varrição, coleta, remoção, incineração, tratamento, reciclagem, separação e destinação final de lixo, rejeitos e outros resíduos quaisquer.

7.10 – Limpeza, manutenção e conservação de vias e logradouros públicos, imóveis, chaminés, piscinas, parques, jardins e congêneres.

7.11 – Decoração e jardinagem, inclusive corte e poda de árvores.

7.12 – Controle e tratamento de efluentes de qualquer natureza e de agentes físicos, químicos e biológicos.

7.13 – Dedetização, desinfecção, desinsetização, imunização, higienização, desratização, pulverização e congêneres.

7.14 – (VETADO)

7.15 – (VETADO)

7.16 – Florestamento, reflorestamento, semeadura, adubação, reparação de solo, plantio, silagem, colheita, corte e descascamento de árvores, silvicultura, exploração florestal e dos serviços congêneres indissociáveis da formação, manutenção e colheita de florestas, para quaisquer fins e por quaisquer meios. (Redação dada pela Lei Complementar n. 157, de 2016)

7.17 – Escoramento, contenção de encostas e serviços congêneres.

7.18 – Limpeza e dragagem de rios, portos, canais, baías,

lagos, lagoas, represas, açudes e congêneres.

7.19 – Acompanhamento e fiscalização da execução de obras de engenharia, arquitetura e urbanismo.

7.20 – Aerofotogrametria (inclusive interpretação), cartografia, mapeamento, levantamentos topográficos, batimétricos, geográficos, geodésicos, geológicos, geofísicos e congêneres.

7.21 – Pesquisa, perfuração, cimentação, mergulho, perfilagem, concretação, testemunhagem, pescaria, estimulação e outros serviços relacionados com a exploração e exploração de petróleo, gás natural e de outros recursos minerais.

7.22 – Nucleação e bombardeamento de nuvens e congêneres.

8 – Serviços de educação, ensino, orientação pedagógica e educacional, instrução, treinamento e avaliação pessoal de qualquer grau ou natureza.

8.01 – Ensino regular pré-escolar, fundamental, médio e superior.

8.02 – Instrução, treinamento, orientação pedagógica e educacional, avaliação de conhecimentos de qualquer natureza.

9 – Serviços relativos a hospedagem, turismo, viagens e congêneres.

9.01 – Hospedagem de qualquer natureza em hotéis, *apart-service* condominiais, *flat*, apart-hotéis, hotéis residência, *residence-service, suite service*, hotelaria marítima, motéis, pensões e congêneres; ocupação por temporada com fornecimento de serviço (o valor da alimentação e gorjeta, quando incluído no preço da diária, fica sujeito ao Imposto Sobre Serviços).

9.02 – Agenciamento, organização, promoção, intermediação e execução de programas de turismo, passeios, viagens, excursões, hospedagens e congêneres.

9.03 – Guias de turismo.

10 – Serviços de intermediação e congêneres.

10.01 – Agenciamento, corretagem ou intermediação de câmbio, de seguros, de cartões de crédito, de planos de saúde e de planos de previdência privada.

10.02 – Agenciamento, corretagem ou intermediação de

títulos em geral, valores mobiliários e contratos quaisquer.

10.03 – Agenciamento, corretagem ou intermediação de direitos de propriedade industrial, artística ou literária.

10.04 – Agenciamento, corretagem ou intermediação de contratos de arrendamento mercantil (*leasing*), de franquia (*franchising*) e de faturização (*factoring*).

10.05 – Agenciamento, corretagem ou intermediação de bens móveis ou imóveis, não abrangidos em outros itens ou subitens, inclusive aqueles realizados no âmbito de Bolsas de Mercadorias e Futuros, por quaisquer meios.

10.06 – Agenciamento marítimo.

10.07 – Agenciamento de notícias.

10.08 – Agenciamento de publicidade e propaganda, inclusive o agenciamento de veiculação por quaisquer meios.

10.09 – Representação de qualquer natureza, inclusive comercial.

10.10 – Distribuição de bens de terceiros.

11 – Serviços de guarda, estacionamento, armazenamento, vigilância e congêneres.

11.01 – Guarda e estacionamento de veículos terrestres automotores, de aeronaves e de embarcações.

11.02 – Vigilância, segurança ou monitoramento de bens, pessoas e semoventes. (Redação dada pela Lei Complementar n. 157, de 2016)

11.03 – Escolta, inclusive de veículos e cargas.

11.04 – Armazenamento, depósito, carga, descarga, arrumação e guarda de bens de qualquer espécie.

12 – Serviços de diversões, lazer, entretenimento e congêneres.

12.01 – Espetáculos teatrais.

12.02 – Exibições cinematográficas.

12.03 – Espetáculos circenses.

12.04 – Programas de auditório.

12.05 – Parques de diversões, centros de lazer e congêneres.

12.06 – Boates, *taxi-dancing* e congêneres.

12.07 – *Shows*, *ballet*, danças, desfiles, bailes, óperas, concertos, recitais, festivais e congêneres.

12.08 – Feiras, exposições, congressos e congêneres.

12.09 – Bilhares, boliches e diversões eletrônicas ou não.

12.10 – Corridas e competições de animais.

12.11 – Competições esportivas ou de destreza física ou intelectual, com ou sem a participação do espectador.

12.12 – Execução de música.

12.13 – Produção, mediante ou sem encomenda prévia, de eventos, espetáculos, entrevistas, *shows*, *ballet*, danças, desfiles, bailes, teatros, óperas, concertos, recitais, festivais e congêneres.

12.14 – Fornecimento de música para ambientes fechados ou não, mediante transmissão por qualquer processo.

12.15 – Desfiles de blocos carnavalescos ou folclóricos, trios elétricos e congêneres.

12.16 – Exibição de filmes, entrevistas, musicais, espetáculos, *shows*, concertos, desfiles, óperas, competições esportivas, de destreza intelectual ou congêneres.

12.17 – Recreação e animação, inclusive em festas e eventos de qualquer natureza.

13 – Serviços relativos a fonografia, fotografia, cinematografia e reprografia.

13.01 – (VETADO)

13.02 – Fonografia ou gravação de sons, inclusive trucagem, dublagem, mixagem e congêneres.

13.03 – Fotografia e cinematografia, inclusive revelação, ampliação, cópia, reprodução, trucagem e congêneres.

13.04 – Reprografia, microfilmagem e digitalização.

13.05 – Composição gráfica, inclusive confecção de impressos gráficos, fotocomposição, clicheria, zincografia, litografia e fotolitografia, exceto se destinados a posterior operação de comercialização ou industrialização, ainda que incorporados, de qualquer forma, a outra mercadoria que deva ser objeto de posterior circulação, tais como bulas, rótulos, etiquetas, caixas, cartuchos, embalagens e manuais técnicos e de instrução, quando ficarão sujeitos ao ICMS. (Redação dada pela Lei Complementar n. 157, de 2016)

14 – Serviços relativos a bens de terceiros.

14.01 – Lubrificação, limpeza, lustração, revisão, carga

e recarga, conserto, restauração, blindagem, manutenção e conservação de máquinas, veículos, aparelhos, equipamentos, motores, elevadores ou de qualquer objeto (exceto peças e partes empregadas, que ficam sujeitas ao ICMS).

14.02 – Assistência técnica.

14.03 – Recondicionamento de motores (exceto peças e partes empregadas, que ficam sujeitas ao ICMS).

14.04 – Recauchutagem ou regeneração de pneus.

14.05 – Restauração, recondicionamento, acondicionamento, pintura, beneficiamento, lavagem, secagem, tingimento, galvanoplastia, anodização, corte, recorte, plastificação, costura, acabamento, polimento e congêneres de objetos quaisquer. (Redação dada pela Lei Complementar n. 157, de 2016)

14.06 – Instalação e montagem de aparelhos, máquinas e equipamentos, inclusive montagem industrial, prestados ao usuário final, exclusivamente com material por ele fornecido.

14.07 – Colocação de molduras e congêneres.

14.08 – Encadernação, gravação e douração de livros, revistas e congêneres.

14.09 – Alfaiataria e costura, quando o material for fornecido pelo usuário final, exceto aviamento.

14.10 – Tinturaria e lavanderia.

14.11 – Tapeçaria e reforma de estofamentos em geral.

14.12 – Funilaria e lanternagem.

14.13 – Carpintaria e serralheria.

14.14 – Guincho intramunicipal, guindaste e içamento. (Redação dada pela Lei Complementar n. 157, de 2016)

15 – Serviços relacionados ao setor bancário ou financeiro, inclusive aqueles prestados por instituições financeiras autorizadas a funcionar pela União ou por quem de direito.

15.01 – Administração de fundos quaisquer, de consórcio, de cartão de crédito ou débito e congêneres, de carteira de clientes, de cheques pré-datados e congêneres. (Vide Lei Complementar n. 175, de 2020)

15.02 – Abertura de contas em geral, inclusive

conta-corrente, conta de investimentos e aplicação e caderneta de poupança, no País e no exterior, bem como a manutenção das referidas contas ativas e inativas.

15.03 – Locação e manutenção de cofres particulares, de terminais eletrônicos, de terminais de atendimento e de bens e equipamentos em geral.

15.04 – Fornecimento ou emissão de atestados em geral, inclusive atestado de idoneidade, atestado de capacidade financeira e congêneres.

15.05 – Cadastro, elaboração de ficha cadastral, renovação cadastral e congêneres, inclusão ou exclusão no Cadastro de Emitentes de Cheques sem Fundos – CCF ou em quaisquer outros bancos cadastrais.

15.06 – Emissão, reemissão e fornecimento de avisos, comprovantes e documentos em geral; abono de firmas; coleta e entrega de documentos, bens e valores; comunicação com outra agência ou com a administração central; licenciamento eletrônico de veículos; transferência de veículos; agenciamento fiduciário ou depositário; devolução de bens em custódia.

15.07 – Acesso, movimentação, atendimento e consulta a contas em geral, por qualquer meio ou processo, inclusive por telefone, fac-símile, internet e telex, acesso a terminais de atendimento, inclusive vinte e quatro horas; acesso a outro banco e a rede compartilhada; fornecimento de saldo, extrato e demais informações relativas a contas em geral, por qualquer meio ou processo.

15.08 – Emissão, reemissão, alteração, cessão, substituição, cancelamento e registro de contrato de crédito; estudo, análise e avaliação de operações de crédito; emissão, concessão, alteração ou contratação de aval, fiança, anuência e congêneres; serviços relativos a abertura de crédito, para quaisquer fins.

15.09 – Arrendamento mercantil (***leasing***) de quaisquer bens, inclusive cessão de direitos e obrigações, substituição de garantia, alteração, cancelamento e registro de contrato, e demais serviços relacionados ao arrendamento mercantil (***leasing***). (Vide Lei Complementar n. 175, de 2020)

15.10 – Serviços relacionados a cobranças, recebimentos ou pagamentos em geral, de títulos quaisquer, de contas ou carnês, de câmbio, de tributos e por conta de terceiros, inclusive os efetuados por meio eletrônico, automático ou por máquinas de atendimento; fornecimento de posição de cobrança, recebimento ou pagamento; emissão de carnês, fichas de compensação, impressos e documentos em geral.

15.11 – Devolução de títulos, protesto de títulos, sustação de protesto, manutenção de títulos, reapresentação de títulos, e demais serviços a eles relacionados.

15.12 – Custódia em geral, inclusive de títulos e valores mobiliários.

15.13 – Serviços relacionados a operações de câmbio em geral, edição, alteração, prorrogação, cancelamento e baixa de contrato de câmbio; emissão de registro de exportação ou de crédito; cobrança ou depósito no exterior; emissão, fornecimento e cancelamento de cheques de viagem; fornecimento, transferência, cancelamento e demais serviços relativos a carta de crédito de importação, exportação e garantias recebidas; envio e recebimento de mensagens em geral relacionadas a operações de câmbio.

15.14 – Fornecimento, emissão, reemissão, renovação e manutenção de cartão magnético, cartão de crédito, cartão de débito, cartão salário e congêneres.

15.15 – Compensação de cheques e títulos quaisquer; serviços relacionados a depósito, inclusive depósito identificado, a saque de contas quaisquer, por qualquer meio ou processo, inclusive em terminais eletrônicos e de atendimento.

15.16 – Emissão, reemissão, liquidação, alteração, cancelamento e baixa de ordens de pagamento, ordens de crédito e similares, por qualquer meio ou processo; serviços relacionados à transferência de valores, dados, fundos, pagamentos e similares, inclusive entre contas em geral.

15.17 – Emissão, fornecimento, devolução, sustação, cancelamento e oposição de cheques quaisquer, avulso ou por talão.

15.18 – Serviços relacionados a crédito imobiliário, avaliação e vistoria de imóvel ou obra, análise técnica e jurídica, emissão, reemissão, alteração, transferência e renegociação de contrato, emissão e reemissão do termo de quitação e demais serviços relacionados a crédito imobiliário.

16 – Serviços de transporte de natureza municipal.

16.01 – Serviços de transporte coletivo municipal rodoviário, metroviário, ferroviário e aquaviário de passageiros. (Redação dada pela Lei Complementar n. 157, de 2016)

16.02 – Outros serviços de transporte de natureza municipal. (Incluído pela Lei Complementar n. 157, de 2016)

17 – Serviços de apoio técnico, administrativo, jurídico, contábil, comercial e congêneres.

17.01 – Assessoria ou consultoria de qualquer natureza, não contida em outros itens desta lista; análise, exame, pesquisa, coleta, compilação e fornecimento de dados e informações de qualquer natureza, inclusive cadastro e similares.

17.02 – Datilografia, digitação, estenografia, expediente, secretaria em geral, resposta audível, redação, edição, interpretação, revisão, tradução, apoio e infra-estrutura administrativa e congêneres.

17.03 – Planejamento, coordenação, programação ou organização técnica, financeira ou administrativa.

17.04 – Recrutamento, agenciamento, seleção e colocação de mão de obra.

17.05 – Fornecimento de mão de obra, mesmo em caráter temporário, inclusive de empregados ou trabalhadores, avulsos ou temporários, contratados pelo prestador de serviço.

17.06 – Propaganda e publicidade, inclusive promoção de vendas, planejamento de campanhas ou sistemas de publicidade, elaboração de desenhos, textos e demais materiais publicitários.

17.07 – (VETADO)

17.08 – Franquia (*franchising*).

17.09 – Perícias, laudos, exames técnicos e análises técnicas.

17.10 – Planejamento, organização e administração de feiras, exposições, congressos e congêneres.

17.11 – Organização de festas e recepções; bufê (exceto o fornecimento de alimentação e bebidas, que fica sujeito ao ICMS).

17.12 – Administração em geral, inclusive de bens e negócios de terceiros.

17.13 – Leilão e congêneres.

17.14 – Advocacia.

17.15 – Arbitragem de qualquer espécie, inclusive jurídica.

17.16 – Auditoria.

17.17 – Análise de Organização e Métodos.

17.18 – Atuária e cálculos técnicos de qualquer natureza.

17.19 – Contabilidade, inclusive serviços técnicos e auxiliares.

17.20 – Consultoria e assessoria econômica ou financeira.

17.21 – Estatística.

17.22 – Cobrança em geral.

17.23 – Assessoria, análise, avaliação, atendimento, consulta, cadastro, seleção, gerenciamento de informações, administração de contas a receber ou a pagar e em geral, relacionados a operações de faturização (*factoring*).

17.24 – Apresentação de palestras, conferências, seminários e congêneres.

17.25 – Inserção de textos, desenhos e outros materiais de propaganda e publicidade, em qualquer meio (exceto em livros, jornais, periódicos e nas modalidades de serviços de radiodifusão sonora e de sons e imagens de recepção livre e gratuita). (Incluído pela Lei Complementar n. 157, de 2016)

18 – Serviços de regulação de sinistros vinculados a contratos de seguros; inspeção e avaliação de riscos para cobertura de contratos de seguros; prevenção e gerência de riscos seguráveis e congêneres.

18.01 – Serviços de regulação de sinistros vinculados a contratos de seguros; inspeção e avaliação de riscos para cobertura de contratos de seguros; prevenção e gerência de riscos seguráveis e congêneres.

19 – Serviços de distribuição e venda de bilhetes e demais produtos de loteria, bingos, cartões, pules ou cupons de apostas, sorteios, prêmios, inclusive os decorrentes de

títulos de capitalização e congêneres.

19.01 – Serviços de distribuição e venda de bilhetes e demais produtos de loteria, bingos, cartões, pules ou cupons de apostas, sorteios, prêmios, inclusive os decorrentes de títulos de capitalização e congêneres.

20 – Serviços portuários, aeroportuários, ferroportuários, de terminais rodoviários, ferroviários e metroviários.

20.01 – Serviços portuários, ferroportuários, utilização de porto, movimentação de passageiros, reboque de embarcações, rebocador escoteiro, atracação, desatracação, serviços de praticagem, capatazia, armazenagem de qualquer natureza, serviços acessórios, movimentação de mercadorias, serviços de apoio marítimo, de movimentação ao largo, serviços de armadores, estiva, conferência, logística e congêneres.

20.02 – Serviços aeroportuários, utilização de aeroporto, movimentação de passageiros, armazenagem de qualquer natureza, capatazia, movimentação de aeronaves, serviços de apoio aeroportuários, serviços acessórios, movimentação de mercadorias, logística e congêneres.

20.03 – Serviços de terminais rodoviários, ferroviários, metroviários, movimentação de passageiros, mercadorias, inclusive suas operações, logística e congêneres.

21 – Serviços de registros públicos, cartorários e notariais.

21.01 – Serviços de registros públicos, cartorários e notariais.

22 – Serviços de exploração de rodovia.

22.01 – Serviços de exploração de rodovia mediante cobrança de preço ou pedágio dos usuários, envolvendo execução de serviços de conservação, manutenção, melhoramentos para adequação de capacidade e segurança de trânsito, operação, monitoração, assistência aos usuários e outros serviços definidos em contratos, atos de concessão ou de permissão ou em normas oficiais.

23 – Serviços de programação e comunicação visual, desenho industrial e congêneres.

23.01 – Serviços de programação e comunicação visual, desenho industrial e congêneres.

24 – Serviços de chaveiros, confecção de carimbos, placas, sinalização visual, *banners*, adesivos e congêneres.

24.01 – Serviços de chaveiros, confecção de carimbos, placas, sinalização visual, *banners*, adesivos e congêneres.

25 – Serviços funerários.

25.01 – Funerais, inclusive fornecimento de caixão, urna ou esquifes; aluguel de capela; transporte do corpo cadavérico; fornecimento de flores, coroas e outros paramentos; desembaraço de certidão de óbito; fornecimento de véu, essa e outros adornos; embalsamento, embelezamento, conservação ou restauração de cadáveres.

25.02 – Translado intramunicipal e cremação de corpos e partes de corpos cadavéricos. (Redação dada pela Lei Complementar n. 157, de 2016)

25.03 – Planos ou convênio funerários.

25.04 – Manutenção e conservação de jazigos e cemitérios.

25.05 – Cessão de uso de espaços em cemitérios para sepultamento. (Incluído pela Lei Complementar n. 157, de 2016)26 – Serviços de coleta, remessa ou entrega de correspondências, documentos, objetos, bens ou valores, inclusive pelos correios e suas agências franqueadas; *courrier* e congêneres.

26.01 – Serviços de coleta, remessa ou entrega de correspondências, documentos, objetos, bens ou valores, inclusive pelos correios e suas agências franqueadas; *courrier* e congêneres.

27 – Serviços de assistência social.

27.01 – Serviços de assistência social.

28 – Serviços de avaliação de bens e serviços de qualquer natureza.

28.01 – Serviços de avaliação de bens e serviços de qualquer natureza.

29 – Serviços de biblioteconomia.

29.01 – Serviços de biblioteconomia.

30 – Serviços de biologia, biotecnologia e química.

30.01 – Serviços de biologia, biotecnologia e química.

31 – Serviços técnicos em edificações, eletrônica, eletrotécnica, mecânica, telecomunicações e congêneres.

31.01 – Serviços técnicos em edificações, eletrônica, eletrotécnica, mecânica, telecomunicações e congêneres.

32 – Serviços de desenhos técnicos.

32.01 – Serviços de desenhos técnicos.

33 – Serviços de desembaraço aduaneiro, comissários, despachantes e congêneres.

33.01 – Serviços de desembaraço aduaneiro, comissários, despachantes e congêneres.

34 – Serviços de investigações particulares, detetives e congêneres.

34.01 – Serviços de investigações particulares, detetives e congêneres.

35 – Serviços de reportagem, assessoria de imprensa, jornalismo e relações públicas.

35.01 – Serviços de reportagem, assessoria de imprensa, jornalismo e relações públicas.

36 – Serviços de meteorologia.

36.01 – Serviços de meteorologia.

37 – Serviços de artistas, atletas, modelos e manequins.

37.01 – Serviços de artistas, atletas, modelos e manequins.

38 – Serviços de museologia.

38.01 – Serviços de museologia.

39 – Serviços de ourivesaria e lapidação.

39.01 – Serviços de ourivesaria e lapidação (quando o material for fornecido pelo tomador do serviço).

40 – Serviços relativos a obras de arte sob encomenda.

40.01 – Obras de arte sob encomenda."

Litigância de má-fé

A expressão encontra-se positivada no art. 80 do Código de Processo Civil de 2015, que assim dispõe: "Considera-se litigante de má-fé aquele que: I – deduzir pretensão ou defesa contra texto expresso de lei ou fato incontroverso; II – alterar a verdade dos fatos; III – usar do processo para conseguir objetivo ilegal; IV – opuser resistência injustificada ao andamento do processo; V – proceder de modo temerário em qualquer incidente ou ato do processo; VI – provocar incidente manifestamente infundado; VII – interpuser recurso com intuito manifestamente protelatório". A doutrina, por seu turno, faz coro com o preceito retrocitado, a exemplo das lições de Maria Helena Diniz, que em seu *Dicionário jurídico* assim definiu o conceito sob exame: "Diz-se do ato de deduzir pretensão ou defesa contra texto expresso em lei ou fato incontroverso; alterar a verdade dos fatos; usar do processo para conseguir objetivo ilegal; opor resistência injustificada ao andamento do processo; proceder de modo temerário em qualquer incidente ou ato do processo; provocar incidentes manifestadamente infundados. Tal conduta do autor ou réu pode gerar a sua condenação na indenização da parte contrária dos prejuízos e todas as despesas que efetuou mais os honorários advocatícios. Se forem dois ou mais litigantes de má-fé o órgão judicante condenará cada um na proporção do seu respectivo interesse na causa, ou solidariamente aqueles que se coligarem para lesar a parte contrária. O valor da indenização será desde logo fixado pelo magistrado, em quantia não superior a 20% (vinte porcento) sobre o valor da *causa,* ou liquidado por arbitramento" (DINIZ, Maria Helena. *Dicionário jurídico*. São Paulo: Saraiva, 1998. 3 v. p. 148). Entrementes, merece objurgatória a cláusula que qualifica como litigância de má-fé a dedução de pretensão ou defesa contra texto expresso de lei, máxime porque essa afirmação tem por pressuposto a chamada interpretação literal, que, *per se*, nada diz sob o ponto de vista da hermenêutica. Deveras, a simples literalidade não tem o condão de desvendar e explicar o direito, cuja compreensão antessupõe a conjugação dos múltiplos métodos interpretativos, quais sejam: o literal, o histórico, o evolutivo, o lógico-formal, o teleológico e o sistemático. Em abono ao alegado, convém lembrar que, na seara tributária, é frequente o pleito ter por objeto o questionamento contra disposição expressa de lei ou decreto, que, apesar da explicitude, afigura-se permeado de invalidez, a exemplo, entre outros, do Decreto n. 46.228, de 23 de agosto de 2005, editado pelo alcaide de São Paulo, que, em sua literalidade, majorou indevidamente o ITBI, contrariando o primado da estrita legalidade, que, sobranceiro, informa todo o universo da tributação no direito pátrio. Por óbvio, demandar contra aquela esquipática exigibilidade não poderia configurar litigância de má-fé, debalde implique opor-se à disposição expressa contida em diploma normativo. Em suma, independentemente do conceito imerso em dispositivos legais, a locução em apreço caracteriza-se por toda conduta dolosa, em regra praticada pelo advogado e, conforme o caso, suscetível de cometimento também pela parte, consubstanciada em demandar com o desígnio de prejudicar a parte contrária, a exemplo de apresentar postulação que tenha por objeto algo manifestamente inconsistente ou mesmo de provocar incidentes absolutamente infundados, desde que tais hipóteses sejam permeadas de dolo, sob pena de, *a contrario sensu*, tratar-se de simples inépcia do patrono ou mesmo da parte. Consoante prefalado, uma vez configurada a litigância de má-fé, o magistrado poderá estipular a pena superior a 1% e inferior a 10% do valor corrigido da causa, cabendo-lhe, outrossim, fixar em até 10 vezes o valor do salário mínimo quando a causa for de valor irrisório ou inestimável, restando, ainda, a possibilidade de quantificar a indenização quando não for possível mensurá-la, tudo nos termos das disposições contidas no art. 81 e respectivos parágrafos do CPC/2015.

Livros contábeis e fiscais

Escrituração tradicional e digitalizada

A legislação comercial obriga as pessoas jurídicas a adotar livros contábeis tendentes a assentar todas as suas operações, culminando por demonstrar os resultados apurados anualmente. Os livros obrigatórios são, entre outros, o Diário, o Livro-razão, os auxiliares do Livro-razão, assim como Títulos a pagar, Títulos a receber, Bancos conta movimento e Livro-caixa. Operando efeitos na área tributária, os livros contábeis conjugam-se com os livros fiscais, estatuídos pela legislação tributária, e, nesse diapasão, servem de referencial para a realização de controles de interesse da própria empresa, como também do Fisco. Cumpre observar que, diante da ausência de escrita regular, o Fisco é instado a promover o chamado arbitramento, como meio de determinação da matéria tributável. Cabe lembrar, por outro lado, que o arbitramento não é penalidade, mas mecanismo de aferição do *debitum*, o qual é aquilatado na exata conformidade com os termos dispostos na legislação específica de cada tributo. Outrossim, cumpre notar que a escrituração digitalizada já se encontra implantada na órbita do imposto sobre a renda, PIS/Cofins, imposto sobre produtos industrializados e imposto relativo a operações de circulação de mercadorias, conforme positivado numa série de atos administrativos, a exemplo de convênios, instruções normativas, entre outros.

Loja franca

Local situado em Zona Primária, que tem por objeto a venda de mercadoria nacional ou estrangeira em prol de passageiros de viagem internacional, contra pagamento em cheque de viagem ou moeda estrangeira conversível, nos termos do quanto dispõe o art. 15 do Decreto-lei n. 1.455, de 7 de abril de 1976, e do art. 1º, § 2º, *a*, do Decreto-lei n. 2.120, de 14 de maio de 1984. A loja franca traduz modalidade de regime aduaneiro atípico e, por isso, as operações relativas à venda e compra de mercadorias estão a salvo da incidência de gravames tributários.

Lucro arbitrado

Previsto na legislação do imposto sobre a renda, representa meio de determinação do lucro das pessoas jurídicas. É aplicável nas seguintes hipóteses: *a)* quando o contribuinte não mantiver escrituração na forma das leis comerciais e fiscais ou deixar de elaborar as demonstrações financeiras exigidas pela legislação; *b)* quando o contribuinte autorizado a optar pelo lucro presumido descumprir as condições aplicáveis à espécie; *c)* quando o contribuinte recusar-se a apresentar os livros ou documentos à autoridade tributária; *d)* quando a escrituração contiver vícios, erros ou deficiências que a tornem imprestável para determinar o lucro real ou presumido ou revelar evidentes indícios de fraude; *e)* quando o comissário ou representante da pessoa jurídica estrangeira deixar de escriturar e apurar o lucro de sua atividade separadamente do lucro do comitente residente ou domiciliado no exterior; *f)* quando o contribuinte não apresentar os arquivos ou sistemas estatuídos pela legislação; *g)* quando o contribuinte não mantiver em boa ordem o Livro-razão ou fichas utilizados para resumir contas ou subcontas lançadas no Diário; e *h)* espontaneamente, nos casos fortuitos ou de força maior, consoante definição da lei civil, observada a excepcionalidade desse procedimento. As regras para o arbitramento consistem na estipulação de uma dada percentagem aplicável sobre uma grandeza determinada pela legislação, a qual pode ser a receita bruta, quando conhecida, o lucro líquido do último exercício, o valor do capital, o valor do ativo ou outras craveiras afins, se desconhecida a receita bruta, cabendo observar que quaisquer dessas operações têm o condão de revelar a base de cálculo do imposto sobre a qual incidirá a alíquota correspondente.

Lucro bruto

É a diferença entre a receita líquida das vendas ou serviços que constituem objeto da pessoa jurídica e o custo dos respectivos bens e serviços vendidos, conforme estabelece o comando inserto no art. 290 do Decreto n. 9.580, de 22 de novembro de 2018. V. *Receita líquida.*

Lucro contábil

A expressão 'lucro' significa o aumento do patrimônio da pessoa jurídica, em função do exercício de sua atividade própria, na medida em que a receita seja maior que a soma de custos e despesas. O lucro contábil, por seu turno, é aquele apurado por intermédio da escrituração dos livros contábeis, o qual, diga-se de passo, nem sempre coincide com o lucro fiscal, máxime porque existem deduções admitidas à luz dos postulados da contabilidade que, por vezes, são vedadas pela legislação do imposto sobre a renda.

Lucro da exploração

Definido no art. 626 do Decreto n. 9.580, de 22 de novembro de 2018, consiste no lucro líquido, antes da dedução das provisões para o imposto sobre a renda, ajustado por meio da exclusão de receitas financeiras que excedem às despesas financeiras, bem como de rendimentos e prejuízos das participações societárias e resultados não operacionais.

Lucro inflacionário

Definido pela legislação do imposto sobre a renda, consiste no lucro resultante da diferença a maior entre o ativo permanente e o patrimônio líquido das pessoas jurídicas. A legislação faculta ao contribuinte a possibilidade de oferecer à tributação o mínimo de 5% do lucro apurado a esse título, diferindo o restante para os exercícios subsequentes. Reveste a natureza jurídica de imposto sobre o patrimônio e não de imposto sobre a renda, afigurando-se inconstitucional, porquanto a União não dispõe dessa competência.

Lucro líquido

Consiste na diferença positiva entre a totalização das receitas e o montante dos custos e despesas da pessoa jurídica. V. *Art. 259 do Regulamento do Imposto sobre a Renda, aprovado pelo Decreto n. 9.580, de 22 de novembro de 2018.*

Lucro operacional

É o lucro líquido resultante das atividades principais ou acessórias que constituem os objetos da pessoa jurídica. Contrapõe-se ao lucro não operacional, que é aquele proveniente de outra atividade, a exemplo de uma indústria de calçados que obtém lucro em aplicações financeiras. V. *Lucro líquido.*

Lucro presumido

Trata-se de modalidade optativa de tributação, condicionada a um dado patamar de receita bruta total no ano-calendário anterior ao da opção. Dessarte, exprime uma fórmula simplificada de mensuração do imposto sobre a renda das pessoas jurídicas, caracterizada por uma base de cálculo identificada pela aplicação de um dado percentual de 8% sobre a receita bruta. Em regra, a percentagem apontada é de 8%, embora existam atividades sujeitas a alíquotas diferençadas, a exemplo das seguintes: I – um inteiro e seis décimos porcento, para atividade de revenda, para consumo, de combustível derivado de petróleo, álcool etílico carburante e gás natural; II – dezesseis porcento para a atividade de prestação de serviço de transporte, exceto o de carga, para o qual se aplicará o percentual de 8%; III – trinta e dois porcento para as atividades de: *a)* prestação de serviços em geral, exceto de serviços hospitalares; *b)* intermediação de negócios; *c)* administração, locação ou cessão de bens imóveis e móveis e direitos de qualquer natureza. Cabe esclarecer que, no caso de serviços hospitalares, aplica-se o percentual de 8% e, na hipótese de atividades diversificadas, aplicar-se-á o percentual correspondente a cada atividade. O parâmetro quantitativo do lucro presumido, bem como a indicação das pessoas jurídicas que podem optar por esse meio de tributação, representam matéria contida na legislação de regência, reproduzida no regulamento aprovado pelo Decreto n. 9.580, de 22 de novembro de 2018, valores, diga-se de passo, suscetíveis de permanentes atualizações. Como se vê, o lucro é presumido, conforme sugere a própria denominação, no que difere do chamado lucro real, cuja dimensão traduz o verdadeiro resultado do período. Assim, uma vez estipulado o valor tributável, o *quantum debeatur* é determinado por meio da conjugação das alíquotas de 15% e, se for o caso, mais o adicional de 10%, conforme sói acontecer com os demais regimes de apuração do imposto.

Lucro real

Fórmula de apuração do imposto sobre a renda das pessoas jurídicas com escrita regular, a qual se afigura obrigatória em relação aos contribuintes com receita superior a um dado patamar firmado na legislação de regência, enquanto facultativo para os demais casos. Traduz, ao menos em tese, o *modus faciendi* mais equável na determinação do lucro tributável, uma vez que permite deduzir da base de cálculo os valores representativos de custos e de despesas operacionais. Assujeita-se à alíquota de 15% em relação à base de cálculo no valor de até determinado valor mensal, sendo suscetível ao adicional de 10% em relação aos valores situados acima daquela grandeza.

M

M

Majoração de tributos

Consiste na elevação do valor da prestação tributária, em níveis superiores ao da correção monetária. Opera-se por meio da manipulação da base de cálculo, da alíquota ou mesmo por intermédio do aumento do *quantum debeatur*, no caso de tributos destituídos de base de cálculo. Em face do primado da estrita legalidade, a majoração de tributos representa mister privativo da função legislativa, inclusive nas hipóteses de atenuação daquele princípio constitucional, na medida em que o Poder Executivo pode alterar as alíquotas dos impostos de importação, exportação, IOF e IPI, nos limites previamente firmados em lei, tudo com fulcro no art. 153, § 1º, do Texto Supremo. Ademais, a majoração de tributos deve harmonizar-se com o balizamento intertemporal, consubstanciado no binômio irretroatividade e anterioridade, esta desdobrada em inúmeras fórmulas e exceções.

Mandado de Procedimento Fiscal (MPF)

Meio pelo qual a Secretaria da Receita Federal do Brasil autoriza o Auditor Fiscal a instaurar o procedimento fiscal, tendo sido instituído pela Portaria SRF n. 1.265, de 22 de novembro de 1999, com alterações editadas pela Portaria SRF n. 1.614, de 30 de novembro de 2000; ao tempo da produção deste Dicionário, a matéria encontrava-se regulada pela Portaria SRF n. 3.007, de 26 de novembro de 2001. O aludido mandado pode revestir natureza de simples fiscalização, fiscalização especial ou mera diligência e destina-se a formalizar a instalação da fiscalização ou diligência, especificando em pormenor o alcance do procedimento fiscal, o período sob exame, o tributo questionado e outros aspectos formais, inclusive a qualificação do Auditor incumbido dos trabalhos fiscais. Durante o lapso temporal em que se desenvolve a atividade de fiscalização, a contar da instalação até a conclusão, naturalmente com respaldo no aludido mandado, resta esvaziada a espontaneidade prevista no art. 138 do Código Tributário Nacional. V. *Denúncia espontânea*.

Mandado de segurança

Ação civil de rito sumário especial, prevista no inciso LXIX do art. 5º da Constituição, bem como na Lei n. 12.016, de 7 de agosto de 2009, preordena-se a proteger o direito líquido e certo, individual ou coletivo, lesado ou ameaçado de lesão, por ato de autoridade, sendo utilizável por pessoa física ou jurídica ou órgão despersonalizado, a exemplo da Presidência da Mesa do Legislativo ou de Superintendências de Serviços e demais órgãos da administração centralizada ou descentralizada, além de universalidades juridicizadas, a teor do espólio, da massa falida e do condomínio. Volta-se contra pessoa jurídica de direito público ou pessoa jurídica de direito privado exercente de função pública delegada que abriga a autoridade responsável pela prática do ato ensejador da impetração. Assim, no ver do autor, a legitimidade passiva recai sobre uma das pessoas jurídicas retrocitadas e não contra a autoridade coatora, uma vez que esta deve tão somente prestar as informações, justificando as razões que a levaram a praticar o ato questionado, até como forma de responsabilizar a autoridade, por um lado, bem como de lhe assegurar o direito de ampla defesa, de outra parte. De todo o modo, a autoridade coatora na seara tributária é aquela incumbida da administração do tributo objeto da demanda, donde, na esfera federal, será o Delegado da Receita Federal do Brasil ou o Inspetor da Receita Federal do Brasil de Porto, Aeroporto ou Zona de Fronteira, caso a *quaestio* verse sobre matéria de comércio exterior, ao passo que, na área estadual ou distrital, será o Delegado Tributário e, no plano municipal, o Diretor de Rendas mobiliárias ou imobiliárias ou cargo equivalente, desde que incumbido de administrar o tributo municipal. Cumpre advertir que, na hipótese de impetração contra decisão de segundo grau administrativo, o *mandamus* não deve ser impetrado contra a Corte Administrativa ou autoridade de igual jaez, mas contra a autoridade retrocitada que se encontra incumbida pela administração do tributo questionado. O Ministério Público, por seu turno, também integra a relação jurídica processual, na condição de parte pública autônoma. Segundo a precisa lição de Hely Lopes Meirelles, direito líquido e certo é aquele manifesto na existência, delimitado na extensão e pronto para ser exercitado no momento da impetração. Em face do próprio conceito, é lídimo deduzir que no mandado inexiste instrução probatória, uma vez que a prova deve ser pré-constituída, como requisito impostergável do direito líquido e certo. Nas dobras do conceito *in casu*, emerge que o cabimento do mandado supõe a existência de uma situação concreta, donde descaber o *writ* contra a lei em tese, salvo quando a norma abstrata gerar efeitos concretos, desde logo. Outro aspecto imerso no direito líquido e certo consiste na irreparabilidade do aludido direito, razão pela qual o cabimento do mandado tem como antessuposto a inexistência de qualquer outro recurso com efeito suspensivo. A pretensão do impetrante pode ser objeto de concessão de medida liminar, antes ou depois de ouvir a autoridade coatora, o que implica acolher em caráter precário a sua pretensão, seguindo, então, o rito estabelecido na Lei n. 12.016, de 7 de agosto de 2009, ou seja, dez dias para as informações, dez dias para a oitiva do Ministério Público e dez dias para a prolação de sentença, assujeitando-se, outrossim, aos recursos estipulados na legislação específica e no Código de Processo Civil, a exemplo de apelação, recursos de ofício, agravos, embargos etc.

Mandado de segurança coletivo

Ação prevista no inciso LXX, *a* e *b*, do art. 5º da Constituição, bem como na Lei n. 12.016, de 7 de agosto de 2009, reveste a mesma feição que o mandado individual, salvo a legitimidade ativa, que é atribuída a uma coletividade ou categoria, representada por partido político, organização sindical, entidade de classe ou associação legalmente constituída e em funcionamento há pelo menos um ano. Conforme sutiliza Hely Lopes Meirelles, o mandado de segurança coletivo predestina-se a proteger o direito líquido e certo da categoria e não de uma parcela dos membros de determinada coletividade.

Mandatário

É a pessoa que recebe poderes de outra, denominada mandante, a fim de, em nome dela, praticar atos ou administrar interesses ou atividades. O Código Tributário Nacional qualifica o mandatário como responsável pessoal, no capítulo dedicado à responsabilidade de terceiros, fazendo-o por meio do art. 135, II. Convém assinalar que a configuração da responsabilidade *in casu* somente se verifica acaso se torne impossível cobrar o tributo do contribuinte ou o mandatário haja com excesso de poder ou infrinja a legislação tributária.

Massa falida

É o acervo de bens do falido, quando arrecadados pelo síndico da falência. Destituída de personalidade jurídica, representa tão somente um patrimônio especial, convindo sublinhar que o falido não perde a titularidade patrimonial sobre os bens integrantes da massa falida, perdendo apenas o poder de gestão, que passa ao síndico, sob a supervisão do juiz. Conquanto despersonalizada, desfruta de legitimidade ativa para impetrar mandado de segurança, a exemplo de outras universalidades reconhecidas por lei, consoante posição sustentada por Hely Lopes Meirelles, James Goldschmidt e Vitor Nunes Leal, entre outros. Uma vez deflagrado o processo falencial e constituída a massa falida, cumpre notar que os créditos tributários gozam de preferência absoluta em relação a quaisquer outros, nos termos do quanto dispõe o art. 190 do Código Tributário Nacional.

Matéria-prima

Substância corpórea ou incorpórea, em estado natural ou bruto ou mesmo elaborada, suscetível de utilização em processo industrial de transformação, do qual resulta espécie nova. Impende obtemperar que a matéria-prima pode integrar o produto final, podendo, outrossim, ser consumida no processo industrial, sendo que, em qualquer caso, gera direito ao crédito do imposto.

Meação

No direito das sucessões, é parte do acervo patrimonial das pessoas naturais, sendo parte disponível e parte indisponível. A primeira é passível da destinação que bem aprouver ao testador, conforme preceituado no art. 1.980 do Código Civil de 2002; já a segunda corresponde à parcela reservada aos herdeiros necessários, daí sua indisponibilidade, nos termos do art. 1.846 do mesmo Código. Repercute no direito tributário, na dimensão em que o art. 131, II, do Código Tributário Nacional considera a meação um referencial para determinar o limite da responsabilidade sucessória. É importante obtemperar, outrossim, que a meação uxória encontra-se a salvo de execuções fiscais, conforme cristalizado na Súmula n. 112 do extinto Tribunal Federal de Recursos.

Medida liminar

V. *Liminar.*

Medida provisória (1)

Diploma normativo criado pela Constituição de 1988, consoante os termos dos arts. 59, V, e 62, situado no âmbito competencial do Chefe do Executivo e que reveste estatura de legislação ordinária; além disso, pode ser contemplada pelas Constituições Estaduais, bem como pelas Leis Orgânicas Municipais. Este tópico cogita da medida provisória que vigorou a contar da promulgação do Texto de 1988 até o advento da Emenda n. 32, de 11 de setembro de 2001, que modificou substancialmente os seus contornos. Assim, no período pretérito, a medida provisória produzia efeitos próprios desde a sua publicação, tendo validade por trinta dias, sob perda de eficácia caso o Parlamento não a convertesse em lei naquele lapso temporal. A despeito de opiniões em sentido contrário, esta obra propugna que a medida provisória poderia dispor sobre tributação, até porque representa exercício constitucionalizado de função legislativa, cujo substrato repousa na prerrogativa de produzir normas de direito em caráter primário, independentemente do órgão que a tenha editado, na esteira, a bem ver, do abalizado magistério de Renato Alessi. Ademais, não se pode olvidar que, à época, a eficácia definitiva do aludido diploma condicionava-se ao consentimento congressual, harmonizando-se, dessarte, com o postulado da estrita legalidade em toda a sua dimensão histórica e jurídica. Entrementes, a análise contextual do Texto Magno revela o quão restrito afigurava-se o feixe de poderes atribuídos ao Chefe do Executivo no tangente à edição de medidas provisórias, pois esses textos normativos deveriam compaginar-se com outros primados constitucionais e, a teor do binômio urgência e relevância, nem sempre se harmonizam com o princípio da anterioridade ano-calendário, pelo que os tributos sujeitos àquele vetor escapariam da esfera de poder das medidas provisórias. Seria de mister, outrossim, o Executivo compartilhar com o Parlamento o respectivo processo legislativo, por força do princípio republicano conjugado com a tripartição das funções do Estado, em obséquio, aliás, aos comandos insertos no parágrafo único dos arts. 1º e 2º da Constituição Federal. Por conseguinte, depreende-se que a Constituição da República jamais autorizou a reedição desses diplomas, sob pena de usurpação de função legislativa. Não obstante, como sabido e ressabido, o Governo Federal adotou como prática rotineira a reedição de medidas provisórias para legislar sobre diversos temas, inclusive tributação, fato, diga-se de passo, repudiado pela comunidade acadêmica, mas referendado pelo Judiciário Federal. Por fim, merece ser lembrado que a medida provisória não poderia versar sobre matéria objeto de emenda constitucional promulgada a partir do ano-calendário de 1995, nos termos, é bem de ver, do disposto no art. 246 da Carta Magna.

Medida provisória (2)

A aludida modalidade normativa, já comentada no verbete precedente, foi objeto de substanciais modificações insertas na Emenda n. 32, de 11 de setembro de 2001, as quais se encontram encampadas pelo art. 62, §§ 1º *usque* 12, do Texto Excelso. Por força das inovações trazidas pela emenda *in casu*, o referido diploma não pode versar sobre temas reservados à legislação complementar, o que esvazia significativamente o seu campo de atuação na seara tributária. Ademais, tratando-se de tributo submetido ao primado da anterioridade ano-calendário, o tributo instituído ou majorado somente poderá ser cobrado no exercício posterior ao da lei de conversão, diversamente ao quanto ocorria no regime anterior. Outra alteração relevante consiste no seu aspecto eficacial temporal, pois, ao lume da ordem de antanho, os seus efeitos operavam-se ao longo de um trintídio e sua reedição, embora vedada, vinha sendo efetivada de modo indiscriminado. Agora, a eficácia temporal é de sessenta dias, prorrogável uma única vez por igual período, sob pena de extinção, cabendo ao Congresso Nacional editar o decreto legislativo a fim de regular as relações decorrentes do lapso temporal de vigência da medida provisória. Outrossim, há restrições implícitas em relação à instituição do mencionado diploma normativo: a primeira concernente à matéria versada e a segunda atinente à reparabilidade de seus efeitos. No tocante à materialidade, força é admitir que não se compagina com a natureza da medida provisória revogar uma disposição legal, a exemplo da medida provisória que revogou disposições do Código Civil, máxime porque procedimento dessa têmpera não se harmoniza com o postulado democrático, bem como com o republicano, senão também com a interdependência dos Poderes. Deveras, aqueles primados constitucionais não autorizam o Chefe do Executivo a infirmar deliberações do Congresso Nacional, onde o povo, que é o titular do Poder, exerce-o por meio de seus representantes, sendo-lhe defeso, outrossim, exercitar a função legislativa em oposição à legislação preexistente. Por isso, seria lídimo depreender que a medida provisória pode inovar o direito, desde que tenha por objeto algum ponto lacunoso no sistema normativo, respeitando a legislação a viger. Outra proibição inexpressa repousa na contingente irreparabilidade de seus efeitos, até porque há situações em que a eficácia é satisfativa, como a autorização para propaganda e comercial da indústria fumageira num determinado evento, porquanto uma vez consumada a conduta, os efeitos tornam-se irreparáveis. Por fim, impende lembrar que as medidas provisórias anteriores a 11 de setembro de 2001 ganharam eficácia definitiva, por força do disposto no art. 2º da Emenda n. 32.

Mercado comum

Instituto de direito internacional privado, bem como de direito internacional público, com desdobres no direito tributário, em face dos tributos incidentes sobre operações relativas ao comércio exterior. Representa blocos econômicos de comércio, formados por um conjunto de países e caracterizados por áreas de livre comércio e pela união aduaneira, a exemplo, entre outros, do Mercado Comum do Sul (Mercosul), da Área de Livre Comércio das Américas (ALCA) e do Mercado Comum Europeu.

Mercadorias

Na esteira da primorosa lição de Carvalho de Mendonça, são as coisas móveis objeto de comércio. A sutil diferença entre mercadorias e bens repousa na destinação, pois enquanto aquelas se preordenam a atos de venda e compra, estes se situam fora do comércio. Segundo o exemplo clássico de Aliomar Baleeiro, o sapato exposto na vitrine de uma loja é uma mercadoria, porquanto destinado a ato de comércio, assumindo, entretanto, a feição de bem quando alguém o adquire, botando-o nos pés. V. *Bem*.

Mercosul

Expressão designativa do Mercado Comum do Sul, o qual, na linguagem espanhola, denomina-se *Mercado Común del Sur* (Mercosur), cuja abrangência compreende o Cone Sul latino-americano. Celebrado por meio do Tratado de Assunção, sua criação operou-se por intermédio do Decreto Legislativo n. 197, de 25 de setembro de 1991, compreendendo inicialmente o Brasil, o Uruguai, o Paraguai e a Argentina. A Venezuela está prestes a integrar o referido Mercado, pois depende apenas de aprovação congressual do Brasil, uma vez que os três outros países do bloco já referendaram o seu ingresso. A exemplo de outros mercados comuns, preordena-se a otimizar a integração dos países subscritores, formando blocos econômicos. Assim, entre outros desígnios, estabelece uma zona de livre comércio entre os países associados, sem barreiras aduaneiras, diga-se de passo, além de assegurar a plena liberdade em termos de comércio exterior com outros países não integrantes do Mercosul. A legislação retrocitada, por seu turno, pormenoriza aspectos relativos a condições equáveis de concorrências entre os Estados-partes, bem como o compromisso entre esses Estados no sentido de harmonizar a legislação interna nas áreas de repercussão nesse mercado comum, tudo com o objetivo de conferir densidade ao aludido processo de integração. Em 2007, o Estado de Israel assinou acordo de livre comércio com o Mercosul, o mesmo ocorrendo com o Egito, no ano de 2010.

Microempresa/Empresa de pequeno porte

V. *Simples* e *Simples Nacional*

Ministério da Fazenda

A exemplo dos demais Ministérios, representa um segmento da administração direta federal, com fulcro na divisão de trabalho e o desígnio de operacionalizar as funções atribuídas ao Chefe do Executivo. O Ministério da Fazenda cuida, basicamente, de assuntos monetários, creditícios, financeiros e fiscais, cabendo-lhe, entre outros misteres, administrar os tributos federais, o que entreplica as tarefas de fiscalização e arrecadação de tributos, esta desde o recebimento relativo aos pagamentos espontâneos, bem como as cobranças amigáveis, até a lavratura de autos de infração e subsequente processamento, com julgamento nas diversas instâncias administrativas, culminando, se for o caso, com a inscrição da dívida para a propositura da competente ação judicial.

Ministério Público

Alta magistratura, no dizer de Ruy Barbosa, representa instituição incumbida da defesa da ordem jurídica, do regime democrático e dos interesses sociais e individuais indisponíveis, misteres, diga-se de passo, constitucionalizados por meio do art. 127 do Diploma Excelso. Desdobra-se nos planos federal e estadual, donde o primeiro compreende o Ministério Público da União e o segundo, os Ministérios Públicos dos Estados. No âmbito da União, abriga o Ministério Público Federal, o Ministério Público do Trabalho, o Ministério Público Militar e o Ministério Público do Distrito Federal e dos Territórios. Na ambitude do direito tributário, o Ministério Público representa parte pública autônoma nos mandados de segurança, incumbido, é bem de ver, de zelar pela correta aplicação da lei e pela defesa da ordem jurídica, consoante abalizada doutrina de Hely Lopes Meirelles e conforme consta nas entrevozes da legislação de regência. Outrossim, o Ministério Público propôs inúmeras ações civis públicas, insurgindo-se contra a cobrança de tributos, a seu ver indevidos, mas a orientação pretoriana entende como ilegítima a sua atuação em pleitos desse jaez, seja porque a matéria tributária não traduz uma relação de consumo, seja porque diz respeito a direitos privados e disponíveis, ao contrário dos direitos coletivos e difusos, estes sim pertinentes ao seu âmbito de atuação (Recurso Extraordinário n. 195.056-1, Plenário, 26.02.1997, *DJU* 1, de 30.05.2003, p. 30). Entrementes, o autor deste Dicionário adota posicionamento diametralmente oposto em relação àquele consagrado no Pretório Excelso, conforme esmiudado em estudo denominado *O ministério público e o questionamento judicial de matéria tributária ante o Código de Defesa do Consumidor* (In: CARACIOLA, Andrea Boari; ANDREUCCI, Ana Cláudia Pompeu Torezan; FREITAS, Aline da Silva. *Código de Defesa do Consumidor, 20 anos*. São Paulo: LTr, 2010). V. *Parquet*.

Modulação de efeitos

A palavra modulação tem origem na música com o significado de mudança de tonalidade. No Direito é empregada com sentido metafórico, na dimensão em que gradua os efeitos de decisões do Pretório Excelso, nos termos no disposto no art. 27 da Lei n. 9.868, de 10 de novembro de 1999, a saber:

> "Art. 27. Ao declarar a inconstitucionalidade de lei ou ato normativo, e tendo em vista razões de segurança jurídica ou de excepcional interesse social, poderá o Supremo Tribunal Federal, por maioria de dois terços

> de seus membros, restringir os efeitos daquela declaração ou decidir que ela só tenha eficácia a partir de seu trânsito em julgado ou de outro momento que venha a ser fixado".

Em que pese a letra do dispositivo autorizar a produção dos efeitos jurídicos *ex tunc* ou *ex nunc*, afigura-se inconcebível, por exemplo, o STF declarar uma dada Lei como inconstitucional e determinar que os seus efeitos seriam a partir de então, donde, a *contrario sensu*, a Suprema Corte estaria legitimando efeitos pretéritos de um diploma declarado inconstitucional.

Não demasia dizer que a questionada modulação abriga um ilogismo censurável, sobre atritar os postulados da segurança jurídica, da irretroatividade, da confiança e da boa-fé em detrimento do contribuinte, aspectos muito bem pontuados por Misabel Abreu Machado Derzi em obra exemplaríssima sobre o assunto (Modificações da jurisprudência no direito tributário. São Paulo: Noeses, 2009), merecendo citada, também, a monografia de Flávio Miranda Molinari (*Modulação de efeitos em matéria tributária pelo STF*. Rio de Janeiro: Lumen Juris, 2021) que versou o tema em sua dissertação de Mestrado.

Montagem

Segundo a legislação do imposto sobre produtos industrializados, exprime uma das modalidades de industrialização, consistindo na reunião de produtos, a exemplo da junção da armação de óculos com as respectivas lentes. Trata-se de conceito situado na *nebulosa de incertidumbre*, como diria Alf Ross, donde, conforme o caso, a montagem pode configurar industrialização ou prestação de serviço. V. *Industrialização*.

Moratória

O Código Tributário Nacional qualifica-a como hipótese suspensiva da exigibilidade do crédito tributário, consoante dispõe o art. 151, I, do referido diploma normativo. Não obstante, esta obra sustenta que a moratória não se afigura modalidade suspensiva da exigência do crédito, mas prorrogação de prazo para o pagamento do tributo, na exata conformidade com o seu desenho conceptual ao lume da teoria geral do direito; o parcelamento de dívida tributária, por exemplo, exprime eloquente modalidade de moratória. Por outro lado, não se escoima de objurgatórias a erronia cometida pelo legislador do Código Tributário Nacional, enquanto admitiu a possibilidade de revogação da moratória. O asserto justifica-se na dimensão em que o instituto em apreço situa-se na ambitude dos atos administrativos vinculados, razão pela qual a sua eventual desaparição jamais poderia verificar-se pela via da revogação, mas tão somente por invalidação, acaso tenha sido editado em desconformidade com as exigências normativas ou se houver descumprimento de requisito indeclinável ao seu desfrute. Por conseguinte, mercê de sua natureza de ato vinculado, gera direito adquirido, ao contrário do quanto apregoa o Código em sua equivocada literalidade.

Motivação

É a fundamentação do *decisum.* Na lição sempre precisa de Arruda Alvim, a discricionariedade do julgador na formação do convencimento encontra na motivação o seu preço (Sentença no processo civil. As diversas formas de terminação do processo em primeiro grau. *Revista de Processo*, São Paulo, v. 2, p. 65, 1976). Calamandrei, por seu turno, sutilizou que a motivação preordena-se a mostrar que o resultado do processo não é fruto do acaso ou da sorte, mas de atuação da lei sobre os fatos levados à cognição do julgador (Processo e democrazia. *Opere Giuridiche*, Napoli, v. 1, p. 644, 1965). Na esteira de doutrinadores de tomo, a exemplo de Celso Antônio Bandeira de Mello, Sérgio Ferraz, Lucia Valle Figueiredo e outros (*Curso de direito administrativo.* São Paulo: RT, 1986), esta obra pugna que a motivação haverá de permear tanto as decisões judiciais quanto as administrativas, embora a Constituição somente tenha feito alusão às primeiras, por meio do inciso IX do art. 93. A omissão da *Lex Legum,* entrementes, não pode excluir a motivação dos atos administrativos, porque a sua exigibilidade indeclinável jaz imersa no conteúdo de inúmeros primados constitucionais, a teor do princípio do devido processo legal, da ampla defesa, do contraditório, do controle de legalidade dos atos administradores por parte do Judiciário, bem como do postulado da universalidade da jurisdição, entre outros. Pelo exposto, força é dessumir que a ausência de motivação tende a macular de modo inexorável a validade das decisões, tanto judiciais quanto administrativas, tornando-as nulas, *pleno jure*.

Multa de mora

A expressão traduz uma *contradictio in terminis*, pois o termo 'multa' significa sanção, ao passo que a palavra 'mora' compreende caráter indenizatório em face do retardo no cumprimento da obrigação; logo, toda multa de natureza fiscal hospeda caráter punitivo e não indenizatório ou compensatório. Dessarte, a despeito da impropriedade terminológica apontada, a locução *in casu* é corrente na doutrina e, também, na jurisprudência, embora com sentido punitivo e não moratório. Na legislação tributária, de um modo geral, a multa impropriamente denominada moratória costuma ser estipulada em patamares menores do que os das demais multas fiscais, porquanto o legislador classificou-as erroneamente em moratórias e sancionatórias.

Multa fiscal

Prestação pecuniária decorrente da prática de ilícito tributário. Diferentemente da multa indenizatória ou moratória de cunho civil, reveste natureza repressiva, consoante assinalam Achile Donato Giannini, Dino Jarach, Villegas e Bernardo Ribeiro de Moraes, entre outros. Seu traço afigura-se intensamente conotado de coercibilidade, na dimensão em que tende a desestimular o comportamento infracional por parte do sujeito passivo de relação jurídica tributária. Conquanto a intensidade da multa condicione-se à legislação específica de cada tributo, na órbita federal, por exemplo, prevalece a multa diária de 0,33 até o limite de 20%, nos termos do disposto no art. 61 da Lei n. 9.430, de 27 de dezembro de 1996. Todavia, o pagamento espontâneo, ainda que extemporâneo, traduz hipótese extintiva da punibilidade, nos termos, é bem de ver, do art. 138 do Código Tributário Nacional, donde, por óbvio, afigura-se descabida a aplicação de multa nesses casos, por ausência de antessupostos. Nos casos de multa de ofício, sua percentagem costuma oscilar entre 50 e 300%, conforme a natureza da infração. Autores abonados, a exemplo de Hugo de Brito Machado, sustentam que a multa fiscal não se encontraria condicionada aos balizamentos da capacidade contributiva, bem como ao direito de propriedade, podendo, por isso, até confiscar bens do devedor inadimplente. Para o eminente professor e magistrado, esse caráter repressivo seria da índole da multa fiscal, amparada, inclusive, pelo disposto no art. 5º, XLVI, *b*, da Constituição. Entrementes, a posição ora adotada destoa daquele ponto de vista, uma vez que o direito de propriedade, em sua plenitude, não pode se compaginar com a multa fiscal descompromissada com qualquer parâmetro. Deveras, a privação de bens prevista no Texto Excelso somente teria cabimento em hipóteses extremas, ou seja, quando o bem representar o próprio objeto do crime, mesmo assim, em decorrência de sentença judicial. Nos demais casos, é forçoso reconhecer que a penalidade não poderia desrespeitar os limites da capacidade contributiva e do direito de propriedade, conjugados com outros primados cardeais asseguradores de direitos e garantias. Por fim, em que pese o subjetivismo do tema, merece ser lembrada a existência de remansosa jurisprudência do Pretório Excelso no sentido de reconhecer o caráter confiscatório de penalidades de valor excessivo, numa das quais a Corte reduziu a multa original de 100 para 30%, conforme consta do RE 98.393/RJ. V. DALLA, Ricardo Corrêa. *Multas tributárias*. Belo Horizonte: Del Rey, 2003.

Município

Pessoa jurídica de direito público interno, reveste a mesma estatura que as demais pessoas constitucionais, conquanto não integre o pacto federativo, máxime porque não tem assento no Senado Federal. Rege-se por lei orgânica, consoante prevê o art. 29 do Diploma Excelso, competindo-lhe, entre outras prerrogativas, dispor sobre matéria de seu peculiar interesse, bem como sobre tributação. É dotado de competência para instituir os seguintes tributos: IPTU; ITBI; ISS, sobre serviços não compreendidos na competência dos Estados; taxas de polícia; taxas de serviço; contribuição de melhoria; e contribuição previdenciária de seus servidores.

N

N

NAFTA

North American Free Trade Agreement. Acordo de Livre Comércio da América do Norte, compreendendo as economias dos EUA, do Canadá e do México.

Não cumulatividade

V. *Princípio da não cumulatividade.*

Não discriminação tributária em virtude da origem ou destino dos bens

Segundo os rigorosos dizeres do comando inserto no art. 152 do Diploma Excelso, as pessoas constitucionais não podem estabelecer tributação mais gravosa ou menos onerosa em face da região ou local de origem ou destino dos bens ou mercadorias objetos da operação.

NBM

V. *Nomenclatura Brasileira de Mercadorias.*

Nomenclatura Brasileira de Mercadorias

Embasada na Nomenclatura Aduaneira de Bruxelas e com o fito de guardar harmonia no comércio internacional, traduz um verdadeiro glossário técnico, que hospeda uma ampla relação de mercadorias codificadas, a qual serve de paradigma para as operações de importação e exportação. Por força do quanto dispõe o Decreto-lei n. 1.154, de 1º de março de 1971, é adotada pela legislação do imposto sobre a importação, exportação, produtos industrializados e outros previstos em legislação específica.

Norma constitucional quanto ao aspecto eficacial

A doutrina norte-americana, tendo por paladino Cooley, certificou-se que as normas constitucionais abrigavam matizes diferençados no tangente à eficácia, pois alguns comandos deflagravam efeitos, desde logo, enquanto outros dependiam de normação ulterior infraconstitucional para implementar o seu conspecto eficacial. Entre nós, o tema floresceu, cabendo a Ruy Barbosa o mérito de introduzi-lo em nossa doutrina. Entre inúmeros estudos empreendidos acerca do assunto, um dos autores que mais se destacou foi, induvidosamente, José Afonso da Silva, que versou com mestria sobre os níveis eficaciais das normas constitucionais (SILVA, José Afonso da. *Aplicabilidade das normas constitucionais*. 2. ed. São Paulo: RT, 1982). O autor classifica as normas em três planos, quais sejam: as de eficácia plena, a exemplo daquelas que produzem os seus efeitos, desde logo; as de eficácia contida, a teor daquelas que produzem os seus efeitos imediatamente, conquanto possam ser modificadas no campo infraconstitucional; e, finalmente, as de eficácia limitada, que dependem de normação integrativa para produzir os efeitos próprios. Maria Helena Diniz, por outro lado, propôs uma classificação em quatro níveis, vale dizer: eficácia absoluta, eficácia plena, eficácia relativa restringível e eficácia relativa complementável ou dependente de complementação (DINIZ, Maria Helena. *Norma constitucional e seus efeitos*. 2. ed. São Paulo: Saraiva, 1992. p. 98). Esta obra abraça as lições sempre abalizadas de Maria Helena Diniz, cujo teor, a bem pensar, desvenda com rigor os patamares eficaciais e as repercussões que ressoam no universo normativo. V. *Eficácia das normas constitucionais*.

Norma-matriz de incidência

Representa mais uma primorosa contribuição do jurista Paulo de Barros Carvalho à doutrina do direito tributário (CARVALHO, Paulo de Barros. *Curso de direito tributário*. São Paulo: Saraiva, 1991. p. 238 et seq.). Segundo o festejado professor, a norma-matriz exprime um esquema lógico de representação formal da regra de incidência, consoante o seu substrato constitucional; dessarte, a construção da regra-matriz tem como ponto de partida o binômio hipótese de incidência e base de cálculo colhido no Texto Constitucional. Na sequência, o intérprete ingressa na intimidade da essência normativa, segundo a linguagem de Paulo de Barros Carvalho, compondo a hipótese de incidência e a consequência da norma jurídica, com os seus vários critérios, a exemplo do material, espacial e temporal com relação à hipótese, bem como do pessoal e quantitativo no tocante à consequência. Instrumento de extraordinária valia no estudo do direito tributário, propicia o desvendamento da norma e, por conseguinte, a compreensão de sua dimensão e seu alcance. Por oportuno, merece ser lembrado um exemplo, ouvindo as palavras do autor quando tratou da regra-matriz do ISS: "*Hipótese: prestação a terceiros de utilidades, materiais ou imateriais, de conteúdo econômico e com caráter reiterado, sob regime de direito privado, realizada dentro dos limites territoriais do Município, dando-se por acontecido o fato no momento da entrega do serviço, pronto e acabado, à pessoa interessada; consequência: o prestador deverá recolher aos cofres da Municipalidade x% do valor do serviço prestado.* O critério ou componente material da norma consiste no comportamento de *prestar serviços.* O critério espacial, a seu turno, é qualquer ponto situado dentro do território do Município. Já o critério temporal, por sua vez, é representado pelo instante em que o serviço pronto e acabado é entregue ao tomador. Na consequência está a Fazenda do Município e o sujeito passivo, o prestador do serviço; o critério quantitativo está expresso pela base de cálculo – valor do serviço prestado – e pela alíquota x% (percentagem apontada pela legislação em vigor)."

Normas de comportamento e normas de estrutura

As primeiras, também denominadas normas de conduta, são aquelas que têm por objeto a conduta das pessoas nas relações intersubjetivas, enquanto as segundas são as normas que estabelecem o processo de criação de outras normas. Dessarte, a legislação do IR, do IPI, do ICMS ou de quaisquer outros tributos exprime exemplo de norma de comportamento, ao passo que as normas constitucionais estabelecedoras de competências representam regras de estrutura, a teor, entre outras, daquelas contidas nos arts. 153, 155 e 156 da Constituição Federal.

Normas de conduta

V. *Normas de comportamento e normas de estrutura.*

Normas gerais de direito tributário

A Constituição utiliza a locução 'normas gerais' em acepção coloquial, tal como a doutrina costuma fazê-lo. Com efeito, o Texto Supremo assim as qualificou ao atribuir-lhes o mister de definir tributos e espécies tributárias, bem como incumbiu-as de conceituar obrigação, lançamento, crédito, prescrição, decadência e figuras afins. Ao lume da ótica científica, contudo, a expressão teria o significado de regras que tenham por objeto uma classe de pessoas, em contraposição às normas abstratas, cujo objeto seria uma classe de ação ou ação-tipo. Essa é a lição de Norberto Bobbio, impressa em *Teoria della norma giurídica* (Torino: Giappichelli, 1958. p. 227 et seq.), a qual esta obra sufraga integralmente. De todo modo, o conceito jurídico no direito brasileiro haverá de ser, logicamente, aquele contemplado no item III, *a* e *b*, do art. 146 da Constituição. Por óbvio, o referido dispositivo revela que o constituinte comunicou ao Código a função de diploma estabelecedor de normas gerais de direito tributário, fato que, sem dúvida, afigura-se compatível com o Sistema Constitucional, desde que as normas gerais não mutilem competências locais, sob pena de incorrerem em manifesta inconstitucionalidade.

Nota calçada

V. *Nota espelhada*

Nota espelhada

Também designada nota calçada, consistindo no registro de valores diferençados entre a primeira via da nota, destinada ao adquirente, e as demais, mantidas no estabelecimento para efeito de escrituração e apuração do imposto devido. A exemplo da nota fria, trata-se de jargão fiscal utilizado no universo tributário. Além de configurar infração à legislação tributária, tipifica crime previsto no Código Penal, também contemplado na Lei n. 8.137, de 27 de dezembro de 1990, que define os crimes contra a ordem tributária.

Nota fiscal

Documento de emissão obrigatória por parte dos contribuintes, devendo lastrear operações comerciais ou de serviços. Adquirida pelo contribuinte, deve ser, na sequência, autenticada junto ao órgão fazendário competente, cabendo observar que os modelos variam caso a caso, na exata conformidade com a legislação específica de cada tributo. No geral, haverá de conter o número de série e a identificação do emitente, bem como a do adquirente e a do transportador, se for o caso, além de descrever a natureza da operação em pormenor, identificando local, data, matéria tributável e imposto devido, afora outras formalidades.

Nota fiscal eletrônica de serviços

Documento fiscal adotado pela legislação de inúmeras Municipalidades, propicia a geração de crédito do ISS em prol do tomador de serviços, que, a seu turno, poderá ser utilizado para o pagamento do IPTU. No Município de São Paulo, por exemplo, o crédito é de 30% em relação às pessoas físicas e 10% no tocante às pessoas jurídicas, bem como aos condomínios edilícios residenciais e comerciais, ao passo que o percentual de redução do IPTU é de até 50%.

Nota fiscal paulista

Nota fiscal peculiarizada por ensejar a geração de crédito do ICMS em prol de pessoa jurídica ou física adquirente de mercadoria ou serviço sujeito ao referido imposto, podendo ser utilizado para o pagamento do IPVA do exercício seguinte ao da operação. Ademais, é facultada a sua transferência para outra pessoa jurídica ou física, podendo, outrossim, ser depositado em conta corrente de poupança ou creditado em cartão de crédito no Brasil. O crédito em apreço será de 30% do *ICMS efetivamente recolhido* pelo contribuinte, o qual deverá ser partilhado entre aqueles que optaram pelo crédito gerado pelo aludido documento fiscal. Instituída por intermédio da Lei Estadual Paulista n. 12.685, de 28 de agosto de 2007, representa, sem dúvida, mecanismo tendente a estimular a exigência de nota fiscal ou cupom fiscal, concorrendo, assim, para otimizar a arrecadação do imposto.

Nota fria

Jargão utilizado para indicar a nota emitida com a finalidade de legitimar uma situação irregular, a exemplo de estouro de caixa, mercadoria de procedência desconhecida ou adquirida sem nota na sua origem ou qualquer outra operação destinada a dar cobertura formal a ilícito tributário. Por vezes, o suposto emitente da chamada nota fria nem sequer existe, fato que, por óbvio, agrava a natureza da infração cometida. Observe-se que delitos envolvendo as denominadas notas frias, em qualquer de suas modalidades, implicam não só infração tributária, mas configuram também crime fiscal, nos termos da lei que define o crime tributário.

Notificação

Expressão ensejadora de testilhas doutrinais, mercê da fluidez de seu conteúdo semântico. Aplicável no âmbito administrativo, assim como no judicial, senão também nas relações particulares, conquanto possa variar o seu regime jurídico, o aspecto conceitual tem como substrato "o conclamar alguém a fazer ou deixar de fazer alguma coisa", conforme preleciona Sávio Brandão (*Código de processo civil*, p. 196 apud FRANCA, Rubens Limongi. *Enciclopédia Saraiva do Direito*, n. 55. p. 14). Na seara tributária, a notificação representa um dos meios de efetivação do lançamento, na medida em que hospeda o aludido ato administrativo de aplicação da norma material, lembrando a precisa linguagem de Alberto Xavier. V. *Citação* e *Intimação.*

Nulidade de ato administrativo

Preliminarmente, impende assinalar que esta obra não compartilha com a concepção dicotômica prosperante no direito civil, a qual distingue os atos em nulos e anuláveis. Na verdade, quer no direito público, quer no privado, os atos deparam-se válidos ou inválidos; os primeiros são aqueles editados em consonância com as exigências normativas, já os segundos são produzidos em descompasso com o direito. Deveras, não merece ser reconhecida a figura dos atos denominados nulos, pois, apesar dessa adjetivação, esses atos não são nulos, pela simples razão de produzirem efeitos jurídicos enquanto não forem anulados por uma das vias estatuídas no sistema, donde, em obséquio à precisão terminológica, melhor seria qualificá-los como anuláveis. Na área do direito tributário, é de mister que o intérprete verifique se a notificação de lançamento, o ato de infração ou a decisão administrativa atendem aos requisitos exigidos pela ordem jurídica, a teor dos pressupostos do ato, conteúdo e forma, porquanto a eventual inobservância de quaisquer desses aspectos poderá resultar em anulabilidade *pleno jure*.

0

O

Obra pública

Consoante preleciona Celso Antônio Bandeira de Mello, obra pública "é a construção, reparação, edificação ou ampliação de um bem imóvel pertencente ou incorporado ao domínio público" (BANDEIRA DE MELLO, Celso Antônio. *Curso de direito administrativo*. 5. ed. São Paulo: Malheiros, 1994. p. 353). Outrossim, no pensar deste Dicionário, a obra demolitória também integra o âmbito conceptual da locução sob exame, representando, assim, pressuposto da contribuição de melhoria, a exemplo da valorização dos imóveis que circundam um estabelecimento penitenciário que tenha sido demolido, conforme ocorreu com o Carandiru, em São Paulo. Ademais, consoante muito bem obtempera o jurista precitado, a obra pública distingue-se de serviço público, pelo que não pode representar antessuposto de taxa, mas tão somente de contribuição de melhoria, na esteira, aliás, de reiterados pronunciamentos do Pretório Excelso nesse sentido, a exemplo dos seguintes recursos extraordinários: RE 72.751/RS, 18.10.1972; RE 71.010, *RTJ* 61/160; e RE 74.467, *RTJ* 63/829. V. *Contribuição de melhoria*.

Obrigação principal e acessória

O Código Tributário Nacional, por meio do art. 113 e parágrafos, classifica a obrigação tributária em principal e acessória; a primeira consistiria no pagamento do tributo ou da penalidade, enquanto a segunda teria por objetos os chamados deveres instrumentais. A referida classificação incorre em censurável equivocidade, ao qualificar como *acessória* uma obrigação que, na verdade, é independente da chamada *principal*, que, por seu turno, também não é uma obrigação principal. Tanto é verdade que a chamada obrigação acessória seria aquela consubstanciada no cumprimento de uma série de formalidades junto à Fazenda Pública, seja a entrega da declaração de rendimentos do imposto sobre a renda, seja a entrega da declaração de apuração mensal do ICMS-DMA e tantas outras do mesmo jaez. Ora, nesses casos, nem sempre a entrega dessas declarações é acompanhada pelo pagamento do imposto, o que revela a inexistência de caráter acessório destas em relação à denominada obrigação principal, que seria o pagamento do imposto. Diante disso, impõe-se depreender que essas obrigações não são acessórias, nem dependentes da suposta obrigação principal, sendo, simplesmente, obrigações de fazer. Com efeito, na seara tributária, assim como na teoria geral do direito, as obrigações são categorizadas em três modalidades, vale dizer, *dar*, *fazer* e *não fazer*, donde o comportamento substanciado em pagar o tributo representa obrigação de dar, já a entrega de declarações, por exemplo, traduz obrigação de fazer, enquanto o não obstar a atividade fiscal, por sua vez, exprime obrigação de não fazer. Por fim, merece registro, também, a contradição inserta no art. 113 do Código Tributário Nacional, na medida em que denomina obrigação tributária principal aquela relativa à penalidade tributária, na contramão da natureza jurídica do tributo, que não se confunde com penalidade, razão pela qual a multa de índole tributária não habita a obrigação tributária, mas sim a obrigação tributária penal.

Obrigação tributária

Vínculo abstrato pelo qual a Fazenda Pública, ou quem lhe fizer as vezes, na condição de sujeito ativo, fica investida do direito subjetivo de exigir uma prestação de índole tributária do sujeito passivo, comumente designado contribuinte, sobre o qual recai o dever jurídico de efetivar o cumprimento da obrigação (art. 113 e parágrafos do Código Tributário Nacional).

Offshore

Sociedade constituída em paraíso fiscal, onde a incidência tributária é reduzida ou diminuta em relação ao sistema tradicional. Compreende diversas modalidades, a teor de fundações familiares, sociedades de serviços pessoais, companhias de comércio internacional e outras. É utilizada por pessoas físicas ou jurídicas domiciliadas em países com elevada carga tributária, que, por isso, optam não só pela tributação reduzida, como também pelos outros atrativos oferecidos nos chamados paraísos fiscais, a exemplo de moeda forte, estabilidade política, privacidade, liberdade de câmbio, juros baixos e outros, que, induvidosamente, representam expressiva economia financeira, sem contar a possibilidade de proteção patrimonial que essa modalidade de sociedade pode oferecer quando instalada em *zonas livres* ou *tax havens*. Importa lembrar que, entre nós, há legislação disciplinando o assunto, bem como estabelecendo uma série de restrições em relação aos privilégios oferecidos por meio de *offshore* situada em território de baixa tributação, no caso, a Lei n. 9.430, de 27 de dezembro de 1996, por meio dos arts. 18 *usque* 24.

ONG

V. *Organização Não Governamental (ONG).*

Orçamento

É o conjunto de receitas e despesas de cada plano de governo, incluídas aquelas dos órgãos da administração direta e indireta, bem como as das fundações instituídas pelo Poder Público, cuja previsão e destinação devem ser esmiudadas com detença, na estrita conformidade com o quanto estabelece a Lei n. 4.320, de 17 de março de 1964. Representa o conteúdo da Lei de Orçamento Anual, dando-lhe roupagem e natureza de lei, em que pese a existência de vozes dissonantes na doutrina do direito financeiro, que sustentam tratar-se de ato administrativo ou de lei apenas no aspecto formal. No pensar desta obra, a fisionomia de lei afigura-se induvidosa, pois não é a matéria em si que revela tratar-se de lei ou de qualquer outro ato jurídico, mas o regime jurídico consubstanciado em inovar a ordem jurídica primariamente, como quer Renato Alessi. Importa assinalar que o orçamento objeto da lei orçamentária deve consignar as receitas tributárias, senão também a destinação específica, nos termos dos mandamentos insertos no art. 165 e seguintes do Texto Excelso. V. *Lei orçamentária.*

Organização Mundial do Comércio (OMC)

Organização internacional denominada *World Trade Organization* (WTO), foi fundada em 1º de janeiro de 1995, com sede em Genebra, Suíça, e compreende 153 países-membros. Sua criação deu-se na chamada Rodada Uruguai, uma vez que as suas seções recebem essa designação, a exemplo da Rodada de Doha, realizada em 2001. Preordena-se a regular o comércio internacional por meio de acordos, a serem ratificados pelo Parlamento de cada Nação. Suas funções precípuas consistem em administrar os acordos que compõem o sistema multilateral de comércio, bem como firmar acordos internacionais e supervisionar a adoção dos acordos e a respectiva implementação pelos membros da organização. Enfim, busca aprimorar o comércio em escala mundial, compartilhando, no que couber, com o Fundo Monetário Internacional e o Banco Internacional de Reconstrução e Desenvolvimento, bem como com os órgãos a eles filiados. Obviamente, as políticas da entidade devem sopesar as diferenças entre os Estados e, entre outras incontáveis providências, compete-lhe pugnar pela redução tarifária em relação aos países desenvolvidos, senão também estimular o investimento, além de adotar mecanismos de solução de controvérsias e monitoramento de políticas comerciais nacionais.

Organização Não Governamental (ONG)

Sociedade civil sem fins lucrativos, preordenada a suprir ou suplementar a atividade do Estado em segmentos de interesse público. Pode atuar em campos sobremodo diversificados, a exemplo de preservação do meio ambiente, estímulo à cultura, fomento ao desporto, assistência social e outros. Caso a ONG opere na área de assistência social ou educacional, desfrutará de imunidade em relação aos impostos, conforme prevê o art. 150, VI, *c*, do Texto Excelso, além de gozar da imunidade no tangente às contribuições enumeradas no art. 195, com fulcro, a bem ver, no § 7º do referido comando constitucional. Convém lembrar que os mandamentos retrocitados outorgaram poderes ao legislador infraconstitucional no sentido de dispor sobre requisitos necessários à fruição da imunidade; entrementes, força é advertir que o legislador pode estabelecer tão somente exigências pertinentes e consentâneas com o aspecto teleológico do instituto da imunidade, máxime porque a estipulação da imunidade quer otimizar o desempenho de determinadas entidades e não aquinhoar os seus dirigentes. A propósito, o art. 14 do Código Tributário Nacional dispôs que a fruição da imunidade ora tematizada encontra-se condicionada à observância de três requisitos, quais sejam: *a)* não distribuição de qualquer parcela do patrimônio ou rendas, a qualquer título; *b)* aplicação dos recursos na persecução de seus objetivos; e *c)* manutenção de escrita regular e idônea, a fim de assegurar a transparência do gerenciamento do destinatário da imunidade. V. *Imunidade*.

Organização para a Cooperação e Desenvolvimento Econômico (OCDE)

É uma organização internacional integrada por 31 países que cultuam a democracia representativa e a economia de livre mercado, todos dotados de alta renda e com elevado Índice de Desenvolvimento Humano (IDH) e, por isso mesmo, considerados desenvolvidos. Sua história revela que se originou da Organização para a Cooperação Econômica, fundada na França por Robert Marjolin, tendo por desígnio apoiar o Plano Marshall no projeto de reconstrução da Europa após a Segunda Guerra Mundial, sendo, na sequência, estendida a países não europeus. Sua sede encontra-se localizada no *Château de la Muette*, em Paris, sob a denominação

Organisation de Coopération et de Développement Économiques. Os países-membros são os seguintes: Áustria, Bélgica, Dinamarca, França, Grécia, Islândia, Irlanda, Itália, Luxemburgo, Noruega, Países Baixos, Portugal, Reino Unido, Suécia, Suíça, Turquia, Canadá, Estados Unidos, Japão, Finlândia, Austrália, Nova Zelândia, México, República Tcheca, Hungria, Polônia, Coreia do Sul, Eslováquia, Chile, Eslovênia e Israel. Tem por objetivos a busca de um crescimento econômico consistente, o desenvolvimento do emprego, a estabilidade financeira, bem como concorrer para outros países fomentarem as suas economias, senão também contribuir para o crescimento do comércio mundial. No âmbito de seu regramento, editou normas tendentes a propiciar o controle de preços de transferência nas operações internacionais, fato de incontendível magnitude e relevância no mundo contemporâneo, máxime porque os aludidos preços servem de referência para a quantificação dos tributos incidentes sobre o comércio exterior, donde o efetivo controle representa instrumento eficaz para impedir a sonegação de tributos ou a evasão de divisas, seja por meio de subfaturamento ou de superfaturamento.

P

P

Pagamento

Modalidade extintiva da obrigação tributária, arrolada no Código Tributário Nacional por meio dos incisos I, VI, VII e VIII do art. 156, na qual o contribuinte entrega à Fazenda Pública, ou a quem lhe fizer as vezes, uma soma em dinheiro ou algo equivalente, se a lei assim autorizar. As hipóteses contidas nos incisos I e VII traduzem modalidades de pagamento simples, enquanto aquelas insertas nos itens VI e VIII dizem respeito a pagamentos especiais, pois supõem a conversão de valor depositado em renda da Fazenda Pública.

Pagamento antecipado e a homologação do lançamento

Instituto previsto no art. 156, VII, do Código Tributário Nacional que, na linguagem do Código, bem como no ver da doutrina tradicional, representa modalidade antecipatória de pagamento, que, por seu turno, exprime modalidade extintiva da obrigação tributária. Entrementes, a descrição legislativa *in casu* diz respeito aos tributos, cujo pagamento independe de lançamento e cujo respectivo recolhimento deve ser efetivado na data do vencimento e não antecipadamente, daí a impropriedade terminológica contida na referida expressão. Consoante o texto do artigo sob comento, a extinção opera-se com a ulterior homologação expressa ou tácita do pagamento que a precede, tudo em virtude do perfazimento do lapso decadencial, ou seja, segundo essa ótica, o que extingue a obrigação é a decadência e não o pagamento, donde, se adotada essa premissa, os demais tributos sujeitos a lançamento somente se extinguiriam após a prescrição e não com o pagamento, que, por seu turno, seria também antecipado. Em suma, apesar da denominação equivocada, o mencionado comando do Código Tributário Nacional versa hipótese de simples pagamento relativo aos tributos sujeitos a recolhimento sem lançamento.

Parafiscalidade

Consiste no exercício da capacidade tributária ativa por interposta pessoa que não o titular da competência tributária. É o caso, por exemplo, da taxa de pedágio, em que os titulares da competência – União ou Estado – delegam a administração da referida taxa ao particular, assim como ocorre com a EcoRodovias ou a CCR AutoBAn. V. *Fiscalidade* e *Extrafiscalidade.*

Paraíso fiscal

País onde o nível de tributação é extremamente reduzido, abrigando, inclusive, uma série de isenções, de forma a estimular o aporte de capital estrangeiro, sobretudo quando o Sistema Tributário tem como vértice a estabilidade política, conjugada com a segurança jurídica dela decorrente, além do sigilo bancário. Situam-se no conceito ora adotado, entre outros, os seguintes países: Panamá, Ilhas Cayman, Channel Islands, Liechtenstein, Antilhas Holandesas e Uruguai. V. *Disciplinamento e restrições contidos na Lei n. 9.430, de 27 de dezembro de 1996, arts. 18 a 24.*

Parcelamento com multa – Lei Complementar n. 104, de 10 de janeiro de 2000

Representa forma de pagamento do débito, parcelado em prestações, com a inclusão de penalidades. A medida foi introduzida no art. 155-A, § 1º, do Código Tributário Nacional, por força do disposto na Lei Complementar n. 104, de 10 de janeiro de 2000. Na verdade, ao revés de estancar as dúvidas acerca da incidência de sanção no parcelamento, o aludido preceito culminou por acirrar as polêmicas já existentes, pois estipulou disposição antinômica em relação ao art. 155, II, segundo o qual, em geral, o parcelamento traduz hipótese excludente de multas, nos exatos termos deste artigo do Código Tributário Nacional, que erigiu esse comando como norma norteadora do referido instituto, remanescendo a possibilidade de imposição de multa nos casos de dolo ou simulação, como quer, aliás, o inciso I do mencionado dispositivo do Código. Com efeito, trata-se de antinomia, cuja solução impõe a prevalência do art. 155 e incisos, porquanto o art. 155-A, sob comento, simboliza desdobramento da norma retrocitada e, como tal, ser-lhe-ia facultado discriminar ou pormenorizar determinado aspecto da regra básica, jamais negar o seu conteúdo, conforme sugere a sua literalidade, restando, assim, suscetível de invalidação. O ponto de vista exposto encontra ressonância nas lições de Norberto Bobbio (*Teoria dell'ordinamento giuridico.* Torino: Giappichelli, 1960. p. 115-119), bem como de Maria Helena Diniz (*Compêndio de introdução à ciência do direito.* 5. ed. São Paulo: Saraiva, 1993. p. 433 et seq.), ao abordarem a temática das antinomias de segundo grau. Ademais, importa ressaltar que a exclusão da penalidade *in casu* não se confunde com a denúncia espontânea, motivo por que, mesmo autuado, o contribuinte desfruta do direito de postular o parcelamento com a exclusão das penalidades.

Parecer normativo

Manifestação opinativa de órgão consultivo, frequentemente utilizada pela Fazenda Pública, que, embora destituída de efeito vinculante, afigura-se de importante valia para o contribuinte, na medida em que expressa o ponto de vista oficial acerca de questões polêmicas na seara tributária.

Parquet

Expressão francesa sobremodo corrente na linguagem jurídica brasileira com a acepção de Ministério Público. Nos processos tributários, a intervenção do *Parquet* é obrigatória nos mandados de segurança, bem como em ações com desdobres criminais. Obtempere-se que o Ministério Público ajuizou sobrenumeráveis ações civis públicas tendo por objeto a exigibilidade de tributos a seu ver indevidos, mas os Tribunais tendem a infirmar a sua legitimidade em relação a esses pleitos. Consoante o entendimento pretoriano, a competência do Ministério Público teria por objeto os interesses sociais difusos ou coletivos e não a defesa de contribuintes, que envolve direitos privados e disponíveis, senão também porque a matéria tributária não pressupõe uma relação de consumo. Nesse sentido, por exemplo, é o *decisum* unânime da Primeira Turma do Superior Tribunal de Justiça ao julgar Recurso Especial interposto pelo Ministério Público de São Paulo (Recurso Especial n. 168.415/SP, data do julgamento: 08.06.1998; *DJU* 1, de 10.08.1998, p. 37). Entrementes, em sentido diametralmente oposto, este Dicionário reconhece que o *Parquet* reveste induvidosa legitimidade para demandar em prol do contribuinte de tributos. Deveras, o comando inserto no art. 127 da Carta Magna incumbiu o Ministério Público de três misteres, quais sejam: a defesa da ordem jurídica, a defesa do regime democrático e a defesa dos interesses sociais e individuais indisponíveis. Todavia, a matéria tributária se situa no plano da defesa da ordem jurídica, daí o fundamento que justifica e instrumentaliza o Ministério Público no sentido de demandar na seara da tributação. V. *Estudo do autor*. In: CARACIOLA, Andrea Boari; ANDREUCCI, Ana Cláudia Pompeu Torezan; FREITAS, Aline da Silva. *Código de defesa do consumidor, 20 anos*. São Paulo: LTr, 2010.

Partilha de competência tributária

O poder de legislar sobre tributos encontra-se partilhado de forma rígida no Texto Excelso, tanto que o constituinte estabeleceu competências privativas e indelegáveis entre as pessoas constitucionais. Nesse sentido, somente a União pode legislar sobre os impostos enumerados no art. 153, cabendo-lhe, outrossim, dispor privativamente sobre os empréstimos compulsórios previstos no art. 148 e sobre as contribuições sociais, interventivas e profissionais estatuídas no art. 149, além da competência residual contemplada no art. 154, I, que lhe permite instituir outros impostos e contribuições de seguridade, além do quanto já adnumerado no Diploma

Magno. Ademais, compete também à União instituir os impostos extraordinários de guerra, previstos no art. 154, II, da Constituição, desfrutando, ainda, do poder de legislar sobre impostos estaduais nos Territórios Federais e sobre os impostos municipais, caso o Território não seja dividido em Municípios, na estrita conformidade com o disposto no art. 147 do Texto Supremo. Ao Distrito Federal competem os tributos estaduais e municipais, nos termos do quanto dispõe o art. 32, § 1º, conjugado com o art. 147, ambos da Constituição Federal. Os Estados, por seu turno, desfrutam da competência privativa em relação aos impostos catalogados no art. 155 da Constituição, enquanto os Municípios são dotados de igual prerrogativa no tocante aos impostos impressos no art. 156 do mesmo Texto. Outrossim, as pessoas constitucionais retromencionadas dispõem de competências privativas em relação às atividades estatais que exercerem e representarem pressupostos de taxas e contribuições de melhoria. V. *Discriminação de competências tributárias.*

Passivo

Expressão contábil empregada frequentes vezes na seara tributária, sobretudo na área do imposto sobre a renda. Traduz a contraparte do ativo, pois, enquanto este abriga os bens e direitos, o passivo hospeda basicamente as obrigações a pagar, vale dizer, as quantias devidas a terceiros, assim como títulos a pagar, fornecedores, salários a pagar, impostos a pagar etc.

Passivo circulante

Em consonância com a Lei n. 6.404, de 15 de dezembro de 1976, as contas do passivo bipartem-se em passivo circulante e exigível em longo prazo, sendo que o circulante é representado pelas obrigações vencíveis no exercício seguinte, a exemplo de empréstimos, debêntures, encargos financeiros a pagar, fornecedores, impostos a recolher, provisão para o imposto sobre a renda etc.

Passivo exigível a longo prazo

É as contas representativas das obrigações da empresa com vencimento ulterior ao término do exercício social seguinte. Exemplificam a hipótese os financiamentos, as debêntures, os encargos financeiros etc.

Passivo fictício

É o passivo representado por valores relativos a exigibilidades pagas e, por isso, inexistentes. Com efeito, exprime forma de omissão de receitas, com intuito de fraude, pelo que a referida conduta assujeita o contribuinte à imposição de multa de cento e cinquenta porcento em relação ao valor do tributo, sem prejuízo das penalidades administrativas ou criminais aplicáveis à espécie, nos termos do disposto no art. 998, II, do Decreto n. 9.580, de 22 de novembro de 2018. V. *Ativo fictício.*

Patrimônio líquido

Exprime a diferença entre os valores do ativo e do passivo, podendo provir de investimentos ou lucros.

Pauta fiscal

Significa a prévia determinação do preço da mercadoria ou serviço, firmada *in albis* por meio de lei, a qual, de seu turno, incumbe o Poder Executivo de implementar a providência, seja por Decreto, seja por Portaria ou qualquer outro ato administrativo. O conceito trazido à colação revela o flagrante descompasso entre o primado da estrita legalidade que não permite delegação de função legiferante ao Executivo, a qualquer título que seja. Ademais, nem mesmo a lei poderia fixar previamente um dado valor que fosse discrepante do preço efetivado no mercado, salvo disciplinar regras que vedem o eventual subfaturamento. Deveras, essa absurdidade afronta o postulado da estrita legalidade, bem assim entreplica usurpação de competência, sobre acutilar a segurança jurídica. Ao propósito, o asserto mereceu o sufrágio do Superior Tribunal de Justiça que editou a Súmula n. 431 que assim averbou: "É ilegal a cobrança de ICMS com base no valor de mercadoria submetida ao regime de pauta fiscal". Não obstante, a legislação federal, estadual e municipal comumente contempla a figura da pauta fiscal ora questionada, tanto que é adotada no âmbito de comércio exterior, no ICMS e também na ambitude de inúmeras municipalidades.

Pedágio

Posto fiscal incumbido de cobrar a taxa de pedágio nas estradas. Traduz expressivo exemplo de parafiscalidade, porquanto a pessoa constitucional titular da competência tributária delega o exercício da capacidade tributária ativa a uma terceira pessoa, que promove a cobrança e a administração do referido gravame. V. *Taxa de pedágio.*

Penalidade

V. *Multa fiscal.*

Penhora de bens

Apreensão judicial de bens do devedor e subsequente depósito, facultada a permanência da posse em seu poder, mediante a nomeação de fiel depositário, observando-se que no passado o eventual desfazimento dos bens poderia assujeitá-lo à prisão civil por dívida, o que foi vedado pela Súmula Pretoriana de 1 6-12-2009. Outrossim, não demasias dizer que os bens impenhoráveis não podem ser objeto de penhora, sob pena de invalidade, a exemplo daqueles enumerados no art. 833 do Código de Processo Civil de 2015 e do imóvel destinado à moradia da família, segundo estipula a Lei n. 8.009, de 29 de março de 1990. No terreno da execução fiscal, a penhora pode ser efetivada mediante oferecimento por parte do contribuinte, após a citação, ou, se não realizada espontaneamente, caberá ao oficial lavrar o competente auto, abrindo o termo de tempo de um trintídio para a interposição de embargos à execução. Por outro lado, no mesmo diapasão que Roque Carrazza, é imperioso reconhecer que, ao lume de postulados da teoria geral do direito, o contribuinte pode, também, oferecer bens à penhora, na hipótese de cogitar garantir o juízo em ação ordinária. Deveras, se a ordem jurídica autoriza o devedor inadimplente a garantir o juízo por meio de penhora, com mais razão não poderá recusar igual tratamento, quando o contribuinte for o autor do pleito, até porque tal discriminação ofende o primado constitucional da igualdade.

Penhora *on-line*

Instituída pela Lei Complementar n. 118, de 9 de fevereiro de 2005, e incluída no art. 185-A do Código Tributário Nacional, consiste na penhora de valores constantes de conta bancária ou demais ativos financeiros, a qual se opera por meio eletrônico. Consoante a redação do comando em apreço, a penhora *on-line* seria uma medida extrema somente efetivada se o devedor tributário, devidamente citado, não pagar o *debitum*, nem apresentar bens à penhora, e se não forem encontrados bens penhoráveis. Todavia, em face do disposto no art. 835, I, do Código de Processo Civil de 2015, com a redação estipulada pela Lei n. 11.382, de 6 de dezembro de 2006, a orientação pretoriana é remansosa, no sentido de autorizar a penhora *on-line* independentemente do exaurimento dos pressupostos firmados no art. 185-A do Código Tributário Nacional, a exemplo, entre outros, do REsp 11184713 e do REsp 1180813, em que Superior Tribunal de Justiça autorizou sumariamente a efetivação da penhora *on-line*. Em que pese o posicionamento dos Tribunais, esta obra insurge-se contra aquela medida, pois acredita que aquela providência significa uma intempestiva antecipação de uma decisão definitiva, a qual, além do mais, torna-se irreparável caso haja insucesso no pleito por parte da Fazenda. Ademais, não se pode olvidar que a referida penhora pode impedir o exercício da própria atividade do devedor tributário, podendo alcançar, por via transversa, valores fundamentais ligados ao mínimo existencial. Em suma, no ver desta obra, trata-se de um mecanismo tendente a comunicar eficiência e celeridade em prol do Estado e contra o cidadão, o que não é feito nos casos em que o contribuinte ou cidadão é credor do Estado, donde, também por essa ótica, passa ao largo do postulado imanente ao Estado Democrático, que consagra a igualdade entre governantes e governados.

Perda de capital relativa à pessoa jurídica

V. *Ganho de capital relativo à pessoa jurídica*.

Perdimento de bens

Sanção administrativa de índole federal prevista no Decreto-lei n. 37, de 18 de novembro de 1966, e no Decreto-lei n. 1.455, de 7 de abril de 1976. Na verdade, independentemente da época da edição dos referidos diplomas normativos, impende reconhecer que, após o advento da Carta Magna promulgada em outubro de 1988, os decretos-leis não ratificados pelo Congresso Nacional foram banidos do sistema jurídico. Essa é a ilação que se impõe à luz do comando inserto no art. 25, I, do Ato das Disposições Constitucionais Transitórias. Ademais, os princípios de índole democrática prestigiados pelo Diploma Excelso não podem compaginar-se com a persistência de diplomas autoritários, do timbre de Decretos-leis. Diante dessa consideração, depreende-se que a pena administrativa susoaludida encontra-se à míngua de lei, daí afigurar-se inexistente. Ao lado desses comentos, avulta outro argumento de prol, pois a referida penalidade administrativa opera-se em instância única, conforme dispõe o § 4º do art. 27 do Decreto-lei n. 1.455, de 7 de abril de 1976, no que ofende os primados do devido processo legal e da ampla defesa. Nesses termos, já decidiu a 2ª Turma do Egrégio Tribunal Regional Federal da 2ª Região (AMS n. 91.020.7961-5/RJ, Rel. Alberto Nogueira, *DJU* de 25.11.1993, Seção 2, p. 50951). O que remanesce entre nós é o perdimento como consequência de condenação penal, quando o objeto da pena for o produto ou o instrumento do crime, conforme prevê o art. 91, II, *a* e *b*, do Código Penal.

Perempção

Modalidade extintiva do processo judicial civil ou penal, bem como do processo administrativo, em virtude de desídia e inação da parte, encampando, por óbvio, o processo de índole tributária. Nos lindes do direito processual civil, o instituto encontra-se previsto no art. 485, III, do Código de Processo Civil de 2015 e se caracteriza quando o autor abandona a causa por mais de trinta dias, convindo observar que a reiteração dessa conduta por três vezes culmina por impedir a repropositura de uma nova ação contra a mesma parte e com o mesmo objeto. Já no âmbito do direito processual penal, tratando-se de ação penal privada, a inércia do querelante rende margem à extinção do feito e consequencial desaparição da punibilidade, nos termos do quanto dispõe o mandamento inserto no art. 60, I a IV, do Código de Processo Penal. No tangente ao processo administrativo tributário, a perempção jaz implicitamente nas dobras dos comandos que estipulam a perda de prazo para recorrer, podendo, outrossim, revelar-se explicitada em algumas das diversas legislações que cuidam do assunto.

Pessoa física

Ao consoar da teoria tradicional, *pessoa física* é a denominação atribuída ao ser humano, enquanto entidade corpórea investida de direitos e deveres jurídicos. No ver de Teixeira de Freitas, a expressão sob exame transcende o sentido biológico, envolvendo, também, os componentes sociais e morais inerentes à pessoa física. Entrementes, na esteira das lições do Mestre de Viena, força é reconhecer que a chamada *pessoa física* não é uma realidade natural, mas uma construção concebida pelo direito e, por isso, um centro ou unidade de direitos e deveres subjetivos, no que não difere das sociedades, corporações ou quaisquer outras instituições. A propósito, Hans Kelsen reafirma esse ponto de vista ao concluir um tópico sobre o tema quando veementiza nos seguintes termos: "Neste sentido, a chamada pessoa física é uma pessoa jurídica" (KELSEN, Hans. *Teoria pura do direito*. 3. ed. Coimbra: Armênio Amado, 1974. p. 244). Posto isso, resta claro que, à luz do direito, tanto a pessoa natural quanto as sociedades, corporações e assemelhados são pessoas jurídicas. Todavia, na contramão das ponderações enunciadas, o direito positivo emprega a dição 'pessoa física' com o fito de distingui-la da *pessoa jurídica*, a exemplo da legislação do imposto sobre a renda, em que o Decreto n. 9.580, de 22 de novembro de 2018, encontra-se dividido em livros, dos quais o Livro I tem por objeto a tributação das pessoas físicas e o Livro II, por seu turno, cuida das pessoas jurídicas. Nesse entrecho, entre outros exemplos, a legislação versa sobre hipóteses em que a pessoa física pode se tornar pessoa jurídica por equiparação, o que implica regime tributário diferençado. O mesmo ocorre na ambitude do imposto sobre produtos industrializados, na medida em que certas condutas da pessoa física tornam-na equiparada à pessoa jurídica, pelo que fica obrigada a escriturar livros fiscais e contábeis, bem como ao pagamento do imposto, como se fosse pessoa jurídica. Importa salientar que, por vezes, determinados profissionais, a teor de advogados, médicos, odontólogos e outros, assujeitam-se a incidências mais gravosas no âmbito da *pessoa física*, sendo-lhes facultado, outrossim, constituir uma *pessoa jurídica* e submetê-la ao regime de tributação pelo lucro presumido, fórmula de cálculo do imposto menos gravosa que o sistema comum, sem contar que os lucros distribuídos são tributados somente na *pessoa jurídica*, sendo isentos na *pessoa física*; vale lembrar que a legislação do imposto sobre a renda estabelece incidência menos gravosa à pessoa jurídica submetida ao regime do lucro presumido. Em suma, debalde o direito positivo adote a locução 'pessoa física' com relação a sobrenumeráveis hipóteses de incidência, cumpre admitir que, na verdade, trata-se de *pessoa jurídica*.

Pessoa jurídica

Segundo a teoria tradicional e na trilha das lições do renomado autor De Plácido e Silva, o termo é empregado para designar as instituições, corporações e sociedades que, uma vez personalizadas, adquirem a feição de entidade jurídica, dotada de individualidade própria e distinta das pessoas naturais que a integram (DE PLÁCIDO E SILVA. *Vocabulário jurídico*. 4. ed. Rio de Janeiro: Forense, 1975. 3 v. p. 1160). Por outro lado, consoante a ótica kelseniana, as associações, sociedades, bem como as pessoas de direito público interno, entre outras, são portadoras de direitos e deveres, assim como as chamadas pessoas físicas, ou seja, simbolizam unidades de deveres e direitos subjetivos. Na teoria geral do direito, senão também na sua positivação, as pessoas que integram uma entidade (pessoa jurídica) não se confundem com ela, pois a referida corporação é que representa o centro de direitos e deveres, embora, em determinadas circunstâncias, possa haver responsabilização solidária ou subsidiária, notadamente se houver abuso de poder ou fraude. V. *Pessoa física* e *Disregard doctrine*.

Pessoas constitucionais

São as pessoas jurídicas de direito público interno, também denominadas pessoas políticas. Nossa ordem jurídica confere estatura de pessoa constitucional à União, ao Distrito Federal, aos Estados e aos Municípios, porquanto os dotou de Parlamento, instrumentalizando-os, dessarte, a estabelecer direito próprio, no dizer do jurista alemão Paul Laband (1838-1918). Por conseguinte, essas pessoas desfrutam de competência tributária, pelo que se encontram investidas de legislar sobre toda a fenomenologia da tributação.

PIS (1)

Contribuição social criada pela Lei Complementar n. 7, de 7 de setembro de 1970, que instituiu o Programa de Integração Social, objetivando promover o empregado na vida e no desenvolvimento das empresas. O referido gravame, também denominado PIS/Faturamento e cobrado das empresas comerciais e industriais, incidia sobre o faturamento respectivo, por meio de uma percentagem progressiva ano a ano, culminando com o percentual de 0,65%, que passou a viger a partir do ano de 1973. Por outro lado, as empresas exclusivamente prestadoras de serviços ficaram submetidas a tratamento diverso, na medida em que deveriam recolher a respectiva contribuição, também chamada PIS/Dedução, tomando-se como base de cálculo o imposto de renda devido, observada a percentagem de 2%, em 1971, 3%, em 1972 e 5%, a partir de então.

PIS (2)

Contribuição social prevista no art. 239 do Diploma Excelso, que recepcionou a legislação original, no caso, a Lei Complementar n. 7, de 7 de setembro de 1970. Objeto de alteração legislativa em relação ao diploma retrocitado, incidia sobre a receita bruta das empresas prestadoras de serviços, além de outras, as quais se assujeitam a tratamento mais gravoso, pois, ao revés de recolherem a aludida contribuição na proporção de 5% do imposto sobre a renda devido, passaram a pagar a base de 0,65% sobre a receita bruta. Ainda, foi instituído pelos Decretos-leis ns. 2.445, de 29 de junho de 1988, e 2.449, de 21 de julho de 1988, que, por seu turno, foram convertidos em lei por meio de decreto legislativo extemporâneo, porquanto em desacordo com o disposto no art. 25 do Ato das Disposições Constitucionais Transitórias, pelo que, por todas as veras, desapareceu da ordem jurídica, remanescendo, então, os termos da legislação original. Entrementes, o ponto de vista sobredito não foi sufragado pelo Supremo Tribunal Federal, que, no entanto, declarou a inconstitucionalidade dos apontados decretos-leis, fundamentando que não poderiam legislar sobre essa matéria. Esse *decisum,* conjugado com a resolução do Senado Federal, expungiu os mencionados decretos-leis de nossa ordem jurídica, rendendo margem, assim, ao restabelecimento da vigência da Lei Complementar n. 7/70.

PIS (3)

Em sua obstinada voracidade arrecadatória, o Governo Federal não se deu por vencido. Dessarte, formalizada a inconstitucionalidade do PIS/Faturamento, o Poder Executivo Federal deu pressa em editar a Medida Provisória n. 1.212, de 28 de novembro de 1995, recriando um novo PIS/Faturamento, nos moldes do sucedido, então qualificado como inconstitucional. O mencionado diploma normativo foi objeto de iterativas reedições, ganhando novas numerações e culminando com a Medida Provisória n. 1.676-38, de 26 de outubro de 1998, que, ao final, deu margem à superveniência da legislação de conversão, no caso, a Lei n. 9.715, de 25 de novembro de 1998. Na verdade, até o advento da lei a viger, o PIS abrigava três vicissitudes, que maculavam a sua legitimidade, quais sejam: afronta à estrita legalidade, ofensa à anterioridade e ausência de legislação complementar. Com referência à estrita legalidade, em que pese a circunstância pela qual o Pretório Excelso admitiu a reedição de medidas provisórias, a ciência do direito não pode condescender com esse entendimento, seja em obséquio ao postulado da interdependência harmônica dos Poderes, até porque a tarefa de legislar não representa incumbência do Executivo, seja por amor ao primado republicano e democrático, pelo qual o exercício do Poder requer o compartilhamento dos representantes de toda a sociedade, seja pela própria dimensão da medida provisória, conforme explicitado no art. 62, cujo mandamento condiciona a sua validade à ulterior e oportuna edição da lei de conversão, sob pena de caducidade. Não bastasse o alegado, depara-se óbvio que os pressupostos que autorizam a edição de medida provisória, vale dizer, relevância e urgência, exaurem-se com a edição de uma única medida, uma vez que não se projetam ao longo do tempo, mercê do seu próprio significado. Quanto à anterioridade, é lídimo depreender que o PIS não se encontra excepcionado do referido princípio constitucional, uma vez que não integra as hipóteses do § 6º do art. 195 do Diploma Excelso. Não obstante, firmou-se um entendimento corrente no sentido em que o PIS submete-se tão somente à anterioridade nonagesimal, aplicável às contribuições previstas no art. 195 da Constituição. No tangente à legislação complementar, o entendimento ora sufragado é pela sua imprescindibilidade, porquanto os seus requisitos fundamentais, equipole dizer, hipótese de incidência e base de cálculo, entre outros, não estão contemplados na Carta Magna. Essa objeção derradeira, obtempere-se, faz coro com manifestação do Tribunal Pleno do Pretório Excelso, ao abraçar premissas de igual jaez por ocasião do julgamento do Recurso Extraordinário n. 146.733-9/São Paulo.

PIS (4)

Consoante estipulado na Medida Provisória n. 1.212, de 28 de novembro de 1995, editada sucessivamente com novas numerações, ganhando ao final o

n. 1.676-38/98, que resultou na Lei de Conversão n. 9.715, de 25 de novembro de 1998, tem como sujeitos passivos as entidades sem fins lucrativos definidas como empregadoras na legislação trabalhista, inclusive fundações, devendo recolher o PIS na proporção de 1% em relação à folha de salários, assim como as pessoas jurídicas de direito público interno deveriam fazê-lo em igual percentagem, esta incidente sobre as receitas correntes e de capital. No caso, merecem ser reiterados os argumentos expendidos no verbete 'PIS (3)', pelo que sua exigibilidade somente seria legítima a partir de janeiro de 1999.

PIS (5)

A Lei Complementar n. 8, de 3 de dezembro de 1970, instituiu a contribuição denominada PIS/Pasep, objetivada a financiar o Programa de Formação do Patrimônio do Servidor Público. O diploma *in casu* reveste natureza de legislação nacional, pois, além dos servidores federais, alcança também os distritais, os estaduais e os municipais, além de enlaçar, ainda, aqueles pertencentes a autarquias, empresas públicas, sociedades de economia mista e fundações da União, dos Estados, dos Municípios, do Distrito Federal e dos Territórios. É cobrado das pessoas constitucionais, bem como das demais entidades da administração pública. Entre outras finalidades, destina-se a suplementar o orçamento dos servidores, por meio do pagamento de juros e correção monetária ao cabo de cada ano, bem como por ocasião do casamento, aposentadoria, transferência, reforma ou invalidez. Afora essas hipóteses, em caso de falecimento do servidor, os valores depositados em sua conta são liberados em favor de seus dependentes ou dos sucessores.

PIS (6)

V. *Fundo de Estabilização Fiscal/Inconstitucionalidade do percentual de 20%.*

PIS (7)

A Medida Provisória n. 66, de 29 de agosto de 2002, instituidora da chamada Minirreforma Tributária, bem como a Lei n. 10.637, de 30 de dezembro de 2002, instituíram a não cumulatividade do PIS, estabelecendo, outrossim, a majoração de 253% em relação à incidência original, pois esta foi elevada de 0,65 para 1,65%.

PIS de entidades financeiras

V. *Fundo de Estabilização Fiscal* e *Inconstitucionalidade.*

Planejamento tributário

Atividade consistente em minimizar a carga tributária de pessoas físicas ou jurídicas, utilizando fórmulas lícitas. Representa mister situado no campo de labor do advogado tributarista, que pode desenvolver projetos desse jaez, quer *per se*, quer em conjunto com profissionais de outras áreas, a exemplo de contabilidade, auditoria, economia ou administração. À guisa de ilustração, vejamos duas situações prelecionadas por José Henrique Longo, as quais comportam a tomada de providências objetivadas a reduzir licitamente os encargos tributários, quais sejam: *a)* incorporação invertida em que a empresa 'A' apresenta prejuízo fiscal significativo e a empresa 'B' é lucrativa: caso a empresa 'B' incorpore a 'A', o prejuízo da primeira não poderá ser compensado do imposto sobre a renda da incorporadora, ao passo que, *a contrario sensu*, se a empresa 'A' incorporar a 'B', o prejuízo respectivo poderá ser compensado, ao ensejo da apuração do lucro real por parte da sucessora, a então incorporadora, ora denominada empresa 'A'; *b)* a empresa 'A', lucrativa, sujeita ao regime de lucro real e proprietária do imóvel onde tem sede: caso a sociedade queira reduzir o impacto tributário do imposto sobre a renda, que importa em 15%, acrescido de 10% do adicional, além de 9% da contribuição social sobre o lucro, poderia constituir uma nova pessoa jurídica, no caso, a empresa 'B', que teria por objeto a administração imobiliária e como ativo o referido imóvel que corresponde à atual sede da empresa. A operação seria sobremodo vantajosa, porquanto o pagamento do aluguel por parte da empresa 'A' representaria uma redução do seu imposto sobre a renda em valores mais expressivos do que os encargos da empresa 'B', que, optando pelo lucro presumido, assujeitar-se-ia a uma incidência sobremodo módica (LONGO, José Henrique. *Justiça tributária*. São Paulo: IBET; Max Limonad, 1998. p. 506 et seq.).

Poder Constituinte

Conjunto de prerrogativas atribuído a uma pessoa ou a um grupo de pessoas que, traduzindo a manifestação soberana de um núcleo social, instala a sociedade estatal, por meio de um documento denominado Constituição. Algo semelhante verifica-se noutros segmentos da vida social, a exemplo da constituição de sociedades comerciais, literárias ou recreativas. O Poder Constituinte pode ser originário – via da eleição ou da revolução – ou derivado, também denominado reformador; o primeiro tem como baliza apenas os compromissos éticos, sejam relacionados com um golpe de Estado, sejam vinculados a propostas de campanha política. Já o segundo encontra-se limitado por três variáveis, que revestem natureza procedimental, material e circunstancial. A procedimental diz respeito ao processo legislativo aplicável à espécie, o qual deve observar os termos do art. 60, I a III, bem como o § 2º da *Lex Legum*. Já a material consiste nas chamadas cláusulas pétreas, insertas no § 4º do art. 60, a exemplo da separação de Poderes, da Federação e das garantias individuais, sem olvidar as vedações implícitas decorrentes do mesmo artigo, assim como a proibição de revogar o próprio § 4º do art. 60, reduzir as competências regionais ou, ainda, perpetuar mandatos e outras semelhantes. Finalmente, exsurge a circunstancial, prevista, aliás, no § 1º do art. 60 da Constituição, que se resume na proibição de reforma durante o estado de sítio, o estado de defesa ou a intervenção federal.

Poder de polícia

Qualificado no art. 145, II, da Constituição como antessuposto de uma das modalidades de taxa, no caso, as chamadas taxas de polícia. A expressão conserva o seu conteúdo semântico de origem grega – *politeia* –, senão também romana – *politia* –, que denotava basicamente a arte de governar, sendo que seu sentido atual, *lato sensu*, diz respeito a toda atividade estatal disciplinadora da liberdade e da propriedade, visando a compatibilizá-las com o interesse da coletividade. No tangente ao aspecto temporal, o poder de polícia pode ser preventivo ou repressivo e, quanto ao conteúdo, pode ser administrativo ou judiciário. O poder de polícia, tipificado como pressuposto constitucional de taxa, requer a efetividade de seu exercício, sob pena de desnaturar-se, assumindo a feição de imposto e tornando-se, pois, inconstitucional. Ademais, é de mister a existência de uma vinculação entre a aludida atividade de polícia e o contribuinte. Os campos de atuação da polícia administrativa, supostos da taxa *in casu,* podem ser assim sumarizados: segurança pública; tranquilidade pública; higiene e saúde públicas; valores estéticos, artísticos, históricos e paisagísticos; riquezas naturais; moralidade pública e economia popular. Por fim, alguns exemplos de taxas de polícia são: taxa de licença para localização e funcionamento; taxa de licença para publicidade; taxa de licença para construções, arruamentos e loteamentos etc.

Poder tributário

V. *Competência tributária.*

Portable

Obrigação cujo pagamento deve ser realizado no domicílio do credor, em contraposição à prestação de índole *quérable.* A obrigação tributária hospeda natureza tipicamente *portable,* porquanto o pagamento há de ser efetuado no domicílio da Fazenda Pública ou no local por ela indicado, no geral, a rede bancária. V. *Quérable.*

Portaria

Consoante a doutrina administrativa, é um ato produtor de efeitos *interna corporis,* na medida em que representa a fórmula pela qual as autoridades subordinadas ao Chefe do Executivo dirigem-se aos seus subalternos, transmitindo decisões internas acerca das atividades que lhes são afetas, bem como diz respeito à vida funcional de servidores, além de se prestar para a instalação de sindicâncias e inquéritos. Por outro lado, a portaria vem sendo utilizada com caráter normativo *externa corporis,* pois costuma explicitar ou regulamentar os decretos baixados pelo Chefe do Executivo.

Posse

Exterioriza expressão do direito de propriedade e se cristaliza no poder material sobre a coisa. A doutrina tradicional qualifica-a como um poder de fato, o que exprime uma vitanda incoerência, porquanto se trata de situação juridicizada, sendo, portanto, um poder de direito. Por outro lado, a exemplo do quanto ocorre com o domínio útil, traduz uma das condutas que integram a hipótese de incidência tributária do imposto sobre a propriedade territorial rural e do imposto sobre a propriedade predial e territorial urbana, nos termos do disposto nos arts. 29 e 32 do Código Tributário Nacional.

Possibilidade jurídica do pedido

Extinto pelo CPC/2015.

Prevista originalmente no art. 267, VI, do CPC/1973, esse requisito foi excluído pelo art. 485, VI, do CPC/2015, o que, no entanto, não teria o condão de modificar o aspecto lógico e teorético da teoria geral do direito, ou seja, no ver desta obra o apontado antessuposto remanesce em vigor, pois a sua essência monádica é irrevogável. Deveras, ao lado da *legitimatio ad causam* e do interesse de agir, representa uma das três condições da ação. Concebida pela doutrina italiana, coube a Liebman enunciá-la pela primeira vez, ao ensejo de aula inaugural proferida na Universidade de Turim, no ano de 1949. Ao conceituar a locução *in casu,* assim averbou: a possibilidade jurídica do pedido é a admissibilidade em abstrato do provimento pedido, segundo as normas vigentes na ordem jurídica nacional. Na sequência, implementou: "Faltando uma dessas condições, ocorre aquilo que, mediante precisa expressão tradicional, se qualifica de carência de ação, devendo o juiz negar-se a dar um provimento sobre o mérito do pedido" (LIEBMAN, Enrico Tullio. L'azione nella teoria del processo civile. *Problemi del Processo Civile.* Milano: Morano, 1962. p. 46-47).

Praça

Modalidade de alienação judicial de bem imóvel penhorado, depositado ou mesmo condicionado a essa formalidade por força de lei, observado o lance mínimo estipulado em avaliação. Cumpre assinalar que os bens de menores e incapazes são vendidos em praça, nos termos dos arts. 1.748, IV, 1.774 e 1.781 do Código Civil de 2002. V. *Hasta pública*, *Leilão judicial*, *Arrematação* e *Adjudicação*.

Práticas administrativas ou costumes administrativos

O Código Tributário Nacional encampa-as no conceito largo de *legislação tributária*, inserindo-as no título denominado normas complementares. Verdade seja, o chamado costume administrativo não poderia criar deveres em relação ao contribuinte, sob pena de frustrar o postulado altaneiro da estrita legalidade. Todavia, por considerar a sua consagração no Código, nele desponta um direito subjetivo do contribuinte, na medida em que as práticas reiteradamente adotadas pelas autoridades administrativas podem ser invocadas pelo contribuinte no sentido de respaldar o seu direito. É de se notar que a observância dessas normas exclui a imposição de penalidades, bem como a cobrança de juros de mora e a atualização monetária da base de cálculo, nos termos do parágrafo único do art. 100 do Código Tributário Nacional.

Prazo

Tema sobremodo amplo, pois tanto pode indicar o lapso temporal relativo ao pagamento de um tributo, quanto pode dizer respeito ao termo de tempo concernente ao atendimento de uma intimação, podendo, outrossim, aludir ao decurso de tempo para a interposição de recursos administrativos ou judiciais. Importa ressaltar que o estabelecimento de prazos, sob qualquer prisma, representa tarefa privativa de função legislativa, máxime porque o primado da estrita legalidade não permite, sequer por hipótese, que a descrição abstrata dos componentes da norma tributária seja objeto da atividade administrativa ou de delegação a qualquer título, até porque a manipulação do prazo, reduzindo-o, por exemplo, pode significar a elevação do tributo. Todavia, a fixação de prazo por parte do Poder Executivo é legitimada pelo Superior Tribunal de Justiça, objeto, inclusive, da Súmula n. 168, o que, no sentir desta obra, afronta o primado da estrita legalidade. De todo modo, caso a legislação seja silente ou delegue o indelegável, o prazo firmado pelo Executivo não merece prosperar, donde seria aplicável aquele previsto em tese no art. 160 do Código Tributário Nacional, que consiste em trinta dias a contar do fato jurídico tributário.

Precatório

Expressão de origem latina (*precatorius, -a, -um*), sob o ponto de vista semântico significa algo relativo à súplica, donde deriva o verbo 'suplicar' ou 'pedir'. No universo jurídico, é empregado com o sentido de crédito contra o Estado, assim compreendido em acepção ampla, vale dizer, quer a União, os Estados, o Distrito Federal ou os Municípios. Em seu aspecto restrito, o precatório é o ofício que, depois de pedido do credor em processo de execução judicial contra a Fazenda Pública envolvendo quantia superior a sessenta salários mínimos e parecer favorável do Ministério Público, o juiz emite ao presidente do Tribunal *ad quem*, para que este promova o envio de outro ofício, no caso, o requisitório, destinado ao Poder Executivo, a fim de que este disponibilize o valor exigido para o ulterior pagamento ao credor. Na seara tributária, exprime o meio pelo qual o contribuinte concretiza o recebimento de seu crédito contra a Fazenda Pública, originado de pagamento de tributo indevido. Como sabido, o processo de execução é precedido do processo de conhecimento, que tem por objeto o mérito da controvérsia. Assim, merece objurgatórias o alentado tempo que medeia o ajuizamento da exordial e a expedição do precatório, lapso temporal, em geral, superior a uma década e, não raro, sujeito a perdurar por décadas. Todavia, o mais incredível é que, afora a União, a maioria das entidades federativas, senão todas, não cumpre a Constituição, nem a lei, nem a decisão judicial e, por isso mesmo, não efetua o pagamento do precatório tempestivamente. Nesse sentido, há Estados e Municípios que retardam em mais de dez anos o efetivo pagamento, isso depois de décadas de tormentosa demanda judicial. Ademais, a Constituição promulgada em 5 de outubro de 1988 contemplou as pessoas jurídicas de direito público interno com a prorrogação do pagamento dos precatórios em até oito anos, conforme revela o *caput* do art. 33 do Ato das Disposições Constitucionais Transitórias, ao passo que a Emenda n. 30, de 13 de setembro de 2000, encartada no *caput* do art. 78 do mesmo Ato, estabeleceu nova procrastinação de mais dez anos, ou seja, o *modus faciendi* que permeia o precatório revela a total ausência de padrão ético por parte do Estado e o total desrespeito à dignidade do contribuinte que o sustenta, além de afrontar, por via transversa, a própria cidadania e a igualdade entre governantes e governados. Tal procedimento não se escoima, também, de atritar outro feixe de direitos e garantias fundamentais, pois significa uma forma de expropriação de seu crédito e, nesse ponto, afronta o direito de propriedade do contribuinte. Ofende, ainda, o disposto no art. 5º, LXXVIII, que assegura a razoável duração do processo, tanto no âmbito administrativo, quanto no judicial.

Preço público

Prestação exigida pelo Estado ou por quem lhe fizer as vezes, em regime de direito privado. Distingue-se nitidamente do tributo em uma série de aspectos, sobretudo pelo regime contratual que lhe é imanente, em contraposição ao regime jurídico de direito público, circundado de prerrogativas de autoridade e típico do tributo, notadamente em virtude da compulsoriedade deste gravame, nos termos explicitados, é bem de ver, no art. 3º do Código Tributário Nacional.

Preços de transferência

A doutrina convencionou denominar preços de transferência, ou *transfer pricing*, o valor que um mesmo grupo empresarial estipula em operações de venda ou transferência de mercadorias, bens, serviços ou direitos realizadas no plano interno ou internacional, nas quais o valor é sub ou superfaturado, com o desígnio de reduzir a incidência de tributos, em especial aqueles relativos ao comércio exterior e à renda. Consoante oportuna observação de Luis Eduardo Schoueri, a doutrina comparada vem dedicando um esforço de sobremão ao assunto, ao passo que, entre nós, a produção doutrinal ainda é reduzida, embora haja expressiva quantidade de empresas que vêm priorizando a estipulação de preços de transferências entre pessoas jurídicas interligadas (SCHOUERI, Luis Eduardo. *Preços de transferência no direito tributário brasileiro*. São Paulo: Dialética, 1999. p. 11). O autor citado, num excerto de suas conclusões insertas em monografia exemplaríssima, assim define a locução *in casu:* "Preço de transferência é o valor cobrado por uma empresa na venda ou transferência de bens, serviços ou de propriedade intangível a uma subsidiária ou a empresa a ela relacionada" (*op. cit.*, p. 183). Heleno Torres, por sua vez, aborda o tema veementizando a manipulação de preços. Ouçamos sua definição: "é a alteração dos preços das operações patrocinadas no interior dos grupos de sociedades e nas relações entre empresas por qualquer modo conexas, com a inequívoca finalidade de desfrutar das diferenças existentes entre os regimes tributários envolvidos, otimizando a colocação dos fatores tributáveis entre as unidades operacionais e produção, com a pretensão de redução de custos (subvalorização) ou aumento de lucros (superfaturação), transferindo rendas do Estado de produção para países que se utilizem de menores alíquotas ou oferecem isenções ao elemento reditual" (TORRES, Heleno. *Pluritributação internacional sobre as rendas de empresas*. São Paulo: RT, 1997).

Preferência do crédito tributário

Consiste no conjunto de disposições normativas que privilegiam o crédito tributário em relação aos créditos de outra natureza. A matéria encontra-se codificada no art. 186 e seguintes do Código Tributário Nacional, no qual o legislador estabeleceu como regra básica a preferência em prol do crédito tributário em cotejo com os demais, exceto os trabalhistas, que a ele preferem. Entrementes, nas hipóteses de arrolamento, inventário, recuperação judicial ou falência, os créditos tributários desfrutam de primazia absoluta, prevalecendo inclusive aos trabalhistas, tudo por força do quanto dispõem os arts. 188 *usque* 190 do Código Tributário Nacional. Sobremais, cumpre notar que equivocada disposição contida no parágrafo único do art. 187 do CTN dispõe acerca de censurável preferência da União em relação aos Estados, privilegiando estes com referência aos Municípios, desrespeitando, assim, o postulado federativo que assegura a isonomia entre as pessoas constitucionais, pressuposto, diga-se de passo, manifestamente incompaginável com a aludida discriminação. Por conseguinte, torna-se de mister pontuar que o STF declarou inconstitucional essa regra do CTN, fazendo-o por meio da ADPF n. 357, de junho de 2021.

Prequestionamento

Frequentemente utilizado no sentido estrito, significa requisito de admissibilidade de Recurso Especial ao Superior Tribunal de Justiça ou de Recurso Extraordinário ao Supremo Tribunal Federal. Ademais, a aludida condição encontra-se cristalizada pelo Pretório Excelso, por meio das Súmulas ns. 282 e 356. Outrossim, cumpre reconhecer que a exigência do prequestionamento não se circunscreve àquelas Cortes, mas a qualquer recurso administrativo ou judicial, uma vez que jaz submerso na própria ritualística processual, tanto que não seria dado a ninguém interpor um recurso de segunda instância e nele suscitar matéria nova que tenha escapado da exordial e da sentença, sob pena de supressão de instância. Ainda, questões tributárias são suscetíveis de Recurso Especial, bem como Extraordinário, mercê de se submeterem integralmente a diploma federal, no caso, o Código Tributário Nacional, senão também à Constituição, máxime porque o direito tributário brasileiro é o mais constitucionalizado do mundo contemporâneo, daí por que se recomenda prequestionar a matéria desde a exordial.

Prescrição (1)

Modalidade extintiva da obrigação tributária pela qual a Fazenda Pública, por inércia temporal, perde o direito de cobrar o tributo objeto de lançamento previamente efetivado. Distingue-se da decadência, porquanto esta consiste na perda do direito de promover o lançamento. Consoante disposto no *caput* do art. 174 do Código Tributário Nacional, o prazo prescricional é de cinco anos, o qual, na verdade, é contado a partir da formalização da cobrança do tributo. Por outro lado, a Lei n. 8.212, de 24 de julho de 1991, estabelecia prazo de dez anos em relação às contribuições sociais, o qual, todavia, não poderia prevalecer, máxime porque o referido diploma reveste natureza ordinária e, por isso mesmo, jamais poderia modificar disposição de texto complementar, no caso, o Código Tributário Nacional. Em boa hora, o Supremo Tribunal Federal editou a Súmula Vinculante n. 8, em Seção Plenária realizada no dia 12 de junho de 2008, cujo texto foi publicado no *DJ* do dia 20 de junho de 2008, p. 1 e declarou a inconstitucionalidade dos arts. 45 e 46 da Lei n. 8.212/1991, que tratavam do prazo decenal da prescrição e da decadência do crédito tributário referente às contribuições sociais, donde, a partir de então, afigura-se estreme de dúvidas que o lapso quinquenal encampa todas as modalidades tributárias. V. *Interrupção do prazo prescricional.*

Prescrição (2)

Antes do advento da Lei n. 11.280, de 16 de fevereiro de 2006, a prescrição não podia ser decretada de ofício, *ex vi* do disposto no art. 332, § 1º do Código de Processo Civil de 2015. O aludido diploma normativo modificou o art. 219, § 5º, da legislação adjetiva, na dimensão em que prevê o seu reconhecimento por iniciativa do magistrado, o que, por seu turno, autoriza a adoção de igual princípio na ambitude do processo administrativo tributário, em obséquio à congruência lógica que deve permear o sistema do direito. V. *Interrupção do prazo prescricional* e *Prescrição intercorrente.*

Prescrição intercorrente

Prestigiada expressamente por meio da Lei n. 11.051, de

29 de dezembro de 2004, que introduziu o § 4º ao art. 40 da Lei n. 6.830, de 22 de setembro de 1980, consiste na configuração da prescrição, se decorrido o quinquênio a contar do despacho que ordenar o arquivamento dos autos de execução fiscal. Consoante o referido dispositivo, a prescrição *in casu* poderá ser reconhecida de ofício, o que representa inegável aprimoramento no direito tributário, na medida em que se opõe à eternização de pendências judiciais, em obséquio ao primado da segurança jurídica. Afora a hipótese em apreço, força é reconhecer que a prescrição intercorrente encontra-se nas dobras da prescrição, como argutamente observado pelo advogado José Eduardo Burti Jardim, para quem, ao contrário de traduzir uma construção doutrinal e jurisprudencial, exprime, sim, a correta interpretação do instituto nas searas judicial e administrativa.

Presunção

Opinião ou juízo antecipado, de caráter provisório ou definitivo. No direito, a presunção pode ser comum, legal relativa e legal absoluta; a primeira emerge da observação de fatos ordinários e pode ser exemplificada pela prova testemunhal; a segunda, de cunho relativo, denominada *juris tantum*, é aquela que a lei considera verdadeira ou falsa, salvo prova em contrário; e a terceira, conhecida como *juris et de jure*, é proclamada como verdadeira, ainda que haja prova em sentido oposto, como ocorre, é bem de ver, com a coisa julgada. A presunção legal relativa encontra-se atrelada à gestão do tributo na fase administrativa, porquanto a sua cobrança opera-se por meio de atos administrativos, os quais gozam da presunção de veracidade, legalidade e legitimidade, permitindo ao contribuinte produzir a prova em rumo contrário. Por conseguinte, esses breves comentos tendem a demonstrar que a presunção legal absoluta não se harmoniza com os vetores magnos da tributação, a teor dos primados da legalidade, da tipicidade, da vinculabilidade da tributação e outros.

Princípio da finalidade

Postulado inexpresso entroncado na seara do direito

administrativo, com repercussões no direito tributário. Celso Antônio Bandeira de Mello, com sua singular mestria, sutiliza que a aplicação de regra de direito com desígnio diverso ao da finalidade a que esta preordena é o mesmo que desaplicar o direito. Ainda, aduz, em alto e bom som, que a finalidade é a própria razão de ser de qualquer produto cultural (BANDEIRA DE MELLO, Celso Antônio. *Curso de direito administrativo*. São Paulo: RT, 1986. p. 17 et seq.). No mesmo estudo, oferece interessante exemplo, no qual um selvagem ou criatura extraterrena dotado de invulgar inteligência aprenderia a montar e desmontar um relógio quantas vezes quisesse, só não saberia dizer para que ele serve! Realmente, a evocativa imagem suscitada por Bandeira de Mello revela a importância da finalidade no labor exegético.

Princípio da não cumulatividade

Mecanismo de compensação de tributos, imerso no Texto Excelso e aplicável ao IPI, ICMS, impostos e contribuições residuais, conforme estatuído no art. 153, § 3º, II; art. 155, § 2º, I; e art. 154, I. À guisa de exemplo, suponha-se que, num dado mês, um estabelecimento comercial realize vendas tributadas pelo ICMS, nas quais apure um *debitum* de R$ 100.000,00, enquanto, no mesmo período de apuração, teria contabilizado um crédito de R$ 50.000,00, donde a diferença representaria o valor do imposto a ser recolhido em relação àquele intertempo de apuração, ou seja, o imposto recolhido em operação anterior propicia a geração de crédito financeiro, que haverá de ser deduzido do imposto devido. Importa assinalar que o crédito reveste natureza financeira e não guarda relação com a mercadoria específica, isoladamente considerada. O referido crédito, por exemplo, rende ensejo à compensação do ICMS relativo ao consumo de energia elétrica, distinguindo-se, assim, do crédito físico. V. CARRAZZA, Roque Antonio. *ICMS*. 10. ed. São Paulo: Malheiros, 2005.

Princípio da seletividade e essencialidade

Postulado constitucional substanciado no binômio *ut supra*, segundo o qual, por força do comando inserto no art. 153, § 3º, I, quanto ao IPI, senão também *ex vi* do disposto no art. 155, § 2º, III, com referência ao ICMS, o legislador deve discriminar o percentual de incidência levando em conta o grau de maior ou menor necessidade do produto, mercadoria ou serviço, tendo em vista o consumidor final. É por isso, por exemplo, que os produtos farmacêuticos, bem como os produtos alimentícios industrializados, senão também os sapatos e os vestuários, são gravados com alíquotas reduzidas na área do IPI, ao contrário de bebidas alcoólicas, cigarros, embarcações marítimas e joias, que são objeto de alíquotas elevadas. No tocante ao IPI, o Presidente da República, por meio de decreto, pode graduar as alíquotas dentro dos limites previamente firmados em lei. Na seara do ICMS, contudo, existem flagrantes descompassos em relação ao primado da seletividade, pois a energia elétrica é gravada com alíquota máxima, ou seja, 25% e não 7%, que seria a correta, o mesmo ocorrendo com referência aos produtos farmacêuticos destinados aos seres humanos, que são tributados com percentagens superiores às dos medicamentos veterinários, sem contar que os vestuários, em geral, são tributados com 18%, ou seja, em claro desacordo com o seu grau de essencialidade.

Princípios constitucionais

A palavra 'princípio' é empregada nesta obra com a feição de fundamento ou base do sistema normativo, quer pelo aspecto semântico, quer no próprio significado filosófico do termo, segundo Platão, que o empregou como fundamento de raciocínio em *Teeteto* (155 d), ou Aristóteles, que comunicou ao vocábulo o sentido de premissa maior de uma demonstração (*Metafísica,* v. 1, 1.012 b 32-1.013 a 19). Com efeito, por essa ótica os princípios constitucionalistas são considerados normas sobranceiras que habitam o Texto Excelso e representam a base do sistema jurídico, em virtude de ocuparem o cume do plano hierárquico dos diplomas normativos, bem como por abrigarem um conteúdo de abrangência racional, que espraia efeitos em todos os quadrantes do direito. Por fim, podem ser expressos ou inexpressos, estes resultantes da conjugação de normas explícitas ou mesmo subjacentes nas entrevozes do sistema, embora dotadas de magnitude igual à dos postulados expressos.

Princípios constitucionais gerais

Podem ser expressos ou inexpressos. Entre os expressos, merecem destaque os princípios: Federativo, Democrático, Republicano, Legalidade, Igualdade, Devido processo legal, Ampla defesa, Contraditório, Direito de petição, Direito de propriedade, Irretroatividade e Universalidade da jurisdição. Quanto aos inexpressos, cumpre sublinhar os seguintes: Segurança jurídica, Certeza do direito, Isonomia das pessoas constitucionais, Supremacia do interesse público ao do particular, Indisponibilidade do interesse público e Finalidade.

Princípios constitucionais tributários

A exemplo dos gerais, dividem-se em explícitos e implícitos. Entre os primeiros, cumpre ressaltar os princípios: Estrita legalidade, Anterioridade e seus desdobres, Uniformidade geográfica, Não discriminação tributária em razão da origem ou do destino dos bens, Imunidade, Capacidade contributiva, Vedação à tributação confiscatória, Igualdade e Irretroatividade. Quanto aos segundos, denominados implícitos, merecem ser lembrados os princípios da Indelegabilidade da competência tributária, Tipicidade e Territorialidade da tributação.

Processo administrativo tributário distrital

Conforme comum sabença, a Carta da República promulgada em outubro de 1988 atribuiu estatura de pessoa jurídica de direito público interno ao Distrito Federal, que, por seu turno, recebeu as competências legislativas reservadas aos Estados e aos Municípios, sendo dotado, por conseguinte, de potestade para instituir ICMS e IPVA, entre outros tributos, e competente, também, para criar IPTU e ISS, afora outros impostos de natureza originalmente municipal. Ante a prerrogativa no plano do direito material, encontra-se investido de poderes para dispor sobre o direito adjetivo pertinente, no caso, o processo administrativo tributário, que se preordena a deslindar controvérsias entre o Fisco e o contribuinte, cabendo-lhe, também, esclarecer e resolver questões não litigiosas, a teor de consultas e pedidos de restituições de tributos recolhidos a mais do que o devido, entre outras hipóteses. V. *Legislação específica no site local.*

Processo administrativo tributário estadual

O processo administrativo tributário estadual representa meio de composição de litígio entre a Fazenda Pública do Estado e o contribuinte de tributos estaduais, simbolizando, outrossim, mecanismo de solução de pleitos não litigiosos, a teor de consultas em que o contribuinte busca colher a manifestação do Fisco acerca de algum ponto controverso na legislação tributária. Em face da forma federativa de Estado adotada entre nós, cada Estado dispõe de legislação própria sobre o processo administrativo tributário, assim como ocorre simetricamente nos âmbitos municipal e distrital. Nos Estados, temos também um julgador singular em primeiro grau, a exemplo de São Paulo, onde há uma Delegacia Tributária de Julgamentos, e, na hipótese de decisão contrária à Fazenda, caberá sempre o reexame necessário ao órgão superior, premissa que norteia, diga-se de passo, toda a sistemática processual, tanto administrativa quanto judicial. Já em segundo grau, há uma Corte Administrativa, órgão desdobrado em Câmaras, com estrutura paritária, uma vez que a sua composição abriga representantes da Fazenda do Estado e dos contribuintes, aqueles indicados pelo Executivo e estes por entidades de classe da indústria, comércio e serviços; na maioria dos Estados, denomina-se Conselho de Contribuintes Estadual, enquanto, em São Paulo, ganha o nome 'Tribunal de Impostos e Taxas'. Ademais, abriga um órgão especial, em geral formado pela reunião das Câmaras, a exemplo do que se verifica no Estado de São Paulo, e dotado de poderes para decidir em última instância o pedido de revisão do sujeito passivo ou o extraordinário, este privativo da Fazenda do Estado. Ao contrário do que se verifica no âmbito municipal, a legislação estadual estipula corretamente que a simples interposição de recurso administrativo tem o condão de suspender a exigibilidade do crédito tributário, em harmonia com o direito à ampla defesa, contido na Constituição da República e conforme determina o art. 151, III, do Código Tributário Nacional. No Estado de São Paulo, a matéria encontra-se positivada por meio da Lei n. 13.457, de 11 de março de 2009, que cuida de modo esmiudado dos desdobres e meandros do processo administrativo tributário, sem contar o decreto regulamentador e demais atos administrativos que implementam a matéria. V. *Defesa administrativa, Recurso de ofício, Recurso ordinário* e *Recurso especial.*

Processo administrativo tributário federal

Feito de natureza contenciosa ou consultiva, instalado entre a Secretaria da Receita Federal do Brasil e os contribuintes de tributos federais. Exemplifica o primeiro a discussão sobre matéria tributária federal contida em auto de infração lavrado pela fiscalização da Receita, ao passo que o segundo consiste, por exemplo, na formulação de consulta acerca de interpretação da legislação tributária em que o contribuinte, então consulente, pretenda colher a manifestação da Fazenda em relação a uma determinada situação, obviamente envolvendo pontos polêmicos no plano da hermenêutica. Em sua origem, o processo administrativo federal compreendia tão somente os tributos administrados pela União, o que foi redimensionado a partir da criação da Secretaria da Receita Federal do Brasil, instituída pela Lei n. 11.457, de 16 de março de 2007, passando, então, a encampar também as contribuições outrora gerenciadas pelo Instituto Nacional do Seguro Social (INSS), a exemplo das contribuições incidentes sobre a folha de salários. Outrossim, a matéria continua disciplinada basicamente pelo Decreto n. 70.235, de 6 de março de 1972, conjugado com a Lei n. 8.748, de 9 de dezembro de 1993. A interposição de impugnação em primeiro grau tem a virtude de suspender a exigibilidade do crédito tributário, ao passo que, na contramão do figurino constitucional, o direito de recorrer em segundo grau condiciona-se à efetivação de arrolamento de bens e direitos no valor correspondente a 30% (trinta porcento) da exigência fiscal estipulada na decisão recorrida, nos termos do disposto no § 2º do art. 33 do decreto retromencionado, mercê da alteração contida no art. 32 da Lei n. 10.522, de 19 de julho de 2002, que, por seu turno, modificou a redação original da Medida Provisória n. 2.176-79, de 23 de agosto de 2001. Por outro lado, cabe esclarecer que a referida Lei de Conversão afastou a exigência do depósito em dinheiro, mantendo apenas o arrolamento de bens, condições, diga-se de passagem, situadas na contramão dos primados constitucionais que asseguram o direito ao duplo grau de jurisdição, além de ofenderem a ampla defesa, a contraditoriedade e o próprio direito de petição, consoante sustentado no item 5 do Capítulo IX deste livro, que trata do tema relativo à suspensão da exigibilidade. Ademais, importa assinalar que o art. 38 da Lei de Conversão em apreço convalidou os atos praticados com fulcro na aludida medida provisória. O arrolamento *in casu*, verdade seja, representa mais do que o singelo inventário de bens do contribuinte, porquanto o art. 64 da Lei n. 9.532, de 10 de dezembro de 1997, estabeleceu uma série de regras que restringem sutilmente o direito de propriedade; assim, caso o contribuinte pretenda alienar, transferir ou onerar bens, deverá comunicar ao órgão da Receita Federal do Brasil de sua jurisdição, para que este possa intentar a ação cautelar fiscal objetivada a impedir aquelas operações. Por outro lado, se por absurdo não houvesse ofensa ao Diploma Magno, ainda assim haveria desrespeito ao inciso III do art. 151 do Código Tributário Nacional, segundo o qual a simples interposição do recurso administrativo tem o condão de suspender a exigibilidade. Convém ressaltar que os mandamentos contidos no Código são dotados de eficácia formal de legislação complementar, motivo por que jamais poderiam ser alterados por lei ordinária, a exemplo do caso examinado. No mais, na hipótese de decisão contrária à Fazenda, torna-se de mister a interposição de recurso de ofício, na esteira, é bem de ver, de regra processual aplicável aos processos administrativos e judiciais. Ainda, na esfera federal, a decisão de primeira instância cabe à Delegacia de Julgamentos, portanto desvinculada da Delegacia de Fiscalização e Arrecadação, o que representa um bom exemplo a ser adotado pelas demais pessoas constitucionais. Já em segundo grau, o julgamento compete ao Conselho Administrativo de Recursos Fiscais (CARF), criado pela Medida Provisória n. 449, de 3 de dezembro de 2008, convertida na Lei n. 11.941, de 27 de maio de 2009, diplomas que, na verdade, extinguiram o antigo Conselho de Contribuintes. Ademais, há uma instância final, da alçada da Câmara Superior de Recursos Fiscais, cuja competência consiste em decidir Recurso Especial em relação à interpretação divergente de julgado daquela Corte, nos termos do disposto no art. 37, § 2º, do Decreto n. 70.235, de 6 de março de 1972. O CARF, por seu turno, a exemplo do Conselho de antanho, é um Tribunal administrativo, integrado por três membros da Receita Federal do Brasil e por três desvinculados daquele órgão. A matéria encontra-se positivada na legislação retrocitada, encampada, diga-se de passo, pelo Decreto n. 70.235/1972, bem como pela Portaria n. 343, de 22 de junho de 2009, que define o seu Regimento Interno.

Processo administrativo tributário municipal

Consoante noção cediça que jaz imersa nas dobras do pacto federativo, inexiste legislação codificada acerca do processo administrativo. Assim, cada pessoa constitucional pode legislar sobre o assunto, donde, no campo municipal, por considerar que no Brasil temos mais que cinco mil Municípios, cada qual com a sua legislação específica, o assunto será examinado em seus contornos genéricos. Com efeito, o processo tributário de natureza administrativa pode abrigar roupagem contenciosa ou consultiva; aquela, por exemplo, versando sobre a discussão contida em um auto de infração, enquanto, esta diria respeito a uma dúvida fundada suscitada pelo contribuinte, que postularia um pronunciamento da Fazenda Pública acerca do assunto. Na hipótese de litígio, *verbi gratia*, e uma vez editado um ato administrativo formalizando a cobrança do tributo, o sujeito passivo pode insurgir-se contra a exigibilidade perante a autoridade de primeiro grau e, se mantida a exigibilidade, poderá recorrer ao órgão de segundo grau, este, no mais das vezes, também um julgador singular. Impende sublinhar que o Município de São Paulo abriga um órgão colegiado em segundo grau administrativo, no caso, o Conselho Municipal de Tributos, criado pela Lei n. 14.107, de 12 de dezembro de 2005. A referida Corte é formada por quatro Câmaras Julgadoras Efetivas, cada uma composta por seis conselheiros, sendo três representantes dos contribuintes e três da Prefeitura, todos, obviamente, portadores de diploma universitário e com conhecimento especializado em matéria tributária. Cumpre notar que, nos Municípios, o processo administrativo é decidido pela mesma autoridade que determinou a cobrança do tributo então questionado, restando, assim, comprometida a equidistância entre o processo e o respectivo julgador. Por outro lado, se a decisão de primeiro grau for favorável ao sujeito passivo, haverá necessariamente o recurso de ofício à autoridade de segundo grau. Ademais, merece registro o fato pelo qual os Municípios inclinam-se a desconsiderar o efeito suspensivo ao recurso administrativo, como quer o feixe de direitos e garantias proclamado no Texto Excelso, a exemplo da ampla defesa, entre outros, senão também como quer o art. 151, III, do Código Tributário Nacional. Portanto, segundo a literalidade de legislação desse jaez, inclusive a lei paulistana, embora tão recente, condiciona-se o seguimento do recurso ao depósito em dinheiro do valor equivalente a 30% da existência fiscal do objeto administrativo, na contramão, como se vê, da codificação tributária e, também, do próprio figurino constitucional. V. *Impugnação (2), Recurso ordinário (2)* e *Recurso de revisão.*

Processo tributário

Meio de composição de litígio ou instrumento de declaração de direitos com fulcro em uma relação jurídica de direito público, pode hospedar natureza administrativa ou judicial, conforme o palco de sua instalação. Em suma, o processo tributário, quer administrativo, quer judicial, estampa como substrato uma relação jurídica preordenada a deslindar uma testilha ou declarar um direito. O processo não se confunde com o procedimento, que, tanto na esfera administrativa quanto na judicial, significa o conjunto de atos e termos destinados à obtenção de um pronunciamento conclusivo por parte da autoridade competente, conforme bem apregoam Bulow e Carnelutti. Ao lado desse conceito, merece ser adicionado o rito-padrão que estabelece o *modus faciendi* do procedimento, a exemplo dos cíveis ou criminais ou dos sumários ou sumaríssimos. V. *Verbetes relativos às ações judiciais, bem como o verbete atinente à Defesa administrativa.*

Procurador da Fazenda

Mandatário concursado que representa judicial ou extrajudicialmente a Fazenda Pública. A carreira desdobra-se nos diversos planos de Governo, a exemplo da Procuradoria da Fazenda Nacional, do Distrito Federal, dos Estados e dos Municípios. V. *Procuradoria da Fazenda.*

Procuradoria da Fazenda

Órgão do Poder Executivo, subordinado à pasta da Fazenda respectiva, que, entre outros misteres, encontra-se incumbido de apurar a liquidez e a certeza da dívida tributária ativa, nos vários planos de governo, cabendo-lhe, outrossim, representar ativa e passivamente, em juízo, a pessoa jurídica de direito público interno a que pertence. Na órbita federal, afora os tributos da antiga Secretaria da Receita Federal situados no âmbito da Procuradoria da Fazenda Nacional, o aludido órgão assumiu, também, os encargos que lhe são pertinentes com referência às contribuições sociais, tudo após o advento da Lei n. 11.457, de 16 de março de 2007, que instituiu a Secretaria da Receita Federal do Brasil. Outrossim, as procuradorias de natureza distrital, estadual e municipal realizam, simetricamente, os poderes e deveres imanentes a esse órgão.

Produto industrializado

Toda coisa ou utilidade de conteúdo econômico ou patrimonial resultante de processo de transformação, beneficiamento ou montagem. Na esteira das lições grafadas com pena e ouro por José Roberto Vieira, o conceito trazido à colação passa ao largo daquele positivado no art. 3º, parágrafo único, da Lei n. 4.502, de 30 de novembro de 1964, bem como da definição imersa no art. 43 do Código Tributário Nacional, pois esses diplomas categorizam como tal o produto proveniente de processo de acondicionamento ou restauração, hipóteses, diga-se de passo, tipificadoras de prestação de serviços e não de industrialização (VIEIRA, José Roberto. *IPI – A regra-matriz de incidência.* Curitiba: Juruá, 1993. p. 95-96). A montagem e o beneficiamento, dependendo de cada caso, podem aludir tanto ao produto industrializado quanto à simples prestação de serviços, tudo em face da vaguidade terminológica dessas palavras, que se situam em uma zona fronteiriça entre a hipótese de incidência do IPI e a do ISS.

Produto industrializado semielaborado

Ao versar sobre o ICMS, o art. 155, X, *a*, do Texto Excelso estabelece a imunidade desse imposto com relação às operações que destinem produtos industrializados ao exterior, excetuados os semielaborados, definidos em legislação complementar. A aludida norma, de eficácia complementável, foi implementada com a edição da Lei Complementar n. 65, de 15 de abril de 1991, que definiu o produto industrializado semielaborado nos seguintes termos: *a)* aquele resultante de matéria-prima de origem animal, vegetal ou mineral sujeita ao imposto quando exportada *in natura;* *b)* aquele cuja matéria-prima de origem animal, vegetal ou mineral não tenha sofrido qualquer processo que implique modificação da natureza química originária; e *c)* aquele cujo custo da matéria-prima de origem animal, vegetal ou mineral represente mais de 60% do custo do correspondente produto, apurado segundo o nível tecnológico disponível no País. Em que pese a existência de uma definição legal, não se pode deixar de obtemperar que a locução *in casu* abriga inaceitável contradição interna, pois, se o produto industrializado é aquele resultante de um processo de transformação de matéria-prima e consequente obtenção de espécie nova, afigura-se evidente que o produto semielaborado é o mesmo que produto semi-industrializado, ou seja, não é produto industrializado. Ademais, a linguagem normativa não pode conviver com o prefixo 'semi', pois, além de não apresentar qualquer valia, compromete a precisão terminológica tão necessária às ciências em geral, bem como à ciência do direito, em particular, até porque o direito é um objeto feito de linguagem. Deveras, o prefixo 'semi' quer dizer algo incompleto, algo inacabado, algo pela metade, enfim, algo que não é; dito de outro modo: ao lume do direito, a dição 'semi' não pode operar qualquer efeito jurídico. Assim, admitir a existência de um produto industrializado semielaborado é o mesmo que reconhecer alguém na condição de semiproprietário de veículo automotor, semiproprietário de imóvel predial urbano, semiauferidor de rendas ou semicomerciante, enfim, são noções pré-jurídicas que, mesmo nesse campo, afiguram-se vagas, dúbias e imprecisas, traduzindo tão somente um estado em curso de algo em fase de transformação. Com efeito, observada a impropriedade da expressão 'produto industrializado semielaborado', quando muito se poderia entrevê-la como uma formulação negativa tendente a excluir do universo conceitual de produto industrializado aqueles que não assumem essa feição. De todo modo, a objurgatória persiste, pois, conforme noção cediça, as definições não devem ser negativas. Exemplificando: dizer que *divã* não é cama obviamente não explica o significado do termo (COPI, Irving. *Introdução à lógica*. São Paulo: Mestre Jou, 1974. p. 133-134). Tirante essas ponderações e reproches, cumpre salientar que a lei complementar pode apenas esmiuçar essa conceituação negativa, nunca subverter o conceito constitucional de produto industrializado, sob pena de o legislador infraconstitucional invadir seara privativa do constituinte. Por fim, não se pode olvidar que a Lei Complementar n. 65, de 15 de abril de 1991, comete uma inconcebível heresia enquanto delega poderes ao Executivo (Confaz) para enumerar a lista de produtos *semielaborados* suscetíveis de imunidade. A pretendida delegação de competência afigura-se absolutamente írrita e aberratória, pois agride frontalmente o postulado da estrita legalidade, entendimento, na verdade, sobraçado à unanimidade por doutrinadores de prol, a exemplo de Sacha Calmon Navarro Coêlho e Misabel Abreu Machado Derzi, em sua obra *Direito tributário atual – Pareceres* (Rio de Janeiro: Forense, 1997. p. 1 et seq.), bem como José Eduardo Soares de Mello (*ICMS – Teoria e prática*. São Paulo: Dialética, 1995. p. 183 et seq.).

Produto intermediário

A expressão *in casu* significa a matéria-prima parcialmente elaborada que integra o processo de industrialização, podendo significar, também, um produto industrializado, isoladamente considerado, que se incorpora ao produto objeto de nova industrialização ou que seja simplesmente consumido no referido processo. Produz efeitos relevantes no orbe do imposto sobre produtos industrializados, uma vez que gera créditos ao ensejo do cálculo do gravame e, por isso, exprime meio de concreção do postulado constitucional da não cumulatividade, que, diga-se de passo, permeia a sistemática de apuração do imposto sobre produtos industrializados.

Produto Interno Bruto (PIB)

O PIB representa o valor total da produção de mercadorias, bens, produtos industrializados e prestação de serviços de um país num dado ano-calendário, servindo de paradigma para efeito de mensurar a dimensão percentual da carga tributária, mercê de sua conjugação com o montante da arrecadação de tributos. V. *Carga tributária.*

Programa de Recuperação Fiscal (Refis I)

Lei n. 9.964, de 10 de abril de 2000

Representa fórmula atípica de parcelamento de longo prazo, em prol de contribuintes pessoas jurídicas, tendo por objeto os tributos devidos à União e ao Instituto Nacional do Seguro Social (INSS). A prestação mensal monta em percentuais incidentes sobre a receita bruta, os quais importam em: 0,3% em relação às microempresas e empresas de pequeno porte; 0,6% no tocante às empresas tributadas pelo regime do lucro presumido; 1,2% no que diz respeito ao regime de lucro real decorrente das atividades comerciais, industriais, médico-hospitalares, transporte, ensino e construção civil; e 1,5% para os demais casos. Conquanto o prazo de ingresso no programa tenha se exaurido no último dia do mês de abril de 2000, muitos aspectos polêmicos persistem, a exemplo da discriminação da pessoa física, que não foi contemplada pela legislação, bem como os mecanismos de exclusão, por vezes questionáveis, e a indevida atribuição de poder normativo ao Executivo, consoante prevê o art. 9º, I, II e III, da lei básica. V. VERGUEIRO, Guilherme Von Müller Lessa (Coord.). *Refis – Aspectos jurídicos relevantes.* São Paulo: Edipro, 2001.

Programa de Recuperação Fiscal (Refis II – Paes)

Lei n. 10.684, de 30 de maio de 2003

Programa de parcelamento de longo prazo relativo a débitos de tributos federais com vencimento até 28 de fevereiro de 2003, à época devidos à Secretaria da Receita Federal ou à Procuradoria-Geral da Fazenda Nacional, pelos quais as pessoas jurídicas ou físicas poderiam efetuar o pagamento em até cento e oitenta prestações.

Programa de Recuperação Fiscal (Refis III – Paex)

Medida Provisória n. 303, de 29 de junho de 2006

Programa de parcelamento de longo prazo, em prol de

pessoas jurídicas, relativo a débitos de tributos federais com vencimento até 28 de fevereiro de 2003, à época devidos à Secretaria da Receita Federal ou ao Instituto Nacional do Seguro Social (INSS), sendo pagáveis em até cento e trinta prestações. O programa em apreço vedava a inclusão de tributos incidentes na fonte e, também, do imposto sobre a propriedade territorial rural.

Programa de Recuperação Fiscal (Refis IV)

Lei n. 11.941, de 27 de maio de 2009

Programa de parcelamento de longo prazo, em prol de pessoas jurídicas ou físicas, referente a débitos de tributos federais devidos à Secretaria da Receita Federal do Brasil ou à Procuradoria-Geral da Fazenda Nacional, vencidos até 30 de novembro de 2008 e pagáveis em até cento e oitenta prestações, possibilitada, inclusive, a inclusão de saldo remanescente dos planos Refis II – Paes e Refis III – Paex.

Progressividade

Existência de alíquotas diferençadas, que se tornam mais elevadas à medida que a base tributável também o seja. Segundo noção cediça e equivocada, a progressividade somente poderia ser adotada se houvesse autorização constitucional específica, a exemplo do disposto no art. 153, § 2º, I, da Constituição Federal, que versa o tema com relação ao imposto sobre a renda. Entrementes, essa concepção revela desconhecimento do processo de criação do tributo, pois a progressividade representa um dos mecanismos de quantificação do tributo e, por isso, encontra-se contida na competência tributária e não requer consentimento especial do Texto Excelso. Por essa razão, qualquer tributo pode ser progressivo, caso assim queira o legislador e desde que guarde pertinência com a natureza do gravame. Por outro lado, na hipótese de haver referência expressa na Carta Magna, como ocorre com o imposto sobre a renda e o imposto sobre a propriedade predial e territorial urbana, ao contrário de autorização, trata-se de uma ordem, pela qual o legislador é obrigado a tornar o referido tributo progressivo, sob pena de descumprimento de comando constitucional. V. *Alíquota.*

Pró-labore

Locução de origem latina, que traduz a remuneração em virtude do trabalho realizado, seja por parte do servidor público, em algumas situações previstas por regras de direito administrativo, seja do empregado no âmbito privado, seja do sócio ou diretor de empresa nos lindes do direito civil e comercial. Representa hipótese de incidência de alguns tributos, a exemplo do imposto sobre a renda ou da contribuição previdenciária, daí a sua repercussão na seara tributária.

Proporcionalidade

Consiste na adoção de alíquota fixa, a qual incide sobre uma dada base tributável; assim, quer a base de cálculo aloje um valor *x* ou *y*, a alíquota sobre ela recairá com idêntica percentagem. A proporcionalidade é frequente na legislação do IPI, do ICMS e dos impostos de comércio exterior, entre outros. V. *Alíquota.*

Propriedade rural

É o imóvel qualificado como tal pela lei civil, situado fora da zona urbana do Município, nos termos, é bem de ver, do art. 29 do Código Tributário Nacional. A definição de zona urbana, por seu turno, é matéria de alçada do legislador municipal, condicionada à observância de determinados melhoramentos previstos nos incisos I a V do art. 32 do Código Tributário Nacional. Ainda, integra a hipótese de incidência do imposto sobre propriedade territorial rural, de competência da União.

Propriedade urbana

É o imóvel, assim considerado pela lei civil, situado na zona urbana do Município, consoante prescreve o art. 32 do Código Tributário Nacional. A zona urbana, por sua vez, deve ser definida pela lei municipal, desde que haja ao menos dois requisitos entre os seguintes: *a)* meio-fio ou calçamento, com canalização de águas pluviais; *b)* abastecimento de água; *c)* sistema de esgotos sanitários; *d)* rede de iluminação pública, com ou sem posteamento para distribuição domiciliar; e *e)* escola primária ou posto de saúde a uma distância máxima de três quilômetros do imóvel *in casu.* Por fim, compõe a hipótese de incidência do imposto sobre a propriedade predial e territorial urbana, de competência municipal.

Provisão

Ao lume da ciência contábil, significa a reserva de um dado valor, com a finalidade de atender determinadas despesas, a teor de perdas no recebimento de créditos, provisões técnicas compulsórias das companhias de seguro e capitalização, bem como a própria provisão para o imposto de renda, donde, com esses matizes, foi encampada pela legislação do imposto sobre a renda com a feição de custo ou despesa operacional dedutível do lucro tributável.

Publicação

Consiste na comunicação formal e oficial da lei aos seus destinatários e representa condição de eficácia do diploma normativo, cabendo à autoridade que promulga a lei tomar a referida providência. Ao lado da vigência e da eficácia, assume especial importância, tornando-se, não raro, objeto de testilhas doutrinais e jurisprudenciais. Tormentosa controvérsia ocorreu, aliás, ao ensejo da instituição de um adicional do imposto sobre a renda das pessoas jurídicas publicado no Diário Oficial, uma vez que, segundo a própria imprensa oficial, o jornal teria circulado ao derredor de sua sede por volta das 23 horas do crepúsculo do ano novo. Obviamente, o destinatário da norma não estava, nem teria que estar, de plantão naquele local para se inteirar de eventuais publicações de última hora e, por isso, a publicidade somente se concretizou a partir de 1º de janeiro do ano de 1995, donde, em respeito ao postulado da anterioridade ano-calendário, a exigibilidade somente seria admissível a contar de 1º de janeiro de 1996. Não se pode olvidar, outrossim, que a convalidação da publicidade *in casu* significa referendar atos secretos, aspecto absolutamente incompaginável com a segurança jurídica e o Estado Democrático. Todavia, a despeito dos comentos trazidos à colação, o Supremo Tribunal Federal decidiu que não houve ofensa aos princípios da anterioridade e da irretroatividade e, com isso, legitimou a cobrança a partir de 1º de janeiro de 1995.

Q

Q

Quantum debeatur

Expressão latina designativa da totalização monetária da prestação de índole tributária. Sua pronúncia é gráfico-prosódica, sendo o primeiro termo oxítono e o segundo paroxítono, ao contrário de muitos que, equivocadamente, omitem o som do *a* da palavra '*debeatur*', imprimindo-lhe pronúncia proparoxítona.

Quérable

Obrigação cujo pagamento é efetuado no domicílio do devedor. Salvo convenção em sentido contrário, o nosso sistema qualificou as prestações como *quérables,* por força do quanto dispõe o *caput* do art. 327 do Código Civil de 2002. A regra em apreço não se aplica às obrigações tributárias, que revestem natureza *portable* e, por isso, devem ter seu pagamento efetivado no domicílio da Fazenda Pública ou perante entidade por ela indicada. V. *Portable.*

Quitação

É a prova do pagamento. No direito civil, segundo Clóvis Beviláqua, a quitação comprova-se por ato escrito, qualificando as partes, a prestação e o tempo do pagamento, conforme preceituam os arts. 304 *usque* 333 do Código Civil, podendo, outrossim, evidenciar-se por outros meios, a exemplo de presunções, confissão de testemunhas etc. Já no direito tributário, a prova cabe ao contribuinte, por intermédio do competente documento de arrecadação ou pagamento determinado pela legislação de cada tributo, sob pena de ser instado a pagar novamente, acaso não possa provar a efetivação do pagamento pela fórmula retrocitada. A quitação comprova-se pela expedição de certidão negativa, nos termos do art. 205, parágrafo único, do Código Tributário Nacional. Ademais, a quitação é indispensável para uma série de atos, a teor de recuperação judicial, extinção de obrigações do falido, julgamento de partilha, participação em licitações e celebração de contratos com a Administração Pública.

R

R

RAT

V. *Contribuição social para o Seguro de Acidente do Trabalho (SAT).*

Reacondicionamento

V. *Acondicionamento.*

Recepção

Fenômeno pelo qual uma nova legislação acolhe diplomas de hierarquias inferiores, desde que persista uma relação de compatibilidade entre os aludidos textos. O termo é frequentemente empregado no plano constitucional, na medida em que uma nova Constituição costuma receber uma parcela expressiva da legislação complementar e ordinária da ordem anterior; entrementes, a recepção é igualmente aplicável em qualquer plano normativo. Nesse sentido, considere-se um decreto editado ao lume de uma lei, revogada por lei superveniente; o apontado decreto poderia ser recepcionado pelo novo diploma legal, desde que guardasse compatibilidade com o seu teor.

Receita bruta

Excetuados os valores relativos aos tributos não cumulativos cobrados em destaque do adquirente, comprador ou contratante, o conceito *in casu* compreende a totalidade do produto da venda de produtos, mercadorias ou serviços, quer em conta própria, quer em conta alheia, pelo que abrange tanto as receitas advindas da atividade que constitui o objeto da pessoa jurídica, quanto as receitas de outras origens, a exemplo daquelas decorrentes de aplicações financeiras, entre outras, em consonância com o disposto no art. 208 do Regulamento do Imposto sobre a

Renda, aprovado pelo Decreto n. 9.580, de 22 de novembro de 2018.

Receita Federal

V. *Secretaria da Receita Federal do Brasil.*

Receita líquida

V. *Receita bruta.*

Recinto alfandegado

Local destinado à movimentação e ao depósito de mercadorias importadas ou destinadas à exportação, a exemplo de pátios, armazéns, terminais, entrepostos, lojas francas e dependências incumbidas de promover o depósito de remessas postais sujeitas ao controle aduaneiro.

Reclamação

Instituto inserto no art. 102, I, *l*, da Carta Magna, bem como nos arts. 156 a 162 do Regimento Interno do Supremo Tribunal Federal, constitui meio pelo qual a parte interessada na causa ou o Procurador-Geral da República pode bater às portas do Pretório Excelso, com o desígnio de garantir a eficácia de suas decisões vinculantes ou súmulas vinculantes. Encontra-se prevista, também, com iguais matizes, no âmbito do Superior Tribunal de Justiça, com fulcro no art. 105, I, *f*, da Constituição Federal, bem como nos arts. 187 a 192 do Regimento Interno daquela Corte. Outrossim, com supedâneo no direito de petição, nada impede que os Tribunais Regionais Federais e os Tribunais de Justiça dos Estados também adotem a reclamação ora questionada, a exemplo do que ocorre nos Tribunais de Justiça do Estado de São Paulo, Bahia, Pernambuco e Rio de Janeiro.

Reconsideração

Ato consubstanciado no reexame de decisão prolatada em processo administrativo ou judicial, em face de provocação do interessado, encontra-se encartada nas dobras do direito de petição, no art. 5º, XXXIV, *a*, do Texto Magno. Ainda que à míngua de previsão legal expressa, traduz direito e garantia fundamentais, pode ser exercida e obriga, de forma fundamentada, a autoridade a decidir sobre o pedido, sob pena de cerceamento à defesa e consequencial nulidade *pleno jure* do feito. O instituto desfruta do sufrágio abalizado de Teresa Arruda Alvim Pinto, para quem, mesmo destituída de previsão legal, a reconsideração é bastante usual entre nós e não afronta nenhum princípio da ordem jurídica, desde que não gere preclusão *pro judicato*. Aduz, ainda, equivaler a um pedido oral da parte, concitando o juiz a repensar determinado aspecto do *decisum*, à vista de modificá-lo (PINTO, Teresa Arruda Alvim. *Agravo de instrumento*. São Paulo: RT, 1991. p. 214 et seq.).

Recuperação judicial

A Lei n. 11.101, de 9 de fevereiro de 2005, revogou o Decreto-lei n. 7.661, de 21 de junho de 1945, e, com isso, pôs termo ao instituto da concordata, criando, em seu lugar, a mencionada recuperação judicial. Em face do advento do referido diploma normativo, o Código Tributário Nacional, por seu turno, foi objeto de modificações, efetuadas por meio da Lei Complementar n. 118, de 9 de fevereiro de 2005, que, fazendo coro com a Lei n. 11.101/2005, alterou o art. 187, na medida em que substituiu a expressão 'concordata' por *recuperação judicial*, o mesmo ocorrendo com o art. 191, cujo texto atual excluiu a palavra 'concordata'. Outrossim, o art. 191-A, inovado por intermédio da lei complementar citada, dispôs que a concessão de recuperação judicial condiciona-se à comprovação de quitamento de todas as obrigações tributárias, respeitado o disposto nos arts. 151, 205 e 206 do Código Tributário Nacional.

Recurso de ofício

Também denominado recurso *ex officio*, revisão de ofício ou reexame necessário, encontra-se nas dobras do duplo grau de jurisdição e consiste na reapreciação obrigatória de determinadas decisões, entre as quais, aquelas contrárias à Fazenda Pública. Dessarte, tanto no âmbito do processo administrativo tributário, quanto nas raias do processo judicial tributário, as decisões favoráveis ao contribuinte devem ser submetidas ao órgão de segundo grau, a fim de que o *decisum* seja confirmado ou reformado, cumprindo pontuar que, na ambitude do Judiciário, o mencionado recurso de ofício é acompanhado do recurso de mérito da própria Fazenda Pública.

Recurso de revisão

Processo administrativo tributário no Município de São Paulo

Recurso contra decisão proferida pela Câmara Julgadora do Conselho Municipal de Tributos, tendo por pressuposto o julgamento que der à legislação tributária interpretação divergente em relação àquela emanada por outra Câmara ou pelas Câmaras Reunidas, em obséquio ao disposto no art. 481, II, da Consolidação da Legislação Tributária do Município. A medida em apreço pode ser interposta tanto pelo contribuinte quanto pelo representante fiscal, consoante dispõe o art. 489 da legislação trazida à colação.

Recurso especial (1)

Processo judicial

Modalidade de recurso de competência do Superior Tribunal de Justiça, destinado a julgar causas decididas pelos Tribunais Regionais Federais, pelos Tribunais Estaduais ou pelo Tribunal Distrital, tendo por objeto o questionamento da legislação federal, nos termos, é bem de ver, do disposto no art. 105, III, *a*, *b* e *c*, do Texto Magno. É nimiamente utilizado nas províncias da tributação, uma vez que, segundo o entendimento tradicional, o Código Tributário Nacional reveste natureza de legislação federal, sem contar que os tributos federais assumem expressivo relevo nessa área do direito.

Recurso especial (2)

Processo administrativo tributário federal

Recurso a ser interposto na Câmara Superior de Recursos Fiscais, com o desígnio de rever decisão do Conselho Administrativo de Recursos Fiscais (CARF), tem por antessuposto o *decisum* que der à lei tributária interpretação divergente em relação à precedente de outra Câmara daquela Corte ou da própria Câmara Superior de Recursos Fiscais, consoante estipulado no art. 37, § 2º, do Decreto n. 70.235, de 6 de março de 1972.

Recurso especial (3)

Processo administrativo tributário no Estado de São Paulo

Pleito situado na esfera competencial do contribuinte, bem como da Fazenda do Estado, objetivado a questionar a reforma de acórdão proferido por quaisquer das Câmaras do Tribunal de Impostos e Taxas, tendo por pressuposto a existência de divergência entre o *decisum* recorrido e o precedente daquela Corte. À época da produção deste Dicionário, encontrava-se previsto no art. 42 da Lei Estadual n. 13.457, de 18 de março de 2009.

Recurso *ex officio*

V. *Recurso de ofício.*

Recurso extraordinário

Processo judicial

Traduz modalidade de recurso de competência do Pretório Excelso, que tem por objeto o questionamento de decisão judicial prolatada em última instância ou em instância única. O seu cabimento tem por antessuposto a contrariedade de dispositivo constitucional ou o contraste de diploma normativo ao lume da Carta Magna. Assujeita-se, outrossim, ao juízo de admissibilidade, quer por parte do Tribunal recorrido, quer por parte do próprio Supremo Tribunal Federal. Ainda, é suscetível de utilização na seara tributária, máxime porque uma das características do direito tributário brasileiro repousa na sua constitucionalização, além de estar insculpido no comando inserto no art. 102, III, *a, b,c* e *d,* da Carta da República.

Recurso ordinário (1)

Processo administrativo tributário no Estado de São Paulo

Recurso do contribuinte a ser interposto na segunda instância, no curso do processo administrativo tributário no Estado de São Paulo, o qual é de competência do Tribunal de Impostos e Taxas, nos termos do art. 46 da Lei Estadual Paulista n. 13.457, de 18 de março de 2009. Importa ressaltar que, ao contrário de outras, a legislação paulista reconhece a suspensão da exigibilidade do crédito em virtude da simples interposição de defesas ou recursos na esfera administrativa, na esteira, é bem de ver, do disposto no art. 151, I, do Código Tributário Nacional e em harmonia com os primados cardeais que informam o tema no patamar constitucional.

Recurso ordinário (2)

Processo administrativo tributário no Município de São Paulo

Recurso do contribuinte a ser interposto em segunda instância administrativa, perante o Conselho Municipal de Tributos, tendo por objeto a contestação do *decisum* proferido pela autoridade julgadora de primeiro grau, consoante previsto no art. 481, I, da Consolidação da Legislação Tributária do Município.

Recurso voluntário

Processo administrativo tributário federal

Meio de contestação do contribuinte, em segunda instância administrativa, na seara dos tributos federais, em face de discordância em relação à decisão proferida pela autoridade julgadora *a quo*. Disposto no art. 33 e seguintes do Decreto n. 70.235, de 6 de março de 1972, e alterações posteriores, submete o feito à craveira do Conselho Administrativo de Recursos Fiscais (CARF), do Ministério da Fazenda, cuja competência e estruturação básica encontram-se no art. 25 do diploma retrocitado, com as devidas transformações subsequentes. Impende observar, por oportuno, que a exigência de arrolamento de bens como requisito de admissibilidade do recurso, conforme prevista no § 2º do art. 33 do aludido texto normativo, foi declarada inconstitucional pelo Supremo Tribunal Federal, nos termos da ADI 1.976, julgada em 28.03.2007 e publicada em 18.05 do mesmo ano.

Recursos administrativos e judiciais

No sentido genérico, o termo ‘recurso’ é utilizado para indicar qualquer meio destinado a proteger e preservar direitos. Já em acepção restrita, significa o direito conferido à parte vencida em pleito administrativo ou judicial, no rumo de insurgir-se contra uma decisão e postular a manifestação de órgão de hierarquia superior. Os recursos administrativos não se encontram sistematizados, cabendo ao intérprete buscar a legislação específica de cada tributo, salvo os gravames federais, que se encontram compendiados no Decreto n. 70.235, de 6 de março de 1972. Na esfera judicial, os recursos de índole tributária são aqueles preceituados na Lei n. 6.830, de 22 de setembro de 1980, no Código de Processo Civil e na Lei n. 12.016, de 7 de agosto de 2009.

Reexame necessário

V. *Recurso de ofício.*

Refis (1)

V. *Programa de Recuperação Fiscal (Refis I).*

Refis (2)

V. *Programa de Recuperação Fiscal (Refis II – Paes).*

Refis (3)

V. *Programa de Recuperação Fiscal (Refis III – Paex).*

Refis (4)

V. *Programa de Recuperação Fiscal (Refis IV).*

Regime aduaneiro atípico

Regime jurídico caracterizado pela não incidência de tributos relativos ao comércio exterior, que compreende a Zona Franca de Manaus, as lojas francas, bem como os Depósitos Especiais Alfandegados (DEAs), os depósitos afiançados e os depósitos francos.

Regime aduaneiro especial

Representa regime jurídico substanciado na suspensão dos tributos incidentes sobre o comércio exterior e encampa as hipóteses de trânsito aduaneiro, admissão temporária, exportação temporária, *drawback*, entreposto aduaneiro e entreposto industrial, nos termos do quanto dispõe o Decreto-lei n. 37, de 18 de novembro de 1966, com as modificações estatuídas pelo Decreto-lei n. 1.223, de 6 de junho de 1972.

Regressividade

Estabelecimento de alíquotas diferençadas, que se tornam mais reduzidas à medida que a base tributável seja mais elevada. V. *Alíquota.*

Regulamento

É o diploma veiculador de normas gerais e abstratas de cunho infralegal, ou seja, editado sob a égide da função administrativa. Como demonstrou Roque Carrazza no mais primoroso trabalho doutrinal sobre o tema, os regulamentos de normas administrativas são expedidos pelo Chefe do Poder Executivo, pelo Ministro, pelo Secretário de Estado ou pelo Secretário de Município, cada qual na esfera de suas atribuições, por meio de decreto, instrução ou diploma equivalente, para a fiel execução das normas jurídicas de nível legal, que à Administração Pública incumbe aplicar (CARRAZZA, Roque. *O regulamento no direito tributário brasileiro*. São Paulo: RT, 1981. p. 159).

Reimportação de produto industrializado

Conforme sugere a expressão, trata-se de importação de produto industrializado anteriormente exportado. Na esteira do art. 2º, I, da Lei n. 4.502, de 30 de novembro de 1964, diploma básico do IPI, o desembaraço aduaneiro de procedência estrangeira representa o componente temporal da hipótese de incidência desse gravame, razão pela qual o IPI recai sobre a operação de reimportação. Por outro lado, não incide o imposto sobre a importação, máxime porque o pressuposto de incidência repousa na importação de produtos estrangeiros e não de procedência estrangeira, como acontece com o IPI, ponto de vista, aliás, abonado por Antônio Maurício da Cruz (*O IPI* – Limites constitucionais. São Paulo: RT, 1983. 5 v. [Coleção Textos de Direito Tributário]. p. 55) e José Roberto Vieira (*IPI* – A regra-matriz de incidência. Curitiba: Juruá, 1993. p. 99 et seq.).

Remissão

Fórmula extintiva da obrigação tributária, consoante prevê o inciso IV do art. 156 do Código Tributário Nacional, significa o perdão legal de dívida tributária, no que difere da anistia, que é o perdão da multa tributária. Ao contrário do quanto dispõe o parágrafo único do art. 172 do Código Tributário Nacional, a concessão da remissão gera direito adquirido, sendo, pois, insuscetível de revogação. Entrementes, se a concessão não atender às exigências aplicáveis à espécie, a remissão pode tornar-se alvo de invalidação. É imperioso esclarecer que a cobrança ou desoneração de tributos submete-se à prática de atos administrativos vinculados, os quais, pela sua própria natureza, não dependem da vontade ou do subjetivismo da administração, donde jamais poderiam ser objeto de revogação.

Remitente

O art. 131, I, do Código Tributário Nacional qualifica o *remitente* como responsável pessoal pelos tributos incidentes sobre os bens *remidos*. Preambularmente, cumpre observar que o Código utilizou de modo incorreto a expressão 'remitente', pois, segundo todos os dicionários de português, a aludida locução é utilizada apenas na área médica, na qual designa doenças sujeitas a remitências ou intermitências, ou seja, intervalos maiores ou menores, não periódicos, de uma patologia. Tirante o erro apontado, o comando em apreço faz referência a bens remidos, equipole dizer, aqueles gravados e objeto de resgate por meio de pagamento.

Renda

Adjunto adnominal que integra a norma-matriz de incidência do imposto sobre a renda e proventos de qualquer natureza, previsto no art. 153, III, da Constituição da República. Enquanto objeto de tributação, haverá de significar o acréscimo patrimonial líquido, apurado num dado lapso temporal, assim entendido aquele resultante do confronto de entradas e saídas, incluindo a renda consumida e excluindo as perdas e as deduções necessárias à percepção do rendimento ou proclamadas como direitos sociais (art. 6º, *caput*, da Constituição Federal). Firmada essa definição constitucional da locução sob exame, na esteira da primorosa monografia de José Artur Lima Gonçalves, ressalta à evidência o flagrante desrespeito do Governo Federal em relação à Constituição, na medida em que a lei do imposto sobre a renda não autoriza a dedução de determinadas despesas, não só necessárias, como também proclamadas como direitos sociais no Texto Excelso, a exemplo de despesas das pessoas físicas com aluguel e instrução, entre outras, esta limitada a patamares inaceitáveis (GONÇALVES, José Artur Lima. *Imposto sobre a renda* – Pressupostos constitucionais. São Paulo: Malheiros, 2002. p. 192 et seq.; 215). V. *Imposto sobre a Renda e proventos de qualquer natureza (IR).*

Renovação

Também denominada recondicionamento, consiste na restauração de produto e integra o conceito de industrialização, nos termos da legislação do imposto sobre produtos industrializados. Em que pese o conceito legal, trata-se de prestação de serviços e não de industrialização, razão por que versa hipótese de incidência tributária do imposto sobre serviços de qualquer natureza, de competência municipal. V. *Industrialização.*

Repercussão geral

Instituída pela Lei n. 11.418, de 19 de dezembro de 2006, inserta nos arts. 543-A e 543-B do CPC/1973 e contemplada nos arts. 1.035 e 1.036 do CPC/2015, representa requisito de admissibilidade do recurso extraordinário perante o Pretório Excelso. Consoante a legislação *in casu*, a repercussão geral consiste na existência de questões relevantes sob o prisma econômico, político, social ou jurídico que transcendam os interesses subjetivos da causa.

Repetição de indébito

V. *Ação de repetição de indébito.*

Representação fiscal

A representação fiscal para fins penais relativa aos chamados crimes contra a ordem tributária consiste numa comunicação formal por parte da Fazenda Pública ao Ministério Público, após a decisão definitiva na órbita administrativa, a fim de que este, se for o caso, ofereça a competente denúncia, deflagrando, assim, o procedimento criminal aplicável à espécie. O assunto encontra-se normatizado no art. 83 da Lei n. 9.430, de 27 de dezembro de 1996, que houve por bem expungir da ordem jurídica as disposições contidas no Decreto n. 982, de 12 de novembro de 1993, que permitiam o oferecimento da denúncia durante o curso do processo administrativo, o que poderia ensejar, por exemplo, a condenação do contribuinte cujo processo administrativo tenha infirmado a infração fiscal que o acoimava.

República

Roque Carrazza brindou-nos com primorosa definição: "República é o tipo de governo, fundado na igualdade formal das pessoas, em que os detentores do poder político exercem-no em caráter eletivo, representativo, transitório e com responsabilidade" (CARRAZZA, Roque. *Curso de direito constitucional tributário.* 2. ed. São Paulo: Malheiros, 1991. p. 37). A primeira cláusula ressalta que a república é forma de governo, distinguindo-se da federação, que é forma de Estado. Como forma de governo, caracteriza-se por conferir os poderes supremos a uma coletividade de pessoas, em contraposição a outras formas, como a monarquia ou a ditadura, em que uma única pessoa age em nome próprio. A cláusula subsequente sublinha que a república não aceita distinções entre classes dominantes e dominadas, nobres e plebeus, bem como tribunais de exceção. Realmente, como diz Ataliba, não teria sentido os cidadãos proclamarem um governo republicano, cuja quintessência é a igualdade, e, ao mesmo tempo, tolerarem o estabelecimento de privilégios, favorecendo grupos ou pessoas, de maneira a usurpar e macular o referido postulado constitucional; afinal, como diz o próprio termo, a *res publica* é de todos e para todos. Ademais, na república os governantes, no Executivo e no Parlamento, representam o povo, verdadeiro titular do poder político. Finalmente, no regime republicano, os mandatos são transitórios e os governantes respondem pelas decisões que tomarem, ao contrário das monarquias, por exemplo, em que o monarca perpetua-se no poder, além de ser irresponsável, enquanto insuscetível de responsabilização, segundo o brocardo "*the king can do no wrong*". Ainda, o princípio republicano efunde efeitos na seara tributária, quer pela generalidade de seu desenho conceptual, quer por abrigar em suas dobras comandos que exigem a observância da igualdade tributária, da isonomia das pessoas constitucionais, da capacidade contributiva e da vedação de privilégios.

Requisitório

Ofício expedido pelo Presidente do Tribunal que proferiu a decisão exequenda, no sentido de determinar que a Fazenda Pública promova o pagamento da verba devida ao particular, que haverá de transitar pela lei orçamentária. É precedido pelo precatório, este de lavra do juízo *a quo*. V. *Precatório.*

Resolução

Diploma normativo de terminologia imprecisa, uma vez que compreende não só atos timbrados com a feição de legislação ordinária, nos termos do art. 59, VII, da *Lex Legum*, como designa também atos administrativos. Exemplo dos primeiros são as resoluções do Senado Federal, a teor daquelas destinadas a fixar as alíquotas máximas e mínimas do ICMS, quer nas operações internas e interestaduais, quer nas de exportação (art. 155, § 2º, IV e V, da Constituição). No segundo caso, as resoluções são frequentemente utilizadas para veicular normas administrativas, observando-se que, na área tributária, merecem ser citadas, entre outras, aquelas editadas pela Câmara de Comércio Exterior (CAMEX), órgão do Poder Executivo, no sentido de alterar alíquotas do imposto sobre a importação. A despeito de seu emprego como instrumento de manipulação de alíquotas, trata-se de usurpação de função, pois a alteração de alíquotas do imposto sobre a importação ou exportação representa mister privativo e indelegável do Poder Executivo, na pessoa do Presidente da República, nos estritos termos do quanto dispõe o art. 153, § 1º, combinado com os arts. 76 e 84, IV, do Diploma Excelso.

Responsabilidade pessoal de terceiros

Na hipótese de infração à legislação tributária decorrente de atos ou fatos praticados com excesso de poder ou infringência a estatuto ou contrato social, o art. 135, I, II e III, do Código Tributário Nacional responsabiliza pessoalmente os pais, os tutores, os curadores, os administradores de bens de terceiros, o administrador judicial, os serventuários, os sócios de sociedades, os mandatários, prepostos e empregados, e os diretores, gerentes e representantes de pessoas jurídicas de direito privado. No tocante à responsabilidade de diretores ou sócios da empresa por débito da pessoa jurídica, não se pode olvidar a primazia do postulado da distinção entre a pessoa jurídica e as pessoas naturais, quer sócios, quer diretores, consagrado na Teoria Geral do Direito e cristalizada no art. 20 do Código Civil de 1916, bem assim proclamada nos arts. 1º e 40 do CC/2002, donde a eventual responsabilização condiciona-se à comprovação de prática de fraude ou abuso de direito, nos termos de consagrada doutrina e jurisprudência nacional e estrangeira. Não obstante, no âmbito das contribuições de seguridade social, o art. 13 da Lei n. 8.620, de 5 de janeiro de 2003, enquanto vigente, estabeleceu a responsabilidade objetiva do titular de firma individual ou dos sócios das empresas por responsabilidade limitada, bem como de acionistas controladores, administradores, gerentes ou diretores, em virtude de inadimplemento de obrigação tributária em prol da Seguridade Social, quer por dolo, quer por culpa. Como se vê, o legislador passou ao largo de postulados ontológicos e lógicos da teoria geral do direito e, com isso, fundiu e confundiu pessoa jurídica com pessoa física, em relação aos seus sócios ou acionistas, bem como aos exercentes de funções diretivas, responsabilizando-os objetivamente, independentemente de comprovar eventual fraude ou abuso de direito. A despeito das ponderações assinaladas, durante sua vigência, o comando foi encampado por remansosa postura pretoriana, no sentido de responsabilizar o sócio-gerente por dívida da empresa, denominando-a de responsabilidade subsidiária ou substitutiva. Finalmente, cumpre assinalar que o aludido mandamento foi expressamente revogado pelo art. 79, VII, da Medida Provisória n. 449, de 3 de dezembro de 2008, convertida na Lei n. 11.941, de 27 de maio de 2009, pondo termo àquela absurdidade, que afrontava direitos e garantias fundamentais, bem como a tessitura lógica do sistema normativo do direito. V. *Disregard doctrine.*

Responsabilidade pessoal do agente

O art. 137 do Código Tributário Nacional responsabiliza o agente que praticou o ato infracional, quando o fizer com dolo ou contra a vontade de seus prepostos. Assim, se comprovada a responsabilização do agente, alcança tão somente o importe relativo à penalidade, restando intacta a responsabilidade do sujeito passivo no tangente ao tributo, mercê do princípio da responsabilidade objetiva, que norteia a seara tributária.

Responsabilidade por infrações

Consoante postulado firmado no art. 136 do Código Tributário Nacional, ressalvada a disposição legal em sentido contrário, a responsabilidade por infrações reveste natureza objetiva. Entrementes, cumpre obtemperar que o referido princípio deve ser compreendido com moderações, pois, não raro, exsurgem situações em que a responsabilidade é subjetiva. Exemplifica a primeira a falta de pagamento do tributo no prazo prescrito em lei, ainda que por motivo alheio à vontade do sujeito passivo, e a segunda o cometimento de infração dolosa ou qualificada como crime ou contravenção. Há outras hipóteses que envolvem responsabilização subjetiva, a exemplo da responsabilidade solidária de terceiros ou pessoal do agente. V. *Responsabilidade pessoal de terceiros* e *Disregard doctrine.*

Responsabilidade solidária de terceiros

O art. 134 do Código Tributário Nacional qualificou como responsáveis solidários uma série de pessoas indiretamente relacionadas com o fato jurídico tributado, desde que haja impossibilidade de o contribuinte satisfazer o *debitum.* Por todas as veras, contudo, o comando examinado cuida de responsabilidade supletiva de terceiros e não solidária, até porque, uma vez presentes os requisitos previstos no artigo em apreço, o terceiro assume o polo passivo, em lugar do contribuinte, substituindo-o.

O ponto de vista expendido faz coro com o abalizado entendimento do Juiz Federal Luiz Alberto Gurgel de Faria, que se manifestou nesse sentido ao abordar o referido artigo em uma obra coletiva denominada *Código Tributário Nacional comentado* (4. ed. São Paulo: RT, 2007. p. 534). Assim, o art. 134 do Código Tributário Nacional proclama como suscetíveis de responsabilização solidária por dívidas tributárias as seguintes pessoas: *a)* os pais, os tutores e os curadores, com relação aos filhos, aos tutelados e aos curatelados; *b)* os administradores de bens de terceiros, com referência a estes; *c)* o administrador judicial, com relação à massa falida e à recuperação judicial, nos termos, é bem de ver, da Lei n. 11.101, de 9 de fevereiro de 2005; *d)* os tabeliães, os escrivães e os demais serventuários, com relação a seus atos em função do ofício; e *e)* os sócios, com relação à sociedade. V. *Responsabilidade pessoal de terceiros* e *Disregard doctrine*.

Responsabilidade sucessória

Hipótese de transferência de responsabilidade tributária, na exata conformidade com as disposições contidas nos arts. 129 *usque* 133 do Código Tributário Nacional. Importa frisar, desde logo, que a responsabilidade sucessória restringe-se aos tributos e não às multas decorrentes de inadimplemento da obrigação tributária; tal entendimento, diga-se de passo, mereceu ressonância de nossos Tribunais. Compendiando o assunto, impende observar que os tributos incidentes sobre móveis e imóveis sub-rogam-se na pessoa do adquirente, salvo, quanto aos imóveis, se constar do título a prova de quitação. Por outro lado, o sucessor, o cônjuge meeiro, o espólio e a pessoa jurídica resultante de fusão, transformação ou incorporação são responsáveis pelos tributos devidos pelo sucedido. Cumpre anotar, por fim, que avenças particulares não são oponíveis contra a Fazenda Pública, nos termos, aliás, do art. 123 do Código Tributário Nacional.

Responsabilidade tributária

Incumbência substanciada no dever jurídico que recai sobre o sujeito passivo no tocante ao cumprimento da obrigação tributária, tanto no que concerne à obrigação de dar, quanto às obrigações de fazer ou de não fazer. V. *Sujeito passivo.*

Responsável

V. *Contribuinte ou responsável.*

Restituição

Procedimento pelo qual a Fazenda Pública promove a devolução do tributo que o contribuinte pagou indevidamente, seja por falta de amparo legal, seja o pagamento acima do valor devido por erro na quantificação do *quantum debeatur*. A matéria encontra-se disposta nos arts. 165 a 169 do Código Tributário Nacional e cogita do processo administrativo relativo à restituição, não se confundindo, pois, com a providência de cunho judicial, com igual desígnio, que se denomina ação de repetição de indébito. O Código estabelece restrições no tocante à restituição de tributos que comportem a transferência do encargo financeiro a terceira pessoa, porquanto exige que o contribuinte comprove haver suportado o ônus do tributo ou, na hipótese de haver repassado o importe para terceiro, prove estar por ele autorizado a dar curso à pretensão. Contudo, essa disposição olvidou que o contribuinte ocupa o polo passivo da relação jurídica tributária, fato que lhe confere legitimidade indiscutível para pleitear a reparação de direito subjetivo decorrente de pagamento indevido, a qualquer título seja. Na realidade, as vicissitudes supervenientes atinentes à transferência de encargos financeiros são estranhas à obrigação tributária, não podendo, logicamente, render margem a qualquer restrição ao exercício de direito.

Retenção na fonte (1)

Regime tradicional

Por vezes, a legislação obriga o sujeito passivo a efetuar a retenção de determinados tributos, a exemplo do imposto sobre a renda incidente sobre pagamentos feitos a empregados ou a terceiros, o mesmo ocorrendo com relação à contribuição previdenciária; é a chamada retenção na fonte, que representa um mecanismo eficaz de administração pública, uma vez que centraliza a fiscalização e viabiliza a arrecadação, agilizando e otimizando o processo de cobrança. Na hipótese de inadimplemento, ao menos em tese, o contribuinte incumbido de efetuar a retenção pode ser responsabilizado por crime de apropriação indébita, acaso deixe de recolher aos cofres públicos os valores retidos de terceiros. Não obstante, esse entendimento falece de densidade jurídica, pois a falta de pagamento de valor retido na fonte não configura crime de apropriação indébita, nem reveste a hipótese de depositário infiel; tanto assim é que o contribuinte é devedor de dívida própria, daí o ilogismo da suposta apropriação indébita, senão também não é depositário de valores da Fazenda Pública.

Retenção na fonte (2)

Tomador do serviço

Afora o regime tradicional relativo à cobrança do gravame na fonte, o legislador concebeu uma nova fórmula de regime de fonte, que se afigura mais eficaz para administrar e receber o gravame. Assim o faz quando atribui a responsabilidade pelo pagamento a uma interposta pessoa, a exemplo do quanto ocorre nas raias do ISS e das contribuições sociais, a teor do INSS, da CSSL, do PIS/Pasep e da Cofins, em que a legislação específica qualifica o tomador do serviço como o sujeito passivo do vínculo obrigacional. Como consequência, as penalidades de índole tributária acompanham a referida responsabilização, tudo na contramão de postulados lógicos e ontológicos imersos no figurino constitucional. Deveras, uma reflexão detida da norma constitucional de competência revela a equivocidade contida nessas legislações, em face do descompasso com o Estatuto Supremo. Ora, se a União recebeu poderes para instituir contribuições sociais incidentes sobre a folha de salários ou sobre o faturamento, por exemplo, o sujeito passivo não poderia ser outra pessoa que não a pessoa jurídica que realizar aquela conduta, jamais o tomador do serviço. Igual raciocínio aplica-se ao ISS, porquanto a regra constitucional investe o Município de poderes para tributar a conduta substanciada em prestar serviços, pelo que o sujeito passivo somente poderá ser o prestador do serviço e não o tomador. Sem dúvida, não se trata de eleger uma terceira pessoa interligada ao fato jurídico, como quer o art. 128 do Código Tributário Nacional, máxime porque o tomador do serviço não se encontra ligado ao denominado fato gerador, mas exatamente do lado oposto! Se assim fosse, qualquer cidadão correria o risco de ser qualificado como responsável por tributos embutidos nos serviços e mercadorias por ele utilizados ou adquiridos, o que seria um rematado despropósito. Ressalta à evidência que, ao lume da implicitude lógica da linguagem constitucional, o sujeito passivo haverá de ser a pessoa que realizar o fato jurídico tributário. Outrossim, cumpre sublinhar que a responsabilidade atribuída a uma terceira pessoa ligada ao fato, nos termos do comando trazido à cita, não representa extensão indevida do polo passivo, mas exprime mera designação de alguém que, de alguma forma, realiza a conduta típica ou dela compartilha, a exemplo dos bancos, enquanto incumbidos de promover a retenção do IR/Fonte do contribuinte que obteve lucros numa dada operação financeira suscetível de incidência. *A contrario sensu*, não demasia reiterar que se antolha decididamente inconstitucional a indicação de pessoa estranha no polo passivo, não só no caso da obrigação tributária, hipótese das contribuições sociais PIS/Pasep, Cofins e CSSL, nos termos do art. 30 da Lei n. 10.833, de 29 de dezembro de 2003, ou mesmo da Lei Complementar n. 116, de 31 de julho de 2003, no tangente ao ISS, cujo substrato investe o legislador municipal de poderes para obrigar uma terceira pessoa pelo recolhimento por intermédio do sistema de fontes, como também na hipótese de multa tributária, a teor da penalidade de 200% em relação à falta de retenção do ISS por parte do tomador do serviço, conforme estatuída pelo legislação do Município de São Paulo.

Retroatividade

Consiste no efeito retro-operante da lei, que, respeitando o ato jurídico perfeito, a coisa julgada e o direito adquirido, poderá, em situações excepcionalíssimas, refluir no tempo, desde que sob a égide da chamada retroatividade benigna. O Código Tributário Nacional cuida do assunto por meio do art. 106, incisos e alíneas, ao estipular regras programáticas acerca da retroatividade.

Revelia

No direito tributário, é a omissão pela qual o contribuinte, regularmente intimado ou citado, deixa de apresentar defesa ou recurso em processo administrativo ou judicial, sendo que sua configuração implica a presunção de veracidade dos fatos alegados pela parte adversa ou dos fatos contidos no *decisum*. No sentir desta obra, a revelia tanto pode verificar-se com relação ao contribuinte quanto no tangente à Fazenda Pública, a despeito de ponto de vista corrente em sentido oposto, porquanto muitos sustentam a inadmissibilidade da incidência da revelia contra a Fazenda, sob o fundamento de abrigar ela direitos indisponíveis, excetuados da hipótese tematizada, nos termos do art. 345, II, do Código de Processo Civil de 2015. No entanto, cremos que os direitos indisponíveis protegidos pelo instituto *in casu* haverão de ser aqueles concernentes à personalidade, ao estado e à capacidade da pessoa, bem como os relativos à família, pois estes merecem um tratamento diferençado por parte do Estado, na medida em que os seus titulares fiquem a salvo de um revés irreparável em virtude de eventual despreparo, desídia ou ausência de recursos para demandar tempestivamente em pleitos que tenham por objeto os valores retrocitados. Trata-se, pois, de uma garantia que a legislação proporciona a titulares de valores irrenunciáveis, que correspondem não só ao interesse da parte envolvida, mas da comunidade. Por outro lado, embora a Fazenda Pública não possa dispor do crédito tributário, encontra-se ela devidamente aparelhada para postular em juízo, tendo, outrossim, o dever indeclinável de cumprir os prazos, máxime porque desfruta de expressivo contingente de profissionais especializados, dispondo de mais recursos e prerrogativas do que o contribuinte. Por isso, falece de sentido privilegiar a Fazenda Pública com a pretensa impossibilidade de tornar-se revel, quer pelas razões sucintamente observadas, quer pela obediência ao primado constitucional da igualdade, que, na linguagem eloquente de Pontes de Miranda, "é cogente para a legislatura, para a administração e para a Justiça" (PONTES DE MIRANDA, Francisco Cavalcanti. *Comentários à constituição de 1967*. 2. ed. São Paulo: RT, 1971. 4 t. p. 698). Ademais, cumpre ser compartilhado o entendimento lúcido e desassombrado de Cruz e Tucci, ao repudiar qualquer sorte de privilégios em prol da Fazenda Pública, a exemplo de alargamento de prazos e outros, e, nessa linha de raciocínio, a revelia merece ser incluída como primazia inconcebível com o primado constitucional da igualdade (TUCCI, Rogério Lauria; CRUZ E TUCCI, José Rogério. *Constituição de 1988 e processo*. São Paulo: Saraiva, 1989. p. 40 et seq.).

Revisão de ofício

V. *Recurso de ofício*.

Royalty

Valor pago ao detentor de marca, patente, processo de produção, produto ou obra original, em virtude do respectivo uso, fruição ou exploração de direitos por parte de terceiros. Desdobres relevantes verificam-se na messe do imposto sobre a renda, pois os ganhos são passíveis de incidência e as despesas devem observar determinados limites e formalidades, além de alcançar pessoas físicas e jurídicas. V. TEBECHRANI, Alberto et al. *Regulamento do imposto de renda*. São Paulo: Resenha Tributária, 2005.

Rule shopping

Representa um meio indevido de fruição de vantagens imersas em convenção ou tratado internacional, consistindo na transfiguração de um dado conceito por sujeitos passivos residentes, os quais, por exemplo, qualificam rendas de juros como rendas de dividendos, caso, obviamente, estas mereçam tratamento favorecido. Não se confunde com *treaty shopping*, que pressupõe forjar uma situação a fim de beneficiar um não residente. V. *Treaty shopping*.

S

S

Salário

Meio pelo qual o empregador remunera o empregado pelo serviço prestado. No orbe tributário, a expressão *in casu* é utilizada em legislações específicas, a exemplo da legislação do imposto sobre a renda, que qualifica como tributáveis os rendimentos provenientes do trabalho assalariado, nos termos do art. 16 da Lei n. 4.506, de 30 de novembro de 1964. A folha de salários, outrossim, representa a base de cálculo de contribuições de seguridade, a teor das previdenciárias e daquelas relativas ao salário-educação, SAT, Sesc, Sest, Senac, Senai e outras, na exata conformidade do quanto dispõe o art. 195, I, *a*, da Constituição da República e disposições legais correlatas.

Salário-educação (1)

Período entre outubro de 1964 e dezembro de 1996

Contribuição instituída pela Lei n. 4.440, de 27 de outubro de 1964, tendo como contribuintes as empresas vinculadas à Previdência Social. Em que pese a jurisprudência do Supremo Tribunal Federal tê-lo considerado de natureza não tributária, desponta à evidência que o gravame reveste natureza de tributo, máxime porque sua tipologia revela tratar-se de prestação originalmente pecuniária, instalada compulsoriamente, a qual não traduz penalidade e foi criada por pessoa constitucional, conforme quer o regime tipificador dos tributos, independentemente de definição preceituada em emenda constitucional ou qualquer diploma subconstitucional. Com efeito, a lei retrocitada limitou-se a criar abstratamente o gravame, delegando ao Executivo a incumbência de fixar a base de cálculo e a alíquota correspondente, o que foi efetivado por meio do Decreto n. 55.551, de 12 de janeiro de 1965, que firmou a alíquota de 2% sobre o salário-mínimo do adulto. Por todas as veras, a mencionada contribuição já nasceu à míngua de lastro constitucional, tanto que o art. 168 da Constituição de 1946 limitava-se a obrigar as empresas a manter o ensino primário gratuito aos seus servidores ou respectivos filhos ou, ainda, a ministrar a aprendizagem aos trabalhadores menores. Ora, uma estipulação de conteúdo programático poderia, quando muito, ensejar a edição de normação integrativa correspondente, não representando, jamais, um título que instrumentasse a União a instituir uma prestação compulsória sob pretexto de implementar aquele mandamento. Outrossim, merece ser repudiado, desde logo, o argumento dos prosélitos da suposta legitimidade dessa legislação, quando invocam que o salário-educação não teria natureza tributária, porquanto seria facultado ao empresário oferecer o ensino ou recolher o gravame. Tal alegação afigura-se descabida, pois equivaleria a dizer que o imposto sobre a renda não é tributo, em virtude dos incentivos que permitem ao contribuinte optar por um dado investimento em vez de recolher o imposto. Com efeito, o salário-educação exsurgiu eivado de nulidade *pleno jure* e, com essa coima, permaneceu até o advento do Decreto-lei n. 1.422, de 23 de outubro de 1975, já à luz da Carta de 1967, o qual modificou a legislação sobre a matéria, estabelecendo como base de cálculo a folha de salários, enquanto delegou ao Executivo o mister de estipular a alíquota respectiva. Em seguida, foi editado o Decreto n. 76.923, de 26 de dezembro de 1975, que, em seu art. 15, estatuiu a alíquota de 2,5%. Obviamente, essa legislação navegava na contramão do Código Supremo, que erigiu o postulado da estrita legalidade como pressuposto impostergável na seara da tributação, cujo teor repudiava aquela forma de delegação legislativa, permitindo apenas o estabelecimento de alíquotas e base de cálculo em relação ao imposto sobre a importação e exportação, bem como ao imposto sobre produtos industrializados e ao imposto sobre operações de crédito, câmbio, seguro ou relativas a títulos ou valores imobiliários, mesmo assim nos limites previamente fixados em lei. Por conseguinte, nem os tributos excetuados do rigor da estrita legalidade mereceram o tratamento atribuído pelo decreto-lei ora questionado, o qual se afigura decididamente inconstitucional. Ademais, o art. 43, X, do Diploma Magno não incluiu a contribuição para o salário-educação no rol daquelas contempladas na ordem constitucional de antanho. Ao lado dessas vicissitudes, é bem de ver que a referida contribuição ressentia-se, também, de título competencial que legitimasse a sua estatuição. Tal estado de coisas deu-se até agosto de 1996, quando sobreveio a Medida Provisória n. 1.518, de 19 de setembro de 1996, sucessivamente reeditada em outubro e novembro do mesmo ano, a qual não foi convertida em lei, como exige o parágrafo único do art. 62 da Constituição de 1988. Logo, as referidas medidas permaneceram órfãs, falecendo, portanto, de qualquer idoneidade para produzir efeitos jurídicos, nos angustos termos do quanto dispõe o comando retrocitado. Ademais, as medidas *in casu* cogitaram de tema que foi alvo de matéria alterada por meio da Emenda Constitucional n. 14, de 12 de setembro de 1996, fato que, por si só, obsta o assunto versado por medida provisória, consoante prescreve com todas as luzes o art. 246 do Texto Magno. Entrementes, por maioria de votos, vencido o Ministro Marco Aurélio, o Tribunal Pleno do Pretório Excelso passou ao largo das considerações ora expendidas e reconheceu a conformidade do gravame com o Texto Supremo, ao decidir o Recurso Extraordinário 2900/79/Santa Catarina, em julgamento realizado no dia 17 de outubro de 2001 e tendo por Relator o Ministro Ilmar Galvão, cuja publicação deu-se em 4 de abril de 2003, no Diário da Justiça da União, conforme estampa a Ementa a seguir transcrita: "*Ementa: TRIBUTÁRIO. SALÁRIO-EDUCAÇÃO. PERÍODO ANTERIOR À LEI N. 9.424/96. ALEGADA INCONSTITUCIONALIDADE, EM FACE DA EC 01/69,*

VIGENTE QUANDO DA EDIÇÃO DO DECRETO-LEI N. 1.422/75, POR OFENSA AO PRINCÍPIO DA ESTRITA LEGALIDADE TRIBUTÁRIA, CONSAGRADO NOS ARTS. 153, § 2º, E 178, E AO PRINCÍPIO DA VEDAÇÃO DA DELEGAÇÃO DE PODERES, PREVISTO NO ART. 6º, PARÁGRAFO ÚNICO. ALEGADA CONTRARIEDADE, AINDA, AO ART. 195, I, DA CF/88. CONTRIBUIÇÃO QUE, DE RESTO, FORA REVOGADA PELO ART. 25 DO ATO DAS DISPOSIÇÕES CONSTITUCIONAIS TRANSITÓRIAS/88. Contribuição que, na vigência da EC 01/69, foi considerada pela jurisprudência do STF como de natureza não tributária, circunstância que a subtraiu da incidência do princípio da legalidade estrita, não se encontrando, então, na competência do Poder Legislativo a atribuição de fixar as alíquotas de contribuições extratributárias. O art. 178 da Carta pretérita, por outro lado, nada mais fez do que conferir natureza constitucional à contribuição, tal qual se achava instituída pela Lei n. 4.440/64, cuja estipulação do respectivo quantum debeatur por meio do sistema de compensação do custo atuarial não poderia ser cumprida senão por meio de levantamentos feitos por agentes da Administração, donde a fixação da alíquota haver ficado a cargo do Chefe do Poder Executivo. Critério que, todavia, não se revelava arbitrário, porque sujeito à observância de condições e limites previstos em lei. A CF/88 acolheu o salário-educação, havendo mantido de forma expressa – e, portanto, constitucionalizado –, a contribuição, então vigente, a exemplo do que fez com o PIS-PASEP (art. 239) e com o FINSOCIAL (art. 56 do Ato das Disposições Constitucionais Transitórias), valendo dizer que a recepcionou nos termos em que a encontrou, em outubro/88. Conferiu-lhe, entretanto, caráter tributário, por sujeitá-la, como as demais contribuições sociais, à norma do seu art. 149, sem prejuízo de havê-la mantido com a mesma estrutura normativa do Decreto-lei n. 1.422/75 (mesma hipótese de incidência, base de cálculo e alíquota), só não tendo subsistido à nova Carta a delegação contida no § 2º do seu art. 1º, em face de sua incompatibilidade com o princípio da legalidade a que, de pronto, ficou circunscrita. Recurso não conhecido."

Salário-educação (2)

Período a partir de janeiro de 1997

O novo salário-educação foi instituído no final do ano-calendário de 1996, com vigência, portanto, a contar de janeiro de 1997, nos termos da Lei n. 9.424, de 24 de dezembro de 1996. O novel gravame, contudo, não se escoima de incontáveis impropriedades, conforme será obtemperado nos desdobres dessas reflexões. Em primeiro lugar, cabe ponderar que a lei *sub examen* hospeda conteúdo diverso ao das medidas provisórias prefaladas, donde, por mais essa razão, aquelas medidas perderam a eficácia, por ausência de lei de conversão. Tal fato compromete, também, a pretensa validade da referida lei, porquanto, não sendo lei de conversão, seria de mister fosse ela submetida ao procedimento legislativo insculpido na Constituição. Deveras, a lei não pode exsurgir inopinadamente, do nada, a exemplo do caso vertente, devendo, ao revés, subordinar-se aos ditames contidos no art. 61 e seguintes da Constituição, a contar do projeto de lei até o estádio derradeiro substanciado na promulgação e publicação. Contudo, a lei sob exame, ao contrário do quanto exige a ordem jurídica, descumpriu as trajetórias previstas no figurino constitucional, pois não derivou de medida provisória, aliás, nem poderia, senão também não defluiu de projeto de lei, restando, assim, maculada em sua validez. Em segundo lugar, a lei ora discutida inobservou o postulado da estrita legalidade, máxime porque, além de não exaustar a descrição da norma de incidência, delegou poderes ao Executivo para fazê-lo, em flagrante afronta ao referido princípio constitucional. A opinião ora exposta mereceu acolhida por parte do Judiciário Federal, em particular do Tribunal Regional Federal da 3ª Região, a teor do despacho contido no Agravo 97.03.015697-5, no qual foi Relatora a Juíza Lucia Figueiredo, que, como sempre, em exemplar pronunciamento repudiou a exigibilidade da aludida contribuição. A propósito, merece ser transcrito breve excerto de sua decisão:

"Há, pois, plausibilidade da relevância da argumentação, vez que, como acentuado, alguns aspectos da hipótese de incidência estão previstos em legislação com vigência definitiva, Lei n. 9.424/1996, outros com vigência temporária (MP n. 1.565-2/97). E, ainda, poder-se-ia cogitar da materialidade do fato imponível. De outra parte, presente também o perigo da demora, caso o pagamento seja efetuado. Assim, concedo provisoriamente o efeito pretendido pela impetrante, nos termos do art. 558 do Código Processual Civil, até que a Turma se pronuncie" (*DJU* 2, de 14.4.97, p. 23.372). Outrossim, a matéria seria privativa de legislação complementar, seja por se tratar de contribuição cujos elementos essenciais não se encontram descritos no Texto Excelso, seja por se tratar de tributo, cujo interesse transcende ao da União, até porque uma parcela de suas receitas destina-se aos Estados, fato que igualmente exige legislação complementar, conforme as lições abalizadas de Souto Maior Borges (*Lei complementar tributária.* São Paulo: RT, 1975. p. 174 et seq.). Além disso, a referida lei atribui um verdadeiro cheque em branco em prol do administrador dos fundos a que se destinam os recursos provenientes do salário-educação. Nesse sentido, estatuiu que a quota federal, bem como a estadual, serão aplicadas em programas genéricos e abertos, agredindo, dessarte, os postulados orçamentários da legalidade estrita e da especialização, os quais não se compaginam com a existência de conceitos elásticos próprios dos atos discricionários. Por fim, verifica-se ofensa ao princípio da isonomia, uma vez que as Municipalidades não foram aquinhoadas com quaisquer quotas, diferentemente da União e dos Estados, que receberam as respectivas quotas federal e estadual. Por todas essas observações, força é depreender que a contribuição para o salário-educação abriga manifesta inconstitucionalidade, a contar de janeiro de 1997. Debalde o exposto, ao julgar a ADC n. 3/DF, o Plenário do Supremo Tribunal Federal declarou a constitucionalidade dos comandos insertos na Lei n. 9.424, de 24 de dezembro de 1996, os quais estabeleceram o novo perfil do salário-educação. A Segunda Turma da Suprema Corte, por

seu turno, em decisão abrangente tornou a proclamar a constitucionalidade do salário-educação anterior e posterior ao advento da Carta de 1988, reportando-se, a bem ver, ao *decisum* constante na ADC supramencionada. O julgado encontra-se assim sumarizado: *"EMENTA: CONSTITUCIONAL. SALÁRIO-EDUCAÇÃO: LEGITIMIDADE DE SUA COBRANÇA ANTES E APÓS A CF/88. I – O Supremo Tribunal Federal, pelo seu Plenário, julgando procedente pedido formulado em ação declaratória de constitucionalidade, declarou a 'constitucionalidade, com força vinculante, com eficácia erga omnes e com efeito ex tunc, do art. 15, § 1º, I e II, e § 3º da Lei n. 9.424, de 24.12.1996' (ADC 3-DF, Ministro Nelson Jobim, DJ de 14.12.1999). Frise-se, ainda, que o Supremo Tribunal Federal, pelo seu Plenário, não conheceu do recurso extraordinário, interposto pelo contribuinte, que versava a respeito da cobrança da contribuição do salário-educação posteriormente à Lei n. 9.424/1996 (RE 272.872/RS, Relator Ministro Ilmar Galvão, DJ de 19.4.2001). Finalmente, em 17.10.2001, o Supremo Tribunal Federal, pelo seu Plenário, não conheceu do recurso extraordinário, interposto pelo contribuinte, em que se questionava a cobrança da citada contribuição na vigência da Constituição Federal de 1988, mas em período anterior à Lei n. 9.424/1996. É dizer, o Supremo Tribunal Federal, no citado julgamento, deu pela constitucionalidade do DL n. 1.422/75, art. 1º, §§ 1º e 2º, e pela recepção, pela CF/1988, da alíquota de 2,5% fixada pelo Decreto 87.043, de 22.3.1982, que perdurou até ter vigência a Lei n. 9.424, de 24.12.1996 (RE 290.079/SC, Relator Ministro Ilmar Galvão). II – Caso em que deve ser a agravante condenada ao pagamento de multa: Código de Processo Civil, art. 557, § 2º, redação da Lei n. 9.756/1998. III. – Agravo não provido (DJ 07.05.2004, v. 02150-13, p. 092605)."*

Salário-educação (3)

Prestadoras de serviços

Tirante as impropriedades contidas no salário-educação com relação às pessoas jurídicas em geral, as prestadoras de serviços não poderiam ser qualificadas como contribuintes desse gravame, ao menos até dezembro de 1996. Justifica o asserto a circunstância pela qual a ordem constitucional de antanho contemplava como sujeitos passivos do salário-educação tão somente as empresas industriais, comerciais e agrícolas, seja no art. 168, III, da Carta de 1946, seja no art. 178 da *Lex Legum* de 1967 e na Emenda n. 1, de 17 de outubro de 1969. É dizer, a inclusão da prestadora de serviço no polo passivo da relação jurídica traduz usurpação de competência, porquanto instituída à míngua de título idôneo no Texto Supremo. Não obstante, a orientação pretoriana fez tábula rasa da aludida ponderação, tanto que reconheceu a exigibilidade da contribuição para o salário-educação em relação às empresas em geral, inclusive as prestadoras de serviço, embora não tenha apreciado ou contestado o argumento atinente à ausência de lastro constitucional que autorizasse qualificar as prestadoras como sujeitos passivos do aludido gravame.

Saldo credor de caixa

Diferença entre o crédito e o débito, representada pelo estado líquido da conta caixa. À luz da legislação do imposto sobre a renda, configura infração consubstanciada em omissão de receita, suscetível de tributação acrescida de multa e demais encargos legais, com fulcro no art. 12, § 2º, do Decreto-lei n. 1.598, de 26 de dezembro de 1977, e no art. 40 da Lei n. 9.430, de 27 de dezembro de 1996, ambos plasmados no art. 293, I, do Decreto n. 9.580, de 22 de novembro de 2018. Ademais, o apontado saldo credor indica omissão de outros gravames, a teor do PIS, da Cofins e, conforme o caso, do IPI, ICMS ou ISS. V. *Estouro de caixa.*

Sanção

Componente ínsito das normas em geral, consiste na previsão de uma penalidade suscetível de incidência, acaso haja inadimplemento do dever nelas contido. Ainda, habita o universo da teoria geral do direito e desfruta de nímia utilização na seara tributária. V. *Coação* e *Coerção.*

SAT

V. *Contribuição social para o Seguro de Acidente do Trabalho (SAT).*

Sebrae

Contribuição social de interesse de categoria econômica instituída pela Lei n. 8.029, de 12 de abril de 1990, e destinada a financiar a política de apoio às microempresas, bem como às pequenas empresas. Ao ensejo de sua criação, incidia na proporção de 0,1% sobre o montante da folha de salários das empresas, passando para 0,2% em 1992 e sendo finalmente fixada em 0,3% a contar de 1993. Por considerar que os seus destinatários são as microempresas e as pequenas empresas, consoante prefalado, afigura-se inaceitável a sua exigibilidade recair sobre todas as empresas, o que desnatura a essência do regime jurídico de contribuições desse jaez, pois se depara tão absurdo como, por exemplo, advogados pagarem contribuições sociais corporativas em prol do Conselho Regional de Medicina ou vice-versa! Outrossim, ao ensejo das primeiras demandas acerca da aludida contribuição, inúmeras decisões de primeira instância, bem como dos Tribunais Regionais Federais, acolheram as suas apontadas ilegalidades e inconstitucionalidades. Entrementes, o Superior Tribunal de Justiça e o Supremo Tribunal Federal referendaram a cobrança do Sebrae, comunicando legalidade e constitucionalidade formal ao mencionado gravame, embora o autor desta obra de expressiva corrente doutrinal mantenha a mesma convicção de outrora, no sentido em que o tributo questionado não se forra de vitanda invalidade, por desconformidade com o figurino constitucional.

Secretaria da Fazenda

Órgão auxiliar do Governo do Estado, responsável pela gestão de assuntos financeiros e patrimoniais de interesse deste. Nos termos do disposto no art. 25 da Carta Magna, a organização do Estado deve guardar harmonia com os princípios constitucionais, entre os quais, o comando inserto no art. 87, II, segundo o qual o titular da Pasta da Fazenda deve referendar os atos e decretos tributários assinados pelo Chefe do Poder Executivo, donde, na verdade, o descumprimento daquela formalidade pode acoimar a validez dos referidos atos e diplomas normativos. Ademais, o seu âmbito competencial compreende a administração dos tributos estaduais, exercendo, para tanto, as atividades relativas à fiscalização, arrecadação e cobrança, além de orientar o contribuinte, bem como deflagrar, apreciar e julgar processos administrativos, na primeira e segunda instâncias, cabendo-lhe, também, promover a inscrição da dívida, quando for o caso, e desencadear a ação de execução fiscal.

Secretaria da Receita Federal

Período anterior ao da eficácia da Lei n. 11.457, de 16 de março de 2007

Órgão federal integrante da estrutura do Ministério da Fazenda e desdobrado em Superintendências e Delegacias, era incumbido de fiscalizar os tributos federais situados no âmbito de suas atribuições, bem como de julgar os processos administrativos, por intermédio de Delegacias de Julgamento, em primeira instância, e do Conselho de Contribuintes, em segunda instância. Com efeito, afora as contribuições sociais, assim como as de seguridade, educação e semelhantes, administradas pelo INSS, a ela cabia administrar e fiscalizar os demais tributos federais, a exemplo do imposto sobre a importação, do imposto sobre a exportação, do imposto sobre produtos industrializados, do imposto sobre a propriedade territorial rural, do imposto sobre a renda, do imposto sobre operações de crédito, câmbio, seguro, títulos ou valores mobiliários, da contribuição sobre o lucro, da Cofins, da CPMF, dos empréstimos compulsórios e das taxas federais de polícia e de serviço.

Secretaria da Receita Federal do Brasil

Criada pela Lei n. 11.457, de 16 de março de 2007, redimensionou as atribuições do órgão, que, além de cuidar dos tributos da União, passou a administrar as contribuições sociais, inclusive as de seguridade, as quais, até então, situavam-se no âmbito do Instituto Nacional do Seguro Social (INSS). Este, por seu turno, continua a cuidar do gerenciamento do Fundo do Regime Geral da Previdência Social, bem como da concessão ou revisões de benefícios, além da emissão de certidão referente ao tempo de contribuição.

Secretaria de Finanças

Órgão auxiliar do Prefeito incumbido de gerir os assuntos de índole financeira e patrimonial de interesse da Municipalidade. Consoante estabelece o art. 25 do Texto Magno, a organização municipal deve harmonizar-se com os princípios constitucionais, entre os quais, o mandamento contido no art. 87, II, da *Lex Legum*, segundo o qual o titular da Pasta da Fazenda ou equivalente, no caso, Finanças, deve referendar os atos e decretos assinados pelo Chefe do Poder Executivo, sob pena de invalidade formal dos mencionados atos e diplomas normativos. Ademais, a sua gestão compreende a administração tributária municipal em todos os seus desdobres.

Segurança jurídica

Consiste na possibilidade de prever os efeitos asseguradores de direitos e garantias individuais ou coletivos que o direito positivo comunica à conduta humana. Difere do postulado da certeza do direito, pois este diz respeito ao traço deôntico da norma jurídica que repousa substancialmente no imperativo 'dever ser', em função do qual o direito impõe regras comportamentais a serem obedecidas, estipulando, outrossim, sanções, acaso sejam descumpridas. No direito português, o universal Canotilho entreliga a noção de segurança jurídica ao vocábulo 'garantia' e lhe imprime o sentido de princípio resultante de outros princípios, no caso, o da determinabilidade das leis (exigências de leis claras e densas) e o da proteção da confiança, substanciado na existência de leis estáveis e passíveis de previsibilidade em relação aos seus efeitos (CANOTILHO, José Joaquim Gomes. *Direito constitucional.* 4. ed. Coimbra: Almedina, 1987. p. 309). Emilio Fernandez Vasquez, por seu turno, define-a como a garantia da aplicação objetiva da lei, de tal sorte que os indivíduos sabem quais são os seus direitos e deveres (VASQUEZ, Emilio Fernandez. *Diccionario de derecho público.* Buenos Aires: Astrea, 1981. p. 698-699).

Seguridade social

Conjunto de ações governamentais predestinadas a proteger e otimizar as áreas de saúde pública, previdência social e assistência social. Definida no art. 194 do Texto Supremo, comporta os seguintes objetivos programáticos estipulados nos incisos I a VII do mencionado dispositivo: *a)* universalidade da cobertura e do atendimento; *b)* uniformidade e equivalência dos benefícios e serviços às populações urbanas e rurais; *c)* seletividade e distributividade na prestação dos benefícios e serviços; *d)* irredutibilidade do valor dos benefícios; *e)* equidade na forma de participação no custeio; *f)* diversidade da base de financiamento; e *g)* caráter democrático e descentralizado da administração, mediante gestão quadripartite e com a participação dos trabalhadores, dos empregadores, dos aposentados e do Governo nos órgãos colegiados. Ainda, tem como fonte de custeio as contribuições sociais exigíveis de empregadores e empregados, aquelas incidentes sobre o faturamento e sobre o lucro das empresas, além daquelas cobradas sobre as receitas oriundas de concursos de prognósticos.

Seletividade

V. *Princípio da seletividade e essencialidade.*

Selic

V. *Taxa Selic.*

Selo de controle/IPI

Estampilha destinada a possibilitar o controle quantitativo de determinados produtos industrializados nacionais ou importados, a exemplo do uísque, entre outros. Foi criado pela Lei n. 4.502, de 30 de novembro de 1964, que em seu art. 46 assim dispõe: "*Art. 46. O regulamento poderá determinar, ou autorizar que o Ministério da Fazenda, pelo seu órgão competente, determine a rotulagem, marcação ou numeração, pelos importadores, arrematantes, comerciantes ou repartições fazendárias, de produtos estrangeiros cujo controle entenda necessário, bem como prescrever, para estabelecimentos produtores e comerciantes de determinados produtos nacionais, sistema diferente de rotulagem, etiquetagem, obrigatoriedade de numeração ou aplicação de selo especial que possibilite o seu controle quantitativo.*" Nesse sentido, aliás, caminha o Regulamento do IPI, aprovado pelo Decreto n. 7.212, de 15 de junho de 2010, o qual, por meio do art. 284 e seguintes, cuida do tema relativo ao selo de controle, na medida em que discrimina os produtos sujeitos ao referido mecanismo, bem como explicita em pormenor os desdobres acerca do assunto.

Senac

Contribuição social de interesse de categoria econômica prevista no art. 149 da Constituição Federal e administrada pela Secretaria da Receita Federal do Brasil, sendo exigível à alíquota de 1% em relação à folha de salários. Sua criação deu-se por meio do Decreto-lei n. 8.621, de 10 de janeiro de 1946, tendo por finalidade o financiamento do custeio e da manutenção do Serviço Nacional de Aprendizagem Comercial (Senac). Embora interligada ao comércio, a referida contribuição vem sendo exigida de outros segmentos econômicos, a exemplo de indústrias e prestadores de serviços, o que desvirtua sua natureza e finalidade, devidamente cristalizadas e delimitadas no Texto Constitucional. Deveras, as contribuições de interesse de categoria profissional ou econômica só podem ser exigidas de contribuintes que guardem uma relação direta com a destinação dos recursos do aludido gravame, motivo pelo qual, no caso em tela, o tributo somente poderia ser cobrado de empresas comerciais. Nesse sentido, aliás, já se pronunciou reiteradas vezes o Tribunal Regional Federal, embora o Superior Tribunal de Justiça, bem como o Supremo Tribunal Federal, tenham declarado a validade do gravame sob exame.

Senai

Contribuição social de interesse de categoria econômica prevista no art. 149 da Constituição Federal e administrada pela Secretaria da Receita Federal do Brasil, sendo exigível na proporção de 1% sobre a folha de salários. Sua criação deu-se por intermédio do

Decreto-lei n. 4.048, de 22 de janeiro de 1942, tendo por finalidade o custeio e a manutenção do Serviço Nacional de Aprendizagem Industrial (Senai). A legislação básica encontra-se no diploma retrocitado, conjugado com o Decreto-lei n. 4.936, de 7 de novembro de 1942, bem como o Decreto-lei n. 6.246, de 5 de fevereiro de 1944, os quais incluem no polo passivo outras atividades econômicas, afora as industriais. Na verdade, falece de sentido exigir o gravame de uma empresa comercial, prestadora de serviço ou qualquer outra, até porque a afetação do produto da arrecadação destina-se à aprendizagem industrial, o que demonstra não só a ausência de nexo lógico, mas revela a inexistência de pressuposto que legitime a referida exigibilidade. Outro ponto polêmico que circunda o tema recai sobre a cobrança de um adicional de 20% sobre o valor base, exigido de empresas com mais de 500 empregados, hipótese prevista no art. 6º do Decreto-lei n. 4.048/1942. Entrementes, a exemplo de outras contribuições do mesmo jaez, o Superior Tribunal de Justiça e o Supremo Tribunal Federal reconheceram a validez do gravame ora questionado.

Senar

Contribuição social de natureza econômica, nos termos do art. 149 da Constituição da República, foi instituída pela Lei n. 2.613, de 23 de setembro de 1955, tendo por finalidade financiar o Serviço Social Rural. Atualmente, destina-se ao custeio do Serviço Nacional de Aprendizagem Rural (Senar), entidade criada pela Lei n. 8.315, de 23 de dezembro de 1991, e administrada por um colegiado denominado Conselho Nacional de Agricultura. Administrada pela Secretaria da Receita Federal do Brasil e incidente na proporção de 2,5% sobre a folha de salários, a contribuição tem como sujeitos passivos as pessoas jurídicas de direito privado ou equiparadas que exerçam atividades agroindustriais, agropecuárias, extrativistas vegetais e animais, cooperativistas rurais e sindicais patronais rurais.

Senat/Sest

Contribuições sociais criadas pela Lei n. 8.706, de 14

de setembro de 1993, sendo a primeira vinculada ao Serviço Nacional de Aprendizagem do Transporte (Senat) e a segunda, ao Serviço Social do Transporte (Sest), ambos com personalidade de direito privado. Ainda, aquela tem em mira o desenvolvimento de programas voltados à aprendizagem do trabalhador de transporte rodoviário e do transportador autônomo, especialmente nos campos de preparação, treinamento, aperfeiçoamento e formação profissional; já esta alveja à promoção social do trabalhador de transporte rodoviário e do transportador autônomo, com ênfase nos setores da alimentação, saúde, cultura, lazer e segurança do trabalho. Com referência aos empregadores, a contribuição mensal incide na dimensão de 2% em relação ao total da remuneração paga aos empregados, enquanto os autônomos devem recolher 1,5 e 1%, respectivamente, em relação ao salário de contribuição previdenciária. Consoante exposto, as aludidas contribuições foram instituídas por meio de lei ordinária, contrariando, dessarte, o disposto no § 4º do art. 195 do Diploma Magno, cujo comando exige legislação complementar como instrumento idôneo para a criação de novas fontes de recursos para a manutenção ou expansão da seguridade social. Nesse sentido, o texto precitado é incisivo, na medida em que encampa o regime jurídico do art. 154, I, da Constituição Federal, cujo substrato consiste em legislação complementar e natureza específica original, pressupostos integralmente descumpridos no caso tematizado, pois, além da ausência de lei complementar, a contribuição *in casu* abriga hipótese de incidência e base de cálculo semelhante à da contribuição previdenciária, ou seja, a primeira substanciada em pagar salários e a segunda configurada no montante dos salários pagos. Ante essas ponderações, força é reconhecer que as contribuições sociais Senat e Sest ressentem-se de densidade jurídica que legitime a sua exigibilidade, cabendo, pois, ao contribuinte insurgir-se contra a referida cobrança, por meio das vias judiciais. Inobstante as ponderações suscitadas, as Cortes Pretorianas decidiram em prol da validez do aludido gravame.

Serventuário de ofício

É o exercente de função pública categorizada como auxiliar da Justiça. Com efeito, são serventuários de ofício, entre outros, os seguintes: o tabelião de notas, o escrivão, o tradutor juramentado, o oficial do Registro Civil, o oficial do Registro de Imóveis, o oficial do Registro de Títulos e Documentos, o avaliador oficial, o distribuidor, o contador e o depositário público. O assunto encontra-se disposto no art. 149 e seguintes do Código de Processo Civil de 2015, bem como no plexo de normas relativas à organização judiciária.

Serviço de comunicação intramunicipal – ISS

Debalde a letra do art. 155, II, da Constituição Federal seja explícita em relação ao imposto sobre transporte, ao averbar que sua incidência compreende os serviços interestadual e intermunicipal, o constituinte nada falou acerca da prestação do serviço de comunicação, ao menos no tocante ao aspecto espacial. Não obstante, por amor aos primados de hermenêutica, é cediço que a letra não pode se sobrepor ao contexto, donde o vetor do pacto federativo, em seus desdobres, abriga o princípio da autonomia local como um componente cardeal na organização do Estado Brasileiro, razão por que, é bem de ver, o tributo *in casu* insere-se no campo competencial das Municipalidades. V. *ICMS – Serviço de comunicação.*

Serviço público

Pressuposto da taxa de serviço prevista no art. 145, II, da *Lex Legum,* representa noção de especial relevo para a compreensão da hipótese de incidência do aludido tributo. Convém obtemperar, apenas para recordar, que a taxa retrocitada requer que o serviço público seja específico e divisível, aspectos, aliás, analisados com detença no verbete relativo às taxas de serviço. Com efeito, consoante entendimento abraçado nesta obra, o serviço público é a atividade prestada pelo Estado ou por quem lhe fizer as vezes, em regime de direito público, consubstanciada em oferecer, direta ou indiretamente, utilidade ou comodidade material ou imaterial aos administrados. Ao tratar das formas da atividade administrativa, Jean Rivero focaliza duas formas essenciais: a polícia e o serviço público, e diz que a polícia é exercida por meio de prescrições gerais ou individuais, enquanto o serviço público é efetuado por intermédio de gestão de uma atividade (RIVERO, Jean. *Direito administrativo*. Coimbra: Almedina, 1981. p. 473).

Sesc

Contribuição criada pelo Decreto-lei n. 9.853, de 13 de setembro de 1946, administrada pela Secretaria da Receita Federal do Brasil e objetivada a financiar o Serviço Social do Comércio (Sesc), este com o desígnio de executar direta ou indiretamente as medidas voltadas para o aprimoramento do bem-estar social, bem como do padrão de vida dos comerciários e de suas famílias, concorrendo, outrossim, para o aperfeiçoamento moral e cívico da coletividade. Ainda, sua incidência opera-se na proporção de 2% em relação ao montante da remuneração paga aos empregados, exigível dos empregadores comerciantes, percentagem que se situa nesse patamar tanto à luz do diploma retrocitado, quanto ao lume da legislação atual. A aludida contribuição não se encontrava elencada no rol daquelas previstas pela ordem constitucional instalada por meio da Emenda n. 1, de 17 de outubro de 1969. Deveras, a Carta de antanho contemplava uma série de contribuições por meio do art. 43, X, que se remetia ao art. 165, II, V, XIII, XVI e XIX, bem como ao art. 165, §1º, senão também ao art. 175, § 4º, e ao art. 178, sendo que nenhum dos comandos apontados cogitava do bem-estar e do padrão de vida dos comerciários, ou seja, inexistia título competencial que instrumentasse a União no sentido de dispor sobre a questionada contribuição social, restando, assim, inconstitucional. Um simples compulsar nos preceitos retromencionados reafirma a procedência do alegado; assim, os incisos precitados, relativos ao art. 165, dizem respeito ao salário-família, à integração do trabalhador na vida da empresa, à estabilidade sob pena de indenização, à previdência social em caso de doença, velhice, invalidez ou morte, à proteção à maternidade e à aposentadoria da mulher aos 30 anos de trabalho. Já o § 1º do art. 166 cuida de contribuições para o custeio da atividade de órgãos sindicais e profissionais e o § 4º do art. 175 trata de assistência à maternidade, à infância, à adolescência e à educação de excepcionais; o art. 178, por sua vez, obriga as empresas comerciais, industriais e agrícolas a manter o ensino primário gratuito em prol de seus empregados e respectivos filhos, estes na faixa etária entre sete e quatorze anos. Como se vê, inexiste qualquer previsão acerca de contribuição destinada ao financiamento do bem-estar e do padrão de vida dos comerciários, motivo pelo qual é lídimo dessumir que, a contar da Carta de 1969, operou-se a desaparição da legislação pretérita. Logo, por considerar que a aludida contribuição foi banida de nossa ordem jurídica, já em 1967, não poderia ela ressurgir com o advento de uma competência *in albis*, consoante prevê o § 4º do art. 195 do Diploma Magno promulgado em outubro de 1988. Ao lado da inconstitucionalidade trazida à colação, cumpre veementizar que as empresas prestadoras de serviços não guardam qualquer relação com o comércio, embora sejam também consideradas contribuintes. Por fim, em que pese as incredíveis vicissitudes que acoimam a contribuição sob exame, o Superior Tribunal de Justiça, bem como o Supremo Tribunal Federal, reconheceram a sua validez.

Sesi

Contribuição criada pelo Decreto-lei n. 9.403, de 25 de junho de 1946, preordenada a financiar o Serviço Social da Indústria (Sesi), pessoa jurídica de direito privado, à qual incumbe otimizar o bem-estar dos trabalhadores que se dedicam às atividades de indústria, transportes, comunicações e pesca. Objetiva-se, também, a concorrer para a melhoria do padrão geral de vida no País, incluindo o aperfeiçoamento moral e cívico, além do sentimento de solidariedade entre as classes. A referida contribuição é exigida dos empregadores atuantes nas áreas retrocitadas, incidindo na proporção de 2% em relação ao total da remuneração paga aos empregados. A fiscalização e arrecadação do mencionado gravame são realizadas pela Secretaria da Receita Federal do Brasil, cabendo-lhe, na sequência, repassar os respectivos valores ao Sesi. No tocante às empresas de transporte rodoviário, a cobrança extinguiu-se em dezembro de 1993, *ex vi* da criação do Senat e do Sest, instituídos pela Lei n. 8.706, de 14 de setembro de 1993. Entrementes, a aludida contribuição não resiste a um contraste de legalidade, uma vez que não foi recepcionada pela ordem constitucional instaurada por meio da Emenda n. 1, de 17 de outubro de 1969. Deveras, aquele estatuto político versou o assunto por intermédio do art. 43, X, conjugado com os arts. 165, II, V, XIII, XVI e XIX; 166, § 1º; 175, § 4º; e 178, os quais não contemplaram as finalidades relativas à contribuição *sub examen*. Dessarte, merecem ser vistos, a breve trecho, os encargos a serem custeados pelas contribuições sociais, ao lume da ordem constitucional estabelecida em 1969, quais sejam: salário-mínimo, participação nos lucros da empresa, estabilidade e indenização, previdência social, proteção à maternidade, aposentadoria da mulher aos 30 anos de trabalho, órgãos sindicais e profissionais, assistência à maternidade, à infância e à adolescência, educação de excepcionais e ensino primário gratuito aos empregados e a seus filhos na faixa etária entre sete e quatorze anos. Como se vê, não se cogita do bem-estar do trabalhador da indústria ou das atividades de transporte, comunicação e pesca, nem do aprimoramento do padrão geral de vida no País, muito menos do aperfeiçoamento moral e cívico e da solidariedade entre as classes. Ressalta à evidência que a legislação original da contribuição para o Sesi não foi recepcionada pela Constituição de 1969, quando se operou a sua desaparição do mundo jurídico. Verdade seja, dada a impossibilidade jurídica da repristinação, o único meio idôneo de restabelecer a sua cobrança seria a sua recriação nos termos do atual figurino constitucional. Apesar das impropriedades assinaladas, as Cortes Pretorianas referendaram a validade da contribuição, a qual integra o chamado sistema 'S', relativo aos gravames incidentes sobre a folha de salários.

Sigilo

A administração tributária desenvolve-se sob o influxo do sigilo, que representa uma de suas premissas maiores. Por outro lado, o art. 197, I a VII, do Código Tributário Nacional estabeleceu hipóteses que excepcionam a regra, possibilitando, assim, a quebra do sigilo e, mais do que isso, obrigando determinadas pessoas a prestar contas à autoridade administrativa acerca de atividades de terceiros; são elas: tabeliães, escrivães, serventuários de ofício em geral, bancos, caixas econômicas, instituições financeiras, empresas de administração de bens, corretores, leiloeiros, despachantes oficiais, inventariantes, administradores judiciais e liquidatários, além de quaisquer outras entidades ou pessoas designadas por lei em face de seu cargo, ofício, ministério, atividade ou profissão. Entrementes, o dever jurídico retrocitado não abrange a prestação de informações sobre as quais o informante esteja obrigado a observar segredo em razão do ofício, função, ministério, atividade ou profissão; dessa forma, certos profissionais, como o advogado ou o psicólogo, podem e devem preservar o caráter reservado de informações confidenciais de seus clientes, sob pena, inclusive, de violação de segredo profissional, que é reputado como crime na lei penal. Ao lado do sigilo profissional, há o sigilo administrativo, que proíbe a Fazenda Pública de divulgar informações acerca da situação econômica ou financeira dos contribuintes, cumprindo assinalar que a inobservância desse preceito configura ilícito administrativo e criminal, nos termos do art. 198 do Código Tributário Nacional. Outrossim, o referido comando excetua daquela vedação uma série de hipóteses descritas nas dobras de parágrafos e incisos, quais sejam: requisição de autoridade judicial no interesse da justiça; solicitações de autoridade administrativa no interesse da Administração Pública, desde que seja comprovada a instauração regular de processo administrativo, no órgão ou na entidade respectiva, com o objetivo de investigar o sujeito passivo a que se refere a informação por prática de infração administrativa; representação fiscal para fins penais; inscrição da Dívida Ativa da Fazenda Pública; e parcelamento ou moratória.

Simples

Período entre 1º de janeiro de 1997 e 30 de junho de 2007

Regime tributário especial criado pela Lei n. 9.317, de 5 de dezembro de 1996, com alterações supervenientes estabelecidas pela Lei n. 9.732, de 11 de dezembro de 1998, bem como pela Lei n. 9.841, de 5 de outubro de 1999, o qual contemplava pessoas jurídicas com receita bruta anual igual ou inferior a R$ 244.000,00 (duzentos e quarenta e quatro mil reais), no caso, as microempresas, e, outrossim, aquelas com receita bruta anual superior a R$ 244.000,00 (duzentos e quarenta e quatro mil reais) e igual ou inferior a R$ 1.200.000,00 (um milhão e duzentos mil reais), denominadas empresas de pequeno porte.

Simples Nacional

Eficaz a contar de 1º de julho de 2007

Instituído por meio da Lei Complementar n. 123, de 14 de dezembro de 2006, que estabeleceu o Estatuto Nacional da Microempresa e da Empresa de Pequeno Porte, redimensiona o Simples anterior, que vigorou no período compreendido entre 1º de janeiro de 1997 e 30 de junho de 2007. Diferentemente daquele, que alcançava gravames federais, o Simples Nacional encampa os tributos federais, senão também os tributos distritais, estaduais e municipais, todos enumerados no art. 13 do diploma normativo retrocitado. O recolhimento do tributo opera-se mensalmente e é efetivado por um único documento de arrecadação, que engloba a totalidade do *debitum*. A legislação *in casu* adotou um critério quantitativo para efeito de categorizar as empresas destinatárias do aludido regime jurídico, qualificando como microempresa aquela que auferir receita bruta igual ou inferior a R$ 360.000,00 (trezentos e sessenta mil reais) em cada ano-calendário e como empresa de pequeno porte aquela que auferir receita bruta anual superior a R$ 360.000,00 (trezentos e sessenta mil reais) até R$ 4.800.000,00 (quatro milhões e oitocentos mil reais). Por fim, as alíquotas são graduadas conforme a modalidade de atividade, consoante demonstrado nas planilhas a seguir estampadas, as quais, por seu turno, traduzem o inteiro teor dos anexos integrantes da lei complementar sob exame. Ao demais, é de mister observar que a contar de 01.01.2018 a Lei Complementar *in casu* compreende um anexo com as alíquotas e partilha do Simples Nacional.

Anexo I

Partilha do Simples Nacional – Comércio

Alíquotas e Partilha do Simples Nacional – Comércio

Receita Bruta em 12 Meses (em R$)		Alíquota	Valor a Deduzir (em R$)
1ª Faixa	Até 180.000,00	4,00%	-
2ª Faixa	De 180.000,01 a 360.000,00	7,30%	5.940,00
3ª Faixa	De 360.000,01 a 720.000,00	9,50%	13.860,00
4ª Faixa	De 720.000,01 a 1.800.000,00	10,70%	22.500,00
5ª Faixa	De 1.800.000,01 a 3.600.000,00	14,30%	87.300,00
6ª Faixa	De 3.600.000,01 a 4.800.000,00	19,00%	378.000,00

Faixas	Percentual de Repartição dos Tributos					
	IRPJ	CSLL	Cofins	PIS/Pasep	CPP	ICMS
1ª Faixa	5,50%	3,50%	12,74%	2,76%	41,50%	34,00%
2ª Faixa	5,50%	3,50%	12,74%	2,76%	41,50%	34,00%
3ª Faixa	5,50%	3,50%	12,74%	2,76%	42,00%	33,50%
4ª Faixa	5,50%	3,50%	12,74%	2,76%	42,00%	33,50%
5ª Faixa	5,50%	3,50%	12,74%	2,76%	42,00%	33,50%
6ª Faixa	13,50%	10,00%	28,27%	6,13%	42,10%	-

Anexo II

Partilha do Simples Nacional – Indústria

Receita Bruta em 12 Meses (em R$)		Alíquota	Valor a Deduzir (em R$)
1ª Faixa	Até 180.000,00	4,50%	-
2ª Faixa	De 180.000,01 a 360.000,00	7,80%	5.940,00
3ª Faixa	De 360.000,01 a 720.000,00	10,00%	13.860,00
4ª Faixa	De 720.000,01 a 1.800.000,00	11,20%	22.500,00
5ª Faixa	De 1.800.000,01 a 3.600.000,00	14,70%	85.500,00
6ª Faixa	De 3.600.000,01 a 4.800.000,00	30,00%	720.000,00

Faixas	Percentual de Repartição dos Tributos						
	IRPJ	CSLL	Cofins	PIS/ Pasep	CPP	IPI	ICMS
1ª Faixa	5,50%	3,50%	11,51%	2,49%	37,50%	7,50%	32,00%
2ª Faixa	5,50%	3,50%	11,51%	2,49%	37,50%	7,50%	32,00%
3ª Faixa	5,50%	3,50%	11,51%	2,49%	37,50%	7,50%	32,00%
4ª Faixa	5,50%	3,50%	11,51%	2,49%	37,50%	7,50%	32,00%
5ª Faixa	5,50%	3,50%	11,51%	2,49%	37,50%	7,50%	32,00%
6ª Faixa	8,50%	7,50%	20,96%	4,54%	23,50%	35,00%	-

Anexo III

Partilha do Simples Nacional – Serviços e Locação de Bens Móveis

Receita Bruta em 12 Meses (em R$)		Alíquota	Valor a Deduzir (em R$)
1ª Faixa	Até 180.000,00	6,00%	–
2ª Faixa	De 180.000,01 a 360.000,00	11,20%	9.360,00
3ª Faixa	De 360.000,01 a 720.000,00	13,50%	17.640,00
4ª Faixa	De 720.000,01 a 1.800.000,00	16,00%	35.640,00
5ª Faixa	De 1.800.000,01 a 3.600.000,00	21,00%	125.640,00
6ª Faixa	De 3.600.000,01 a 4.800.000,00	33,00%	648.000,00

Faixas	Percentual de Repartição dos Tributos					
	IRPJ	CSLL	Cofins	PIS/ Pasep	CPP	ISS (*)
1ª Faixa	4,00%	3,50%	12,82%	2,78%	43,40%	33,50%
2ª Faixa	4,00%	3,50%	14,05%	3,05%	43,40%	32,00%
3ª Faixa	4,00%	3,50%	13,64%	2,96%	43,40%	32,50%
4ª Faixa	4,00%	3,50%	13,64%	2,96%	43,40%	32,50%
5ª Faixa	4,00%	3,50%	12,82%	2,78%	43,40%	33,50% (*)
6ª Faixa	35,00%	15,00%	16,03%	3,47%	30,50%	-
(*) O percentual efetivo máximo devido ao ISS será de 5%, transferindo-se a diferença, de forma proporcional, aos tributos federais da mesma faixa de receita bruta anual. Sendo assim, na 5ª faixa, quando a alíquota efetiva for superior a 14,92537%, a repartição será:						
	IRPJ	CSLL	Cofins	PIS/ Pasep	CPP	ISS
5ª Faixa, com alíquota efetiva superior a 14,92537%	(Alíquota efetiva – 5%) x 6,02%	(Alíquota efetiva – 5%) x 5,26%	(Alíquota efetiva – 5%) x 19,28%	(Alíquota efetiva – 5%) x 4,18%	(Alíquota efetiva – 5%) x 65,26%	Percentual de ISS fixo em 5%

Anexo IV

Partilha do Simples Nacional – Serviços

Receita Bruta em 12 Meses (em R$)		Alíquota	Valor a Deduzir (em R$)
1ª Faixa	Até 180.000,00	4,50%	-
2ª Faixa	De 180.000,01 a 360.000,00	9,00%	8.100,00
3ª Faixa	De 360.000,01 a 720.000,00	10,20%	12.420,00
4ª Faixa	De 720.000,01 a 1.800.000,00	14,00%	39.780,00
5ª Faixa	De 1.800.000,01 a 3.600.000,00	22,00%	183.780,00
6ª Faixa	De 3.600.000,01 a 4.800.000,00	33,00%	828.000,00

Faixas	Percentual de Repartição dos Tributos				
	IRPJ	CSLL	Cofins	PIS/Pasep	ISS (*)
1ª Faixa	18,80%	15,20%	17,67%	3,83%	44,50%
2ª Faixa	19,80%	15,20%	20,55%	4,45%	40,00%
3ª Faixa	20,80%	15,20%	19,73%	4,27%	40,00%
4ª Faixa	17,80%	19,20%	18,90%	4,10%	40,00%
5ª Faixa	18,80%	19,20%	18,08%	3,92%	40,00% (*)
6ª Faixa	53,50%	21,50%	20,55%	4,45%	-

(*) O percentual efetivo máximo devido ao ISS será de 5%, transferindo-se a diferença, de forma proporcional, aos tributos federais da mesma faixa de receita bruta anual. Sendo assim, na 5ª faixa, quando a alíquota efetiva for superior a 12,5%, a repartição será:

Faixa	IRPJ	CSLL	Cofins	PIS/Pasep	ISS
5ª Faixa, comalíquota efetiva superior a 12,5%	Alíquota efetiva - 5%) x 31,33%	(Alíquota efetiva - 5%) x 32,00%	(Alíquota efetiva - 5%) x 30,13%	Alíquota efetiva - 5%) x 6,54%	Percentual de ISS fixo em 5%

Anexo V

Alíquotas e Partilha do Simples Nacional - Receitas decorrentes da prestação de serviços relacionados no § 5º-I do art. 18 desta Lei Complementar

Receita Bruta em 12 Meses (em R$)		Alíquota	Valor a Deduzir (em R$)
1ª Faixa	Até 180.000,00	15,50%	-
2ª Faixa	De 180.000,01 a 360.000,00	18,00%	4.500,00
3ª Faixa	De 360.000,01 a 720.000,00	19,50%	9.900,00
4ª Faixa	De 720.000,01 a 1.800.000,00	20,50%	17.100,00
5ª Faixa	De 1.800.000,01 a 3.600.000,00	23,00%	62.100,00
6ª Faixa	De 3.600.000,01 a 4.800.000,00	30,50%	540.000,00

Faixas	Percentual de Repartição dos Tributos					
	IRPJ	CSLL	Cofins	PIS/ Pasep	CPP	ISS
1ª Faixa	25,00%	15,00%	14,10%	3,05%	28,85%	14,00%
2ª Faixa	23,00%	15,00%	14,10%	3,05%	27,85%	17,00%
3ª Faixa	24,00%	15,00%	14,92%	3,23%	23,85%	19,00%
4ª Faixa	21,00%	15,00%	15,74%	3,41%	23,85%	21,00%
5ª Faixa	23,00%	12,50%	14,10%	3,05%	23,85%	23,50%
6ª Faixa	35,00%	15,50%	16,44%	3,56%	29,50%	-

Simulação

Conduta consubstanciada em dar roupagem de *verdade* a uma situação inexistente, irradiando efeitos na área penal, bem como na tributária, sobretudo no sentido de ensejar o agravamento e a consequente majoração da penalidade, conforme dispuser a legislação específica de cada tributo. Impende notar que simulação é antônimo de dissimulação, pois esta consiste em ocultar o fato ou a verdade. V. *Dissimulação.*

Síndico de falência

Antiga legislação falencial

Ao lume da legislação de antanho, vale dizer, o Decreto-lei n. 7.661, de 25 de junho de 1945 – Lei de Falências –, o síndico era o administrador da falência e revestia a condição de órgão legalmente constituído, mediante livre escolha do juiz. Na verdade, o mencionado diploma foi revogado pela Lei n. 11.101, de 9 de fevereiro de 2005, que criou a figura do administrador judicial. Assim, decretada a falência, sua escolha recaía entre os maiores credores, desde que domiciliado no foro da falência e dotado de reconhecida idoneidade moral e financeira, observadas, outrossim, as demais cláusulas insertas no art. 60, incisos e parágrafos, do referido decreto-lei. O Código Tributário Nacional, por seu turno, por meio do art. 134, V, responsabilizava-o solidariamente por atos em que interviesse ou pelas omissões das quais fosse responsável. V. *Administrador judicial.*

Sisa

Expressão utilizada no direito português para designar o

imposto incidente nas transmissões imobiliárias a título oneroso. Desde a Idade Média, o referido tributo já era cobrado no Reino de Portugal, persistindo até hoje com a mesma denominação. Entre nós, é a antiga denominação do imposto sobre a transmissão imobiliária *inter vivos*, o qual foi instituído no direito brasileiro por meio do Alvará de 3 de setembro de 1809. Originalmente, situava-se no âmbito competencial do Governo Federal, assim permanecendo durante todo o Império, quando ganhou o nome 'imposto sobre a transmissão da propriedade imobiliária *inter vivos*', com o fito de distinguir-se do imposto sobre a transmissão da propriedade *mortis causa*. A contar de 1891, a Sisa deixou de existir no direito brasileiro, uma vez que o Diploma Magno promulgado em 24 de fevereiro de 1891 adotou a expressão 'imposto sobre a transmissão de propriedade'. Não obstante, o Código de Impostos e Taxas do Estado de São Paulo, por exemplo, prestigiou a locução questionada grafando-a com o nome 'Sisa', a teor do quanto ocorre na linguagem coloquial, inclusive junto aos cartórios e tabelionatos, onde a palavra 'Sisa' é mais corrente do que a denominação correta do tributo em apreço.

Siscomex

É o Sistema Integrado de Comércio Exterior, instituído pelo Decreto Federal n. 660, de 25 de setembro de 1972. Compreende um sistema de informações relativas às atividades de comércio exterior, devidamente informatizado, o qual integra as diversas instituições governamentais no tangente à orientação, ao acompanhamento e ao controle das diferentes etapas das operações de importação e exportação, inclusive câmbio. Com efeito, o Siscomex tem por desígnio otimizar os mecanismos de controle, bem como a celeridade das operações de importação e exportação, na permanente busca de atender as necessidades do País, em harmonia com a globalização da economia internacional.

Sistema Tributário Nacional ou Sistema Constitucional Tributário

É o conjunto de normas e princípios concernentes à

tributação, disposto nos arts. 145 *usque* 156, bem como em diversos outros espraiados no Diploma Excelso, os quais enumeram as espécies tributárias, estabelecem os vetores magnos do sistema, firmam o conteúdo e o alcance da lei complementar tributária, além de partilharem as competências entre as pessoas constitucionais, vale dizer, União, Estados, Distrito Federal e Municipalidades. Distingue-se de qualquer outro sistema tributário do mundo contemporâneo em face de duas particularidades, equipole dizer, a rigidez e a exaustividade; a primeira consubstanciada numa rigorosa divisão de competência impositiva distribuída entre as pessoas tributantes, na medida em que cada qual é dotada de poderes exclusivos e privativos para dispor sobre determinado tributo, a teor do quanto estampam os arts. 153, 155 e 156 da *Lex Legum*. Apenas para exemplificar, basta verificar que somente a União pode legislar sobre importação, exportação, IPI, IOF, entre outros gravames, assim como somente os Estados e o Distrito Federal podem dispor sobre ITCMD, ICMS e IPVA, senão também os Municípios são dotados de competência privativa para legislar sobre ITBI, IPTU e ISS. A exaustividade, por seu turno, caracteriza-se pela existência de mais de uma centena de comandos, permeados em artigos, incisos e parágrafos, todos alçados ao nível do Texto Supremo e versando matéria tributária, direta ou indiretamente. Em face dessas peculiaridades, ressalta à evidência que a compreensão do direito tributário, minimamente considerada, requer como pressuposto inexorável uma incursão detida e alentada nos meandros da Constituição, sob pena de subversão do pretenso labor exegético em atividade destituída de qualquer densidade jurídica. V. CARRAZZA, Roque. *Curso de direito constitucional tributário*. 24. ed. São Paulo: Malheiros, 2008.

Sociedade controlada

Consoante definição legal inserta no art. 1.098, I e II, do Código Civil de 2002, é aquela cujo controle esteja em poder de outra, no caso, a sociedade controladora, o que se perfaz por meio de maioria dos votos nas deliberações dos quotistas, bem como na assembleia geral, senão também no tocante à eleição dos administradores. V. *Sociedade controladora.*

Sociedade controladora

Aquela que exerce o controle sobre outra ou outras sociedades, nos termos do disposto no art. 1.098, I e II, do Código Civil de 2002. V. *Sociedade controlada.*

Sociedade empresária

Instituída pelo art. 982 do Código Civil contido na Lei n. 10.406, de 10 de janeiro de 2002, é toda sociedade por ações que tenha por objeto o exercício de atividade própria de empresário, sujeita à inscrição no Registro Público de Empresas Mercantis, nos termos do disposto no art. 967 do Código Civil. Consoante dispõe o art. 982 retrocitado, as demais formas de sociedade são categorizadas como simples.

Sociedade filiada

É aquela na qual outra sociedade participa com 10% ou mais de seu capital, sem direito ou poder de controle, nos termos, na verdade, do quanto dispõe o mandamento inserto no art. 1.099 do Código Civil de 2002.

Sociedade *offshore*

V. *Offshore.*

Sociedade subsidiária integralizada

Consoante muito bem compendiado por Maria Helena Diniz, é a sociedade anônima cuja totalidade das ações tenha sido adquirida por outra, medida que, diga-se de passo, depende de aprovação pela assembleia das duas companhias (DINIZ, Maria Helena. *Dicionário jurídico*. São Paulo: Saraiva, 1998. 4 v. p. 439).

Sociedades coligadas

São aquelas subordinadas a uma sociedade controladora, podendo ser, mercê de suas relações de capital, controladas, filiadas ou de simples participação, nos termos do disposto nos arts. 1.097 *usque* 1.101 do Código Civil imerso na Lei n. 10.406, de 10 de janeiro de 2002. Cumpre obtemperar que o texto aludido modificou a definição impressa na Lei n. 6.404, de 15 de dezembro de 1976.

Sócio

Aquele que se alia a uma ou mais pessoas na constituição de uma sociedade. Consoante prevê o Código Tributário Nacional, o sócio de pessoa jurídica pode ser responsabilizado solidária ou pessoalmente por dívidas tributárias da sociedade, nos termos, a bem ver, do disposto nos arts. 134, VII, e 135, I. Por outro lado, cumpre salientar que a apontada responsabilização pode alcançar tão somente o sócio-gerente e não o sócio meramente cotista. Mesmo assim, à luz da ciência do direito, a referida responsabilidade pressupõe a prática de fraude de abuso de direito.

Software

Compreendido como programa de computador, encontra-se assim definido no art. 1º da Lei n. 9.609, de 19 de fevereiro de 1998: "Programa de computador é a expressão de um conjunto organizado de instruções em linguagem natural ou codificada, contida em suporte físico de qualquer natureza, de emprego necessário em máquinas automáticas de tratamento da informação, dispositivos, instrumentos ou equipamentos periféricos, baseados em técnica digital ou análoga, para fazê-los funcionar de modo e para fins determinados". Em sua quintessência, o *software* reveste a feição de obra imaterial, pertencente ao plano dos direitos intelectuais, como quer, aliás, o art. 2º da lei básica, ao averbar que "O regime de proteção à propriedade intelectual de programa de computador é o conferido às obras literárias pela legislação de direitos autorais e conexos vigentes no País, observado o disposto nesta Lei". Consoante conhecida classificação inspirada na doutrina portuguesa, em particular na obra de Rui Saavedra, os programas de computador (*softwares*) podem ser categorizados em três grupos, quais sejam: *a) standard*, também denominado de *prateleira* ou de *caixinha*, representado pelos programas destinados a um grande universo de usuários; *b) por encomenda*, que, conforme sugere a expressão, é aquele solicitado pelo usuário com a finalidade de atender suas necessidades específicas ou particulares; e *c) parametrizado* ou *customized,* simbolizado pelos programas suscetíveis de adaptação pelo usuário, com o desígnio de atendê-lo, amoldando-se às suas características, rotinas de trabalho, logística e personalização (SAAVEDRA, Rui. *A proteção jurídica do software e a internet.* Lisboa: Don Quixote, 1998. p. 106-107). As operações envolvendo *software* operam efeitos na seara tributária, ensejando, por vezes, acirradas testilhas e controvérsias. V. *Software de prateleira, Software por encomenda* e *Software parametrizado.*

Software de prateleira

Mercê de sua natureza jurídica, o *software* hospeda a fisionomia de obra imaterial, em consonância, na verdade, com a definição legal inserta no art. 2º da lei básica, cujo teor protege a propriedade intelectual do programa de computador sob o manto do direito autoral, com a mesma dimensão atribuída, aliás, às obras literárias pela legislação específica. Ao lado da imaterialidade, o *software* não é objeto de operação de venda e compra, mas tão somente de licenciamento, daí não se confundir com mercadoria, pois esta, de revés, afigura-se como bem móvel, corpóreo e destinado ao comércio. Nesse sentido, afigura-se correto o entendimento do advogado José Eduardo Burti Jardim, expresso em esmerado parecer, ainda inédito, no qual propugna pela não incidência do ICMS com relação ao chamado *software* de prateleira, também qualificado como programa padrão. Inobstante isso, a legislação do ICMS de São Paulo, por exemplo, estabelece a incidência do imposto nas operações com o chamado *software* de prateleira, fato, por incredível que possa parecer, reconhecido pelo Supremo Tribunal Federal, conforme *decisum* proferido pela Primeira Turma no RE 199464/SP, que teve por Relator o Ministro Ilmar Galvão (Julgamento de 02.03.1999, *DJ* de 30.04.1999, p. 00023). Por fim, importa assinalar que, na verdade, a incidência do ICMS haverá de circunscrever-se ao suporte físico que abriga o programa de computador, no caso, o chamado *hardware.*

Software parametrizado

Programa de computador desenvolvido com caracteres genéricos e preordenados a adaptações compatíveis com o interesse, as necessidades e as peculiaridades do destinatário. A exemplo do *software* por encomenda, assujeita-se tão somente ao ISS, pois representa modalidade típica de prestação de serviços.

Software por encomenda

Programa de computador desenvolvido especificamente para um cliente, para o atendimento de suas necessidades. Nesse caso, dá-se a incidência do ISS, porquanto tipifica pura prestação de serviço.

Solidariedade

Pluralidade de credores, cada qual com direito subjetivo em relação à totalidade do crédito objeto da obrigação, ou pluralidade de devedores, cada qual com dever jurídico relativo à integralidade do débito. No direito tributário, a solidariedade assume feições particulares, porquanto, na hipótese de haver concurso de credores entre as Fazendas Públicas, o art. 187, parágrafo único, I a III, do Código Tributário Nacional privilegia a União em relação aos Estados, bem como confere primazia a estes em relação aos Municípios, pelo que inexiste solidariedade no polo ativo. Sem dúvida, o aludido dispositivo depara-se ofensivo ao postulado federativo, além de acutilar o primado da isonomia das pessoas constitucionais, mas, por incredível que possa parecer, o Supremo Tribunal Federal declarou a constitucionalidade do mencionado preceptivo. Já no polo passivo, o art. 134, I a VII, do Código Tributário Nacional contempla como responsáveis solidários as seguintes pessoas: os pais, os tutores e os curadores, no tocante aos tributos devidos por filhos menores, tutelados ou curatelados; os administradores de bens de terceiros, quanto aos tributos devidos por estes; o inventariante, pelos tributos devidos pelo espólio; o administrador judicial, pelos tributos devidos pela massa falida ou pela empresa em recuperação judicial; os tabeliães, os escrivães e os demais serventuários de ofício, pelos tributos devidos sobre os atos praticados por eles ou perante eles, em virtude do seu ofício; e os sócios, no caso de liquidação de sociedade de pessoas.

Solve et repete

Postulado medieval e arbitrário, consiste em condicionar o direito de defesa ao prévio pagamento. Por óbvio, afigura-se absolutamente inconciliável com qualquer Estado de Direito Democrático, porquanto agride os princípios constitucionais do devido processo legal, da ampla defesa, do contraditório, do direito de petição, do direito de propriedade e da universalidade da jurisdição, entre outros. Para Berliri, citado por Roque Carrazza, o *solve et repete* equivale à tortura, pois instrumenta o Fisco com uma arma tão poderosa que, somada à sua potestade, desiguala o embate entre a Fazenda Pública e o contribuinte, amesquinhando os direitos e as garantias tão bem apregoados no átrio do Diploma Excelso. Lamentavelmente, esse meio continua sendo empregado na área tributária e noutras, a exemplo da legislação de trânsito, o que revela o despudor e a incompetência com que agentes políticos tratam o tema *in casu,* diga-se de passo, de inquestionável relevo.

Sonegação fiscal

Modalidade de infração à legislação tributária revestida de conotação criminal. Caracteriza-se, basicamente, por meio de qualquer comportamento doloso, omissivo ou comissivo, praticado com o desígnio de reduzir total ou parcialmente a prestação tributária. Sob o prisma legal, foi objeto de legislação específica, no caso, a Lei n. 4.729, de 14 de julho de 1965, que, por meio do art. 1º, estampou as condutas tipificadoras da sonegação fiscal, a saber: *a)* prestar declaração falsa ou omitir, total ou parcialmente, informação que deva ser produzida a agentes das pessoas jurídicas de direito público interno, com a intenção de eximir-se, total ou parcialmente, do pagamento de tributos, taxas e quaisquer adicionais devidos por lei; *b)* inserir elementos inexatos ou omitir rendimentos ou operações de qualquer natureza em documentos ou livros exigidos pelas leis fiscais, com a intenção de exonerar-se do pagamento de tributos devidos à Fazenda Pública; *c)* alterar faturas e quaisquer documentos relativos a operações mercantis, com o propósito de fraudar a Fazenda Pública; *d)* fornecer ou emitir documentos graciosos ou alterar despesas, majorando-as, com o objetivo de obter dedução de tributos devidos à Fazenda Pública, sem prejuízo das sanções administrativas cabíveis; *e)* exigir, pagar ou receber para si ou para o contribuinte beneficiário da paga qualquer percentagem sobre a parcela dedutível ou deduzida do imposto sobre a renda como incentivo fiscal. Não obstante, a Lei n. 8.137, de 27 de dezembro de 1990, versou a matéria disciplinada na lei *sub examen* e, por isso, é lídimo dessumir que aquele diploma foi revogado pela lei superveniente, esta designando o seu objeto crime contra a ordem tributária, fazendo coro, aliás, com estudo da lavra de Ercias Rodrigues de Souza (Disponível em: http//jus.uol.com.br/revista/texto/3310). V. *Crime tributário* e *Ilícito tributário.*

Sub-rogação

Pode ser de índole real ou pessoal; aquela se verifica quando uma coisa substitui outra, adquirindo igual natureza, a exemplo da sub-rogação de vínculos que gravam bens inalienáveis, que podem ser transferidos para outros bens que, por sua vez, passam a sofrer iguais restrições, e esta, como ensina Clóvis Beviláqua, "é a transferência dos direitos do credor para aquele que solveu a obrigação ou emprestou o necessário para solvê-la" (BEVILÁQUA, Clóvis. *Código Civil dos Estados Unidos do Brasil, comentado.* 10. ed. Rio de Janeiro: Francisco Alves, 1957. v. 4. p. 116). Noutros falares, é o meio pelo qual interposta pessoa efetua o pagamento de *debitum* de terceiro, ficando, então, investida do direito subjetivo de exigir o reembolso respectivo. Na seara tributária, contudo, esse conceito não é absoluto, até porque o responsável tributário, de um modo geral, ainda que não pague, poderá ocupar o polo passivo da respectiva obrigação, nos termos dos arts. 128 *usque* 138 do Código Tributário Nacional, bem como em consonância com o art. 779, VI, do Código de Processo Civil de 2015. Outrossim, os débitos relativos a tributos incidentes sobre bens móveis e imóveis ficam sub-rogados nas pessoas dos adquirentes, nos termos dos arts. 130 e 131, I, do Código Tributário Nacional. Por outro lado, o terceiro que efetivar o pagamento do tributo em lugar do contribuinte poderá assumir o polo ativo da relação jurídica, seja regressivamente, caso o pagamento ocorra antes da inscrição da dívida, seja dando prosseguimento à execução fiscal, se o recolhimento for efetuado após a inscrição, ficando, nesta hipótese, investido com os mesmos privilégios inerentes à Fazenda Pública, conforme preleciona Roque Carrazza (*O sujeito ativo da obrigação tributária*. São Paulo: Resenha Tributária, 1977. p. 92).

Substituição

Instituto empregado na legislação do ICMS, entre outras, no qual o legislador estabelece a antecipação da incidência do imposto com relação a operações sucessivas, cada qual objeto de tributação em tese, e, para tanto, elege como sujeito passivo o substituto tributário. Exemplo frisante ocorre com os fabricantes de cervejas e refrigerantes, que, por força de lei, assumem a condição de contribuintes, não só com referência às operações por eles promovidas, mas também com relação às operações a ser efetivadas ulteriormente. Por todas as veras, trata-se de mais um desapreço pelos primados cardeais que informam o Sistema Constitucional Tributário, a teor da estrita legalidade, da tipicidade da tributação, da vinculabilidade da tributação e outros, porquanto é de clareza solar a incompatibilidade entre os aludidos postulados e a denominada substituição, donde essa absurdez depara-se inadmissível num Estado de Direito Democrático. Como se vê, no caso em tela, os governantes optaram pela comodidade do atalho, em detrimento da ordem jurídica.

Sucessor

O Código Tributário Nacional utiliza a expressão em acepção sobremodo abrangente.

Com efeito, os arts. 129 a 133 dispõem sobre o tema no sentido de responsabilizar uma terceira pessoa, a qual, no lugar de outra, passa a ocupar o polo passivo da relação jurídica. Dessarte, revestem a condição de sucessor, entre outros, o adquirente de móveis ou imóveis, o herdeiro, o cônjuge meeiro, o espólio, a pessoa jurídica resultante de fusão, transformação ou incorporação ou aquela que adquirir de outra, por qualquer título, fundo de comércio ou estabelecimento industrial, comercial ou profissional e continuar a respectiva exploração sob a mesma razão social ou outra denominação.

Sucumbência

Ônus atribuído à parte perdedora no sentido de pagar honorários ao advogado da parte vencedora. O asserto emerge do comando contido no § 2º do art. 85 do Código de Processo Civil de 2015, que estabelece a percentagem mínima de 10% e máxima de 20% sobre o valor da condenação. O dimensionamento da referida percentagem deve sopesar o grau de complexidade do trabalho, o tempo despendido, o lugar da prestação do serviço e o zelo profissional. Apesar da clareza hialina do diploma adjetivo no tocante à graduação da sucumbência, nas causas fiscais em que a Fazenda Pública é perdedora, o Judiciário costuma condená-la em apenas 5% em relação ao valor da condenação, contrariando o preceptivo retrocitado, além de implicar inconcebível afronta ao postulado constitucional da igualdade, pois, quando o contribuinte perde, a condenação costuma ser de 20%! Por fim, cumpre registrar que o art. 20 ora questionado foi derrogado pelo art. 23 da Lei n. 8.906, de 4 de julho de 1994, na medida em que este destinou os honorários ao advogado e não ao vencedor, como dizia o nosso estatuto adjetivo, dispondo, inclusive, sobre a nulidade de qualquer acordo em sentido diverso.

Sudam (1)

Extinta pela Medida Provisória n. 2.157, de 24 de agosto de 2001

Superintendência de Desenvolvimento da Amazônia. Autarquia federal criada pela

Lei n. 5.173, de 27 de outubro de 1966, com sede e foro em Belém, capital do Estado do Pará, incumbida de promover o desenvolvimento da Amazônia, bem como dos demais Estados do Norte do País. Incentivos fiscais com igual designação foram instituídos com o desígnio de atrair investimentos na região.

Sudam (2)

Autarquia recriada pela Lei Complementar n. 124, de 3 de janeiro de 2007, abriga desideratos iguais aos da Sudam de antanho, inclusive os incentivos fiscais.

Sudene (1)

Extinta pela Medida Provisória n. 2.145, de 2 de maio de 2001

Superintendência do Desenvolvimento do Nordeste. Criada pela Lei n. 3.692, de 15 de dezembro de 1959, com a finalidade básica de promover o desenvolvimento dos Estados do Maranhão, Piauí, Ceará, Rio Grande do Norte, Paraíba, Pernambuco, Alagoas, Sergipe e Bahia. A aludida legislação contemplou o Estado do Maranhão, embora pertença à região Norte, segundo a divisão geográfica do País; entrementes, a concepção do legislador afigura-se insuscetível de crítica nesse ponto, na medida em que aquele Estado integra a referida região apenas para os efeitos e benefícios decorrentes da referida legislação. Reveste a natureza jurídica de órgão, que, à luz da legislação a viger, encontra-se vinculado à Secretaria do Desenvolvimento Regional, a qual, por seu turno, integra a estrutura da Presidência da República. Com sede e foro na cidade de Recife, capital do Estado de Pernambuco, e dirigida por um Superintendente nomeado pelo Presidente da República, compreendia, também, um Conselho Deliberativo e uma Secretaria Executiva. A região gerenciada pela antiga Sudene era provida com recursos do Finor, o qual, por seu turno, representa incentivo consubstanciado na redução de até 40% do imposto devido pelas pessoas jurídicas, com vigência até o ano de 2010. V. *Finor.*

Sudene (2)

Autarquia recriada pela Lei Complementar n. 125, de 3 de

janeiro de 2007, com a finalidade de, igualmente, promover o desenvolvimento da região Nordeste. Os incentivos fiscais relacionados à Sudene representam um importante atrativo para o aporte de capitais e investimentos na região, entre os quais, o incentivo na área do imposto sobre a renda, bem com o PIS/Cofins, senão também o Adicional ao Frete para Renovação da Marinha Mercante (AFRMM).

Suframa

Superintendência da Zona Franca de Manaus. Autarquia federal instituída por meio do Decreto-lei n. 288, de 28 de fevereiro de 1967, com sede e foro na cidade de Manaus e a finalidade de administrar a Zona Franca de Manaus e os incentivos fiscais na área da Amazônia Ocidental. A contar da promulgação da Carta da República de outubro de 1988, o livre comércio e os incentivos fiscais na Zona Franca de Manaus foram mantidos por vinte e cinco anos, nos termos do art. 40 do Ato das Disposições Constitucionais Transitórias, sendo acrescidos de mais dez anos, em face do disposto na Emenda n. 42, de 19 de dezembro de 2003, encartada no art. 90 do mencionado Ato das Disposições Constitucionais Transitórias.

Sujeito ativo

Em que pese a equivocidade do conceito contido no art. 119 do Código Tributário Nacional, o sujeito ativo é a pessoa que ocupa o polo ativo da relação jurídica tributária, independentemente de titularizar o exercício da competência tributária ou não. Dito de outro modo, é a pessoa incumbida do direito subjetivo de promover a cobrança do tributo. Embora normalmente o sujeito ativo seja a própria pessoa constitucional titular da competência tributária, nem sempre esta ocupa o polo ativo da obrigação. Por vezes, a pessoa competente transfere o exercício da capacidade ativa para uma terceira pessoa, a exemplo da taxa de pedágio, em que o titular da competência costuma delegar a cobrança para entidades de direito privado, assim como ocorre no Estado de São Paulo, a qual fica incumbida de aplicar o produto arrecadado no desempenho de sua atividade, que é de interesse público, configurando, pois, o fenômeno da parafiscalidade.

Sujeito passivo

Na seara tributária, sujeito passivo é a pessoa incumbida de cumprir o dever jurídico tributário, independentemente dos aspectos econômicos embutidos na relação jurídica e das vicissitudes anteriores ou posteriores ao acontecimento do fato jurídico tributário. Em geral, é a pessoa que pratica um comportamento qualificado como tributável pela legislação em abstrato (fato gerador), embora o legislador possa eleger uma terceira pessoa para exercer a condição de sujeito passivo, desde que se trate de alguém minimamente relacionado com o aludido fato jurídico, conforme dispõe expressamente o art. 128 do Código Tributário Nacional, reproduzindo comando implícito inserto na Carta Magna. Exemplificando: quando o título competencial inscrito na *Lex Legum* autoriza o Município a instituir o imposto predial e territorial urbano, o aludido preceito está a dizer, nas suas entrevozes, que o sujeito passivo haverá de ser o proprietário e não uma terceira pessoa, donde, fazendo coro com Roque Carrazza, esta obra sufraga entendimento segundo o qual não poderia ser qualificado como sujeito passivo o titular do domínio útil ou o possuidor do imóvel, conforme consta do art. 34 do Código Tributário Nacional. Outrossim, o Código Tributário qualifica duas espécies de sujeito passivo: o contribuinte e o responsável; o primeiro é aquele que realiza o fato jurídico, enquanto o segundo é a pessoa que, embora não tenha realizado o comportamento, assume aquela condição por força de lei, a exemplo, entre outros, da responsabilidade sucessória, prevista no art. 131 do Código Tributário Nacional.

Sujeito passivo direto e indireto

Em esmiuçada reflexão sobre o tema, Rubens Gomes de Sousa empreendeu interessante sistematização sobre o estudo da sujeição passiva (SOUSA, Rubens Gomes de. *Compêndio de legislação tributária*. 2. ed. São Paulo: Resenha Tributária, 1975. p. 92-93). Dessarte, classificou o sujeito passivo em direto e indireto, qualificando o primeiro como o praticante do fato jurídico tributário e conceituando o segundo como a pessoa alçada à condição de sujeito passivo por transferência ou substituição. A primeira hipótese opera-se quando, ao nascer, a obrigação aloja uma dada pessoa no polo passivo – sujeito passivo direto – e, na sequência, em virtude de um fato posterior, passa a hospedar outra, no caso, o chamado sujeito passivo indireto. Nesse caso, a transferência perfaz-se por meio da solidariedade, da sucessão ou da responsabilidade. Já na substituição, o legislador elege, desde logo, uma terceira pessoa para ocupar o polo passivo, conquanto não tenha ela realizado o fato imponível, a exemplo do quanto sucede na cobrança do imposto sobre a renda incidente sobre aplicações financeiras, em que o aplicador aufere rendas tributáveis, mas o sujeito passivo é a instituição financeira, que, na verdade, não realiza o fato jurídico tributário. Todavia, essa classificação depara-se incorreta sob o ponto de vista jurídico, porquanto ao direito somente merece relevo a pessoa que integra a relação jurídica, pelo que os aspectos pré-normativos ou metajurídicos nada dizem com o direito posto e de nada servem ao labor exegético, ao menos sob a perspectiva da ciência do direito.

Súmula de jurisprudência

Sumário que traduz a orientação jurisprudencial de uma Corte, a fim de ser aplicada a casos análogos. Outrora privativa do Pretório Excelso, a contar do Código de 1973 tornou-se ato a ser editado por qualquer Tribunal do País. O Código de Processo Civil de 2015 cuida do assunto por meio do art. 926 e respectivos parágrafos, tudo preordenado a uniformizar a jurisprudência e, com isso, otimizar o postulado da segurança jurídica. Uma vez firmada a súmula, as turmas julgadoras passarão a aplicá-la, de plano, tornando-se desnecessário novo pronunciamento acerca do assunto. Serve, enfim, de fanal sobre a matéria. Como se vê, embora qualificada como não vinculante, a súmula culmina por produzir efeitos dessa natureza, ainda que por via oblíqua; tanto assim é que as decisões contrárias à matéria sumulada assujeitar-se-ão, ao menos em tese, à orientação da súmula, submetendo-se, pois, à sua preeminência, daí a inegável relevância de seus efeitos.

Súmula vinculante

A Lei n. 11.417, de 19 de dezembro de 2006, estabeleceu a edição de súmulas vinculantes por parte do Supremo Tribunal Federal, Tribunais de Justiça e Tribunais Regionais Federais, bem como das Cortes trabalhistas, militares e eleitorais, as quais operam efeito vinculante em relação aos demais órgãos do Poder Judiciário, bem como da administração pública direta e indireta, nas esferas federal, estadual, distrital e municipal. Na hipótese de descumprimento do enunciado inserto na súmula vinculante, caberá reclamação ao Pretório Excelso, que, por seu turno, haverá de determinar o seu integral cumprimento, sem prejuízo de responsabilização de pessoa, nos âmbitos cível, administrativo e penal, em relação à autoridade que deixou de acolher o teor da súmula em apreço.

Súmulas administrativas

Os tribunais administrativos, a exemplo do Conselho Administrativo de Recursos Fiscais (CARF), do Ministério da Fazenda, bem como as Cortes estaduais, distritais e municipais, podem editar súmulas de jurisprudências daquelas Cortes e, também, súmulas vinculantes, a teor daquelas da lavra do CARF. Cumpre obtemperar que as súmulas operam seus efeitos no estrito âmbito da administração tributária de cada esfera de governo.

Superior Tribunal de Justiça

Corte preordenada a exercer, preponderantemente, a função de sentinela do sistema jurídico infraconstitucional. No dizer abalizado de Arruda Alvim, comete-se-lhe exercer o papel de “guardião da inteireza do sistema jurídico federal, não constitucional, assegurando-lhe validade e bem assim uniformidade de entendimento” (O antigo recurso extraordinário e o recurso especial na Constituição de 1988. In: TEIXEIRA, Sálvio de Figueiredo (Coord.). *Recursos no Superior Tribunal de Justiça*. São Paulo: Saraiva, 1991. p. 145). Compõe-se de, no mínimo, trinta e três Ministros, nomeados pelo Presidente da República, após a respectiva aprovação por parte do Senado Federal. Com sede em Brasília, detém competência originária e recursal, esta partilhada em ordinária e especial. As aludidas competências encontram-se enumeradas no art. 104 e seguintes da Constituição Federal, cabendo assinalar, entre elas, por envolver frequentes vezes a matéria tributária, aquela concernente a apreciar e julgar mandado de segurança contra ato de Ministro de Estado, bem como a relativa ao recurso especial, no tocante às causas decididas em única ou última instância pelos Tribunais Regionais Federais ou pelos Tribunais dos Estados, do Distrito Federal e dos Territórios, quando a decisão recorrida: *a)* contrariar tratado ou lei federal ou negar-lhes vigência; *b)* julgar válido lei ou ato de governo local contestado em face de lei federal; ou *c)* der à lei federal interpretação divergente da atribuída por outro Tribunal.

Supremacia do interesse público ao do particular

Postulado inexpresso, mas dotado de incontendível magnitude, emerge da conjugação de normas e princípios que se entrecruzam na arquitetura sistêmica do plexo constitucional. Celso Antônio Bandeira de Mello qualifica-a como primado de impostergável relevância na seara do direito público moderno. Ainda, sutiliza que a superioridade do interesse da coletividade em relação ao do particular traduz condição de sobrevivência e de asseguramento do próprio interesse particular (BANDEIRA DE MELLO, Celso Antônio. *Elementos de direito administrativo*. São Paulo: RT, 1980. p. 8). Permeia o regime jurídico administrativo e, por isso mesmo, repercute em tópicos capitulares do direito tributário, no qual o intérprete não pode deixar de sopesá-la ao empreender o labor exegético.

Supremo Tribunal Federal

Corte Suprema que ocupa o ápice da pirâmide do sistema judiciário, sendo composta por onze Ministros e preordenada a garantir o cumprimento da Constituição Federal, na medida em que reveste competência para decidir as questões de maior magnitude e transcendência no direito pátrio. Tem sede em Brasília e seus Ministros são indicados e nomeados pelo Presidente da República, *ad referendum* de maioria de votos por parte do Senado Federal. Ainda, sua competência encontra-se enumerada no art. 102 e desdobres da Carta da República. Na seara tributária, assume imensurável importância, máxime porque esse plano do direito é intensamente constitucionalizado, razão pela qual as lides de natureza tributária tendem a percorrer todas as instâncias do Judiciário, culminando por desaguar no Pretório Excelso. Entre os feitos que envolvem matéria tributária, observada a configuração de repercussão geral como requisito de admissibilidade do Recurso Extraordinário, merecem destaque os seguintes pleitos: ação direta de inconstitucionalidade, ação declaratória de constitucionalidade, reclamação contra descumprimento de súmula vinculante, arguição de preceito fundamental e recurso extraordinário, além de medidas cautelares, embargos e agravos. As decisões de mérito dotadas de definitividade, proferidas em ações diretas de inconstitucionalidade, bem como em ações declaratórias de constitucionalidade, desfrutam de eficácia vinculante, obrigando a serem obedecidas por todos os demais órgãos do Poder Judiciário, bem como da administração direta e indireta, nas esferas federal, estadual, distrital e municipal, nos termos, é bem de ver, do disposto no § 2º do art. 102 do Texto Magno.

Suspensão do prazo prescricional

Descontinuidade do lapso de tempo da prescrição. Difere da interrupção, segundo o entendimento de Hector Villegas, ora compartilhado, na medida em que a sua configuração aproveita o curso temporal anterior, o qual se agrega ao prazo que então se reinicia. Cogita do assunto o art. 151 do Código Tributário Nacional, bem como o § 3º do art. 2º da Lei n. 6.830, de 22 de setembro de 1980. V. *Interrupção do prazo prescricional* e *Prescrição.*

Sustentação oral

Exposição oral, em grau de recurso, cabível em processos administrativos ou judiciais tributários. Prevista nas legislações administrativa e processual, bem como no Estatuto do Advogado, faculta ao procurador resumir verbalmente as alegações que permeiam o direito subjetivo objeto da demanda. O termo de tempo da sustentação situa-se na faixa aproximada de dez minutos, podendo variar conforme o regimento do Tribunal administrativo ou judicial. Por conseguinte, afigura-se cabível nos recursos intentados perante o Conselho Administrativo de Recursos Fiscais (CARF) do Ministério da Fazenda, o Tribunal de Impostos e Taxas ou equivalentes, bem como perante os Tribunais judiciais em apelações, recurso especial, recurso extraordinário e reclamação, entre outros.

Swap

Originalmente, significa a concessão de empréstimos recíprocos entre bancos, em moedas diferentes e com taxas de câmbio idênticas. No mercado financeiro, a expressão é empregada com o sentido de contrato de troca, quer de moedas, quer de *commodities*, quer de ativos financeiros. É com essa acepção que a legislação do imposto sobre a renda encampa o termo, estabelecendo que os rendimentos auferidos em operações de *swap* assujeitam-se à tributação no regime de fonte (Lei n. 8.981, de 20 de janeiro de 1995, art. 74, *caput*).

T

T

TAB

Abreviatura da expressão 'Tabela Aduaneira do Brasil', cujo teor descreve os produtos e mercadorias objetos de comércio exterior e suscetíveis ao imposto sobre a importação, os quais são ordenados por meio de oito (08) dígitos, que exprimem as respectivas posições, subposições, itens e subitens, cumprindo observar que há uma alíquota específica em função da correspondente classificação. Importa assinalar que a aludida codificação guarda harmonia com a Convenção Internacional sobre o Sistema Harmonizado de Designação e Codificação de Mercadorias, que, no âmbito interno, denomina-se Nomenclatura Brasileira de Mercadorias, representada pela sigla NBM/SH. V. *TEC*.

Tabela Aduaneira do Brasil

V. *TAB*.

Tabela de Incidência de Produtos Industrializados

V. *TIPI*.

Tabelião

É o oficial público incumbido de lavrar os atos, contratos e instrumentos, com a finalidade de comunicar certeza jurídica a esses documentos. Realiza o seu mister quando instado pelas partes interessadas, as quais, por seu turno, cumprem a respectiva formalidade por manifestação de vontade ou imposição legal. Em conformidade com o art. 134, VI, do Código Tributário Nacional, o tabelião, assim como o escrivão e os demais serventuários de ofício, revestem a condição de responsáveis solidários nos casos em que intervierem ou nas omissões em que incorrerem, caso a Fazenda Pública não possa exigir o tributo do contribuinte.

Tarifa

Trata-se de expressão sinônima de preço público, ou seja, representa a remuneração de serviço público prestado sob regime de direito privado. Distingue-se do regime jurídico tipificador do tributo, já em sua gênese, porquanto seu nascimento pressupõe um acordo de vontades, ao contrário, portanto, do tributo, em que a vontade não exprime elemento formador do vínculo obrigacional.

Taxa de Controle e Fiscalização Ambiental (TCFA)

Criada pela Lei n. 6.938, de 31 de agosto de 1981, e alterada pela Lei n. 10.165, de 27 de dezembro de 2000, tem por hipótese de incidência o exercício do poder de polícia conferido ao Instituto Brasileiro do Meio Ambiente e dos Recursos Naturais Renováveis (Ibama), o qual, por seu turno, preordena-se a controlar e fiscalizar as atividades potencialmente poluidoras e utilizadoras de recursos naturais, na exata conformidade, aliás, com o quanto dispõe o art. 1º do mencionado diploma normativo. No tangente à quantificação do tributo, a lei em apreço enumera as atividades por intermédio de um anexo, no qual estabelece categorias e gradação poluidora e utilizadora de recursos minerais, classificando-as em grau pequeno, médio e alto. Outrossim, cumpre advertir que o *quantum debeatur* é implementado mediante a conjugação do grau retrocitado em relação à renda bruta, o que, por óbvio, desnatura o regime jurídico de taxa, porquanto o rendimento do contribuinte não guarda qualquer nexo lógico com a atividade estatal de polícia, mas, ao revés, reveste grandeza própria de imposto. Por isso, o tributo afigura-se decididamente inconstitucional, em virtude de não atender aos pressupostos constitucionais correspondentes ao regime jurídico de taxa. A despeito das vicissitudes apontadas, o Supremo Tribunal Federal proclamou sua constitucionalidade, a exemplo do *decisum* exarado pelo Pleno no RE 416.601, publicado no *DJ* de 30 de setembro de 2005.

Taxa de iluminação pública

V. *Contribuição de iluminação pública.*

Taxa de incêndio

Também denominada Taxa de Segurança Pública pela utilização do serviço de extinção de incêndios. No pensar deste Dicionário, não padece dúvida que o gravame não se escoima de invalidade vitanda, pois o seu pressuposto consiste no exercício potencial de serviço público, razão por que falece de conformidade com o Texto Magno, tanto que um dos requisitos de qualquer taxa em nosso direito repousa exatamente na efetiva atividade do Estado, jamais potencial. A propósito, o Pretório Excelso reconheceu sua inconstitucionalidade, conforme revela, dentre outros, o *decisum* prolatado no RE 1240111 AgR em Mandado de Segurança:

> *Órgão julgador:* ***Primeira Turma***
>
> *Relator(a):* ***Min. LUIZ FUX***
>
> *Julgamento:* ***06.03.2020***
>
> *Publicação:* ***15.04.2020***
>
> Ementa
>
> Ementa: AGRAVO INTERNO NO RECURSO EXTRAORDINÁRIO. TRIBUTÁRIO. MANDADO DE SEGURANÇA. TAXA DE UTILIZAÇÃO POTENCIAL DO SERVIÇO DE EXTINÇÃO DE INCÊNDIO – TAXA DE INCÊNDIO. IMPOSSIBILIDADE. SERVIÇO ESSENCIAL E INDIVISÍVEL NÃO PODE SER CUSTEADO POR TAXA. RECURSO INTERPOSTO SOB A ÉGIDE DO NOVO CÓDIGO DE PROCESSO CIVIL. MANDADO DE SEGURANÇA. INAPLICABILIDADE DO ARTIGO 85, § 11, DO CPC/2015. AGRAVO INTERNO DESPROVIDO.
>
> Observação
>
> – Acórdão(s) citado(s): (SERVIÇOS DE BOMBEIROS, INCÊNDIO, TAXA, IMPOSTO) ADI 2908 (TP). Número de páginas: 8. Análise: 24.06.2020, MJC.
>
> Indexação
>
> – RESSALVA DE ENTENDIMENTO, MIN. ROBERTO BARROSO: LEGITIMIDADE, INSTITUIÇÃO, TAXA, PREVENÇÃO, INCÊNDIO.

Taxa de Juros de Longo Prazo (TJLP)

Apesar do *nomen juris*, cumpre esclarecer que a espécie sob exame não reveste natureza jurídica de taxa tributária. Na verdade, o nome afigura-se inadequado, pois se trata de um índice destinado a remunerar determinados fundos com a percentagem de 6% ao ano. Com essa roupagem, foi instituída por meio da Medida Provisória n. 1.471-26, de 22 de novembro de 1996, cujo diploma de conversão consistiu na Lei n. 9.365, de 16 de dezembro de 1996. Na seara tributária, a TJLP é utilizada, por vezes, para corrigir parcelamentos especiais, a exemplo do Programa de Recuperação Fiscal (Refis), substituindo, nesses casos, a taxa Selic, que é sobremodo mais gravosa.

Taxa de pedágio

A prestação denominada pedágio foi originalmente concebida no Estatuto Magno de 1946, sendo mantida nos Textos subsequentes. Naquele, o art. 27 autorizava a cobrança de taxa de pedágio objetivada à conservação e ao melhoramento das estradas; a Carta de 1967, por sua vez, por meio do art. 20, II, reproduziu com outras letras o teor do comando anterior. Nesse sentido, limitou-se a denominá-la *pedágio,* omitindo a dição *taxa,* e firmou como destinação o custeio das vias de transporte, o que mostra a censurável vaguidade do mandamento, agravada pela Emenda n. 1, de 17 de outubro de 1969, que não tratou da matéria. Já o Diploma Excelso de 1988 tornou a versar o assunto sob o prisma tributário, enquanto vedou a limitação ao tráfego de pessoas ou bens por meio de tributos interestaduais ou intermunicipais, salvo a cobrança de pedágio em face da utilização de vias conservadas pelo Poder Público. Como se vê, o constituinte foi explícito ao comunicar fisionomia tributária à referida prestação, contemplando como contribuintes os utentes das estradas, além de dispor que as receitas têm por finalidade a conservação destas. Na verdade, quer ao lume da *Lex Legum* promulgada em outubro de 1988, quer à luz de Cartas pretéritas, o referido gravame pode revestir a feição de tributo ou de preço público, dependendo da escolha abraçada pelo legislador. Entre nós, como sabido e ressabido, preponderam rodovias pedagiadas, pelo que o utente vê-se diante de uma única situação, qual seja, pagar o pedágio, como imperativo para alcançar o local de destino. Dessarte, a compulsoriedade com que se instala o liame jurídico é própria do regime tributário, seja a rodovia privatizada ou não e haja ou não delegação no exercício da capacidade tributária ativa, pois esses aspectos são exógenos ao regime tipológico do tributo. Importa assinalar, ademais, que esse modelo hospeda os antessupostos tipificadores do tributo, equipole dizer: *prestação originalmente pecuniária, instalada compulsoriamente e instituída por pessoa jurídica de direito público interno.* Merece ser afastada, pois, a feição de tarifa ou de preço público propugnada por entendimentos divergentes, pois, mesmo numa estrada privatizada, por exemplo, em que o concessionário realiza determinado serviço público, a sua remuneração somente seria tarifa se houvesse facultatividade no tangente à sua utilização, não podendo sê-lo, jamais, em face da compulsoriedade que informa o seu nascimento. Por outro lado, quando o Poder Público oferece alternativas, a exemplo do que ocorria na Marginal da SP 280 (Rodovia Castelo Branco) até 16 de janeiro de 2010, na qual o usuário podia escolher a pista pedagiada ou a pista comum, a referida situação revela tratar-se de um verdadeiro preço público e não taxa, uma vez que a ausência de compulsoriedade ao ensejo da instalação do vínculo obrigacional revela não se tratar de tributo, mas de preço público. No entanto, a partir de 17 de janeiro de 2010, a opção deixou de existir, pois ambas as pistas tornaram-se pedagiadas, daí a natureza de pedágio tanto numa quanto noutra. Ainda, firmada a fisionomia tributária do gravame sob exame, resta evidenciado que as taxas de pedágio, quer federais, quer estaduais, somente seriam legitimadas se editadas e majoradas por intermédio de lei, observado o postulado da anterioridade sempre que houvesse majoração. No âmbito federal, contudo, a aludida taxa atrita os princípios constitucionais retrocitados, pois inexiste lastro legal, bem como as majorações são efetivadas por atos administrativos, sem qualquer respeito à anterioridade ano-calendário. Deveras, após o advento da Constituição da República promulgada em outubro de 1988, o pedágio federal foi disciplinado pela Lei n. 7.712, de 22 de dezembro de 1988. O referido diploma foi revogado expressamente pela Lei n. 8.075, de 16 de agosto de 1990, que dispôs que o Poder Executivo deveria apresentar um projeto de lei no prazo de até 120 (cento e vinte) dias com o desígnio de restabelecer um mecanismo objetivado a financiar a construção e a manutenção de rodovias, ou seja, uma nova taxa de pedágio. Cumpre obtemperar que o item alusivo à taxa de pedágio com a finalidade de obter recursos para a construção de rodovias afigura-se decididamente inconstitucional, porquanto o art. 150, V, do Texto Supremo autoriza a cobrança de pedágio com o fito de conservar as rodovias e não construí-las. De todo modo, importa assinalar que, a partir de então, nenhum diploma com a estatura de lei cuidou da matéria, donde o tributo da espécie 'taxa de pedágio' ressente-se de respaldo legal, deparando-se induvidosamente inconstitucional. Ademais, além da ausência de lei, as sucessivas majorações foram efetuadas por meio de atos administrativos, a exemplo de portarias e instruções normativas, em flagrante desrespeito ao primado da estrita legalidade imerso no plano constitucional! No Estado de São Paulo, por exemplo, a taxa de pedágio foi instituída pela Lei n. 2.481, de 31 de dezembro de 1953, e se destinava a indenizar as despesas com a construção e a pavimentação das estradas, cessada a sua exigibilidade quando amortizada a referida despesa. Como se vê, o fundamento daquela taxa não se coaduna com a redação do art. 150, V, da Constituição Federal, cujo substrato condiciona a cobrança da taxa de pedágio tão somente com a finalidade de conservação das rodovias, donde é lídimo dessumir que aquele gravame não foi recepcionado pela Carta de 1988. Além disso, a quantificação do gravame, bem como as respectivas majorações, são estabelecidas por atos administrativos, a teor de resoluções exaradas pelo Secretário dos Transportes! Por fim, antolha-se oportuno sublinhar que, salvo a remota possibilidade de haver um pedágio facultativo, a teor do que ocorreu no caso da Marginal da SP 280, que abrigava um pedágio com esse perfil, em geral o pedágio entre nós reveste natureza de tributo da espécie 'taxa', em obséquio ao pronunciamento da Segunda Turma do Pretório Excelso ao julgar o Recurso Extraordinário 181.475-6, em seção realizada em 4 de maio de 1999, tendo como Relator o Ministro Carlos Velloso (*DJU* de 25.06.1999, p. 00028, Ementa, v. 01956, p. 00754).

Taxas de polícia

Modalidades de taxa que têm por hipótese de incidência o exercício do poder de polícia, vale dizer, o desempenho de uma atividade estatal disciplinadora da liberdade individual e da propriedade particular, na medida em que lhe compete harmonizá-las com o interesse da coletividade. A instituição da taxa de polícia requer o efetivo exercício do aludido mister e, também, que a atividade seja dirigida ao contribuinte, sob pena de ilegalidade. Ainda, são tributos de competência privativa das diversas pessoas constitucionais, na exata dimensão em que realizem o poder de polícia em consonância com o âmbito de suas competências genéricas. Nesse sentido, revestem a natureza dessas taxas, entre outras, aquelas pessoas que alojam por hipótese de incidência o exercício do poder de polícia no tocante à segurança de edifícios (caldeiras, elevadores, encanamentos, máquinas, instalações elétricas etc.), à saúde de animais (vacinação etc.), às atividades comerciais (licença etc.), à censura (de filmes cinematográficos, de diversões públicas etc.) e ao controle (de pesos e medidas). Em remate, merecem ser enumerados alguns exemplos específicos de taxas de polícia: vigilância sanitária nos matadouros (taxa federal), publicidade ou anúncios em rodovias estaduais (taxa estadual) e licença para localização e funcionamento (taxa municipal). V. *Poder de polícia.*

Taxa de utilização do mercante

Instituída pelo art. 37 da Lei n. 10.893, de 13 de julho de 2004, passou a ser cobrada a partir de 1º de janeiro de 2005, tornando-se devida, ao ensejo da emissão do número do conhecimento de embarque, a razão de R$ 50,00 (cinquenta reias) por unidade. Como se vê, o diploma normativo *in casu* não explicita os componentes da norma de incidência, a exemplo de esclarecer se a emissão do conhecimento de embarque pressupõe atividade de polícia ou de serviço público, senão também deixa de aclarar qual o motivo da quantificação em R$ 50,00 (cinquenta reias). *Quid juris*? Na verdade, essa taxa afigura-se induvidosamente inconstitucional, por ausência de requisitos mínimos exigidos no desenho de tributos desse jaez, conforme quer o art. 145, II, do Texto Supremo. Outrossim, embora o referido gravame não se escoime de imprecisões vitandas que maculem a sua validez, o Supremo Tribunal Federal atribuiu-lhe natureza de contribuição interventiva no domínio econômico e proclamou a sua constitucionalidade.

Taxas de serviço

Desdobram-se em duas modalidades: a primeira prevista no art. 145, II, da *Lex Legum* e a segunda denominada, especificamente, pedágio, preceituada no art. 150, V, da Constituição da República. O traço comum em ambas repousa na atividade estatal de prestação de serviço público específico e divisível, enquanto a diferença consiste na utilização potencial do serviço, no primeiro caso, e na efetiva utilização, no segundo. Inicialmente, cumpre tecer breves comentos acerca do significado de especificidade e divisibilidade que conotam as aludidas espécies tributárias. A especificidade significa que as taxas de serviço não podem ter por hipótese de incidência a simples prestação geral de serviço público; não, o serviço haverá de ser específico, ou seja, deve ser catalogado e identificado como espécie em relação ao gênero, assim como o serviço de segurança interna ou externa, de saúde, de educação ou qualquer outro. Todavia, além desse conspecto, é de mister que o serviço seja, também, divisível, vale dizer, aquele que implica um desfrute individual excludente do coletivo, segundo o lúcido magistério de Dino Jarach. Finalmente, cabe tanger o traço diferençal entre as referidas taxas. Assim, as de pedágio antessupõem a prestação de serviço público, específico e divisível, conjugada com a utilização, no caso, das estradas, enquanto as demais prescindem desse requisito, pois a simples colocação do serviço à disposição do contribuinte autoriza o Estado a cobrar a taxa.

Taxas

Espécies tributárias que têm por regime jurídico o exercício de uma atividade estatal, quer de polícia, quer de serviço público, específico e divisível, nos termos dos arts. 145, II, e 150, V, da *Lex Legum*.

Taxa Selic

Instituída em 15 de junho de 1986, por meio da Resolução n. 1.124 do Conselho Monetário Nacional, traduz o valor médio dos financiamentos diários dos títulos públicos federais apurados no Sistema Especial de Liquidação e de Custódia (Selic). Sua função original consistia em representar um indicador da taxa média de juros no mercado financeiro, sendo, na sequência, utilizada na seara tributária. A propósito, a Lei n. 9.065, de 20 de junho de 1995, estabeleceu que a aludida taxa seria aplicável aos débitos tributários recolhidos extemporaneamente, com a feição de juros moratórios. Em seguida, a Lei n. 9.250, de 26 de dezembro de 1995, estatuiu que a compensação ou restituição dos tributos seria igualmente submetida aos acréscimos da aludida taxa. Impende notar que os diplomas retrocitados não criaram a taxa questionada, porquanto se limitaram a encampá-la nos termos concebidos pela resolução editada por órgão administrativo, daí a sua manifesta ofensa ao primado da estrita legalidade tributária.

Tax haven

V. *Paraíso fiscal* e *Offshore.*

TEC

Monograma indicativo da Tarifa Externa Comum, a qual corresponde à Tabela Aduaneira do Brasil aplicável ao âmbito do Mercosul. V. *TAB.*

Templo

Em sentido coloquial, a expressão diz respeito às edificações destinadas à prática de culto religioso; já na seara tributária, a carga semântica do termo reveste um sentido sobremodo amplo, que abrange não só o edifício, mas também as suas instalações e demais bens móveis e imóveis, desde que afetados com a finalidade da liturgia religiosa. Ainda, desfruta de imunidade subjetiva em relação aos impostos, consoante os termos do art. 150, VI, *b*, da Constituição Federal. À guisa de exemplo, a exoneração constitucional relativa aos templos deixa-os a salvo da incidência do IPTU em relação ao imóvel onde é realizado o culto, não incidindo, também, o IPVA no tocante aos veículos automotores utilizados a serviço do culto, o ITBI na transmissão de imóvel e o imposto sobre a renda proveniente de doações ou, mesmo, rendimentos financeiros. Os breves comentos trazidos à colação abraçam as lições de Regina Helena Costa, que, com pena de ouro, brindou a ciência do direito tributário com sua Tese de Doutoramento apresentada na Pontifícia Universidade Católica de São Paulo, na qual versou o tema 'Aspectos da imunidade tributária'. V. *Imunidade.*

Território Federal

Consoante Michel Temer, o Território Federal "é pessoa de direito público, de capacidade administrativa e de nível constitucional, ligada à União, tendo nesta a fonte de seu regime jurídico infraconstitucional" (TEMER, Michel. *Elementos de direito constitucional.* 4. ed. São Paulo: Revista dos Tribunais, 1987. p. 101). No Território Federal, os impostos estaduais pertencem à União, o mesmo ocorrendo quanto aos impostos municipais, acaso o Território não seja dividido em Municípios, nos termos, é bem de ver, do art. 147 da *Lex Legum.*

TIPI

Sigla designativa da *Tabela de Incidência de Produtos Industrializados*, que compreende os produtos sujeitos ao IPI, os quais se encontram distribuídos por Seções, Capítulos e Subcapítulos, bem como codificados por meio de oito (08) dígitos, que traduzem as respectivas posições, subposições, itens e subitens. Dessarte, conforme o código de classificação de um dado produto, haverá um percentual correspondente de incidência, que é a alíquota *ad valorem.* É de mister lembrar que a aludida Tabela guarda conformidade com a Convenção Internacional sobre o Sistema Harmonizado de Designação e Codificação de Mercadorias, que, na ambitude do direito interno, denomina-se Nomenclatura Brasileira de Mercadorias, simbolizada pelo monograma NBM/SH. À guisa de exemplo, vejamos determinado excerto da TIPI, no caso, o Capítulo 88, constante da Tabela aprovada pelo Decreto n. 9.950, de 29 de dezembro de 2016:

Capítulo 88

Aeronaves e aparelhos espaciais, e suas partes

Nota de Subposições.

1. Consideram-se "vazios (sem carga)", para aplicação das subposições 8802.11 a 8802.40, o peso dos aparelhos em ordem normal de voo, excluídos o peso do pessoal, do combustível e dos diversos equipamentos, exceto os fixados com caráter permanente.

Notas Complementares (NC) da TIPI

NC (88-1) Ficam reduzidas a zero as alíquotas dos produtos classificados na posição 88.02 (exceto os do código 8802.60.00):

a) quando adquiridos ou arrendados por empresa concessionária de linha regular de transporte aéreo;

b) quando adquiridos ou arrendados por empresa de aerofotogrametria, autorizadas pelo Ministério da Defesa; e

c) os aviões agrícolas, assim inscritos no Registro Aeronáutico Brasileiro – RAB

NC (88-2) Ficam reduzidas para 5% as alíquotas relativas aos produtos classificados na posição 88.02, quando adquiridos ou arrendados por empresa que explore serviços de táxi-aéreo.

NC (88-3) Ficam reduzidas a zero as alíquotas dos produtos classificados na subposição 8802.1, quando adquiridos ou arrendados pelos órgãos de segurança pública da União, dos Estados e do Distrito Federal.

NCM	DESCRIÇÃO	ALÍQUOTA (%)
8801.00.00	**Balões e dirigíveis; planadores, asas voadoras e outros veículos aéreos, não concebidos para propulsão com motor.**	10
88.02	**Outros veículos aéreos (por exemplo, helicópteros, aviões); veículos espaciais (incluídos os satélites) e seus veículos de lançamento, e veículos suborbitais.**	
8802.1	– Helicópteros:	
8802.11.00	– De peso não superior a 2.000kg, vazios (sem carga)	10
8802.12	– De peso superior a 2.000kg, vazios (sem carga)	
8802.12.10	De peso inferior ou igual a 3.500kg	10

8802.12.90	Outros	10
8802.20	– Aviões e outros veículos aéreos, de peso não superior a 2.000kg, vazios (sem carga)	
8802.20.10	A hélice	10
8802.20.2	A turboélice	
8802.20.21	Monomotores	10
8802.20.22	Multimotores	10
8802.20.90	Outros	10
8802.30	– Aviões e outros veículos aéreos, de peso superior a 2.000kg, mas não superior a 15.000kg, vazios (sem carga)	
8802.30.10	A hélice	10
8802.30.2	A turboélice	
8802.30.21	Multimotores, de peso inferior ou igual a 7.000kg, vazios (sem carga)	10
8802.30.29	Outros	10
8802.30.3	A turbojato	
8802.30.31	De peso inferior ou igual a 7.000kg, vazios (sem carga)	10
8802.30.39	Outros	10
8802.30.90	Outros	10
8802.40	– Aviões e outros veículos aéreos, de peso superior a 15.000kg, vazios (sem carga)	
8802.40.10	A turboélice	10
8802.40.90	Outros	10
8802.60.00	– Veículos espaciais (incluídos os satélites) e seus veículos de lançamento, e veículos suborbitais	0
88.03	**Partes dos veículos e aparelhos das posições 88.01 ou 88.02.**	
8803.10.00	– Hélices e rotores, e suas partes	0
8803.20.00	– Trens de aterrissagem (aterragem*) e suas partes	0
8803.30.00	– Outras partes de aviões ou de helicópteros	0
8803.90.00	– Outras	0
8804.00.00	**Páraquedas (incluídos os páraquedas dirigíveis e os parapentes) e os páraquedas giratórios; suas partes e acessórios.**	10

88.05	**Aparelhos e dispositivos para lançamento de veículos aéreos; aparelhos e dispositivos para aterrissagem (aterragem*) de veículos aéreos em porta-aviões e aparelhos e dispositivos semelhantes; aparelhos de treinamento de voo em terra; suas partes.**	
8805.10.00	– Aparelhos e dispositivos para lançamento de veículos aéreos, e suas partes; aparelhos e dispositivos para aterrissagem de veículos aéreos em porta-aviões e aparelhos e dispositivos semelhantes, e suas partes	0
8805.2	– Aparelhos de treinamento de vôo em terra e suas partes:	
8805.21.00	– Simuladores de combate aéreo e suas partes	0
8805.29.00	– Outros	0

Tipicidade

Exprime um dos princípios constitucionais tributários inexpressos, significando a exata adequação do fato à norma, donde o surgimento da obrigação tributária condiciona-se ao evento da subsunção, que é a estreita e plena correspondência entre o fato jurídico tributário (fato gerador) e a hipótese de incidência tributária. Revela postulado de tal relevo que a sua ausência tende a macular inexoravelmente a cobrança do tributo, quando efetivada ao largo do aludido primado constitucional. Outrossim, no direito tributário, a tipicidade ganha foros de maior rigor em relação ao próprio direito penal; assim preleciona Alberto Xavier, ao dizer que, no direito criminal, o órgão aplicador do direito é investido de certa margem de subjetivismo ao fixar a medida da pena, enquanto no direito tributário, além da justaposição do fato à norma, a lei estipula o fundamento da decisão, bem como o critério de decidir (XAVIER, Alberto. *Os princípios da legalidade e da tipicidade da tributação.* São Paulo: RT, 1978. p. 72-73).

Tiranossauro Rex

Designação de um supercomputador desenvolvido por engenheiros do ITA e montado nos Estados Unidos, o qual tem por desígnio combater a sonegação fiscal e elevar a arrecadação. A expressão Tiranossauro Rex diz respeito a um dos mais ferozes e maiores seres que habitaram o planeta terra e, por esse motivo, não se escoimou da crítica incisiva de

Kiyoshi Harada, para quem, não só o nome, bem como o instrumental sobremodo poderoso afiguram-se incompagináveis com o equilíbrio nas relações Estado e cidadão (*Revista Brasileira de Direito Tributário e Finanças Públicas* n. 24, p. 44-45). Realmente, a própria denominação do computador, conjugada com o nome do respectivo software, no caso Harpia, a mais feroz das aves de rapina, isso tudo revela uma ameaça e consequencial desrespeito potencial ao cidadão e ao contribuinte e, logicamente ao Estado de Direito. (* *Nota adicional*)

(*)

"Supercomputador" da Receita vai caçar sonegador

O T-Rex, um supercomputador montado nos Estados Unidos que leva o nome do devastador Tiranossauro Rex, e o software Harpia, desenvolvido por engenheiros do ITA (Instituto Tecnológico de Aeronáutica) e da Unicamp e batizado com o nome da ave de rapina mais poderosa do país, são as mais novas armas da Receita Federal do Brasil para combater a sonegação fiscal e elevar a arrecadação. E os primeiros alvos já estão definidos: empresas brasileiras que importam e exportam.

A partir de janeiro de 2006, a Receita coloca em operação um equipamento capaz de cruzar informações – com rapidez e precisão – de um número de contribuintes equivalente ao do Brasil, dos EUA e da Alemanha juntos.

*O projeto de aquisição e instalação do T-Rex, fabricado pela IBM e que pesa aproximadamente uma tonelada, levou seis meses. Está instalado no **Serpro (Serviço Federal de Processamento de Dados)**, em São Paulo, desde o último dia 12 de setembro.*

O novo software, em desenvolvimento desde fevereiro deste ano por pesquisadores dos dois centros paulistas de tecnologia, vai permitir que, a partir de uma técnica de inteligência artificial (combinação e análise de informações de contribuintes), sejam identificadas as operações de baixo e alto riscos para o fisco – isto é, se há ou não indícios de fraude.

Esse programa de computador faz parte do projeto Harpia, que vai integrar e sistematizar as bases de dados da Receita, além de receber informações de outras fontes, como secretarias estaduais da Fazenda, e de investigações já realizadas, como a CPI do Banestado.

Informação em segundos

"Com esse computador e software, a Receita terá uma análise do contribuinte em segundos. Processos de empresas que levam até um ano para ser analisados poderão ser concluídos em uma semana", afirma Paulo Ricardo de Souza Cardoso, secretário-adjunto da Receita, responsável pela área de fiscalização, tecnologia e administração tributária.

Na primeira fase, o supercomputador e o novo software cuidarão da área aduaneira. O setor de comércio externo foi escolhido por causa do aumento dos negócios entre o Brasil e o exterior, do peso das exportações e das importações na economia e do grande número de fraudes envolvendo o comércio internacional.

"O Brasil utiliza automação desde 1996 nas exportações e desde 1997 nas importações para inspecionar as operações. Mas a Receita entende ser imprescindível agregar mecanismos de análise de riscos a esse modelo. Pode-se dizer que, em oito anos, a rotina automática de seleção não sofria alteração substancial, permanecendo baseada na natureza da operação registrada – e não no nível de risco identificado. Agora, vamos nos antecipar a qualquer tipo de fraude que venha a ocorrer."

Carlos Henrique Costa Ribeiro, chefe do Departamento de Teoria da Computação do ITA, que coordena uma equipe de 20 técnicos que trabalham na elaboração do software, diz que a novidade do sistema é a capacidade que ele terá de aprender com o "comportamento" dos contribuintes para detectar irregularidades.

"A partir de informações de várias fontes, o sistema vai analisar os relacionamentos das empresas, tanto com pessoas físicas (como um advogado) como com jurídicas. Terá condição de identificar se o contribuinte negocia com 'laranjas' ou empresas 'fantasmas'", afirma o pesquisador do ITA.

O novo banco de dados da Receita vai armazenar informações sobre as empresas e seus negócios, como tributos recolhidos por ela e seus sócios, exportações e importações realizadas, ocorrências de falhas nas operações de compra e venda no mercado externo e até se há envolvimento com atividades ilícitas, como contrabando de armas e narcotráfico. Esses dados vão compor um histórico de cada contribuinte.

Cardoso informa que todo o arsenal tecnológico será utilizado para combater diversos crimes – lavagem de dinheiro, tráfico de drogas, contrabando de armas e uso de "fantasmas" para importar ou exportar.

"É preciso ter um controle estrito sobre os fluxos cambiais. As infrações, como lavagem de dinheiro, acabam funcionando como uma espécie de incentivo a atividades criminosas, devendo ser rigorosamente combatidas."

A Receita quer evitar, segundo Cardoso, que as empresas tragam dinheiro "sujo" para a economia, com operações super ou subfaturadas no mercado externo.

Casos como o da exportação fictícia de açúcar e de derivados de soja, que causaram rombo de cerca de R$ 2 bilhões aos cofres públicos, como revelou a Folha, e o da Daslu, maior loja de artigos de luxo do país, suspeita de subfaturar importações, poderiam ser detectados por esse novo sistema, segundo a Folha apurou com técnicos da Receita em São Paulo.

Novos alvos

A Receita já faz cruzamento de dados, mas ainda não dispunha de um serviço "inteligente" de análise de risco de cada contribuinte. Em uma segunda etapa do projeto, a nova tecnologia será estendida a todas as pessoas físicas e jurídicas – e não só às que operam no comércio internacional.

Serão analisadas as informações sobre a capacidade econômica das pessoas – rendimento, movimentação financeira, gastos com cartão de crédito e aquisição de bens, como imóveis, carros, aeronaves e barcos – e das empresas. Essa análise não será isolada em um determinado ano fiscal – vai considerar o histórico de informações de cada contribuinte.

"Dessa forma, será possível acompanhar de perto setores que apresentam problemas, como bebidas, cigarros e combustíveis [considerados campeões de sonegação]. Se a carga tributária de um determinado setor não for compatível com a arrecadação estimada, será possível identificar quais empresas estão com 'desvio de conduta'. E a fiscalização, nesse caso, será acionada", afirma o secretário-adjunto da Receita.

Folha de S. Paulo, Fátima Fernandes, Claudia Rolli, 16 de outubro de 2005.

Título da Dívida Agrária (TDA)

Previsto no art. 184 do Diploma Magno, destina-se ao pagamento de indenização nas desapropriações de imóveis rurais. Mercê da natureza de título da dívida pública, representa uma das formas de garantia do juízo em processo de execução, em particular, nas execuções fiscais, nos termos do art. 835, III, do Código de Processo Civil de 2015; do art. 11, II, da Lei n. 6.830, de 22 de setembro de 1980; e das disposições contidas no Decreto Federal n. 578, de 24 de junho de 1992. Ademais, entre outras finalidades enumeradas no decreto retrocitado, traduz moeda de pagamento de até 50% do imposto sobre a propriedade territorial rural. Cumpre obtemperar que não é moeda de pagamento dos demais tributos, salvo a hipótese de adjudicação ou arrematação em leilão. Nessa situação, contudo, poderão surgir descompassos, pois o mercado de balcão comunica um deságio expressivo a esse título, chegando a dezenas de pontos percentuais em relação ao valor de face.

TJLP

V. *Taxa de Juros de Longo Prazo*

Trading company

Expressão inglesa cuja carga semântica significa companhia comercial. No plano jurídico, assume caráter polissêmico, pois tanto pode aludir à empresa de comércio exterior, quanto ao conjunto de sociedades por ações que se reúne em forma de *holding* ou em grupos empresariais, resguardada a autonomia administrativa de cada qual, sem contar a empresa que tem por objetos a transferência de tecnologia e a organização de investimentos, quer no mercado interno, quer no exterior.

Tráfego

Expressão utilizada no direito tributário com a acepção semântica de serviço de comunicação no plano internacional.

Tráfego entrante

Trata-se de locução imersa no âmbito do ICMS, a qual diz respeito à importação do serviço de comunicação.

Tráfego sainte

Consiste na exportação de serviço de comunicação, o qual, segundo a óptica da Fazenda do Estado, bem assim a Distrital, seria susceptível de incidência pelo ICMS, entendimento equivocado, no pensar desta obra, porquanto representas hipótese de imunidade prevista no § 2º, X, *a*, do art. 155 da Constituição Federal. Esse entendimento é compartilhado pelo magistério autorizado de José Eduardo Soares de Melo, em sua monografia *ICMS* – Teoria e prática, senão também por Fernando Bonfá em *ICMS*-Aspectos pontuais.

Transação (1)

O conceito *in casu* mereceu uma análise desdobrada em dois verbetes, dos quais o primeiro reproduz o entendimento firmado na primeira edição, ao passo que o segundo estampa um novo posicionamento, inspirado, diga-se, *a vol d'oiseau,* numa reconstrução conceptual da lavra de Cleide Regina Furlane Pompermayer, Procuradora Municipal em Blumenau e de Danielle Nascimento Nogueira de Souza, Professora e Procuradora da Fazenda Nacional, consoante será demonstrado no vocábulo Transação 3.

Transação (2)

Ao lume da teoria geral do direito, representa modalidade extintiva da obrigação substanciada no término do litígio mediante concessões mútuas. O Código Tributário Nacional, por meio do art. 156, III, qualifica-a como uma das fórmulas de extinção da obrigação tributária. Em primeiro lugar, é de mister esclarecer que a transação afigura-se absolutamente incompatível com o regime jurídico tributário, porquanto os planos de nascimento, existência e extinção dos tributos são submetidos à edição de atos administrativos da categoria dos vinculados, os quais, pela própria índole, não se compaginam com a liberalidade inerente ao instituto da transação, cujo desenho conceptual, consoante visto, pressupõe um acordo de vontades, em que sujeito ativo e sujeito passivo decidem abrir mão de certos direitos com o desígnio de pôr termo a uma demanda. Deveras, o ato vinculado impõe à administração a adoção de um único comportamento possível diante de uma situação prefigurada em termos objetivos, segundo preleciona Celso Antônio Bandeira de Mello, donde se torna inconciliável com a transação. Por outro lado, há os que sustentam a aplicabilidade da transação no tangente à multa tributária, na medida em que o contribuinte desista de contestar um auto de infração e promova o pagamento do tributo devido integralmente, com redução da multa em 50%, a exemplo de situação contemplada pela legislação do imposto sobre a renda, do ICMS, do IPI etc. Na verdade, esse raciocínio não merece melhor sorte do que o anterior, pois, ainda que o legislador possa dispor sobre a redução da multa, procurando estimular a arrecadação, o que é admissível em tese, jamais como coerção, tal hipótese não simboliza modalidade transacional, mas sanção ao exercício do direito de defesa, ofendendo, dessarte, o primado constitucional do devido processo legal, bem como da ampla defesa, do contraditório e da moralidade administrativa, entre outros.

Transação (3)

Como sabido o instituto *sub examen* encontra-se imersa no art. 156, III, do CTN, a qual reveste eficácia não autoaplicável, máxime porque o seu texto contempla a transação como fórmula extintiva da obrigação, abrindo espaço para que o legislador implemente o assunto. Nesse sentido, a Lei n. 13.988, de 14.04.2020, versa a matéria que, a seu turno, é objeto de inúmeras Portarias da PFN, enquanto no plano legislativo local merece citada a excelente experiência efetivada na cidade de Blumenau, tendo por protagonista a Procuradora Cleide Regina Furlane Pompermayer, já mencionada em tópico precedente. Sobremais, digno de nota o esforço empreendido pela Procuradoria da Fazenda Nacional, cujo sucesso é revelado pela Procuradora Danielle Nascimento Nogueira de Souza. Segundo seus Estudos e Palestras, uma das quais realizada no Instituto Brasileiro de Estudos de Direito Administrativo, Financeiro e Tributário – IBEDAFT, ressaltou que até maio de 2021 a PFN negociou 95 bilhões de reais por meio de 308 acordos de transação, arrecadando mais de 3 bilhões de reais, o que mostra por todas as luzes, a potencialidade da transação na seara tributária e as conquistas de uma gestão competente e comprometida (I Simpósio de Direito Público Ibedaft/Fadip – SP, em 27.05.2021). Torna-se de mister esclarecer que a transação efetivada no âmbito da Procuradoria da Fazenda não destoa do regime vinculado que preside a exigibilidade do tributo no plano da administração por parte da Receita de qualquer nível de governo.

Transferência de créditos tributários em prol de terceiros

Hipótese suscetível de ocorrer na área dos tributos não cumulativos, a exemplo do IPI e do ICMS, consiste na transmissão do crédito para terceira pessoa, justificada quando o contribuinte não tem condição de compensar o crédito com débitos próprios. A legislação do imposto sobre produtos industrializados, bem como do imposto sobre operações relativas à circulação de mercadorias, cuidam do assunto, embora estipulando limitações, algumas encontráveis em precedentes pretorianos. Entrementes, ainda que haja omissão legislativa com relação a determinadas situações ou até mesmo vedações em torno da transferência de créditos, mesmo assim o Judiciário pode e deve autorizar a transferência por meio de norma individual, sempre que o contribuinte não puder compensar o crédito, tudo por amor ao Texto Supremo, em particular, em respeito aos princípios que asseguram o direito à propriedade e à vedação ao locupletamento ilícito em favor da Fazenda Pública.

Transferência de tecnologia

À luz do direito de propriedade industrial, consiste em liame que tem por objeto a transmissão de conhecimentos concernentes a um dado produto ou processo industrial.

Transfer pricing

V. *Preços de transferência.*

Transformação

Operação consistente na conversão de um dado produto ou matéria-prima em uma espécie nova. Exprime uma das hipóteses do conceito de industrialização, que, por seu turno, integra o critério material da norma-matriz do imposto sobre produtos industrializados.

Trânsito aduaneiro

Regime especial que permite o transporte de mercadoria de um ponto a outro do território aduaneiro, com suspensão de tributos e sob controle aduaneiro, nos termos do art. 73 do Decreto-lei n. 37, de 18 de novembro de 1966.

Tratado internacional

Traduz um acordo escrito entre Estados, conquanto alguns autores reconheçam a validade de tratados não escritos, tendo por objeto temas dos mais variados, a exemplo de comércio internacional, demarcação de fronteiras, intercâmbio cultural, guerra e paz, saúde, educação, isenções tributárias etc. O Código Tributário Nacional dispõe sobre a matéria por meio dos arts. 96 e 98, cabendo lembrar que o Brasil é signatário de inúmeros tratados destinados a evitar a bitributação na área do imposto sobre a renda, a exemplo daqueles celebrados com a Argentina, Alemanha, Áustria, Bélgica, Canadá, China, Coreia, Dinamarca, Equador, Espanha, Filipinas, Finlândia, França, Hungria, Índia, Itália, Japão, Luxemburgo, Noruega, Portugal, Reino Unido dos Países Baixos, Suécia, República Tcheca e República Eslovaca. Por força desses tratados, especificamente denominados convenções, uma pessoa com domicílio no Brasil, por exemplo, tendo rendimentos provenientes de um daqueles países, suponha-se o Japão, deverá pagar o imposto naquele país, mas não haverá uma nova incidência no Brasil, evitando-se, assim, a bitributação no plano internacional.

Convém observar, no entanto, que o tratado internacional celebrado pelo Poder Executivo não opera efeito por si só, pois depende de duas formalidades, quais sejam, a primeira substanciada na concordância parlamentar por meio de decreto legislativo e a segunda, na troca dos instrumentos de ratificação entre os Estados signatários, pelos quais se demonstra que o acordo contido no tratado teria cumprido as formalidades imersas no direito interno dos países subscritores.

Treaty shopping

Traduz a utilização indevida de benefício contido em convenção ou tratado internacional, na medida em que um sujeito passivo não residente recorre a uma interposta pessoa com a finalidade de desfrutar do regime mais favorecido, o qual, a rigor, tem como destinatários apenas os residentes nos países signatários. O instituto é exemplarmente ilustrado por Heleno Torres, em sua inexcedível monografia acerca do direito tributário internacional. São suas palavras: "Exemplo prático de *treaty shopping*: determinado sujeito W, residente em país que não mantém convenção internacional em matéria de dupla tributação com o país da fonte A, recebe juros derivados de operações ali praticadas, o qual tributa o pagamento, com incidência na fonte. W constitui, então, uma empresa Y, em B, país que possui uma convenção internacional com A, e transfere para Y a titularidade das respectivas tributações. Os juros, que agora são pagos a B, serão tributados considerando a aplicação da convenção, com redução das alíquotas incidentes. Em seguida, estes são transferidos de B para A, sob a forma de um empréstimo ou qualquer forma sujeita a um regime privilegiado. Este benefício pode ser maximizado quando o país da fonte A concede alguma forma de isenção ou redução de base de cálculo ou de alíquota às operações, ou ao sujeito beneficiário" (TORRES, Heleno. *Direito tributário internacional* – Planejamento tributário e operações internacionais. São Paulo: Revista dos Tribunais, 2001. p. 327).

T-Rex

V. *Tiranossauro Rex*

Tribunal de Alçada

Extinto por meio da Emenda Constitucional n. 45, de 8 de dezembro de 2004

Corte de 2ª instância na Justiça Estadual, desdobrada em Alçada Civil e Alçada Criminal e composta por juízes de carreira, portanto, concursados, sendo que um quinto das vagas destinava-se a advogados ou membros do Ministério Público Estadual, indicados em lista sêxtupla e nomeados pelo Governador do Estado. Sua competência encontra-se estatuída na Constituição do Estado, cabendo à lei de organização judiciária promover a respectiva regulamentação. Competia-lhe, entre outros misteres, processar e julgar ações e execuções de natureza fiscal de interesse das Fazendas Municipais.

Tribunal de Contas

Órgão preposto do Legislativo, dotado de índole jurídica administrativa, donde se caracteriza como Tribunal Administrativo, tendo por missão básica o controle externo do orçamento público e cabendo-lhe, portanto, o mister de fiscalizar a correta aplicação do dinheiro público, como também de examinar a legalidade dos contratos, aposentadorias e pensões de natureza pública, tudo com fulcro no mandamento inserto no art. 71, I *usque* XII, da Constituição da República. Por oportuno, impende recordar um adágio clássico citado por Marcel Waline, entre outros, segundo o qual a Corte de Contas julga as contas e não os responsáveis pelas contas (WALINE, Marcel. *Droit administratif*. 9. ed. Paris: Sirey, 1963. p. 156), entendimento também esposado pelo magistério abalizado de Castro Nunes, ao averbar que a decisão proferida pelo Tribunal de Contas versa sobre "a regularidade intrínseca da conta e não sobre a responsabilidade do exator ou pagador ou sobre a imputação dessa responsabilidade" (CASTRO NUNES, José. *Teoria e prática do poder judiciário*. Rio de Janeiro: Forense, 1943. p. 28). Em que pese a autoridade dos juristas trazidos à cita, convém esclarecer que, na hipótese de o Tribunal de Contas impugnar uma dada conta, essa medida culmina por obrigar o gestor do recurso público respectivo a promover a reposição daqueles valores aos cofres públicos, assujeitando-o a sanções pecuniárias, inclusive, o que, naturalmente, significa uma forma de responsabilização, sem contar que a reprovação das contas pode servir de marco para a deflagração de outras responsabilidades, inclusive de natureza penal. Ademais, importa reconhecer que o tema situa-se na ambitude do direito financeiro, competindo assinalar, outrossim, que seus desdobres envolvem matizes tributários, a exemplo da receita oriunda dos impostos, a qual, basicamente, preordena-se a prover o orçamento público, observadas as exceções enumeradas no art. 167 da Constituição da República, o mesmo ocorrendo em relação às contribuições constantes no art. 149 do Texto Excelso, cuja tipificação consiste na afetação do produto de sua arrecadação, a exemplo das contribuições CPMF, PIS, Cofins, salário-educação e outras. Na órbita federal, há o Tribunal de Contas da União, ao passo que há um Tribunal em cada Estado, bem como no Distrito Federal, havendo apenas dois de natureza municipal, um na cidade do Rio de Janeiro e outro em São Paulo, sendo vedada a criação de novos Tribunais municipais, em face de disposição contida no § 4º do art. 31 da Constituição Federal, pelo qual suas contas são fiscalizadas pelos Tribunais dos respectivos Estados. Ainda, no âmbito federal, seus membros são nomeados pelo Chefe do Executivo, sendo um terço escolhido pelo próprio Presidente e dois terços escolhidos pelo Congresso Nacional, princípios a serem observados nos demais planos de governo, mercê do disposto no *caput* dos arts. 25, 29 e 32 da Constituição.

Tribunal de Impostos e Taxas

No Estado de São Paulo, é a denominação atribuída ao órgão subordinado ao Secretário da Fazenda, dotado de prerrogativas para apreciar e julgar em última instância os processos administrativos que versem sobre tributos estaduais. Desdobrado em câmaras compostas por juízes titulares e suplentes, reveste estrutura paritária, de tal sorte que metade de seus membros é representante da Fazenda e a outra metade, integrada por representantes dos contribuintes, mediante indicação de entidades de classe. V. *Conselho de Contribuintes Estaduais.*

Tribunal de Justiça

Corte de 2º grau na ambitude da Justiça Estadual, composta por desembargadores e juízes de carreira, sendo que um quinto das vagas destina-se a advogados ou membros do Ministério Público Estadual, indicados em lista sêxtupla e nomeados pelo Governador do Estado. Sua competência é estabelecida pela Constituição do Estado e regulamentada pela lei de organização judiciária. Na área tributária, é competente para apreciar e julgar, entre outras, as ações ou execuções de natureza fiscal ou parafiscal de interesse da Fazenda do Estado e suas autarquias.

Tribunal Regional Federal

Corte de 2ª instância do Judiciário Federal, composta por um número mínimo de sete juízes nomeados pelo Presidente da República, sendo quatro quintos entre magistrados de carreira, portanto, concursados, e um quinto entre advogados e membros do Ministério Público Federal com mais de dez anos de efetiva atividade. Detém competência originária e recursal; a primeira compreende o julgamento de: *a)* juízes federais da área de sua jurisdição, incluídos os da Justiça Militar e da Justiça do Trabalho, nos crimes comuns e de responsabilidade, membros do Ministério Público da União, ressalvada a competência da Justiça Eleitoral; *b)* revisões criminais e ações rescisórias de julgados seus ou dos juízes federais da região; *c)* mandados de segurança e *habeas data* contra ato do próprio Tribunal ou de juiz federal; *d) habeas corpus*, quando a autoridade coatora for juiz federal; *e)* conflitos de competência entre juízes vinculados ao Tribunal. Já em grau de recurso, comete-se-lhe julgar as causas decididas pelos juízes federais e estaduais no exercício da competência federal da área de sua jurisdição.

Tributação sobre supérfluos

A Emenda Constitucional n. 31, de 14 de dezembro de 2000, entroncada no art. 79 do Ato das Disposições Constitucionais Transitórias, criou novas competências tributárias, substanciadas na estatuição de tributação adicional até o ano-calendário de 2010, incidente sobre produtos, mercadorias ou serviços considerados supérfluos, alcançando, assim, os campos do IPI, ICMS e ISS, mediante os percentuais de 5, 2 e 0,5, respectivamente. Destinada a prover o Fundo de Combate e Erradicação da Pobreza, tal circunstância revela, desde logo, que, ao revés de imposto, como sugere o seu *nomen juris,* reveste fisionomia de contribuição social, em virtude de a afetação de sua receita integrar o regime jurídico constitucional próprio desses tributos. Ao lado dessa vicissitude, o referido título competencial não se escoima de outra impropriedade vitanda, qual seja, a superfluidade como pressuposto do adicional, máxime porque essa expressão guarda o significado de algo inútil ou desnecessário. É dizer, a emenda cogitou de tributação adicional incidente sobre produtos, mercadorias ou serviços inúteis ou desnecessários, ou seja, é um verdadeiro *sin sentido*, como diria Genaro Carrió!

Tributo

O art. 3º do Código Tributário Nacional definiu tributo nos seguintes termos: "*é toda prestação pecuniária compulsória, em moeda ou cujo valor nela se possa exprimir, que não constitua sanção de ato ilícito, instituída em lei e cobrada mediante atividade administrativa plenamente vinculada*". Dito de outro modo, o aludido conceito legal significa que o tributo é caracterizado como uma obrigação de dar, criada por lei, de natureza não sancionatória e nascida compulsoriamente, ou seja, não decorre de um acordo de vontades, na qual o contribuinte deve entregar à Fazenda Pública uma soma de dinheiro ou algo equivalente, se a lei assim o permitir, operando-se a cobrança por meio de ato administrativo vinculado. Segundo a doutrina corrente, qualquer prestação compulsória que se justapuser ao art. 3º *ut supra* revestirá a natureza de tributo. Não obstante, tal entendimento hospeda contradições vitandas, tanto que, consoante essa premissa, certas figuras, a exemplo da taxa de pedágio, não seriam tributos, por ausência de lei, o que seria decididamente despropositado. Como se vê, o paradoxo torna-se evidente ante os pressupostos dessa linha doutrinal, porque, no exemplo trazido à colação, temos uma das duas: ou a mencionada taxa de pedágio não é tributo, porque não está em consonância com o art. 3º, em face de falta de lastro legal, ou, na hipótese contrária, é um tributo, que, por outras razões, seria ilegal. No pensar desta obra, trata-se de tributo ilegal, máxime porque a legalidade, bem como a vinculabilidade, não representam componentes tipificadores do tributo, mas requisitos de validade. Deveras, a proposta do autor desta obra, já exposta noutros estudos, bem como em seu livro *Manual de direito financeiro e tributário*, propugna que os predicados tipificadores do tributo consistem na prestação pecuniária instalada compulsoriamente, que não revista natureza sancionatória e instituída por pessoa jurídica de direito público interno, vale dizer, União, Estado, Distrito Federal ou Município. V. *Espécies tributárias*.

Tributos diretos e indiretos

Classificação econômica de tributos em função da repercussão ou não do ônus tributário a terceira pessoa. Por essa ótica, o imposto sobre a renda situa-se entre os chamados tributos diretos, porquanto o próprio contribuinte suporta o encargo do gravame, enquanto o IPI e o ICMS são indiretos, porque o contribuinte desses impostos – industrial ou comerciante – repassa o encargo financeiro para o adquirente. O referido critério classificatório, conquanto correto sob o prisma econômico, afigura-se sem qualquer sentido no plano jurídico, pois, à luz do direito, os denominados tributos indiretos, ou mesmo as expressões 'contribuinte de fato' e 'contribuinte de direito', contrapartida da divisão *in casu,* não operam qualquer efeito jurídico, não merecendo, portanto, qualquer relevo normativo. Convém obtemperar que essas sistematizações econômicas podem ajudar o estudioso do direito tributário a compreender a intimidade do fato jurídico com a implicação econômica subjacente, mas não podem ser utilizadas como categorias jurídicas, nem como parâmetros de interpretação, máxime porque não revestem qualquer significado para o direito.

Tributos fixos

São aqueles destituídos de base de cálculo, cujo *quantum debeatur* aparece, desde logo, traduzido na legislação, a exemplo do imposto sobre serviços incidente sobre a atividade dos advogados, em que cada profissional paga determinado valor anual, correspondente a um dado número de salários-mínimos.

Tributos pessoais e reais

Classificação inspirada na antiga jurisprudência romana que distinguia o direito de uma pessoa em relação ao de outra e o direito de uma pessoa sobre uma coisa. Tal divisão influencia significativamente a produção do direito tributário, quer na ambitude das normas gerais e abstratas, quer no universo das normas individuais e concretas. Nessa vereda, em remansosa jurisprudência, o Pretório Excelso abraça a classificação de impostos com natureza real e pessoal, a exemplo do recurso que decidiu pela inconstitucionalidade da quantificação progressiva do IPTU, mercê de sua condição de imposto real (RE 248.892-5/RJ - 2ª Turma, unânime, 09.11.1999, *DJU* 1, de 31.03.2000, p. 63). Todavia, essa visão contraria o próprio substrato do direito, que, em última análise, tem por objeto a conduta interpessoal e não a relação entre a pessoa e a coisa. Por todas as veras, o direito denominado real é, por excelência, aquele atinente à propriedade, o qual, na ótica kelseniana, traduz uma relação entre um indivíduo proprietário e outros indivíduos, que não podem se opor ao exercício do poder de propriedade sobre o aludido bem, seja imóvel, seja móvel (KENSEN, Hans. *Teoria pura do direito*. 3. ed. Coimbra: Armênio Amado, 1974. p. 190 et seq.). Ante essas ponderações, força é admitir que todas as relações jurídicas revestem caráter pessoal, donde, por óbvio, os tributos teriam sempre e inexoravelmente foros de pessoalidade, merecendo ser afastada a anacrônica postura ideológica dos romanos da doutrina tradicional, que, ao revés de servir, antes desserve à ciência do direito e aos destinatários do direito positivo.

Tributos proporcionais, progressivos e regressivos

V. *Progressividade*, *Proporcionalidade* e *Regressividade*.

Tributos vinculados e não vinculados

Trata-se de classificação proposta por Geraldo Ataliba, a qual, segundo suas próprias palavras, responde a velhas indagações formuladas por Otto Mayer e Dino Jarach, sendo adotada, outrossim, por Perez de Ayala, embora com roupagem diversa. Com efeito, o Professor Geraldo Ataliba sustenta que a natureza jurídica do tributo repousa na materialidade de sua hipótese de incidência e, a partir dessa premissa, demonstra que, em qualquer legislação existente, teremos uma de duas: ou o aspecto material da hipótese de incidência consiste numa atividade do Poder Público ou consiste num fato alheio a qualquer atividade do Estado. Assim, o primeiro caso configura um tributo vinculado (taxas e contribuições de melhoria), ao passo que o segundo tipifica um tributo não vinculado, vale dizer, imposto (ATALIBA, Geraldo. *Hipótese de incidência tributária*. 2. ed. 2. tir. São Paulo: RT, 1978. p. 131 et seq.).

Tutela antecipada

V. *Ações cautelares*.

Instituto de direito processual civil previsto nos arts. 300 e 1.019, I, do CPC/2015, consiste em provimento cautelar em prol do autor do feito, merecendo ser cabida ao ensejo da exordial, bem como ao lanço da interposição de agravo de instrumento perante o Tribunal, o qual tem por desígnio a preservação de direito irreparável ou de difícil reparação quando houver abuso do direito de defesa ou manifesto propósito protelatório por parte do réu. A exemplo de outras medidas voltadas à proteção liminar de direitos e garantias, impende notar que, uma vez presentes os pressupostos concernentes à pretensão, o órgão judicante não dispõe de juízo discricionário sobre o assunto, devendo, pois, deferir o pedido liminar da tutela antecipada, quer parcial, quer integralmente, conforme quer a legislação adjetiva aplicável à espécie. Por iguais razões, obviamente, caso ausentes os requisitos enumerados no diploma adjetivo, o pleito merece ser indeferido, de plano.

Tutela de emergência antecipada recursal

V. *Agravo de instrumento*.

Tutor

Ao consoar dos mandamentos contidos nos arts. 1.740, 1.741 e 1.745 *usque* 1.752 do Código Civil de 2002, é a pessoa, nomeada por ato voluntário, incumbida com o encargo de orientar e representar o menor cujos pais faleceram, foram declarados ausentes ou perderam o pátrio poder. Segundo o inciso II do art. 134 do Código Tributário Nacional, na hipótese de impossibilidade de exigência do tributo de seu tutelado, o tutor responde solidariamente pelo *debitum* nos atos em que intervier ou pelas omissões cometidas.

U

U

UFIR

Indexador extinto em 31 de dezembro de 1994

Instituída pela Lei n. 8.383, de 30 de dezembro de 1991, representa uma medida de valor destinada à atualização de tributos federais e penalidades decorrentes. Como mecanismo de correção de crédito tributário, vigorou até 31 de dezembro de 1994, uma vez que, a partir de então, os tributos federais e seus consectários passaram a ser apurados em reais, *ex vi* do art. 6º da Lei n. 8.981, de 20 de janeiro de 1995, bem como do art. 1º da Lei n. 9.249, de 26 de dezembro de 1995. Conquanto extinta, incide sobre débitos ou créditos tributários constituídos no período de sua vigência e objetos de pendência administrativa ou judicial.

Ultratividade

Aspecto relacionado à intertemporalidade da lei, consistente na eficácia de norma não vigente. Com efeito, na ultratividade opera-se a persistência dos efeitos jurídicos de legislação revogada, assim como se verifica no exemplo proposto: instalada uma obrigação tributária referente ao IPI, à alíquota de 20% e com vencimento no prazo de 90 dias, acaso aquela disposição seja revogada por norma superveniente estipuladora de percentagem de 5% ao invés de 20%, o contribuinte haverá de recolher o imposto mediante o percentual de 20%, porquanto o comando respectivo irradia os seus efeitos, mesmo após a cessação da vigência da disposição precitada. Trata-se de primado de hermenêutica, encampado pela teoria geral do direito e que, por isso mesmo, irradia seus efeitos em todos os quadrantes do direito, qualquer que seja a natureza da lei, mercê de sua condição de instituto da teoria geral do direito.

União

Pessoa jurídica de direito público interno dotada de competências privativas, enumeradas nos arts. 21 e 22 da *Lex Legum*, bem como investida de competências concorrentes, inscritas nos arts. 23 e 24 do Diploma Excelso. As competências arroladas nos arts. 21 e 22, senão também aquelas concernentes à edição de normas gerais gravadas nos arts. 23 e 24, não dizem respeito à União como pessoa constitucional, mas à Federação Brasileira. Exemplificam as primeiras a legislação de cunho nacional sobre moeda, reserva cambial, defesa nacional, declarar a guerra e celebrar a paz, desapropriação, direito civil, comercial, penal, agrário etc.; e as segundas a legislação de timbre nacional a teor do Código Florestal, Código de Pesca, Código Tributário Nacional, Lei n. 4.320, de 17 de maio de 1964, que estabelece normas gerais sobre direito financeiro etc. Na seara tributária, compete à União legislar privativamente sobre tributos de comércio exterior, imposto sobre a renda, imposto sobre produtos industrializados, IOF, IPTR, grandes fortunas, taxas e contribuições de melhoria federais, impostos estaduais nos territórios federais, bem como impostos municipais nos territórios não divididos em Municípios, impostos e contribuições de seguridade social residuais, contribuições sociais, contribuições de intervenção no domínio econômico, contribuições profissionais, empréstimos compulsórios, além do imposto extraordinário de guerra, nos termos dos arts. 145, I, II e III; 147; 148; 149; 150, V; 153, I a VII; 154, I e II; 195 e 239, todos do Texto Supremo.

União aduaneira

Mecanismo adotado por mercados comuns, a exemplo da Comunidade Europeia, que consiste na vedação de cobrança de tributos incidentes sobre a importação e exportação, além de hospedar uma Tarifa Externa Comum.

Uniformidade geográfica

Princípio constitucional substanciado na uniformidade dos tributos federais em todo o território nacional. Essa igualdade de tratamento traduz desdobramento de outros postulados magnos do sistema, a teor dos primados federativo, da isonomia das pessoas constitucionais e da igualdade entre as pessoas. Por outro lado, o aludido princípio comporta atenuações plasmadas na concessão de incentivos fiscais objetivados a promover o equilíbrio socioeconômico de diferentes regiões do País. É de notar que essa possibilidade, longe de infirmar a igualdade em apreço, antes a confirma, porquanto os incentivos não se destinam a privilegiar determinada região, mas a buscar um mínimo de equidade reclamada pela forma federativa de Estado. O aludido vetor constitucional encontra-se vazado nos seguintes termos na Constituição Federal: "*Art. 151. É vedado à União: I – instituir tributo que não seja uniforme em todo o território nacional ou que implique distinção ou preferência em relação a Estado, ao Distrito Federal ou a Município, em detrimento de outro, admitida a concessão de incentivos fiscais destinados a promover o equilíbrio do desenvolvimento sócio-econômico entre as diferentes regiões do País*".

Universalidade da jurisdição

Postulado indeclinável do Estado de Direito, contemplado pelo Diploma Excelso por meio do art. 5º, XXXV, que hospeda a seguinte fraseologia: "*a lei não excluirá da apreciação do Poder Judiciário lesão ou ameaça a direito*". Dito de outro modo, significa a garantia constitucional que assegura a qualquer pessoa o direito de bater às portas do Judiciário. Sem dúvida, exprime um dos sustentáculos do Estado de Direito, incorporado entre nós pela Constituição de 1946, quando ensejou candente comentário de Pontes de Miranda, ao dizer que foi "a mais típica e a mais importante criação daquela Carta". Por força de seu conteúdo, nenhum diploma normativo pode estabelecer qualquer limitação que condicione o ingresso em juízo, como, por exemplo, o eventual esgotamento das vias administrativas, porquanto tal hipótese afigura-se decididamente conflitante com a dimensão semântica do aludido primado constitucional.

V

V

Vacatio legis

É o termo de tempo que medeia a publicação da lei e a sua eficácia, excluindo-se o *dies a quo* e incluindo-se o *dies ad quem*, computados os sábados, domingos e feriados, sem qualquer interrupção. Segundo o art. 1º da Lei de Introdução às Normas do Direito Brasileiro, salvo disposição em contrário, a *vacatio legis* consiste no intertempo de quarenta e cinco dias, a contar da publicação oficial da lei. No direito tributário, em geral, a legislação costuma aludir à eficácia imediata, respeitado o postulado da anterioridade aplicável aos tributos em geral, excetuados os de comércio exterior, IPI, IOF, impostos extraordinários de guerra, empréstimo compulsório de emergência, além das contribuições enumeradas no art. 195 da Constituição Federal, estas sujeitas ao lapso temporal de noventa dias.

Vale-transporte

Instituído pela Lei n. 7.418, de 16 de dezembro de 1985, com alterações constantes na Lei n. 7.619, de 30 de setembro de 1987, é o meio pelo qual o empregador, pessoa física ou jurídica, arca com parcela do gasto de deslocamento do trabalhador no percurso residência-trabalho e vice-versa. Com efeito, destina-se a custear a despesa de transporte do trabalhador em relação ao que exceder à percentagem de 6% de seu salário básico. Ao consoar da legislação de regência, o vale-transporte não reveste natureza salarial, bem como não constitui base de cálculo de contribuição previdenciária, não configurando, outrossim, rendimento tributável do trabalhador, na estrita conformidade, aliás, com o quanto dispõem as alíneas *a*, *b* e *c* do art. 2º da Lei n. 7.418, de 16 de dezembro de 1985. Entrementes, cumpre advertir que o Decreto n. 95.247, de 17 de novembro de 1987, em flagrante desrespeito à lei e usurpando função legislativa, estabeleceu que a não incidência das contribuições previdenciárias em relação ao vale-transporte condicionar-se-ia ao pagamento efetivado em tíquetes ou boletos, vedando o pagamento em dinheiro, ou seja, além de afrontar o diploma legal, o Executivo pretendeu negar o curso forçado da moeda!

Valor aduaneiro

Ao lado da alíquota específica e do preço da arrematação em leilão, o valor aduaneiro assujeita-se à alíquota *ad valorem* e representa uma das hipóteses de base de cálculo do imposto sobre a importação, nos termos do quanto dispõe o Decreto-lei n. 37, de 18 de novembro de 1966, reproduzido pelo art. 90 e seguintes do Regulamento Aduaneiro. O valor *in casu* pode ser mensurado nos termos do disposto no art. 75 do Decreto n. 6.759, de 5 de fevereiro de 2009, que adota a orientação firmada pelo art. VII, denominado Acordo de Valoração Aduaneira, que, por seu turno, integra o Acordo Geral sobre Tarifas Aduaneiras e Comércio (*General Agreement on Tariffs and Trade* – GATT), no qual o Brasil é parte. V. *Acordo de valoração aduaneira.*

Valor agregado

Expressão caracterizadora de tributo sujeito a um ciclo econômico multifásico, no qual se opera uma incidência em cada etapa, em função do valor acrescido. À guisa de exemplo, suponha-se uma situação em que o contribuinte de um imposto sobre o valor agregado compre uma dada mercadoria pelo valor unitário de R$ 100,00 (cem reais) e promova a venda por R$ 300,00 (trezentos reais). Nesse caso, o *quantum debeatur* consistiria na tradução do percentual de 20% sobre o valor de R$ 200,00 (duzentos reais) adicionado em relação à operação anterior, donde o valor do imposto importaria em R$ 40,00 (quarenta reais). Caso a operação fosse efetuada sem lucro algum ou até mesmo com prejuízo, não haveria qualquer incidência, até porque o imposto com esse perfil recai tão somente sobre o chamado valor agregado, conforme a arguta lição de Fernando A. Brockstedt, ao demonstrar a inconfundível diferença entre o referido mecanismo de apuração do imposto e a não cumulatividade do ICMS (BROCKSTEDT, Fernando A. *O ICMS* – Imposto sobre operações relativas à circulação de mercadorias. Porto Alegre: Rotermund, 1972. p. 244). Importa veementizar que, sob o ponto de vista econômico, não raro, ocorre uma coincidência quantitativa entre a não cumulatividade e o valor agregado, embora sejam institutos absolutamente distintos sob o prisma do direito, matéria, diga-se de passo, esmiuçada e aclarada com mestria por Roque Carrazza, ao abordar o assunto em sua obra clássica denominada *ICMS* (10. ed. São Paulo: Malheiros, 2005. p. 295 et seq.).

Valor da causa

É o importe financeiro relativo ao objeto do pleito levado ao crivo do Judiciário. O art. 291 do Código de Processo Civil de 2015 estabeleceu como regra a obrigatoriedade de atribuir-se um dado valor às causas, ainda que destituídas de conteúdo econômico imediato. Não obstante, o art. 85, § 8º, do mesmo diploma admitiu qualificar determinadas causas como de valor inestimável. Deveras, certas demandas não abrigam qualquer conteúdo econômico, a exemplo da ação de investigação de paternidade, divórcio e tantas outras afins. No direito tributário, contudo, toda causa reveste um valor, até porque o componente econômico traduz, em última análise, a própria quintessência da discussão. A mencionada grandeza, outrossim, presta-se para determinar o procedimento a ser adotado, ordinário ou sumário, servindo de referência, ainda, para o pagamento das custas e da taxa judiciária, senão também para estabelecer a sucumbência. Ademais, a Lei n. 6.830, de 22 de setembro de 1980, não admitiu recurso ao Tribunal *ad quem* no tocante às execuções fiscais com valor igual ou inferior a 50 Obrigações Reajustáveis do Tesouro Nacional – ORTN.

Valor de mercado

É o importe que determinado bem pode alcançar em condições normais de mercado. A expressão é fartamente utilizada na seara tributária, a exemplo do valor venal do imóvel para efeitos de IPTU, com reflexos no ITBI, bem como representa parâmetro para dimensionar a base de cálculo do IPVA, além de desfrutar de intensa aplicabilidade no âmbito do imposto sobre a renda, como balizamento destinado a aquilatar a existência ou não de variação patrimonial positiva suscetível de tributação.

Valor fundiário

Representa a base de cálculo do imposto sobre a propriedade territorial rural, nos termos do art. 30 do Código Tributário Nacional. O adjetivo 'fundiário' significa *relativo a terrenos*, donde a aludida grandeza diz respeito ao valor do terreno. Outra não é a lição de Baleeiro, ao sublinhar que o imposto sobre a propriedade territorial corresponde ao tributo francês *impôt foncier non bâti*, ou seja, é o tributo incidente sobre o solo nu, não utilizado e sem edificação, devendo ser entendido, portanto, como o valor do solo, máxime porque a hipótese de incidência consiste na propriedade de imóvel por natureza (BALEEIRO, Aliomar. *Direito tributário brasileiro*. Rio de Janeiro: Forense, 1972. p. 143).

Valor tributável

Expressão utilizada pela legislação do imposto sobre produtos industrializados, a qual corresponde à base de cálculo.

Valor venal

O adjetivo 'venal' significa *que pode ser vendido*, donde a locução reveste a acepção de *importância pela qual alguma coisa pode ser vendida*. Por óbvio, o aludido parâmetro supõe que a coisa seja vendida pelo preço de mercado, vale dizer, aquele que o bem pode obter em condições normais de mercado. A expressão é frequentemente utilizada pelos tributos incidentes sobre a propriedade, a exemplo do imposto sobre a propriedade predial e territorial urbana e do imposto sobre a propriedade de veículos automotores.

Varejista

Também denominado *retalhista*, é aquele que vende mercadorias em pequenas quantidades, ao contrário do atacadista, que opera com grandes quantidades. V. *Atacadista.*

Vedação à tributação confiscatória

Princípio constitucional consagrado no art. 150, IV, da Carta Magna, que proíbe a utilização do tributo com efeito confiscatório. Verdade seja, esse dispositivo comunica explicitude à vedação já localizada nas dobras do direito de propriedade e nos entrefolhos da capacidade contributiva. Trata-se de postulado vertido em linguagem sobremodo fluida, permeado de subjetivismo e, por isso mesmo, insuscetível de aferição objetiva. A propósito, no ver desta obra, o método interpretativo denominado Tópica, proposto por Vieweg, afigura-se idôneo para dimensionar o referido princípio, visto problematizar o assunto em seu aspecto singular, buscando acomodá-lo aos primados do sistema normativo, o que haveria de ser implementado sob os influxos da razoabilidade predicada por Recaséns Siches.

Verdade formal

Consiste na verdade lastreada no silogismo lógico, na medida em que os argumentos substanciados em exordial, réplica e tréplica, bem assim laudos e documentos possam propiciar a edição de norma individual decidindo um conflito de interesses, ainda que não traduzam a realidade dos fatos. Conquanto a doutrina tradicional sustente que a verdade formal seria aplicável no âmbito do processo civil, de um modo geral, e não no processo penal, nem no processo administrativo, inclusive tributário, no pensar do autor, a verdade formal tende a se conjugar com a material em quaisquer feitos, tanto administrativo, como judiciais, quer cível, quer na órbita penal.

Verdade material

É a verdade real que traduz efetivamente os fatos suscitados e questionados em processo administrativo ou judicial. Na ambitude do processo administrativo tributário, em particular, a doutrina enfatiza e os tribunais veementizam a necessidade impostergável da verdade material como requisito para dirimir a demanda. Nessa esteira é a lição de Alberto Xavier, que assim atremou: "*O princípio da verdade material consiste em conceber o procedimento do lançamento como um procedimento inquisitório em que o objeto do processo não está na disponibilidade das partes, como sucede no Processo Civil, mas no dever do Fisco de verificar os fatos tais como eles, na realidade, se apresentam, independentemente das provas legais pré-constituídas. O Fisco deve investigar os fastos independentemente de quaisquer presunções, provas legais ou realidade anômalas*" (Lançamento no direito brasileiro, *Resenha Tributária*, 1975, p. 429). O postulado da verdade real é abraçado por Vittorio Cassone e Maria Eugenia Teixeira Cassone, para quem a busca da verdade real ou material jaz nas dobras dos princípios constitucionais aplicáveis à Administração Pública, sobretudo os postulados da legalidade, finalidade, motivação, moralidade, verdade real, ampla defesa, contraditório, segurança jurídica e interesse público (*Processo tributário* – Teoria e prática, São Paulo: Atlas, 2000, p. 43-44).

Vigência

Significa a própria existência da norma jurídica, não se confundindo, pois, com a validade – timbre de legalidade – nem com a eficácia – aptidão para produzir efeitos jurídicos. Na linguagem comum do legislador, o termo é empregado com o sentido incorreto de eficácia, embora, ao lume da precisão terminológica requerida pela ciência do direito, a palavra 'vigência' assuma o sentido unívoco de *existência da norma*. Ante a premissa retrocitada, a legislação oficialmente publicada torna-se vigente desde logo, ou seja, ganha o plano da existência, embora a produção de efeitos jurídicos – eficácia – dependa de outras condicionantes. Por conseguinte, como regra, salvo disposição em contrário, a lei vem a ser eficaz após quarenta e cinco dias, a contar de oficialmente publicada, consoante preceitua o art. 1º da Lei de Introdução às Normas do Direito Brasileiro. No direito tributário, frequentemente as leis revestem eficácia ao serem oficialmente publicadas, respeitados o postulado da anterioridade e a *vacatio legis* de noventa dias, aplicáveis às contribuições de seguridade social enumeradas no art. 195 da Constituição.

Voto de qualidade

É voto de desempate atribuído ao Presidente de um órgão colegiado, a exemplo do que ocorre em Cortes administrativas e judiciais. Tanto assim é que essa prerrogativa é prevista nos regimentos do Tribunal de Impostos e Taxas de São Paulo, bem assim no Conselho Administrativo de Recursos Fiscais do Ministério da Fazenda. Igual sorte se verifica nos Regimentos do Tribunal de Justiça do Estado de São Paulo, nos Tribunais Regionais Federais, no Superior Tribunal de Justiça e no Supremo Tribunal Federal. Conforme estipulação regimental, o Presidente somente tem o direito de votar quando tornar-se necessário o voto de desempate, embora, por vezes, a depender do Regimento, o Presidente vota duas vezes, vale dizer, ao ensejo da decisão quantitativa de votos e, ao depois, profere o chamado voto de qualidade com o desígnio de desempatar. No ver do autor deste Dicionário, o voto de qualidade, cumulado com a votação ordinária, representa um descompasso na quintessência do *decisum*, pois, tanto sob o prisma lógico, como sob o manto da igualdade, senão também ao lume do pálio do manto da balança da justiça, afigura-se inconcebível um julgador votar duas vezes. Por todas as luzes, somente o voto da maioria dos membros do colegiado ou maioria entre os votantes, conforme a matéria a ser votada, é a única forma equável de proferimento de decisão colegial que traduz qualquer fórmula de vontade da maioria, seja em Parlamentos, seja em Tribunais.

Z

Z

Zona azul

Denominação atribuída a determinadas regiões em vias e logradouros públicos onde é permitido o estacionamento de veículos mediante uma dada remuneração paga ao Município ou a quem lhe fizer as vezes.

Conforme dispõe o art. 99 do Código Civil, as ruas e praças são bens públicos de uso comum do povo, razão pela qual não se compaginam com a cobrança de preço público, máxime porque não integram o patrimônio das pessoas jurídicas de direito público interno. Outrossim, o disciplinamento do estacionamento de veículos em vias públicas seria possível por meio da instituição de taxa de polícia, a qual seria criada por lei, em obséquio ao postulado da estrita legalidade tributária. A propósito, força é reconhecer que, no Município de São Paulo, o Decreto n. 11.661, de 30 de dezembro de 1974, criou a Zona Azul com o *nomen juris* de preço público, o que revela, desde logo, o seu descompasso com a natureza de bens de uso comum inerente às ruas e praças; nem se diga que revestiria legitimidade se fosse considerada tributo da espécie taxa de polícia, máxime porque se ressente de lastro legal, porquanto concebida por decreto.

Zona Econômica Exclusiva

Instituída pela Lei n. 8.617, de 4 de janeiro de 1993, estabelece que o território brasileiro alcança 200 milhas marítimas, incluindo o espaço aéreo correspondente, o qual repercute no direito tributário, em especial no campo de importação e exportação, uma vez que é o marco que define o componente espacial dos gravames relativos ao comércio exterior.

Zona franca

Região de livre comércio de mercadorias estrangeiras, que pode variar de lojas francas situadas nos aeroportos internacionais – *free shops* – até cidades inteiras, a exemplo de Macau ou Gibraltar, passando por depósitos ou entrepostos aduaneiros. No geral, os incentivos fiscais das zonas francas são condicionados à permanência da mercadoria estrangeira no próprio território livre, quer para consumo, quer para exportação ou reexportação, conforme o caso. No tangente às lojas francas ou *free shops* situados em aeroportos internacionais, a legislação permite que os passageiros vindos do exterior adquiram mercadorias estrangeiras, sem incidência de tributos, observados os limites fixados em ato administrativo, o qual consiste em estabelecer um dado valor em relação ao adquirente, mediante a comprovação por meio do respectivo passaporte.

Zona Franca de Manaus

Região da Amazônia Ocidental contemplada como área de livre comércio, de exportação e importação e de incentivos fiscais federais, estaduais e municipais, além de outros projetos objetivados a estimular o permanente desenvolvimento daquela região. Instituída pelo Decreto-lei n. 288, de 28 de fevereiro de 1967, foi mantida por vinte e cinco anos, a contar da promulgação da Carta da República de 1988, acrescidos de mais dez anos, por força do disposto nos arts. 40 e 90 do Ato das Disposições Constitucionais Transitórias. Atualmente, há incentivos na órbita federal, estadual e municipal; entre os federais, merecem ser assinalados os seguintes: *a)* redução de até 88% do imposto sobre a importação em relação aos insumos destinados à industrialização; *b)* isenção do IPI; *c)* redução de 75% do imposto sobre a renda das pessoas jurídicas no tocante ao lucro da exploração; e *d)* isenção das contribuições sociais PIS/Pasep e Cofins nas operações internas realizadas na Zona Franca. No âmbito estadual, dependendo do projeto, há um incentivo substanciado na restituição de 55 a 100% do ICMS. Na ambitude municipal, por seu turno, há a isenção do IPTU, bem como das taxas de lixo e de licença, em prol de empresas que ofereçam, no mínimo, 1.500 empregos diretos. Ademais, outras vantagens ocorrem, a exemplo de aquisição ou locação de terrenos no Parque Industrial por meio de preço meramente simbólico, áreas, na verdade, dotadas de infraestrutura de rede de água, esgoto e telecomunicação.

Zona livre

V. *Paraíso fiscal* e *Offshore*.

Zona primária e zona secundária

Conceitos imersos no âmbito da legislação de comércio exterior. Assim, considera-se zona primária aquela onde se processa a internação ou externação de mercadorias e bens objetos de importação ou exportação. Por outro lado, a zona secundária costuma ser definida por oposição à primária, equipole dizer, a zona não qualificada como primária será secundária. Enfim, afigura-se lídimo qualificar como zona secundária aquela na qual as mercadorias ou bens de origem estrangeira tenham sido objetos de internação.

Zona rural

O art. 29 do Código Tributário Nacional adotou o critério da exclusão para efeito de definir o verbete *in casu*, donde qualifica como zona rural aquela situada fora da zona urbana do Município, a qual deve ser definida em lei municipal, observados os requisitos firmados no art. 32, § 1º, I a V, do Código Tributário Nacional. A identificação da zona rural afigura-se relevante, em virtude de representar pressuposto de incidência do imposto sobre a propriedade territorial rural, tributo de competência da União, consoante estabelece o art. 153, VI, do Diploma Magno.

Zona urbana

Em obséquio ao disposto no art. 32, § 1º, do Código Tributário Nacional, a zona urbana deve ser definida em lei municipal específica, atendidos pelo menos dois entre os melhoramentos a seguir elencados: *a)* meio-fio ou calçamento com canalização de águas pluviais; *b)* abastecimento de água; *c)* sistema de esgotos sanitários; *d)* rede de iluminação pública, com ou sem posteamento para distribuição domiciliar; e *e)* escola primária ou posto de saúde a uma distância máxima de três quilômetros da região qualificada como urbana. Ainda, traduz antessuposto de incidência do imposto sobre a propriedade predial e territorial urbana, de competência municipal, conforme firmado no art. 156, I, da Constituição Federal.

REFERÊNCIAS BIBLIOGRÁFICAS

ABRÃO, Carlos Henrique. *Da ação cautelar fiscal*. 3. ed. São Paulo: Malheiros, 2015.

ALESSI, Renato. *Instituciones de derecho administrativo*. Trad. Buenaventura Pilliaé Prats. Barcelona: Bosch, 1970.

______. *Sistema istituzionale del diritto amministrativo italiano*. 3. ed. Milano: Giuffrè, 1960.

ALMEIDA, Amador Paes de. *Curso de falência e concordata*. 15 ed. São Paulo: Saraiva,1997.

______. *Curso de falência e recuperação de empresas*. 22. ed. São Paulo: Saraiva, 2006.

AMARO, Luciano. *Direito tributário brasileiro*. 22. ed. São Paulo: Saraiva, 2017.

ANDRADE, Manuel A. Domingues. *Teoria geral da relação jurídica*. Coimbra: Almedina, 1972. v. I.

ACQUAVIVA, Marcus Cláudio. *Dicionário jurídico brasileiro*. São Paulo: Jurídica Brasileira, 1993.

ARISTÓTELES. *Metafísica*. São Paulo: Loyola, 1990.

ASCENSÃO, José de Oliveira. *Direito autoral*. 2. ed. Rio de Janeiro: Renovar,1997

ATALIBA, Geraldo. *Hipótese de incidência tributária*. 6. ed., 13. tir. São Paulo: Malheiros, 2012.

______. *Sistema constitucional tributário brasileiro*. São Paulo: Revista dos Tribunais, 1968.

ÁVILA, Humberto. *Sistema constitucional tributário*. 5. ed. São Paulo: Saraiva, 2013.

AYALA, José Luis Pérez de. *Las ficciones en derecho tributario*. Madrid: Editorial de Derecho Financiero, 1970.

BALEEIRO, Aliomar. *Uma introdução à ciência das finanças.* 19. ed. atualizada por Hugo de Brito Machado Segundo. Rio de Janeiro: Gen/Forense, 2015.

_____. *Direito tributário brasileiro.* 13. ed. atualizada por Misabel Abreu Machado Derzi. Rio de Janeiro: Gen/Forense, 2015.

BANDEIRA DE MELLO, Celso Antônio. *Curso de direito administrativo.* 33. ed. São Paulo: Malheiros, 2017.

_____. *O conteúdo jurídico do princípio da igualdade.* 3. ed., 23. tir. São Paulo: Malheiros, 2014.

_____. *Prestação de serviços públicos e administração indireta.* 2. ed. 3ª tir. São Paulo: Revista dos Tribunais, 1987.

BARBALHO, João. *Constituição Federal brasileira*; comentários. 2. ed. Rio de Janeiro: F. Briguiet, 1924.

BARBOSA, Rui. *Oração aos moços.* Ed. comemorativa do centenário de nascimento, fac-símile do original. USP, MCMXLIX.

BARRETO, Aires Fernandino. Impostos municipais. *RDT,* v. 47/245, São Paulo: Revista dos Tribunais, 1989.

BASTOS, Celso Ribeiro. *Comentários à Constituição do Brasil.* São Paulo: Saraiva, 1989. v. 2.

_____. *Curso de direito constitucional.* 22. ed. atualizada por Samantha Meyer Pflug. São Paulo: Malheiros, 2010.

_____. *Dicionário de direito constitucional.* São Paulo: Saraiva, 1994.

BECKER, Alfredo Augusto. *Teoria geral do direito tributário.* 4. ed. São Paulo: Noeses, 2007.

BERLIRI, Antonio. *Principi di diritto tributario.* Milano: Giuffrè, 1961.

BEVILÁQUA, Clóvis. *Código Civil dos Estados Unidos do Brasil comentado.* 5. ed. Rio de Janeiro: Francisco Alves, 1938. v. 4.

BLUMENSTEIN, Ernst. *Sistema di diritto delle imposte*. Milano: Giuffrè, 1954.

BOBBIO, Norberto. *Teoria della Scienza Giuridica*. Torino: G. Giappichelli, 1950.

BOESLER, Eheberg. *Principios de hacienda*. Barcelona: Gustavo Gilli, 1944.

BONILHA, Paulo Celso Bergstron. *Da prova no processo administrativo tributário*. São Paulo: LTr, 1992.

BOTALLO, Eduardo Domingos. *Dívidas fiscais*. São Paulo: Saraiva, 1978.

_____. *Procedimento administrativo tributário*. São Paulo: Malheiros, 2009.

_____. *Curso de processo administrativo tributário*. 2. ed. São Paulo: Malheiros, 2009.

BROCKSTEDT, Fernando A. *O ICMS* – Imposto sobre operações relativas à circulação de mercadorias. Poto Alegre: Rotermund, 1975.

BRUGGER, Walter. *Dicionário de filosofia*. 3. ed. São Paulo: Pedagógica Universitária, 1977.

BUJANDA, Fernando Sainz de. *Teoria jurídica de la exención tributaria*. In: XI Semanda de Estudios de Derecho Financiero. Madrid: Anales do Editorial de Derecho Financiero, 1964.

BULOW, Oskar von. *A teoria das exceções processuais e dos pressupostos processuais*. Tradução de Ricardo Rodrigues Gama. Campinas: LZN Editora, 2003.

CABANELLAS, Guillermo. *Repertorio jurídico*. Buenos Aires: Heliasta, 1976.

CADART, Jacques. *Institutions Politiques et Droit Constitutionnel*. Paris: LGDI, 1979.

CAIS, Cleide Previtalli. *O processo tributário*. 8. ed. São Paulo: Revista dos Tribunais, 2013.

CALAMANDREI, Piero. Processo e democrazia. In: *Opere giuridiche*. Napoli: Morano, 1965. v. 1.

CALDAS AULETE. *Dicionário contemporâneo da língua portuguesa*. 4. ed. Rio de Janeiro: Delta. v. 2.

CALMON, Eliana. *Código Tributário Nacional comentado*. Coord. Wladimir Passos de Freitas. São Paulo: Revista dos Tribunais, 1999. 5. ed. São Paulo: Revista dos Tribunais, 2011.

CALMON, Pedro. *Curso de direito constitucional brasileiro*. 4. ed. Rio de Janeiro: Freitas Bastos, 1956.

CANOTILHO, José Joaquim Gomes. *Direito constitucional*. Coimbra: Livr. Almedina, 1987.

CAPITANT, Henri. *Vocabulaire Juridique*. Paris: Les Presses Universitaires de France, 1936.

CARNELUTTI, Francesco. *Teoría general del derecho*. Trad. F. X. Osset. Madrid: Revista de Derecho Privado, 1955.

CARRAZZA, Roque Antonio. *Curso de direito constitucional tributário*. 31. ed. São Paulo: Malheiros Editores, 2017.

______. *ICMS*. 17. ed. São Paulo: Malheiros, 2015.

______. *O sujeito ativo da obrigação tributária*. São Paulo: Resenha Tributária, 1977.

______. *O regulamento no direito tributário brasileiro*. São Paulo: Revista dos Tribunais, 1981.

CARRIÓ, Genaro. *Sobre los límites del lenguaje normativo*. Buenos Aires: Astrea de Rodolfo Depalma (Col. Filosofía y Derecho), s. d.

CARVALHO, Paulo de Barros. *A regra matriz do ICM*. Tese (Livre-docência). PUC-SP, 1981.

______. *Curso de direito tributário*. 27. ed. São Paulo: Saraiva, 2016.

______. Decadência e prescrição. *Cadernos de Pesquisas Tributárias*, São Paulo: Resenha Tributária, 1976.

_____. Processo administrativo tributário. *RDT*, v. 9 e 10.

_____. *Teoria da norma tributária*. 5. ed. São Paulo: Revista dos Tribunais, 2009.

CASSONE Vittório; CASSONE Maria Eugênia. *Processo tributário* – Teoria e prática. São Paulo: Atlas, 2000.

COCIVERA, Benedetto. *Principi di diritto tributario*. Milano: Giuffrè, 1961.

COÊLHO, Sacha Calmon Navarro. *Comentários à Constituição de 1988*; Sistema Tributário. 10. ed. Rio de Janeiro, Forense, 2006.

_____. *Curso de direito tributário brasileiro*. 15. ed. Rio de Janeiro: Gen/Forense, 2016.

_____. *Teoria e prática das multas tributárias*. 2. ed. Rio de Janeiro: Forense, 1995.

CONTI, José Maurício. *Federalismo fiscal* (Organização). São Paulo: Manole, 2004.

COPI, Irving M. *Introdução à lógica*. Trad. Álvaro Cabral. 3. ed. em português. São Paulo: Mestre Jou, 1981

COSTA, Regina Helena. *Curso de direito tributário*. 8. ed. São Paulo: Saraiva, 2018.

CRETELLA JUNIOR, José. *Curso de direito administrativo*. 7. ed. Rio de Janeiro: forense, 1983.

CRISAFULLI, Vezio. *La costituzione e le sue disposizioni di principio*. Milano: Giuffrè, 1952.

CRUZ, Antônio Maurício da. *O IPI* – Limites constitucionais. São Paulo: Revista dos Tribunais, 1983. 5 V. (Coleção Textos de Direito Tributário.)

DABIN, Lean. *El derecho subjetivo*. Tradução de Francisco Xavier Osset. Madrid: Revista de Derecho Privado, 1955.

DALLA, Ricardo Corrêa. *Multas tributárias*. Belo Horizonte: Del Rey, 2003.

DALTON, Hugh. *Princípios de finanças públicas*. 2. ed. Rio de Janeiro: FGV, 1970.

DE PLÁCIDO E SILVA. *Vocabulário jurídico*. Atualizado por Nagib Slaibi Filho e Gláucia Carvalho. 28 ed., 2 tir. Rio de Janeiro: Gen e Forense, 2010.

DERZI, Misabel de Abreu Machado. Medidas provisórias – sua absoluta inadequação à instituição e majoração de tributos. *RDT*, v. 45.

_____. Modificações da jurisprudência no direito tributário. São Paulo: Noeses, 2009.

_____. O princípio da irretroatividade do direito na Constituição e no Código Tributário Nacional. *RDT*, v. 67.

DINIZ, Maria Helena. *Código Civil anotado*. São Paulo: Saraiva, 2002.

_____. *Compêndio de introdução à ciência do direito*. 26. ed. São Paulo: Saraiva, 2017.

_____. *Dicionário jurídico*. São Paulo: Saraiva, 1998. 4 v.

_____. *Norma constitucional e seus efeitos*. 8. ed. São Paulo: Saraiva, 2009.

ENGISCH, Karl. *Introdução ao pensamento jurídico*. 3. ed. Lisboa: Fundação Calouste Gulbenkian, 1964.

ENNECCERUS, Ludwig. *Tratado de direito civil*. 3. ed. Barcelona: Bosch, 1981.

FALCÃO, Amílcar de Araújo. *Introdução ao direito tributário*. Rio de Janeiro: Rio Cultural, 1976.

_____. *Fato gerador da obrigação tributária*. 2. ed. São Paulo: Revista dos Tribunais, 1973.

_____. *Sistema tributário brasileiro*. Rio de Janeiro, Ed. Financeiras, 1965.

FANUCCHI, Fábio. *Curso de direito tributário brasileiro*. São Paulo: Resenha Tributária, 1976.

FARIA, Anacleto de Oliveira. Propriedade – II. In: *Enciclopédia Saraiva do Direito*. v. 62.

FERRAZ, Sérgio et al. *Curso de direito administrativo*. São Paulo: Revista dos Tribunais, 1986.

______. Igualdade processual e os benefícios da Fazenda Pública. *Revista da Procuradoria-Geral do Estado de São Paulo*, n. 1315, 1978.

FERREIRA, Pinto. *Princípios gerais do direito constitucional moderno*. 6. ed. São Paulo: Saraiva, 1983. v. 1.

FIGUEIREDO, Lúcia Valle. *Curso de direito administrativo*. 9. ed. São Paulo: Malheiros, 2008.

FLORES, Lucas Beltram. *Lecciones de derecho fiscal*. 3. ed. Barcelona, Ed. Lex Nova, 1965.

FONROUGE, Carlos Giuliani. *Derecho financiero*. Buenos Aires: Astrea de Rodolfo Depalma, 1962.

FORSTHOFF, Ernst. *Tratado de derecho administrativo*. Madrid: Instituto de Estudios Políticos, 1958.

FRANÇA, Rubens Limongi. *Enciclopédia Saraiva do Direito*. São Paulo: Saraiva, 1977. v. 30, 39 e 55.

______. *Manual de direito civil*. São Paulo: Revista dos Tribunais, 1973. v. 2 e 4.

FREITAS, Wladimir Passos de. *Código Tributário Nacional comentado*. 5. ed. São Paulo: Revista dos Tribunais, 2011.

______ (Coord.). *Importação e exportação no direito brasileiro*. São Paulo: Revista dos Tribunais, 2004.

GABBA, Caros Francesco. *Teoria dela retroattività dele leggi*. Pisa: Tipografia Nistri, 1891.

GARCIA, Eusebio Gonzales. El principio de legalidad tributaria en la Constitución española de 1978. *RDT*, v. 17 e 18.

GARRIGUES, Joaquim. *Contratos bancários*. Madrid, 1975.

GIANNINI, Achille Donato. *I concetti fondamentali del diritto tributario*. Torino: UTET, 1988.

______. *Istituzioni di diritto tributario*. Milano: Giuffrè, 1968.

GIARDINO, Cleber. Certidão negativa de débitos fiscais. *Revista de Direito Tributário*, São Paulo: Malheiros, n. 47, 1989.

GOLDSCHMIDT, James. *Derecho procesal civil*. Madrid: Labor, 1936.

GONÇALVES, José Artur Lima. *Imposto de Renda* – pressupostos constitucionais. São Paulo: Malheiros, 1997.

GORDILLO, Agustín. *El acto administrativo*. 2. ed. Buenos Aires: Abeledo-Perrot, 1969.

HARADA, Kiyoshi. *Direito financeiro e tributário*. 30. ed. São Paulo: Grupo Editorial Nacional e Ed. Atlas, 2021.

HART, Herbert L. A. *O conceito do direito*. Trad. A. Ribeiro Mendes. Lisboa: Calouste Gulbenkian, 1986.

HEGEL, Georg W. F. *Sobre as maneiras científicas de tratar o direito natural:* seu lugar na filosofia prática e sua relação com as ciências positivas do direito. Tradução e apresentação de Agemir Bavaresco e Sérgio B. Christiano. São Paulo: Loyola, 2007.

HAURIOU, Maurice. *Principes de droit public*. 2. ed. Paris: Sirey, 1916.

HENSEL, Albert. *Diritto tributario*. Trad. Dino Jarach. Milano: Giuffrè, 1956.

HOLANDA FERREIRA, Aurélio B. *Novo dicionário da língua portuguesa*. Rio de Janeiro: Nova Fronteira, 1982.

JARACH, Dino. *Curso superior de derecho tributario*. Buenos Aires: Liceo Profesional Cima, 1955.

______. *El hecho imponible*. 2. ed. Buenos Aires: Abeledo-Perrot, 1971.

_____. *Finanzas* públicas y *derecho tributario*. 1. ed. 1983. 1ª reimpr. 1985. República Argentina, Capital Federal: Ed. Cantagallo.

JARDIM, Eduardo Marcial Ferreira. *Curso de direito tributário*. São Paulo: Editora Noeses, 2013.

_____. *Dicionário de direito administrativo*. Em coautoria com Letícia Menegasse Borges e Semíramis de Oliveira Duro. São Paulo: Mackenzie, 2016.

_____. *Dicionário de direito tributário*. São Paulo: Noeses, 2011.

_____. *Finanças públicas e tributação ao lume dos direitos e garantias*. São Paulo: Noeses, 2015.

_____. *Instituições de direito tributário*. São Paulo: Aquarela, 1988.

_____. O Ministério Público e o questionamento judicial de matéria tributária ante o código de defesa do consumidor. In *Código de Defesa do Consumidor*, 20 anos. São Paulo: LTr, 2010.

_____. *Reflexões sobre a arquitetura do direito tributário*. Belém: Cejup, 1991.

JÈZE, Gaston. *Cours de science de finances et de législation financière française*. Sixième edition. Paris: Marcel Giard L. Editeur, 1922.

JUSTEN FILHO, Marçal. ISS e as atividades de franchising. *Revista de Direito Tributário*, São Paulo: Malheiros, n. 64, 2009.

JUSTEN FILHO, Marçal. *O imposto sobre serviços na Constituição*. Coleção textos de direito tributário, v. 10, São Paulo: Revista dos Tribunais, 1985.

KELSEN, Hans. *Teoria pura do direito*. 3. ed. Trad. João Baptista Machado. Coimbra: Arménio Amado, 1974.

LACOMBE, Américo Lourenço Masset. Imposto sobre produtos industrializados. *Revista de Direito Tributário*, São Paulo: n. 27/28, jan./jun. 1984.

______. *Obrigação tributária*. São Paulo: Revista dos Tribunais, 1977.

LAFERRIÈRE, Julien. *Manuel de Droit Constitucionnel*. 2. ed. Paris: Ed. Domat- Montchrestien, 1947.

LEAL, Victor Nunes. *Problemas de direito público*. Rio de Janeiro: Forense, 1960.

LEITE JÚNIOR. Orlando. *A regra-matriz do IVVC:* susa textualidade. São Paulo: Gonçalves, 1993.

LEITE, Luiz Lemos. *Factgoring no Brasil*. 5. ed. São Paulo: Atlas, 1997.

LONGO, José Henrique. *Justiça tributária*. São Paulo: IBET, Max Liminad, 1998.

MACHADO, Hugo de Brito. *Curso de direito tributário*. 38. ed. São Paulo: Malheiros, 2017.

______. *Os princípios jurídicos da tributação na Constituição de 1988*. 2. ed. São Paulo: Revista dos Tribunais, 1991.

______; MACHADO, Schubert de Farias. *Dicionário de direito tributário*. São Paulo: Atlas, 2011.

MAMEDE, Gladston. *IPVA*. São Paulo: Revista dos Tribunais, 2002.

MARQUES, José Frederico. *Direito penal tributário*. São Paulo: Resenha Tributária, IBDE, 1975.

______. *Instituições de direito processual civil*. Rio de Janeiro: Forense, 1972.

______. *Manual de direito processual civil*. São Paulo: Millennium, 1974. v. 1.

MARTINS, Ives Gandra da Silva. *Comentários ao Código Tributário Nacional*. São Paulo: Bushatsky, 1976. v. 2.

_____ (coord.) *Comentários ao Código Tributário Nacional*. 7. ed. São Paulo: Saraiva, 2013.

MARTINS, Marcelo Guerra. *Impostos e contribuições federais*. Rio de Janeiro: Renovar, 2004.

MAXIMILIANO, Carlos. *Hermenêutica e aplicação do direito*. 20. ed. Rio de Janeiro: Gen/Forense, 2011.

MEIRELLES, Hely Lopes. *Direito administrativo brasileiro*. Atualizado por José Emmanuel Burle e Carla Rosado Burle. 43. ed. São Paulo: Malheiros, 2018.

_____. *Mandado de segurança*. Atualizado por Arnoldo Wald e Gilmar Ferreira Mendes. 37. ed. São Paulo: Malheiros, 2016.

MENDONÇA, José Xavier Carvalho de. *Tratado de direito comercial brasileiro*. 4. ed. Rio de Janeiro: Freitas Bastos, 1946.

MICHELLI, Gian Antonio. *Corso di diritto tributario*. Torino: Utet, 1972.

MIRANDA, Jorge. *Constituições de diversos países*. Lisboa: Imprensa Nacional, Casa da Moeda, 1979.

MOLINARI, Flávio Miranda. Modulação de efeitos em matéria tributária pelo STF. Rio de Janeiro: Lumen Juris, 2021.

MORAES, Bernardo Ribeiro de. *Compêndio de direito tributário*. Rio de Janeiro: Forense, 1984.

_____. *Doutrina e prática das taxas*. 2. ed. São Paulo: Quartier Latin, 2007.

MOSQUERA, Roberto Quiroga. *Tributação do mercado financeiro e de capitais*. São Paulo: Dialética, 1999.

NITTI, Francesco. *Princípios da ciência das finanças*. Trad. de C.Machado. Rio de Janeiro: Atena, 1937.

NOGUEIRA, Rui Barbosa. *Curso de direito tributário*. 5. ed. São Paulo: Saraiva, 1980.

NOVELLI, Flávio Bauer. Anualidade e anterioridade na Constituição de 1988. *Revista de direito administrativo*, São Paulo: Malheiros, 1990.

PARISI, Fernanda Drummond. *ICMS-comunicações*. Dissertação (Mestrado) – PUC-SP, 2011.

PONTES DE MIRANDA, Francisco Cavalcanti. *Comentários à Constituição de 1967*. 2. ed., 2. tir. São Paulo: Revista dos Tribunais, 1973. t. V.

_____. *Tratado de direito privado*. 4. ed. São Paulo: Revista dos Tribunais, 1984. v. 1 e 4.

_____. *Comentários ao Código de Processo Civil*. Rio de Janeiro: Forense, 1976. v. 9.

RADBRUCH, Gustav. Grundzuge der Rechtsphilosophie. Berlin-Leipzig: Quelle & Meyer, 1914

RASMUSSEN, U.W. *Holdings e joint ventures*. São Paulo: Aduaneiras, 1988.

REALE, Miguel. *Lições preliminares de direito*. 27. ed., 9. tir. São Paulo: Saraiva, 2010.

REQUIÃO, Rubens. Contrato de franquia comercial ou de concessão. *Revista dos Tribunais*, São Paulo, v. 513, 1978.

_____. *Curso de direito comercial*. São Paulo: Saraiva, 1986.

SAAVEDRA, Rui. *A proteção jurídica do software e a internet*. Lisboa: Don Quixote, 1998.

RIVERO, Jean. *Direito administrativo*. Trad. Rogério Ehrhardt Soares. Coimbra: Livraria Almedina, 1981.

ROSA JUNIOR, Luiz Emygdio. *Manual de direito financeiro e tributário*. 19. ed. Rio de Janeiro-São Paulo-Recife: Renovar, 2006.

_____. *Manual de direito financeiro*. 4. ed. Rio de Janeiro e São Paulo: Freitas Bastos, 1983.

ROUBIER, Paul. *Le droit transitoire*. 2. ed. Paris, Dalloz/Sirey, 1960.

SAINZ DE BUJANDA, Fernando. *Hacienda y derecho*. Madrid: Instituto de Estudios Políticos, 1975.

SAMPAIO DÓRIA, Antonio Roberto. *Princípios constitucionais tributários e a cláusula "due process of law"*. São Paulo: Revista dos Tribunais, 1964.

SAVIGNY. *Traité de droit romain*. Trad. M. Ch. Guenoux. Paris, Librairie de Firmin Didot Frére, 1855.

SELIGMAN, Edwin R. *Essays in taxation*. Londres: MacMillan, 1931.

______. *Essais sur l'impôt*. Trad. fr. Suret. Paris: Giard & Brière, 1914. t. 2.

SCHOUERI, Luis Eduardo. *Direito tributário*. São Paulo: Saraiva, 2011.

SILVA, José Afonso da. *Aplicabilidade das normas constitucionais*. 8. ed. São Paulo: Malheiros, 2012.

______. *Orçamento-programa no Brasil*. São Paulo: Revista dos Tribunais, 1973.

SIQUEIRA FILHO, Luis Peixoto de. *Exceção de preexecutividade*. 2. ed. Rio de Janeiro: Lumen Juris, 1998.

SOARES DE MELLO, José Eduardo. O imposto sobre produtos industrializados (IPI) na Constituição de 1988. In: *Coleção textos de direito tributário*. São Paulo: Revista dos Tribunais, 1991. v. 17.

______. *IPI* – teoria e prática. São Paulo: Malheiros, 2009.

SOUSA, Rubens Gomes de. *Compêndio de legislação tributária*. 2. ed. São Paulo: Resenha Tributária, 1975.

______. *Estudos de direito tributário*. São Paulo: s. ed., 1950.

SOUZA, Ercias Rodrigues de. Crimes contra a ordem tributária. Breve análise da Lei nº 8.137/90. Disponível em: http//jus.uol.com.br/revista/texto/3310.

SOUTO MAIOR BORGES, José. *Lei complementar tributária*. São Paulo: Revista dos Tribunais, 1975.

______. *Tratado de direito tributário*; lançamento tributário. Rio de Janeiro: Forense, 1981. v. 4.

______. *Isenções tributárias*. 2. ed. São Paulo: Sugestões Literárias, 1980.

STAMMLER, R. *Filosofía del derecho*. México: Ed. Nacional, 1980.

______. *Lehrbuch der Rechts Philosofie*. Berlin-Leipzig, Walter de Gruyter & Co., 1923.

TEMER, Michel. *Elementos de direito constitucional*. 24. ed., 4ª tiragem. São Paulo: Malheiros, 2017.

TENÓRIO, Igor; MAIA, José Motta. *Dicionário de direito tributário*. 2. ed. Rio de Janeiro: Forense, 1984.

TERAN, Juan Manuel. *Filosofía del derecho*. 5 ed. México: Porrúa, 1971.

TORRES, Heleno. *Direito constitucional financeiro*. São Paulo: Revista dos Tribunais, 2014.

TORRINHA, Francisco. *Dicionário latino-português*. 3. ed. São Paulo: Maranus, 1945.

TROTABAS, Louis. *Finances publiques*. 3. ed. Paris: Dalloz, 1969.

TUCCI, Rogério Lauria; CRUZ E TUCCI, José Rogério. *Constituição de 1988 e processo*. São Paulo: Saraiva, 1989.

UCKMAR, Victor. *Princípios comuns de direito constitucional tributário*. São Paulo: Revista dos Tribunais, 1976.

ULHÔA CANTO, Gilberto de. *Temas de direito tributário*. Rio de Janeiro: Alba, 1964. v. 1.

VANONI, Ezio. *Natureza e interpretação das leis tributárias*. Trad. Rubens Gomes de Sousa. Rio de Janeiro: Financeiras, s. d.

______. Elementi di diritto tributario. In: *Opere giuridiche*. Milano: Giuffrè, 1962. v. 2.

VERGUEIRO, Guilherme von Müller Lessa (Coord.) *Refis – Aspectos jurídicos relevantes*. São Paulo: Edipro, 1995.

VESPERO, Regina C. Pedrotti. *Impostos sobre transmissão* causa mortis *e doação* (ITCMD). 3. ed. São Paulo: Revista dos Tribunais, 2013.

VIEIRA, José Roberto. *IPI* – a regra-matriz de incidência. Curitiba: Juruá, 1993.

VILANOVA, Lourival. *Causalidade e relação no direito*. 5. ed. São Paulo: Noeses, 2015.

VILLEGAS, Hector. *Curso de finanzas, derecho financiero y tributario*. Buenos Aires: Astrea de Rodolfo Depalma, 1975.

______. *Curso de direito tributário*. Trad. Roque Antonio Carrazza. São Paulo: Revista dos Tribunais, 1980.

WAGNER, Adolf. *Traité de la Science des Finances*. Trad. Vouters. Paris: Ed., Giard & Brière, 1909.

WALINE, Marcel. *Droit administratif*. Paris: Sirey, 1936.

XAVIER, Alberto. *Do lançamento no direito tributário brasileiro*. 3. ed. Rio de Janeiro: Forense, 2005.

______. *Do lançamento* – Teoria geral do ato, do procedimento e do processo tributário. 2. ed. Rio de Janeiro: Forense, 1997.

______. Lançamento no direito brasileiro, *Resenha Tributária*, 1975.

______. *Manual de direito fiscal*. Lisboa: Faculdade de Direito de Lisboa, 1981.

______. *Os princípios da legalidade e da tipicidade da tributação*. São Paulo: Revista dos Tribunais, 1978.

Impressão e acabamento
psi7 psi7.com.br | book7 book7.com.br